최신 학교사회복지론

최신

학교사회복지론

조미숙 저

SCHOOL SOCIAL WORK

dm 동문사

학교를 뜻하는 'school'은 고대 그리스어에서 '여가'를 뜻하는 스콜레(scole)라는 단어에서 유래하였으며, 스콜레(scole)에서 학교의 의미는 학교가 기원적으로 정신적 활동을 추구하는 특별한 장소로 이해되고 있다는 점이다. 이와 같이 학교의 기원은 원시시대까지 도달할 수 있는데, 아직 생활이 체계화·복잡화되지 않았던 원시시대에서는 생활 속에서 자연스럽게 가르치는 일종의 '잉여교육제도(residual educational institution)'로서 학교가 등장하였을 가능성이 높다. 하지만 사회가 점차 체계화되고 복잡해지면서 이전과는 달리 의식적이고 체계적인 '형식적 교육(formal education)'이 필요하게 되었고, 오로지 교육만을 전담하는 별도의 제도로서 학교가 등장하였다. 하지만 1960~90년대 급격한 초·중등교육의 팽창과 함께 학교역할에 대한 새로운 요구가 제기되었고, 학교역할 변화에 대한 요구는 2000년대 들어오면서 정치적, 경제적, 사회적, 문화적으로 더욱 다양하게 나타났다.

오늘날 모든 국민이 빠짐없이 일정 수준 이상의 교육을 받을 수 있는가의 유무는 국민 개개인의 복지를 결정하는 매우 중요한 요인이 된다. 그렇다면 오늘날 우리의 학교는 학교 본연의 기능을 수행하여 학생들의 행복한 교육의 터전이 되고 있는가?

모든 학생들에게는 개인차가 존재한다. 학생 개인의 능력 차이는 단순히 학생 자신에 의해 발생하지 않는다고 본다. 학생 자신 이외의 여러 환경 조건들로 말미암아 발생하는 것이다. 여타 환경 조건은 배려되지 않은 채 학생 자신들의 능력만으로 학교에서 적응하라는 것은 교육의 배분적 정의에 위배되는 것이다.

결국, 지금의 학교 기관은 '모든 학생의 개인차를 존중하는 학교'로 만들 수 있는 여러 제도적 지원이 이루어지는 기관인가?라는 질문을 다시 한번 하게 된다. 무엇보다 '학생들의 개인차를 존중하는 학교문화 형성 및 제도적 지원'을 통해 '모든 학생을 위한 교육이 이루어지는 학교'가 되도록 여러 전문 인력들의 협력으로 '학생복지'가 실현되어야 한다. 그러므로 사회복지계와 교육계에서는 학생복지 및 교육복지 문제를 해결하기 위한 대안으로 학교사회복지의 필요성을 주장하게 되었다.

학교는 공교육을 목적으로 세워진 제도적·형식적 기관이다. 이 기관에는 교육을 위해 교사와 학생 그리고 이들을 지원하는 인력들이 있다. 학교는 학생 개인의 잠재력과 지적 능력을 개발하고 사회화 과정을 습득시켜 전인교육을 실현하려는 데 그 목적이 있다. 따라서 학교는 모든 학생들에게 학습의 기회를 제공하고 학생들의 총체적인 삶의 질을 향상시킬 수 있는 교육과 복지의 터전이 되어야 한다.

학교사회복지는 학교를 실천장소로 하는 사회복지의 전문분야로서 사회복지실천의 2차 기관(secondary setting)이다. 학교가 사회복지의 실천장소라는 의미는 학교체계와 학교조직의 특성을 활용하여 학교의 교육목적을 달성하도록 사회복지의 실천방법론을 활용하여야 함을 의미한다.

따라서 학교사회복지사는 어떤 형식이든지 학교조직과 지속적인 관계를 맺지 않을 수 없고, 학생의 생태체계에 대한 이해와 실무지식을 가지고 있어야 한다. 또한 학교사회복지사는 학교의 교육목적을 달성하기 위하여 학교 구성원들과 협동해야 하며, 이를 위해 학교조직의 특성과 그것이 학교사회복지의 서비스 전달체계에 주는 함의를 깊이 이해하고 있어야 한다. 학교체계와 학교조직의 특성을 고려하지 않은 채 요보호 학생에게 사회복지 실천방법론만을 사용할 경우 학교사회복지로서의 정체성과 그 효과성을 발휘할 수 없게 된다.

그러므로 학교사회복지는 학교에서 일어나는 학생의 문제들을 개인의 문제만이 아닌 개인을 둘러싼 환경과의 상호작용의 문제로 본다. 그러나 문제는 시대의 변화에 따라 학교의 역할이 달라져야 한다는 거시적인 담론과 이론들은 존재하지만, 구체적으로 학교의 역할이 왜 달라지고 있는지?, 어떻게 달라지고 있는지?, 어떤 방향으로 달라져야 하는지? 등에 대한 합의가 이루어지지 않은 상태이다.

이상의 측면을 고려하여 본서에서는 사회복지 전공생들로 하여금 학교사회복지와 관련된 다양한 이론과 가치를 형성하는 기초 지식을 학습하도록 하는 데 그 목적을 두고 한 학기의 수업 분량으로 총 14장을 구성하였다. 그리고 다음의 세 가지 측면을 중심축으로 하여 "최신 학교사회복지론"을 완성하였다. 즉, 첫째, 오늘날 학교사회복지현장에서 사용되고 있는 학교사회복지의 실체를 파악하기 위한 측면으로, 제1장 학교사회복지의 개념, 제2장 학교사회복지의 역사와 현황, 제3장 교육과 학교체계에 대한 이해, 그리고 제4장 학생에 대한 이해를 상세히 다루었다. 둘째, 학교사회복지의 전반적인 프로세스를 이해하기 위한 측면으로 제5장 학교사회복지의 주요 관점과 실천 이론, 제6장 학교사회복지사의 역할과 실천윤리, 그리고 제7장 학교사회복지의 실천과정 I, 제8장 학교사회복지의 실천과정 II를 하나의 흐름처럼 다루었다. 셋째, 학교사회복지는 보통 학교조직의 맥락 속에서 진행되기에 유능한 학교사회복지사는 자신이 속한 지역사회와 조직을 잘 이해하고 있어야 하며, 기관의 규정, 윤리 규범, 그리고 법 사이의 미묘한 균형을 필요로 한다는 측면에서 제9장 학교사회복지 체계별 실천의 특성과 개입방법, 제10장 학교현장에서의 사례관리, 제11장 지역사회자원 개발과 학교-지역사회 네트워크 구축을 다루었으며, 학교사회복지 실천현장에서 자주 맞닥뜨리는 제12장 학교 밖 청소년과 학교사회복지 실천, 제13장 학교폭력과 학교사회복지 실천, 그리고 제14장 청소년 약물남용과 학교사회복지 실천을 정성스럽게 할애하는데 게을리하지 않았다.

이상과 같은 내용으로 본서는 다양한 교육현장에서 활용될 수 있을 것이며, 특히 학교사회복지 실천현장에서 매우 유용하게 쓰일 수 있을 것으로 기대된다. 그러나 본서를 발간하는 시점에서 이것이 완성본이라고는 절대로 생각하지 않는다. 앞으로 다양한 연구를 통하여 부족한 부분을 계속 보완해 가면서 한국의 학교사회복지 분야에 실질적인 기여를 할 수 있는 전공서로 발전시켜 나아가겠다는 약속을 드린다.

마지막으로 이 책이 나오기까지 적극적인 지원을 아끼지 않으신 동문사의 이중수 사장님과 유재영 상무님, 멋진 책이 나올 수 있도록 시종일관 배려와 세심함으로 함께 해주신 직원 여러분들께 진심으로 감사드린다.

2024. 12.

저자 조미숙

차 례

CONTENTS

PART 02 학교사회복지의 이론과 실천

PART 01

학교사회복지의 기본적 이해

01 CHAPTER 학교사회복지의 개념

1. 학교교육과 사회복지

오늘날 모든 국민이 빠짐없이 일정 수준 이상의 교육을 받을 수 있는가의 유무는 국민 개개인의 복지를 결정하는 매우 중요한 요인이 된다. 그렇다면 오늘날 우리의 학교는 학교 본연의 기능을 수행하여 학생들의 행복한 교육의 터전이 되고 있는가? 모든 학생에게는 개인차가 존재한다. 학생 개인의 능력 차이는 단순히 학생 자신에 의해 발생하지 않는다고 본다. 학생 자신 이외의 여러 환경 조건들로 말미암아 발생하는 것이다. 여타 환경 조건은 배려되지 않은 채 학생 자신들의 능력만으로 학교에서 적응하라는 것은 교육의 배분적 평등에 위배되는 것이다.

학교는 공교육을 목적으로 세워진 제도적·형식적 기관이다. 그 기관에는 교육을 위해 교사와 학생 그리고 이들을 지원하는 인력들이 있다. 교육과 가장 밀접한 3주체는 교사·학생·학부모이다. 학교 교육은 이 3주체의 삶이며 또한 이들의 삶을 위해 존재한다고 볼 수 있다. 학교는 개인의 잠재력과 지적 능력을 개발하고 사회화 과정을 습득시켜 전인교육을 실현하려는 데 그 목적이 있다. 따라서 학교는 모든 학생들에게 학습의 기회를 제공하고 학생들의 총체적인 삶의 질을 향상시킬 수 있는 교육의 터전이 되어야 한다(한인영 외, 1997).

지금까지 우리의 학교 교육은 모든 학생들을 위한 교육이라기보다는 입시 위주의 교육정책에 휘둘려 입시를 위한 교육과정을 따라갈 수 있는 학생들을 위한 교육이었다. 학교의 교육정책은 그러한 학생들을 위해 존재했고 그렇지 않은 학생들은 소외되었다. 결국 우리나라의 학교현실은 치열한 경쟁사회의 분위기 속에서 입시 위주의 교과학습과 처벌 위주의 생활지도로 인해 학생들에게 가장 많은 스트레스를 주는 장소이며, 중퇴 · 폭력 · 10대 임신 · 교내출산 · 가출 · 자살 · 약물남용 등의 다양한 학생문제를 촉진시키는 근원지로 변화하고 있다(한인영 외, 1997)는 점에서 심각한 사회적 우려와 관심의 대상이 되고 있다.

우리나라는 사회적 불평등 및 빈곤의 대물림이라는 문제를 해결하기 위해 학교가 중심이 되어 지역과 통합지원시스템을 구축하고 저소득 계층의 자녀들에게 교육과 복지를 지원하고자 하는 사업이 시도되었다.

우리나라에서 교육복지의 개념이 본격적으로 도입되고 관련 정책이 학교현장에 접목되기 시작한 것은 2003년 부산과 서울을 중심으로 실시된 교육복지투자우선지역 지원사업에서부터이다. 2004년 '교육복지 5개년 종합계획' 및 2006년 '교육안전망을 위한 사회통합'이라는 교육복지 정책 목표에 포함되어 운영되어 왔으며(강수성 · 이윤화, 2009; 정영수, 2009), 2011년 교육복지우선지원사업(이하 교육복지사업)으로 사업명이 변경된 가운데 「초 · 중등교육법 시행령」 개정 및 교육부 훈령 제정을 통해 사업이 법적 근거를 확보하였다. 이에 따라 국고지원특별사업의 성격에서부터 보통교부금에 의한 시 · 도교육청 일반사업으로 전환되어 교육격차 해소와 교육취약계층 지원을 위한 지속적인 사업으로 유지되고 있다(류방란, 2011; 정충대, 2016).

교육복지 실무자들은 서울을 비롯한 일부 지역에서 여전히 초창기 명칭인 '지역사회교육전문가'로 불리고 있지만 그 명칭이 부르기에 길고 명칭 자체가 사업의 정체성을 제대로 반영하지 못한다는 비판 때문에 대다수 지역에서는 '교육복지사'라는 명칭을 사용하고 있으며, 따라서 교육복지사가 교육복지 실무자를 통칭하는 일반 명칭으로 사용되는 경향을 보이고 있다. 전국 시·도교육지원청의 채용 기준에 따르면 개별 학교의 교육복지사로 사회복지학, 교육학, 청소년학, 상담학 등의 전공자들이 지원할 수 있도록 되어 있다. 하지만 사업과 업무의 성격상 사회복지학을 전공하고 사회복지사 1급 또는 2급 자격증을 취득한 사회복지사들이 대거 채용되어 현재 전체 교육복지사의 약 84.3%가 사회복지사이다(조미리, 2014).

사회복지계에서는 교육복지사업을 학교사회복지사업의 한 유형으로 간주하고(성민선 외 2010; 전재일 외, 2011; 주석진 외 2017), 사업을 진행하는 실무자로 사회복지사가 가장 적합하다고 판단하고 있다. 교육복지사업 매뉴얼(2016)을 보면 교육복지사들은 교육취약계층 학생의 전인적 성장을 도모하기 위해 학교와 가정 및 지역사회를 연계하고 다양한 자원을 활용하여 학습, 문화 및 체험, 심리·정서 및 복지 등 영역별 프로그램을 학교 내에서 제공하도록 되어 있는데, 이는 학교사회복지사의 역할과 유사하다고 할 수 있다.

교육복지사업을 사회복지의 한 전문 영역인 학교사회복지사업이라고 인식할 때, 교육복지사업에서 교육복지사로 활동하는 사회복지사들은 자신들에게 요구되는 다양한 직무들을 성공적으로 수행하기 위해 사회복지사로서의 전문성을 확보하고 있어야 한다. 전문직의 하나라 할 수 있는 사회복지사는 전문성 확보가 그 본질일 뿐만 아니라, 실천의 성공 여부를 좌우할 수 있는 중요 요인이기 때문이다. 여기서 전문성을 확보한다라 함은 전문직업인으로서 직무를 수행하는 데 필요한 지식과 기술, 가치 및 전문직업적 태도라 할 수 있는 전문직 정체성을 확립하고 있는 것을 말한다. 특히, 전문직 정체성은 자신의 직업이 다른 전문직과 구별되는 특성을 이해하고 자신을 스스로 특정 전문직업인으로 인식하는 것을 의미하는데, 전문직업인으로서의 주관적 자기 평가는 학교사회복지사의 전문성 확보에 매우 중요한 요인이 될 뿐만 아니라 구체적인 직무를 수행하는 데도 영향을 미치게 된다(이현주, 2012). 여러 연구들(문영미, 2009; 문영주 · 권자영, 2015; 이현주, 2012; 조성우 · 엄명용, 2009)은 전문조직을 활용할 수 있는 능력, 공동체에 대한 의식, 자신의 직무에 대해 자율성, 윤리의식 및 소명의식 등의 전문직 정체성을 가지고 직무를 수행하게 되면 전문가로서의 자긍심을 가지고 직무에 만족할 수 있으며 소진을 예방하고 본인이 몸담고 있는 조직의 목적 달성에 효과적일 수 있다고 보고하고 있다.

2. 학교사회복지의 필요성과 개념

1) 학교사회복지의 필요성

지금의 학교 기관은 '모든 학생의 개인차를 존중하는 학교'로 만들 수 있는 여러 제도적 지원이 이루어지는 기관인가?라는 질문을 하게 된다. 무엇보다 '학생들의 개인차를 존중하는 학교문화 형성 및 제도적 지원'을 통해 '모든 학생을 위한 교육이 이루어지는 학교'가 되도록 여러 전문 인력들의 협력으로 '학생복지'가 실현되어야 한다. 그러므로 사회복지계와 교육계에서는 학생복지 및 교육복지 문제를 해결하기 위한 대안으로서 학교사회복지의 필요성이 대두되었다.

학교사회복지는 학교를 실천장소로 하는 사회복지의 전문분야로서 학교는 사회복지실천의 2차 기관(secondary setting)이다. 학교가 사회복지의 실천장소라는 의미는 학교체계와 학교조직의 특성을 활용하여 학교의 교육목적을 달성하도록 사회복지의 실천방법론을 활용하여야 함을 의미한다(김기환, 1999). 따라서 학교사회복지사는 어떤 형식이든지 학교조직과 지속적인 관계를 맺지 않을 수 없고, 학생의 생태체계에 대한 이해와 실무지식을 가지고 있어야 한다. 또한 학교사회복지사는 학교의 교육목적을 달성하기 위하여 학교 구성원들과 협동해야 하며(Allen-Meares, 2000), 이를 위해 학교조직의 특성과 그것이 학교사회복지의 서비스 전달체계에 주는 함의를 깊이 이해하고 있어야 한다(오영재, 2003). 학교체계와 학교조직의 특성을 고려하지 않은 채 요보호 학생에게 사회복지 실천방법론만을 사용할 경우 학교사회복지는 학교사회복지로서의 정체성과 그 효과성을 발휘할 수 없게 된다. 나아가 학교를 실천장소로 하지 않은 학교사회복지는 학교사회복지의 목적인 학생복지를 아동복지나 청소년복지와 차별화할 수 없는 제한점이 있다. 즉, 장애아동을 위한 사회복지서비스는 서비스의 목적과 실천방법에 따라 아동복지 혹은 장애인복지로 구별될 수 있는 것처럼 학생을 위한 사회복지서비스도 학생복지와 아동복지로 차별화될 때 학교사회복지의 정체성과 전문적인 실천방법을 개발할 수 있기 때문이다(김기환, 1999; 한인영 외, 1997).

이는 학교조직을 주된 활동무대로 하는 학교사회복지사가 그 주어진 직무를 보다 효과적으로 수행하기 위해서는 학교조직 구성원들의 공식적·비공식적인 상호작용, 학교의 주요 과업이 수행되는 절차와 질서, 학교조직의 풍토와 지배적인 규범, 직업환경의 조건 등 학교의 전체적인 특성과 운영 실제에 대한 다양한 지식과 이해가 필수적이라는 것을 의미한다(오영재, 2003).

따라서 학교사회복지를 실천하는 의의는 다음과 같이 정리될 수 있다.

첫째, 학교를 실천장소로 하는 전문적인 사회복지 분야이기 때문에 학교사회복지의 궁극적 목적은 학교가 자신에게 주어진 학교 교육의 목적을 달성할 수 있도록 학교 체계에 사회복지 실천방법론을 적용하는 것이라고 할 수 있다.

둘째, 학교의 교육목적을 달성하기 위해서는 학생의 교육권을 보장하고 이들의 삶의 질을 향상시키는 학생복지가 선행되어야 하기 때문에, 학교사회복지는 교육목적과 학생복지의 실현이라는 이중목적을 동시에 추구해야 한다.

따라서 학교사회복지는 학교라는 실천장소에서 전문자격을 갖춘 사회복지사나 교사 그리고 타 전문직과 협력하여 학교의 교육목적과 학생복지를 달성할 수 있도록 사회복지의 다양한 실천방법론을 적용하는 데 사회복지 전문분야로서의 의의를 가진다고 하겠다(김기환, 1999; 한인영 외, 1997).

2) 학교사회복지의 개념

학교사회복지란 학교에서 일어나는 학생의 문제들을 개인의 문제만이 아닌 개인을 둘러싼 환경과의 상호작용의 문제로 본다. 이러한 측면에서 학생들의 심리, 사회적 문제들을 학생－학교－가정－지역사회의 연계 방법을 통해 예방하고 해결함은 물론, 모든 학생들이 자신의 잠재력과 능력을 최대한 발휘할 수 있도록 최상의 교육환경과 공평한 교육기회를 제공하는 것이 매우 중요하다. 따라서 학교사회복지는 교육의 본질적인 목적을 달성하고, 학생복지를 실현할 수 있도록 도와주는 교육기능의 한 부분을 담당하는 사회복지의 전문분야라고 할 수 있다.

그러므로 학교사회복지는 좁게는 특정 요보호 학생의 치료 활동과 넓게는 교육 효과의 증대를 위한 학생의 복지활동으로 나눌 수 있으나 이 양자를 모두 포함한 의미를 갖는다는 점이다. 그러면 지금까지 다양한 학자들은 학교사회복지를 어떻게 설명하고 있는지 알아보고자 한다.

먼저, Costin(1981)에 의하면, 학교사회복지는 학교가 학생 개개인의 지적·사회적·정서적 욕구와 문제해결에 관심을 갖도록 도와주며, 이를 통하여 모든 학생들이 학교에서 공평한 교육기회와 성취감을 제공받을 수 있도록 학교현장에서 활동하는 전문적인 사회복지분야라고 정의하면서 사회복지의 다양한 실천방법을 활용하여 학교의 교육기능과 목적을 달성하도록 도와주는 사회복지의 전문분야(Costin, 1975, 1981)임을 강조하고 있다.

특히 생태학적 관점의 도입과 더불어 1990년대부터는 학생들의 학교적응과 학교의 사회적 기능을 향상시켜 주기 위한 전문적인 사회복지의 실천분야로서 지역사회 복지기관이나 의료기관과 같은 사회자원을 연계하여 학생과 그의 가족들의 문제해결을 위해 다양한 복지서비스를 제공해 주는 전문적인 원조활동(Hare, 1995)으로 정의되기 시작하였다. 이러한 측면에서 Allen-Meares(1994) 등에 의하면, 학교사회복지는 학생들이 건전한 사회기능을 이룰 수 있도록 준비시켜 주며, 학생 개인의 문제뿐만 아니라 사회환경이나 교육환경의 변화에 즉시 개입하여 학교가 자신의 역할과 기능을 극대화할 수 있도록 도와주는 연계활동이라고 정의하였다(Allen-Meares, 1994). 따라서 학교사회복지사는 일반교사나 교육행정가와는 다르게 학생－학교－가정－지역사회를 연계시켜 주는 고유한 역할을 수행해야 한다고 보았다.

Freeman은 학교사회복지는 아동과 청소년 그리고 그들 가족들의 욕구들과 제한된 환경 내의 자원들을 서로 연결시키기 위해 구성되는 것이며, 이러한 가치에 따라 학교사회복지사의 우선적인 역할로 가정－학교－지역사회를 연결하고 조정하는 것이라고 정의 내리고 있다(Freeman, 1995: 2088-2099).

Barker도 전문적으로 학생들을 돕는 사회복지의 한 분야로서, 학생들이 학교생활에 만족할 수 있도록 학교와 가족, 지역사회에 영향을 주고, 이러한 노력들의 목적을 달성하도록 돕는 것이라고 하였다(Barker, 1996: 335-336). 즉, 학교사회복지의 목표도 학생들로 하여금 학생을 둘러싼 환경에 대처할 수 있는 능력을 향상시키고, 환경의 요구와 일치시킬 수 있도록 하는 것이며, 모든 사회구성원들에게 교육기회를 제공함으로써 개인의 교육권까지 보장해 주는 것이다.

따라서 이상의 정의를 바탕으로 학교사회복지는 교육권에 대한 배분적 사회정의를 실현하는 사회복지의 목적을 추구함과 동시에 궁극적으로 학교와 학생이 전인교육의 교육목적을 달성하도록 도와주는 사회복지실천의 한 전문분야라고 정의할 수 있다.

3. 학교사회복지의 목적, 내용과 대상

1) 학교사회복지의 목적

학교사회복지는 학교에서 일어나는 학생의 문제들을 개인의 문제만이 아닌 개인을 둘러싼 환경과의 상호작용의 문제로 본다. 심리, 사회적 문제들을 학생－학교－가정－지역사회의 연계를 통해 해결함은 물론 모든 학생이 자신의 잠재력과 능력을 최대한 발휘할 수 있도록 최상의 교육환경과 공평한 교육기회를 제공하며 궁극적으로 교육의 본질적인 목적을 달성하도록 돕는다. 학교사회복지는 학생복지를 실현할 수 있도록 도와주는 교육기능의 한 부분이며 사회복지의 전문 실천 분야이다. 이러한 실천을 담당하는 전문 인력을 학교사회복지사로 정의한다. 학교사회복지는 학교가 교육의 본질적인 목적을 달성하도록 도와주는 사회복지의 전문분야이기 때문에 학교사회복지의 목적은 곧 사회복지의 목적과 교육의 목적을 상호 접목시킨 것이라고 할 수 있다. 즉, 인간의 존엄성을 실현시켜 주기 위해 사회복지와 교육의 방법론을 병행하여 최적의 교육환경을 제공하는 것이다(한인영 외, 1997; Radin, 1975).

학교사회복지사는 교육복지와 학생복지 전반의 향상을 위한 복지서비스를 제공하는 데 초점을 맞추며, 사례관리, 가정－학교－지역사회의 연계,

인적 · 물적 자원 개발, 가정에 대한 사회복지서비스, 교사와 협력 활동, 정책결정 지원과 행정, 교육활동지원 등을 수행하고 있다(이태수 외, 2004; 조성심 외, 2016).

따라서 학교사회복지의 구체적인 목적은 다음과 같다.

첫째, 취약학생이나 학교 부적응 학생은 물론 모든 학생들이 자신의 교육적 욕구에 적합한 교육을 받을 수 있도록 공평한 교육기회를 제공해 주는 것이다. 이와 같은 목적을 실현시키기 위한 방법으로 학생 개개인의 교육적 욕구와 권리를 충족시켜 주기 위해서 특별교과과정이나 개별화된 학습지도를 발휘할 수 있도록 교육기회를 공평하게 배분시켜 주는 사회 정책이나 복지서비스를 제공하는 것이 무엇보다 중요하다.

둘째, 공평한 교육기회를 보장받은 모든 학생들이 학교생활에 잘 적응하며 자신의 심리 · 사회적 기능을 향상시킬 수 있도록 전문적인 심리치료와 사회복지서비스를 제공해 주는 것이다.

셋째, 학생들의 총체적인 삶의 질을 향상시켜 궁극적으로는 학생복지를 실현하는 것이며, 이를 통하여 학교가 전인교육의 목적을 달성할 수 있도록 도와주는 것이다. 이와 같은 목적을 실현시키기 위한 방법으로 최적의 학교환경을 조성하는 것이 무엇보다도 중요하다. 최적의 학교환경이란 학업과 성적 향상에 도움을 주는 교육시설이나 기자재가 완비된 물리적인 학교환경을 의미하는 것 외에 학생들이 안전하고 즐거운 학교생활을 영위할 수 있는 심리 · 사회적 환경을 의미한다.

2) 학교사회복지의 내용과 대상

(1) 학교사회복지서비스의 내용

인간의 존엄성을 실현시켜 주기 위해 사회복지와 교육의 방법론을 병행하여 최적의 교육환경을 제공하는 것이 학교사회복지의 궁극적인 목적이라고 볼 때 교육제도 중에 채택되어야 할 학교사회복지서비스의 내용은 첫째, 모든 학생에게 개방된 일반적 서비스, 둘째, 학생이나 부모의 개별적 조건에 따라 제공될 수 있는 특수 서비스로 대별된다.

영국에서는 학생들을 위한 복지서비스로서, 첫째, 학교결식 서비스(school meal service), 둘째, 학교보건 서비스(school health service), 셋째, 심신장애아 특별서비스(special service for handicapped children), 넷째, 교육복지 서비스(education welfare service), 다섯째, 직업지도를 시행하고 있다.

미국에서는 학교 내의 사회적 서비스를 사회 · 정신적 문제 때문에 학생으로서의 기능이행이나 학업에 장애를 갖고 있는 아동의 욕구를 충족시키기 위해서 교육기관 내에서 행해지는 서비스라고 정의하며, 서비스 내용을 첫째, 정신의학적 서비스(psychiatric service), 둘째, 심리학적 서비스(psychological service), 셋째, 출석 장려 서비스(attendance service), 넷째, 직업상담(vocational counselling), 다섯째, 학교사회복지(school social work) 등으로 하고 있다.

우리나라의 경우, 보건 서비스, 급식, 빈곤아동에 대한 물적 · 금전적 원조는 물론 학생들의 사회적 조건에 대한 개별적 서비스도 선진국에 비해 뒤떨어진 상태이다. 따라서 모든 아동의 학교생활, 즉 학습활동을 원만한 것으로 하기 위해서는 이들을 돕기 위한 보건, 위생, 직업지도, 심리학적, 정신의학적 서비스와 아동의 생활환경을 개선시킬 수 있는 개별적 서비스가 주어져야 한다. 이상의 서비스 내용을 학교현장에서 어떻게 활용되는지 설명해 보면 다음과 같다.

① 학생과 학교사회복지

학교사회복지의 가장 중요한 대상은 학생이며, 특히 문제 학생인데 환경적 조정뿐만 아니라 개별 사회복지 방법으로 조사하고, 진단하고, 치료하는 일이다. 또한 문제 학생들을 위한 집단상담, 집단치료 그리고 능력 개발을 위한 집단 활동 등을 들 수 있다.

② 학부모와 학교사회복지

학교사회복지사가 학부모와 일한다는 것은 학생과의 일만큼이나 중요하다. 왜냐하면 겉으로 나타난 학생의 문제는 부모와의 관계에서 오는 것이기 때문이다. 가정의 가치관이 학교생활에 중대한 영향을 주며, 학습과정의 태도와 감정이 다른 학생에게도 영향을 준다. 학교사회복지사는 부모와 상담하고, 부모와 학생의 합동 면담, 가족 치료 활동을 통하여 학생의 치료나 기능 활동을 위하여 간접적인 서비스를 한다.

③ 교사와 학교사회복지

학교사회복지사는 교사의 기능을 대행하는 것이 아니라 학생과 교사와의 관계의 중요성을 인식하고 이들 간의 문제가 생기면 교직원이 상의할 수 있고 의뢰할 수 있는 체계를 만들어 학생의 문제를 해결하는 데 정보 제공과 협력적인 제반 사항을 돕고, 개선 방안도 모색하게 된다.

④ 복지기관과 학교사회복지

지역사회 복지기관과의 일을 통하여 실제적인 서비스와 체계를 개발하고 조성해 나간다.

(2) 학교사회복지서비스 대상

학교사회복지사는 요보호 학생은 물론 일반 학생들에게 심리치료나 진로지도를 제공하며, 지역사회－가정－학교를 연계시켜 주고, 교육정책의 입안이나 이의 실행과 같은 역할을 수행하게 된다(한인영 외, 1997).

따라서 학교사회복지사가 일차적으로 개입해야 할 요보호 학생을 구체적으로 살펴보면(김상균 외, 1997; 한인영 외, 1997) 다음과 같다.

첫째, 대인관계의 행동상에 문제를 보이는 학생이다. 즉, 폭력행동, 부적응 행동, 교사나 성인의 권위에 대항하는 행동 등을 나타내는 학생이라고 할 수 있다.

둘째, 심리·정서적 문제를 갖고 있는 학생이다. 즉, 우울, 소외, 공포, 불안, 자살시도 등을 보이는 학생이라고 할 수 있다.

셋째, 학교규칙을 위반하는 학생이다. 즉, 장기결석, 등교거부, 잦은 지각, 무단조퇴, 수업불참, 복장불량 등을 하거나 근신, 정학을 받은 학생이라고 할 수 있다.

넷째, 가정 환경적인 문제를 갖고 있는 학생이다. 즉, 결손가정, 이혼, 재혼, 빈곤, 입양, 소년·소녀가장의 학생이라고 할 수 있다.

다섯째, 부모가 아동 양육에 문제를 보이는 학생이다. 즉, 학대나 방임을 받는 학생이라고 할 수 있다.

여섯째, 위기상황을 보이는 학생이다. 즉, 갑작스러운 심리적·행동적 변화를 보이는 학생이라고 할 수 있다.

일곱째, 학습부진을 보이는 학생이다. 즉, 지적능력은 있으나 학업목표를 달성하지 못하는 학생이라고 할 수 있다.

여덟째, 비행이나 범죄행위를 하는 학생이다. 즉, 폭력, 가출, 본드 흡입, 불량서클 가입, 임신 등의 비행행동을 하는 학생이라고 할 수 있다.

02 CHAPTER 학교사회복지의 역사와 현황

1. 외국 학교사회복지의 발달과정과 현황

1) 미국 학교사회복지의 발달과정

사회복지와 같은 시기에 태동된 학교사회복지의 100년 역사를 설명하는 것은 쉬운 일이 아니다. 따라서 미국 학교사회복지의 역사를 중심으로, 각 시기에 따라 나타난 학교사회복지의 특성과 발전과정을 알아보고자 한다(한인영 외, 1997).

첫째, 학교사회복지가 등장하고 확산되던 방문교사 시기(1800년대 후반~1930년대)

둘째, 학교사회복지가 공식적인 제도로 학교에 도입되고 사회복지의 전문분야로 정착되는 전문화 시기(1940년대~1980년대 초반)

셋째, 학교사회복지가 학교 내의 통합적인 사회복지서비스의 주체가 되는 학교연계통합서비스(school-based service) 시기(1980년대 중반~현재)

(1) 방문교사 시기

① 1800년대 후반에서 1910년대

1800년대 후반에서 1900년대 초기의 미국 사회는 유럽에서 건너온 이민자와 농촌에서 도시로 이주하는 이농민이 급증하던 시기로서, 당시의 미국 사회는 이러한 이주민들로 인한 교육, 빈곤, 노동환경, 주택, 범죄 등의 다양한 사회문제가 발생하던 시기였다. 유럽 이민자의 증가와 도시화 현상은 빈곤, 아동방임, 주택부족, 정신건강, 범죄 등의 다양한 사회문제를 유발하였으며, 특히 유럽 이민자와 도시 빈민의 자녀들은 언어와 생활문화의 차이로 인해 미국의 도시생활에 적응하지 못한 채 다양한 어려움을 겪고 있었다. 더욱이 이들의 자녀들은 산업화 과정 속에서 노동착취를 겪으며, 학교교육의 기회조차 박탈당한 채 빈곤과 사회부적응의 악순환을 거듭하고 있었다.

이러한 사회문제를 해결하고 도시이주민들의 사회적응을 향상시키기 위해서 19세기 후반에 기독교 자원봉사자들에 의해서 사회복지가 처음으로 탄생하게 되었는데, 1876년에 Stephen Humphreys Gurteen 목사와 Gulkfor Smith에 의해 뉴욕 버펄로에 자선조직단체(Charety Organization Society)가 설립되었으며, 1886년에 Stanton Coit에 의해 뉴욕시에 Neighborhood Guild라는 인보관이 최초로 설립되었다(Dorfman, 1988).

사회복지의 초창기에 설립된 이들 두 기관은 개인이나 사회문제를 보는 관점과 개입방법이 서로 상반되었다. 구체적으로 자선조직단체는 우애방문자를 통하여 빈곤가족의 심리적·사회적 문제를 해결하려고 노력한 반면, 인보관은 지역사회의 열악한 환경을 개선함으로써 빈곤문제와 도시이주민들의 사회적응을 향상시키는 데 관심을 가졌다. 비록 자선조직단체나 인보관이 개인이나 사회문제의 원인을 파악하고 이를 해결하는 방법에서 서로 상반된 견해를 갖고는 있었으나, 이들 두 기관은 자원봉사자들에 의하여 빈곤과 사회부적응을 해결하려고 노력한 사회운동이라는 점에서 공통점이 있었으며, 사회복지를 태동시킨 모체가 되었다.

인보관과 자선조직단체의 확산은 점차 도시이주민 아동의 인권을 보호하고 아동의 복지를 향상시키는 데에도 관심을 갖기 시작하였다. 이는 아동의 권익에 관한 새로운 법률들을 제정하는 데에도 영향을 미치게 된다. 구체적으로는 열악한 노동환경으로부터 아동의 권익을 보호하기 위해 미성년자 노동금지법이 채택되었고, 1899년에는 소년범죄자를 성인범죄자로부터 차별시키기 위한 최초의 아동법원이 시카고에 설립되기도 하였다. 또한 모든 아동들에게 학교교육의 권리를 보장해 주고 아동의 학교출석을 의무화한 의무교육제도가 1852년에 매사추세츠주와 코네티컷주에서 처음으로 도입된 후, 1918년까지 미국의 48개 주 전역에서 아동의 기본권으로 채택되게 되었다(Allen-Meares, 1996).

이와 같이 19세기 후반부터 나타난 아동의 인권과 의무교육의 중요성은 인보관이나 자선조직단체에서 활동하던 사회복지사들에게 학교와 학생을 대상으로 하는 학교사회복지의 필요성을 인식시키게 되는 계기가 되었다. 따라서 20세기 초반에는 지역사회 내의 인보관에서 활동하던 사회복지사들이 그 지역의 학교를 방문하여 이민자 아동들이나 빈곤아동들과 같은 요보호 학생들에게 사회복지서비스를 제공하는 방문교사(visiting teacher)의 역할을 시작하게 되었고, 이러한 역할이 곧 학교사회복지의 태동을 이루게 되었다. 방문교사(visiting teacher) 자격의 초기 학교사회복지사들은 문제가 있는 아동의 가정을 방문하여 학생의 출석의무를 도울 뿐만 아니라, 이들 학생이 학업목표를 성취할 수 있도록 도와주는 학교-가정의 연계자 역할을 수행하였다. 또한 초기의 방문교사(visiting teacher)들은 지역사회 내의 학교가 변화하는 사회현상과 환경을 이해하고, 이러한 변화에 따라 교육정책을 수립하고 실행할 수 있도록 도와주는 역할도 수행하였다.

방문교사제도는 1906학년도에서 1907학년도 사이에 처음으로 뉴욕, 보스턴, 하트퍼드의 세 도시에서 각각 독립적으로 실시되었으며, 학교사회복지의 모체가 되었다. 그러나 이들 세 도시에서 제공된 방문교사(visiting teacher)의 역할과 기능은 각 도시의 특색과 상황에 따라 서로 차이가 있었다(Allen-Meares et al., 1996). 한 예로, 뉴욕시의 경우에는 Hartley House와 Greenich House에서 근무하는 2명의 사회복지사가 자신들의 인보관에 속해 있는 학생의 가정과 학교를 수시로 방문하면서, 학교교사에게는 이들 학생의 가정환경에 대한 정보를 제공하고, 부모에게는 학생의 학교생활을 알려주어 학교와 가정이 학생의 학업성취를 위해 상호 협조할 수 있도록 도와주는 연계자의 역할을 하였다. 뉴욕시의 경우와는 달리 하트퍼드시에서는 정신건강소(Psycological Clinic in Hartford)의 소장이 주변의 학교를 직접 방문하여 정신건강에 이상이 있는 학생들의 가정사나 사회력을 조사하고 이들이 정신건강소에서 치료를 받을 수 있도록 도움을 주었다. 보스턴시의 경우에는 여성교육협회(Women's Education Association)의 사회복지사가 방문교사(visiting teacher)의 자격으로 지역 내의 학교를 방문하여 학교-가정의 연계자 역할을 수행하였다.

세 도시에서 활동하던 초기의 학교사회복지사들은 각 도시와 복지기관의 특성에 따라 다소 상이한 역할을 수행하였으나, 이들은 모두 지역사회에 있는 민간단체나 사회복지기관에 근무하던 사회복지사들이며, 방문교사의 자격으로 지역사회-가정-학교의 연계자 역할을 하였다는 데 공통점이 있었다. 또한 이들은 학교부적응이나 학업부진을 겪고 있는 요보호 학생을 대상으로 하여 이들의 학업성취를 궁극적인 목적으로 하였다는 점에서 공통점이 있다(Allen-Meares et al., 1996).

비록 그 당시 방문교사(visiting teacher)들의 역할이 요보호 학생의 학업성취와 의무교육권을 보장해 주는 교육목적의 달성에 중점을 두었다 하더라도, 이들의 역할은 사회복지의 초창기에 양분되었던 인보관 중심의 지역사회조직 방법론과 자선조직단체 중심의 개별지도 방법론을 통합한 사회복지의 고유한 방법론을 활용하였다는 데에 더욱 큰 의미가 있다. 따라서 초기 방문교사의 역할과 방법론은 학교사회복지의 정체성을 확립하고 발전시키는 데에 중요한 역할을 제공하게 되었다(Constable, 1996).

사회복지기관에서 학교에 파견되어 활동하던 방문교사제도는 1913년 뉴욕교육청에서 방문교사(visiting teacher)를 정식 교사로 고용함으로써 학교사회복지사가 학교제도 내의 전문 인력으로 인정받는 계기가 되었다. 이후 방문교사제도가 학교제도의 공식적인 제도로 확립되기 시작하면서, 1919년에는 뉴욕시에서 최초로 방문교사협회(National Association of Visiting Teachers)가 창설되었으며, 이 협회를 통하여 방문교사의 역할, 조직, 행정 체계 등이 구체화되었다. 따라서 이 시기의 학교사회복지는 빈곤이나 학교부적응으로 인한 요보호 학생의 학업성취를 돕기 위한 지역사회-가정-학교의 연계 활동이 중심을 이루었다.

② 1920년대에서 1930년대까지

1923년에 방문교사제도가 소년범죄의 예방에도 도움을 준다는 연구 결과가 발표되면서, Commonwealth Fund의 재정지원에 의해 학교사회복지에 대한 전국적인 시범사업이 전개되었고, 방문교사제도도 점차 확산되기 시작하였다. Commonwealth Fund는 미국 방문교사협회에 재정적인 지원을 하여 30개의 도시와 농촌지역에 각각 1명씩의 방문교사를 배치하도록 하였으며, 이러한 시범사업의 효과성으로 인해 1930년경에는 31개 주에 총 244명의 방문교사가 고용되었다(Allen-Meares et al., 1996).

학교 내의 전문 인력으로 고용된 이 시기의 방문교사(visiting teacher)들은 사회복지적인 접근 방법과 기술을 활용하여 학생과 학교 간의 상호 이해를 돕고, 결국에는 '학생의 개별화와 학교의 사회화'를 이루는 이중적인 역할을 수행하기 시작하였다(Stuart, 1986). 즉, 방문교사는 개인 학생의 학업이나 장기결석에 영향을 주는 가정환경과 지역사회의 원인들을 찾아 이를 학교에 알려 줌으로써 학교가 학생의 개인적인 특성에 맞는 학업계획을 설정하거나 이들의 상황에 적합한 개별화 교육을 재고할 수 있도록 도움을 주었다. 그러나 1920년대 후반에 일어난 정신건강에 관한 사회적 관심으로 인해 방문교사의 역할에도 변화를 요구하게 되었다. 즉, 이 시대의 방문교사는 아동의 학업성취를 위한 지역사회-가정-학교의 연계자보다는 정신건강의 예방과 치료에 중점을 두는 정신건강 전문가의 역할로 점차 변화되기 시작하였다.

특히 1920년대 이후의 사회복지계는 과학적 자선과 사회복지의 전문화에 관심을 가졌던 시기로서, 이 시기에 개인의 심리이론, 개별지도 방법론, 사회복지의 가치, 정체성 등이 발전되었으며, 사회복지사를 교육시키는 정규과정의 대학이 점차 증가하게 되었다. 사회복지대학의 설립은 개별 사회복지사(social case worker)와 심리치료사의 훈련을 받은 사회복지사들의 양산을 의미하는 것이며, 이러한 교육내용의 영향으로 인해 1920년대에 학교사회복지사도 학생의 정신건강을 예방하고, 심리적인 기능을 향상시키는 심리치료사 역할로 점차 변화되기 시작하였다. 즉, 1920년대 들어 나타난 사회복지의 전문화와 정신건강운동으로 인해, 학교사회복지사들은 정신건강에 문제가 있는 학생들에게 전문적인 심리치료를 제공하는 데 보다 관심을 갖기 시작하였으며, 지역사회-건강-학교를 연계하는 연계자로서의 역할이 감소되어졌다. 따라서 이 당시에는 학교사회복지의 대상이 되는 학생의 수가 소수에 불과하였으며, 학교제도가 교육과정에 대하여 학교사회복지사가 직접적으로 개입하여 도움을 주는 경우는 적었던 시기였다(Germain, 1996). 그럼에도 불구하고 이 시기는 학교사회복지가 의료사회복지나 정신의료사회복지와 같이 사회복지의 한 전문분야로 정착되는 데 가장 중요한 시기였으며, 마침내 1929년의 Milford 회의에서는 방문교사를 사회복지의 6대 전문분야 중의 하나로 인정하게 되었다(Stuart, 1986).

(2) 학교사회복지의 전문화 시기

① 1940년대에서 1960년대 초반까지

이 시기는 방문교사(visiting teacher)라는 명칭이 학교사회복지사로 점차 개칭되는 시기로서, 1945년에는 기존의 '방문교사협회'가 '학교사회복지사협회(SSWAA: School Social Work Association of America)'로 개칭되었다. 이 협회는 1948년에 학교사회복지의 전문화를 위해 학교사회복지사의 자격조건, 대학교육의 내용, 양성 과정 등을 표준화하였으며, 이러한 표준화의 노력에 따라 1950년까지 학교사회복지사의 자격기준에 적합한 교육을 제공하는 사회복지대학원이 10개교가 설립되었다. 학교사회복지사협회는 1955년에 '미국 사회복지사협회(NASW: National Association of Social Workers)'가 창설되면서 사회복지의 한 전문 단체로서 위 협회에 참여하게 되었으며, 오늘날까지 학교사회복지의 전문화를 위해 노력하고 있다(Allen-Meares et al., 1996; Constable, 1996; Stuart, 1986).

학교사회복지의 제도적인 정착과 함께 학교사회복지가 전국적으로 확산되던 이 시기는 학교사회복지사의 역할이 점차 전문적이고 미시적으로 변화되던 시기이다. 즉, 1920년대 후반부터 일기 시작한 정신건강운동과 1930년대에 우세를 보인 개별사회복지 방법론(case work)은 요보호 학생의 발생원인을 가정이나 지역사회의 열악한 환경보다는 학생 개인의 심리적 혹은 인성적 문제로 보았기 때문에, 학교사회복지사의 역할도 지역사회-가정-학교의 연계자에서 심리치료사나 개별사회복지사로 변화되기 시작하였다. 그러므로 이 시기의 학교사회복지사는 요보호 학생의 학습에 장애를 주는 가정환경이나 학교환경을 변화시키는 데에 중점을 두기보다는 학생 개인의 학교부적응이나 심리·정서적 문제의 원인을 파악하고, 개인상담이나 집단치료의 방법론을 활용하여 학생의 인성과 심리문제를 치료하는 데에 더욱 치중하게 되었다. 즉, 이 시기의 학교사회복지사는 학생과의 라포(rapport) 형성, 문제의 사정, 다양한 심리치료기법 등을 사용하는 학교 내의 전문심리치료사이며 특수한 형태의 개별사회복지사로 인식되었다.

② 1960년대 중반에서 1980년대 초반까지

1960년대 초반부터 일기 시작한 인권운동, 인종차별 반대, 장애인의 교육권 보장, 반전운동, 인종 간 통합교육, 교육기회의 동등권 보장, 중퇴생들의 증가 등과 같은 사회변화는 그동안 지식 함양과 사회화 과정의 준비기관으로만 인식해 오던 학교의 역할에 대하여 비판을 가하면서 새로운 학교환경과 교육과정을 요구하게 되었다.

학교교육을 비판하는 사람들은 학교가 모든 학생들을 백인 중산계층의 생활과 가치관에 맞추도록 학생들에게 일률적인 교육과정을 제공하고 있으며, 이로 인해 학교는 인종 간, 계급 간, 지역 간의 격차를 벌려 놓았다고 보았다. 즉, 학생들은 불공평한 학교환경과 획일화된 교육과정으로 인해 학교에 부적응하게 되고 학업부진과 다양한 심리적 · 정서적 문제를 일으키게 된다고 설명하였다. 따라서 이 시기의 학교사회복지사는 학교의 기능을 재조정하고 학생의 학교생활에 영향을 주는 사회환경에도 적극적으로 개입할 것을 요구하게 되었으며, 학생의 문제를 해결하기 위한 거시적인 개입도 필요하게 되었다.

특히 1970년대에 등장한 체계이론과 생태학적 관점은 학교를 사회체계 내의 한 부분으로 인식하는 데에 도움을 주었으며, 이로 인해 학교사회복지사는 학생의 학교부적응과 학습부진의 원인을 학생 개인의 심리 · 정서적인 특성뿐만 아니라, 사회환경이나 학교환경에서도 파악하게 되었다. 학생의 문제를 미시적이고 또한 거시적인 체계에서 이해하려는 체계이론의 도입은 곧 학교사회복지사가 학교 내 타 전문직과 협조하여 보다 포괄적이고 다양한 서비스를 제공하는 팀접근이 필요함을 부각시키게 하였다.

한 예로, 1969년 워크숍의 주제는 '1970년대의 사회변화와 학교사회복지'로 1970년대의 학교사회복지는 개인 학생을 대상으로 하는 접근에서 지역사회와 학교체계로 좀 더 확대되어야 함을 강조하였으며, 학교사회복지사가 사회정책에도 적극적으로 참여하여야 함을 제시하였다(Allen-Meares et al., 1996).

더욱이 1975년에 제정된 「장애아 교육법」(Education for All Handicapped Children Act)은 학교사회복지가 장애학생을 포함한 모든 학생에게 도움을 주어야 하는 학교제도 내의 전문직임을 나타내는 근거법으로 학교사회복지사의 역할을 심리치료사에서 학교행정가, 지역사회 연계자 등으로 확대시키는 계기가 되었다.

따라서 1970년대의 학교사회복지사들은 심리치료적인 상담서비스 외에 체계학적 관점에 기초한 지역사회-가정-학교의 자원개발과 상호연계, 부모교육 등의 서비스와 학교행정체계 개혁, 교과과정 개선, 지역사회 환경개선, 정책입안 등을 위한 자문가와 대변자의 역할도 제공하기 시작하였다(Allen-Meares, 1977). 즉, 학교사회복지사의 역할이 임상적이고 미시적인 심리치료사에서 지역사회-가정-학교를 연계하는 연계자의 역할과 사회정책의 변화를 주도하는 지도자의 역할로 점차 확대되었다.

(3) 학교연계의 통합적 서비스 시기

① 1980년대 중반 이후

청소년 학생의 중퇴, 미혼모, 마약, 가출, 범죄 등의 학생문제와 빈곤아동, 아동학대, 걸인, 부랑아, 이혼, AIDS 등의 사회문제가 점차 심각해지면서 1980년대에는 이러한 문제를 예방하고 해결하기 위해서 보다 포괄적이고 통합적인 학교사회복지서비스가 필요하게 되었다. 특히 체계이론에 의하여 학교와 사회환경 간의 상호관계가 중요시되면서 학생의 학교생활에 영향을 주는 가정환경, 학교환경, 사회환경의 조건들에 대한 연구가 증가했고, 이러한 연구를 통하여 학교환경의 개선과 학교의 사회적 역할을 강조하게 되었다.

따라서 교육목적을 달성하기 위해서는 학교가 교육기능 외에도 포괄적인 복지서비스를 제공하는 사회체계로서의 역할을 수행하며, 사회문제의 예방과 해결에도 직접적으로 참여하는 장소로 변화해야 한다고 여겨졌다. 심리치료와 문제해결의 방법만으로는 요보호 학생의 문제를 근원적으로 해결하지 못하기 때문에 학교환경과 교육기능의 변화가 우선적으로 이루어져야 한다고 생각하였다. 1980년대에 일어난 이러한 교육개혁운동은 학교사회복지의 역할과 기능을 변화시키는 데에 중요한 영향을 미치게 되었다.

이 시기의 교육개혁운동은 학교사회복지의 대상을 요보호 학생에서 일반학생으로 확산시키는 역할을 하였다. 특히 상담의 개념이 문제행동의 사전예방이나 치료를 강조하는 의학적 모델에서 인간의 잠재력 개발 및 발달촉진의 기능을 강조하는 발달적 모델로 전환되면서 학교사회복지도 전 학생을 대상으로 하는 학교 내의 서비스로 확대되는 데 영향을 주게 되었다.

학교가 중심이 되어 사회복지서비스를 제공하려는 이러한 방법은 혁신적인 사회복지서비스 전달체계이며, 학교사회복지의 새로운 모델이라고 할 수 있다(Berrick & Duerr, 1996; Franklin, 1995; Hare, 1994, 1995). 즉, 학교와 지역사회의 복지기관이 상호 연계하여 학교에서 통합적 복지서비스를 제공하게 되면, 학교는 학생의 학교 출석률을 향상시키고, 학업성취를 촉진시키며, 학교부적응과 사회문제를 예방할 수 있는 이상적인 교육환경이 되어 궁극적으로는 교육목적과 사회복지가 동시에 실현되는 장소가 될 수 있다고 보았다. 학교 중심의 통합적 사회복지서비스로는 정신건강, 보건 및 의료, 비행예방, 성교육, 가족계획, 경제적 지원, 취업훈련, 탁아사업, 가족상담, 부모교육, 교사자문 등이 포함되며, 이를 위하여 학교사회복지사는 심리치료사의 역할 외에 교육자, 자문자, 연계자의 역할을 중요시하는 사례관리자

(case manager)로서의 역할이 강조되었다(Berrick & Duerr, 1996; Hare, 1994, 1995; Pennekamp, 1992).

이와 같은 역할을 수행하기 위해서는 강화된 학교사회복지사의 자격을 요구하게 되었기 때문에 학교사회복지사는 사회복지 석사 이상의 학위를 갖거나 주 정부 혹은 전미 사회복지사협회에서 발급하는 전문사회복지사 자격증이 필요하게 되었다.

1996년, 미국에는 25개 주에 주 단위의 학교사회복지사 협회가 조직되어 있었으며, 20개 주에는 전미 사회복지사협회 산하의 학교사회복지사 분과가 조직되어 있었다. 또한 1994년에는 전미 사회복지사협회와는 독립된 School Social Work Association of America가 결성되었으며, 산하에 광역 단위의 학교사회복지사협회로 Midwest School Social Work Council, Southern School Social Work Council, Western Alliance of School Social Workers, Northeastern Coalition의 4개 단체가 조직되어 있었다. 이러한 전문단체들은 전미 사회복지사협회와 상호 협력하면서 학교사회복지사의 권익과 전문성 향상에 노력하고 있다(Allen-Meares, 1996).

2) 독일 학교사회복지의 발달과정

독일 학교사회복지의 기원은 1970년으로 거슬러 올라가는데 서베를린에 제2차 교육제도에서 Full time 사회교육사(social pedagogues)가 소개되면서 시작되었다. 사회교육학(social pedagogues)은 학교사회복지 이전에 존재한 유럽의 전통적 전문학문분야인데 서로 다른 환경에 있는 다양한 클라이언트에게 서비스를 제공해 왔다(Kath, 1973). 사회교육사는 케어, 상담, 가족 및 아동상담 등을 주로 하였는데 대체로 사회기술(social skill), 대인관계기술, 개인적 성장을 목표로 클라이언트를 도와주었다(Wulfers, 2002).

사회복지 그 자체는 20세기 초에 발달되기 시작하였으며 가난한 사람들을 위한 care와 소수 인종의 문제를 최우선으로 다루었다. 현재 '사회복지'와 '사회교육'은 서로 융합해 오고 있는데 독일에서 School Social Work이란 용어는 Social Work와 Social Pedagogy의 요소를 합성한 용어라고 할 수 있다(Wulfers, 2002).

독일에서의 학교사회복지는 학교세팅에서 사회복지가 보다 복잡하고 다양한 서비스를 제공하기 위한 요소를 포함하며 학교에서는 사회교육사의 업무의 연장으로 간주된다. 여러 주나 대부분의 학교에서 시행하는 학교사회복지의 개념적 차이가 존재하지만 오늘날 대부분의 주와 대부분의 학교에서 학교사회복지사가 활동 중이다(Gewerkschaft Erziehung und wissen Schaft, 1994, 2002).

독일은 각 주마다 사회문제로서 교육적인 문제를 가지고 있으며 모든 주의 학교사회복지의 본질과 내용은 서로 다양하다. 독일에서 학교사회복지란 용어는 "슐쪼지알 아르바이트(Schulsozial arbeit)"이며 이 용어는 미국에서 사용된 용어를 그대로 번역한 용어이다. 1970년경 전후, 서독 지역에서는 학교사회복지 형태의 서비스가 학교 내에서 또 하나의 사회교육학으로 이해되었다. 학교 내에서 실시된 사회교육과 구별하기 위하여 학교사회복지(Schulsozial arbeit)라는 명칭이 학교 외부에서부터 사용하게 되었다(Abels, 1970).

19세기 말 비스마르크 정권하에 지금까지 지역적으로 실시되어 오던 사회복지사업의 본체가 통합적으로 구현되기 시작하였다. 당시 독일은 통일사업의 일환으로서 국가 주도의 사회복지 정책을 전개해 나갔다. 특히 주목할 만한 점은 사회복지사업 중에 청소년복지사업의 시작은 미래의 주역을 잘 길러내고 양육하는 일에 국가가 앞장서야 함을 인식한 결과라고 할 수 있다(Knoll, 1992: 55).

비스마르크 시대에 제국청소년복지법(RJWG: Reiches Jugendwohlfahrtgesetz)이 제

정되어 1922년까지 사용되다가 청소년복지법(JWG)에 자리를 내주었지만 법적 골격은 유사했다. 1924년부터 유효하게 된 청소년복지법에 의해서 각 주와 시에 청소년복지사업을 주도할 청소년청(Jugendamt)이 설치 · 운영되게 되었다(Kreft et al., 1980: 267). 현재 독일의 청소년복지사업 및 정책은 1993년 1월 1일부로 새로 제정 도입된 「아동 및 청소년 지원법」(Kinder-und Jugendhilfegesetz)에 근거하여 실시되고 있다. 이 법은 1922년부터 1993년까지 약 70년 이상 여러 각도로 수정되고 개정되면서 지속 유지되어 온 전통적인 「청소년복지법」(Jugend wohlfahrts gesetz)을 와해시켰으며, 약 30년 이상 끌어온 청소년복지정책에 대한 근본적인 개혁논쟁의 종지부를 찍으면서 완성되었다. 특히 이 법은 그동안 시행되어 오다가 1992년 7월 27일부로 해지된 「임산부 및 가족지원법」을 오히려 보다 포괄적으로 수용하면서 일대 혁신의 계기를 맞았다(Knoll, 1992: 47). 시대적으로 이 법은 통독 후 양독 진영의 단일화된 청소년복지사업으로서 아동 및 청소년 지원에 대한 새로운 이념과 목표를 세우는 데에도 기여하게 되었으며 독일 청소년 지원 사업의 발달사에서 하나의 경계석으로 표현될 수 있다(Dieter et al., 1995).

이 법의 수혜범위는 아동, 청소년 및 이들의 부모뿐만 아니라 여러 가지 어려운 생활상태와 양육 및 교육상태에 처해 있으며 아직도 자립하지 못한 초기 성년자들까지를 포함하고 있다. 이는 부모의 양육[1] 책임을 강화시키고 동시에 이를 지원하는 것을 목표(Bundes ministerium, 1995: 7)로 하고 있는데, 이 법은 독일의 학교사회복지 발달에 있어서 매우 중요한 법으로 다음과 같이 평가되고 있다.

첫째, 이 법은 "환경 속의 개인"이라는 사회복지실천 원리를 정당화시켰

1) '양육(養育)'이란 독일어로 Erziehung을 번역한 것으로서, 이는 원래 '교육'을 의미한다. 따라서 독일의 사회복지사업의 영역에서는 '양육'과 '교육'이 동일시되고 있음을 알 수 있다. 특히 인생 중 가장 중요한 교육수혜의 시기인 청소년층을 대상으로 하는 청소년복지사업에서 '교육'은 양육의 기능에서 가장 핵심적인 요소가 된다(Thiersch, 1992: 13).

으며 공공 청소년 복지 원조(Jugend hilfe)에 의해서 공식적으로 인정되기에 이르렀다. 그 결과로 학교가 아동과 청소년에게 중요한 환경이라는 인정을 받게 되었다(Lorenz, 1991).

둘째, 아동 · 청소년 복지법의 제13항과 제18항은 특별히 학교사회복지와 관련하여 매우 중요한데, 그 이유는 법안으로는 처음으로 청소년의 학교교육이 증진되고, 학교에서 직업으로의 이행과정에서 사회적 통합에 도움을 줄 수 있는 특별한 사회교육이 제공되어야 한다고 언급되었기 때문이다. 특히 공공 청소년복지 기관의 경우 청소년과 그들의 가족 복지에 영향을 미치기 위해 학교와 보다 효과적인 파트너십이 중요함을 언급하고 있다. 이 법안은 아동 및 청소년복지와 학교 간의 지속적인 협력을 위한 법적인 토대를 마련했고, 많은 지역사회가 이것을 시작점으로 하여 새로운 협력관계를 시도하고 있다. 이렇게 독일의 아동 및 청소년 복지법은 학교에서 학교사회복지 대상 아동 및 청소년들에게 그 원리를 고스란히 적용하는 큰 틀로서 작용하고 있음을 알 수 있다.

(1) 독일 학교사회복지의 개념 및 서비스 대상

학교사회복지는 억압받고 있는 사람들의 사회화와 학교에서의 적응을 돕기 위한 기대를 가지고 출발하였다. 따라서 내용과 정의가 서로 다름에도 불구하고 학교사회복지는 학교와 광범위한 사회복지서비스를 연계하는 것으로 간주되고 있다(조미숙, 2004).

Stickelmann(1981)은 다음과 같이 학교사회복지를 정의하고 있다. “학교사회복지란 억압받고 있는 아동과 청소년을 대상으로 그들이 겪고 있는 복잡한 가족문제, 특히 학교현장에서 일어나는 모든 문제를 해결하기 위해 개별적 접근 또는 집단적 접근 및 지역 사회적 접근을 시도함으로써 그들의 문제와 고통으로부터 보호하는 모든 행위의 사회복지서비스이다”라고 정의하고 있다(Wulfers, 2002; 재인용).

학교사회복지의 목적은 낙인(Stigma)을 타파하는 것이며 학교에서 특수한 아동 · 청소년 그리고 집단과 함께 일하는 것이다. 즉, '대안학습'과 '실험적 제안'을 가지고 아동과 청소년들의 상황에 접근하는 모든 방법들을 학교사회복지라고 할 수 있다(Stickelmann, 1981).

그러나 최근의 학교사회복지는 사회복지적 방법을 토대로 학교와 관련된 모든 활동들 또는 학교에서 학생과 교사, 부모 간에 갈등과 차이, 차별 등을 다루기 위해 접근하는 모든 활동을 의미한다.

학교사회복지는 비교적 새로운 분야로서 통일된 비전과 목표, 그리고 방법은 없지만 현재 독일에서 학교사회복지라는 용어는 잘 받아들여지고 있다. 그러나 학생의 목표집단 설정, 학교사회복지서비스를 제공하기 위한 목표 설정 등 앞으로 논의되어야 할 부분들이 많이 있다. 그럼에도 불구하고 학교사회복지는 모든 학생들에게 영향을 미치는 모든 문제의 범위에서 활동해야 한다는 대원칙에 합의하고 있다(Wulfers, 1996).

그러나 현재 모든 학생들과 함께 활동하기 위한 자원은 불충분한 상태이므로 "학교적응에 문제를 가진 집단"을 일차적인 대상 집단으로 하고 있다.

따라서 독일의 학교사회복지의 대상을 정리하면 다음과 같다.

첫째, 알코올이나 마약 그리고 범죄행위와 연루되어 있는 위기 아동 및 청소년

둘째, 문제행동을 나타내거나 학교위반문제를 가진 아동 및 청소년

셋째, 특별히 심리적 어려움을 갖고 있거나 나타내는 아동 및 청소년 등이다.

독일의 학교사회복지에서 이들의 문제를 해결하기 위해서는 학부모와 교사, 그리고 학교 밖의 기관과의 연계 및 협력은 매우 중요하다. 이때 학교사회복지사는 학생의 욕구가 학교, 학부모 그리고 다른 권위자의 견해와

상치할 때 우선적으로 학생의 욕구에 초점을 맞추며 학교사회복지사는 학생들의 욕구를 충족시키기 위하여 이들 갈등의 요인을 적극적으로 해결할 수 있도록 도움을 주고자 한다. 그럼에도 불구하고 학교 선생님은 학업을 강조하는 반면 학교사회복지사는 학생의 심리·사회적, 정서적 욕구에 초점을 맞추지만 이 모든 것들은 학생이 학교에 잘 적응하도록 도울 수 있어야만 한다는 대원칙에는 일치하고 있다(조미숙, 2004).

독일의 학교사회복지는 학교 내에서 교사들의 짐을 덜어주기 위해 존재해야 하며 문제를 완화시키기 위해 함께 노력해야 한다는 관점이다. 다시 말해 학생이 가정과 학교 그리고 사회에서 가지고 있는 불안감과 공격성의 근본 원인이 발견되어야 하고, 가능하다면 가족과 사회단체, 교사들, 청소년 지원 단체, 그리고 직업훈련장 및 직장과의 협력을 통하여, 또한, 아동과 청소년 그리고 부모가 학교 및 지역사회 내의 책임에 참여하는 것을 통하여 문제가 해결될 수 있다고 본다(Rothe, 1990).

(2) 독일 학교사회복지사의 역할

학교사회복지와 청소년복지는 항상 학생이 학교에서 성공할 수 있도록 기회를 제공하고 그들이 사회적 주변화(marginalization)를 극복할 수 있도록 돕는 데 그 목적을 가지고 있다. 학교사회복지는 이러한 목적, 즉 학교와 관련하여 아동과 청소년 그리고 그 가족들의 이익을 발전시키려는 목적에서부터 출발하였다. 그러나 독일의 학교사회복지는 단지 학교만을 활동무대로 한정시키고 있지 않다(Rademacker, 1992).

학교사회복지의 기본적인 역할은 개별적인 증상을 치료하는 것뿐만 아니라, 학생들의 욕구가 제기되는 전체 환경에서의 문제 해결을 위한 접근을 시도한다고 할 수 있다. 공공 청소년복지서비스와 아동 및 청소년에게 제공되는 다른 기관의 개입도 학교사회복지의 통합적인 부분이라고 본다.

따라서 일반적으로 학교사회복지사의 역할은 다음의 다섯 가지로 구분할 수 있다(조미숙, 2004).

첫째, 학교에서의 문제행동을 예방한다. 학교에서 폭력적인 행동을 보이거나 문제행동이 두드러진 학생들은 나중에 청소년복지의 대상자가 된다. 학교사회복지서비스를 통해 이러한 문제들을 평가하게 되는데 이때 학생과 학교 체계 모두가 협력하여 이루어진다.

둘째, 학생의 사회적 능력을 증진시키는 것이다.

셋째, 청소년 서비스 기관과의 협력을 촉진한다.

넷째, 학교 행정가와 사회복지 개입에 관한 우선순위를 결정한다.

다섯째, 학교사회복지는 학부모에게 법 기관이나 지역사회기관에서 제공하는 이용 가능한 지원의 도움을 받도록 정보를 제공하고, 그들이 이러한 서비스를 이용할 수 있도록 도와준다.

그러나 독일의 학교사회복지의 역할을 하나의 규정집으로 목록화하는 것은 불가능하다. 왜냐하면 서로 다른 지역과 학교에서 저마다 강조하는 부분이 다양하고, 학교사회복지사의 능력에 있어서도 차이점이 있기 때문이다. 또한 학교 행정가가 요청하는 부분에 대한 차이점도 있다. 학교사회복지사는 항상 수많은 학생들과 학교문제로 인해 무엇에 가장 에너지를 집중해야 할지 선택해야 한다. 학교사회복지사는 학교에서 학생들의 행동과 적응의 향상과 관련된 많은 일들을 수행해 왔다. 예를 들면, 문제해결을 위해 개별 상담과 집단 상담을 하거나, 부모와 교사들과의 공동작업을 수행한다. 또한 학생들이 독립적인 학습 기술을 배우고 동기부여를 촉진시킬 수 있는 가정학습 진단을 제공한다. 자발적인 참여와 비밀유지는 학교사회복지서비스에 있어서 기본이라고 할 수 있으며, 또 다른 측면에서 볼 때 학생들과 학교사회복지사 사이에 작은 신뢰도 여기에 포함될 수 있다.

학교사회복지사는 또한 외부 강사를 교실로 초청하여 학교를 개방하고 학생들에게 동기부여를 강화시키기도 한다. 학생들의 생활과 관련한 학교 외부 활동도 있다. 예를 들어, 학교사회복지사가 클럽 활동이나 학생연맹 같은 활동을 포함하는 학생들의 여가활동에 참여하는 것이다. 학생집단으로 하여금 외국 학생과의 다양성과 같은 특정한 주제를 가지고 토론을 하도록 기회를 제공할 수도 있다. 또한 직업을 구하거나 기술을 배울 수 있는 곳을 찾는 일에 어려움을 느끼고 있는 학생들에게 학교사회복지사가 직업 소개와 직업 배치에 대한 도움을 제공할 수도 있다.

교사와 학교사회복지사가 함께 지속적인 교육을 통하여 서로의 견해를 확장하도록 하는 작업은 독일의 학교사회복지에서 매우 중요한 측면이다. 이러한 활동들은 두 전문가가 협력할 수 있도록 도와주고, 학생들의 학문적인 향상과 사회적 발달 모두를 촉진시킬 수 있도록 하기 때문이다. 그러나 독일 학교에서 교사와 학교사회복지사와의 관계를 모순관계라고 제기하기도 한다. 왜냐하면 교사들은 학생들의 사회적 발달을 위한 책임성을 이미 갖고 있는데, 학교사회복지사의 개입으로 인해 교사들이 다루는 교육의 단면들에 대한 비평으로써 해석될 소지가 있다는 것이다(Lorenz, 1991, 1992).

독일의 학교현장에서 학교사회복지사라는 새로운 지위가 마찰 없이 정립된 것은 아니다. 교사들은 때때로 학교사회복지사가 학생들이 직면한 위기를 해결하고 그들이 학습할 준비가 되도록 교실로 돌려보내는 역할을 한다는 견해를 밝히기도 한다. 학교사회복지사는 때때로 교사가 전인적인 관점에서 학생들의 발달을 고려하는 것이 아니라 단지 수업을 진행하는 것에만 관심을 가지고 있는 것으로 이해한다. 따라서 공동의 상호 협력을 통한 문제해결과 공동작업에 대하여 회의론적일 수 있다. 그럼에도 불구하고 학교사회복지 실천에 있어서 중요한 것은 학생의 이익을 위해 사용될 수 있는 학교사회복지의 지식과 기술 차원에서 교사들과 협력관계를 구축함으로써 서로의 전문성이 존중된다는 것이다.

(3) 독일의 학교사회복지 모델 및 프로그램

독일의 대표적인 학교사회복지 실천모델로서 비스바덴 모델과 비스바덴시에서 직접 실시하고 있는 학교사회복지 프로그램을 소개하면 다음과 같다(조미숙, 2004).

① 비스바덴 모델

비스바덴 모델(Wiesbaden Model)은 Kersten과 Wulfers(1999)에 의해 소개되었는데, 비스바덴이라는 한 도시에서의 학교사회복지의 발전을 한눈에 볼 수 있는 독일 학교사회복지의 구체적인 예라고 할 수 있다. 비스바덴시의 학교사회복지는 정부기관이 청소년복지서비스의 일환으로 청소년복지 산하에 독립적으로 시행하고 있는 분야이다.

이곳의 학교사회복지는 1977년에 시작되었으며 현재 18개 도시에서 시행되고 있다. 어떤 학교에는 2명의 학교사회복지사가 상주하는 곳도 있다. 이들 18개 프로그램에서 비스바덴(Wiesbaden) 청소년국 산하에 4,000명에 이르는 학생들에게 학교사회복지서비스를 제공하고 있다. 학교사회복지의 개념은 비스바덴 지역의 클라렌탈(Klarenthal)이라는 학교에서 처음 발전되었다. 클라렌탈에서의 학교사회복지서비스는 매우 성공적으로 실행되었는데, 이 학교를 모델로 하여 비스바덴시의 여러 학교로 학교사회복지가 확대 실시되었다.

여기서 비스바덴 학교사회복지에서 동의한 가이드라인을 소개하면 다음과 같다.

첫째, 교사와 학교사회복지사는 일상적으로 기초가 되는 모든 일에 긴밀하게 협력한다.

둘째, 학교사회복지사는 특수학급 또는 특정 연령의 학생들과도 일해야 한다.

셋째, 학생들이 자발적으로 참여하도록 한다.

넷째, 학교사회복지사는 전체 학교에서 진행되는 모든 프로그램에 관여한다(예를 들면, 지역사회를 위한 학교 건물 사용과 관련된 협의 및 조정 포함).

다섯째, 학교사회복지사는 도시에 학생을 위한 다양한 서비스 기관과 연계망을 구축한다.

여섯째, 학교사회복지사는 의 · 식 · 주 및 정서적 지원 등과 같은 기본적인 욕구를 지원 받아야 할 학생들에게 서비스를 제공한다.

② 지지적 서비스 프로그램

1990년 이래로 비스바덴의 학교사회복지사는 전체 8개 학교에서 지지적 서비스 프로그램을 실시했다. 지지적 서비스 프로그램에서는 아침 7시 30분부터 오후 4시까지 학생들을 대상으로 보호서비스(care service)를 제공한다. 각 학교의 방과후 교실(after school) 프로그램에 등록된 36명의 학생들은 12시에 학교 수업이 끝나면 학교에서 제공되는 점심을 먹고 오후 4시까지 다양한 활동을 하게 된다. 이 프로그램은 학교 수업이 끝났을 때인 12시 이후에 주간보호센터(day care center)에 맡겨질 일하는 어머니의 아동을 대상으로 실시되었다. 학교에서 아동들은 오후 내내 안전하게 남아 있을 수 있으며 친구들과도 함께 놀 수 있다. 즉, 학교는 교육뿐만 아니라 사회적 상호작용의 장소가 될 수 있다는 점에서 독일 학교사회복지 실천현장에서 매우 중요한 프로그램으로 자리 잡고 있다(조미숙, 2002).

③ 진로탐색 프로그램

1998년 진로탐색 프로그램이 실시되었는데, 이 프로그램은 전적으로 학교사회복지사에 의해 기획되었으며 이제는 명실공히 자리 잡은 프로그램이라고 할 수 있다. 이 프로그램을 통하여 고등학교 학생들에게 진로지도 및 안전한 인턴 과정을 수행하는 데 도움을 주게 되었다. 더욱이 다양한 지역사회 청소년 기관들은 학생들이 직업선택이나 직업에 잘 적응하기 위해 개인적으로 도와줄 뿐만 아니라 보충적인 과정, 지지적인 과정, 프로젝트, 세미나 등을 제공하는 프로그램으로 자리 잡고 있다.

비스바덴 학교사회복지 모델은 다양하고 방대한 '교육적 회복 프로그램'이 포함되는데, 학생들의 일상생활의 모든 측면이 보다 깊고 광범위하게 고려되어 있다. 특히 가족과 아동의 정서적 욕구를 파악하고 해결하기 위한 학교사회복지사와의 활동은 학교생활에 보다 집중할 수 있도록 도움을 주고 있다.

이러한 독일의 학교사회복지 실천을 통하여 학교에서 사회·심리적인 면뿐만 아니라 다양한 면에서 학생들에게도 꿈을 줄 수 있으며, 동시에 학교생활을 증진시키는 효과를 가져올 수 있다고 본다.

특히 비스바덴 학교사회복지 모델의 경우, 몇몇 영역에서 긍정적인 효과를 보고하고 있는데, 교사와 부모들의 보고에 의하면 학교사회복지서비스를 받은 학생들이 성공적으로 학업을 수행하는 데 매우 긍정적인 효과를 나타낸다고 보고하고 있다. 가족문제뿐만 아니라 개인문제를 가진 학생들은 학교 출석문제, 무단결석 후에 학교로 다시 돌아오는 문제, 그리고 성공적으로 학업을 끝마치고 졸업장을 받는 문제 등에서 매우 효과적이었다고 보고하고 있다. 학교사회복지서비스를 받은 다른 학생의 경우, 사회기술이 증진되고 다른 동료와 협동하는 것을 배우고, 또래집단의 갈등을 해결하고 학교에 대한 태도가 긍정적으로 바뀌었다고 보고하였다. 또한 학생들이 학업을 마치고 성공적인 직업선택에 이르기까지 학교사회복지서비스가 긍정적이었다고 보고되고 있다(Wulfers, 2002).

(4) 학교사회복지사의 교육 및 훈련과정

분단 이전 과거 서베를린(인구 200만) 시절에는 유치원, 초등학교 및 중등학교를 포함하여 1,000명의 학교사회복지사 또는 사회교육가가 정규직으로 학교현장에 등록되어 일하고 있었다.

북부 웨스트팔렌(Westfalen) 학교사회복지현장에서는 정규직, 비정규직을 포함하여 1,500명의 학교사회복지사가 활동하고 있다. 그러나 함부르크(Hamburg)나 니더작센(Niedersachen)주에는 비교적 적은 수의 학교사회복지사가 일하고 있는데 이는 함부르크(Hamburg)나 니더작센(Niedersachen)주에서 '공적 자금지출'을 제한하고 있기 때문이다. 헤센(Hessen)의 경우 약 80개의 학교사회복지 프로젝트를 가지고 학교사회복지를 수행하고 있으며 약 300명의 학교사회복지사가 고용되어 있다.

이러한 독일 학교사회복지사는 그들의 신분과 위치에 따라 다음과 같이 분류될 수 있다.

첫째, 정규직 또는 비정규직 학교사회복지사

둘째, 영구직 또는 계약직 학교사회복지사

셋째, 순환직 또는 고정직 학교사회복지사

넷째, 학교사회복지사의 인건비 출처에 따른 분류 등이 그것이다.

여기서 학교사회복지사의 인건비 출처에 따른 신분과 위치에 대하여 좀 더 살펴보자. 예를 들면, 대기업 등에서 기업의 이윤을 사회에 환원한다는 측면에서 학교사회복지사가 인건비를 전적으로 스폰서하는 경우도 있다. 한 예로 바덴뷰르텐베르크(Baden Würtemberg)주에 있는 하이덴하임(Heidenheim)시에는 세계적인 기업 "Voith"가 있다. 이 시에는 기업 창업주가 세운 Fridrich Voith Schule가 있는데 이 학교를 비롯하여 인근의 두 학교를 더 선정해서 학교사회복지사의 인건비를 지원해 주고 있다. 그리고 3년에 한 번씩 평가를 통하여 학교사회복지사가 소속해 있는 학교와 재계약 맺는 형식을 취하고 있다(조미숙, 2004).

독일에서 사회복지사를 훈련시키기 위한 교육은 전문대학(Fach hochschule)에서 3년이 필수적이며 이후 사회복지기관(social agency)에서 1년간의 실습을 필수로 이수해야 한다. 구 서독의 경우, 일반사회복지사가 훈련 및 교육을 받을 수 있는 기회가 많음에 비하여 학생들이 학교사회복지를 경험하기 위해 학교현장에서 하는 1년간의 실습을 제외하고는 학교사회복지사를 위한 전문화된 자격 프로그램은 매우 부족한 실정이다. 더욱이 구 동독의 경우, 전문직으로서의 학교사회복지사가 드물며 훈련된 사회복지사들도 많지 않다.

학교사회복지사가 발전되고 효과적이기 위해선 학교와 지역사회기관과의 효과적인 연계체계가 더욱 활발하게 개발되어야 하며 학교현장과 관련된 내용을 포함시킨 사회복지 교과과정이 특별히 요구된다. 1983년 독일 청소년국에선 이미 학교사회복지사에게 요구되는 자격기준에 대하여 논의된 바 있는데, 여기서 그 내용을 소개하면 다음과 같다.

"사회교육학적인 지식을 겸비한 학교사회복지에 초점을 맞춘 일반 사회복지 실습 및 훈련이 포함되어야 하며 이러한 체계적인 훈련과 감독은 궁극적으로 학교에서 사회복지사가 일하기 위한 최상의 조건이라고 본다"(Proj.SSA, 1984).

구체적인 훈련교육과정의 예로는 심리학, 사회학, 교육학, 학교에서 아동과 청소년을 지도하는 방법, 학교 선생님들과 팀워크를 하기 위한 전반적인 지식 및 기술 등이다. 현재 독일의 경우 전문학교사회복지사를 양성하기 위하여 몇몇 전문대(Fachhoch schule)를 중심으로 사회복지사와 사회교육사를 2년 동안에 함께 교육시켜 학교사회복지현장에서 이들 두 전문직 역할을 혼합시키는 독특한 교육 및 훈련과정을 시도하고 있다.

독일은 이미 학교사회복지사를 현장에 고용하고 있지만, 전문화된 컨퍼런스(conference)를 포함해서 지속적인 교육의 기회가 보다 주어져야 한다. 더

육이 학교에서도 일반사회복지사(Generalist)의 훈련과 더불어 학교사회복지사를 양성시킬 준비가 필요하다고 본다(Wulfers, 1994).

학교사회복지사는 다른 학교사회복지사들과 교환체험 프로그램의 기회를 갖는 것이 필요하며 학교현장에서 직면한 여러 가지 사례에 대하여 슈퍼비전을 받는 것도 매우 중요하다고 본다. 새로운 프로젝트를 수행하기 위한 폭넓은 지식과 학교 밖의 기관 및 조직, 교사들과의 협력을 증진시키기 위한 지식과 기술들도 계속해서 필요한 부분이라고 본다. 특히 학교사회복지사들의 자아성장이나 직업적 지지는 지속적으로 이루어져야 하며, '상호지지 체계 구성'이나 '전문 슈퍼바이저와의 연계', '학교사회복지 이슈에 대한 토론' 등을 통하여 학교사회복지사들의 개인적인 '소진'이나 좌절을 예방할 수 있도록 사전에 긍정적인 접근을 시도할 필요가 있다.

2. 우리나라 학교사회복지의 발달과정과 현황

우리나라에서 학교사회복지의 필요성이 논의되기 시작한 시기는 1970년대로 공식적인 학교사회복지의 활동이 이루어지지 않은 상태에서 학계에서만 그 필요성에 대해 언급하는 정도였다. 1990년대를 기점으로 하여 청소년 문제가 심각한 사회문제로 인식되기 시작하자 교육현장의 중요성도 꾸준히 제기되었으며, 대책방안도 지속적으로 논의되어 왔다. 학계와 실무분야에서 학교사회복지의 필요성에 대한 활발한 논의와 함께 실무분야의 활동도 활발히 전개되기 시작하였다.

우리나라는 학생복지활동의 한 방법으로 중·고등학교에 교도교사제를 도입하여 진로상담 주임교사가 상담을 실시한 바 있다. 교도교사제도는 1958년부터 실시되기 시작하여 1973년부터는 교도교사의 자격과 교도교사주임제도가 법제화되었다. 자격은 정교사 1급 자격증 소지자로 소정의 교도양성과정을 거치거나, 2급의 경우에는 3년 이상의 교육경력을 가져야 한다. 정교사 자격이 없는 경우는 교육학과, 교육심리학과, 심리학과를 전공하고 5년 이상의 교육경력을 가지고 교도강습을 받은 자로 명시되어 있다.

1985년부터는 학생상담 자원봉사제도를 함께 실시하였으며, 이러한 활동들이 학생들의 문제들을 효과적으로 해결하고 있는지에 대한 논의와 함께 여러 가지 문제점들이 지적된 바 있다. 진로상담 주임교사제에 대한 문제점으로는 전문성 부족과 지속적인 지도 및 감독의 부재 등을 들 수 있다. 진로상담교사는 고도의 전문적 지식과 기술을 겸비해야 함에도 불구하고 우리나라의 현 진로상담교사는 문제해결에 필요한 이론은 물론 실습을 체험한 경우도 거의 없고 대학에서의 전공학과가 없을 뿐만 아니라 상담분야와 관련된 사회복지학과와 심리학과 출신자가 없는 것으로 나타났다. 실제로 180시간의 연수과정을 통해 자격증을 취득하기 때문에 학생들에게 직접적으로 적용할 수 있는 상담 지식이나 경험을 익히기에 전문성이 부족하고, 진로상담교사도 수업을 담당하고 있으므로 수업 중에는 상담을 할 수도 없었으며, 상담활동을 수행하기 위한 시간을 배려받지 못하는 것으로 나타났다(전재일, 1997: 113).

1990년대 중반 이후, 학교 청소년 문제 해결방안의 하나로 대안학교와 학교사회복지의 시범사업이 시행된 바 있다. 대안학교의 목적 중의 하나는 학교 중도탈락자들을 위해 교육적 대책을 수립하는 데 있었다. 1997년 교육부에서는 서울과 강원, 인천과 경기, 광주와 전라남·북도, 제주, 대전과 충남·북, 부산과 경남, 대구와 경북을 하나로 묶어 각 지역에 하나씩, 설립한다는 계획으로 추진되었다(정진곤, 1997: 2-12). 이는 정책당국과 학교현장에서 교육환경의 중요성을 인식하고 학교환경에 대한 개입의 필요성을 인식한 것이라고 볼 수 있다. 이러한 맥락에서 교육부와 교육청을 중심으로 실시되었던 학교사회복지 시범사업의 의의는 매우 크다. 학교사회복지 시범사업은 사회복지사가 학교 제도 내에서 학생들에게 직접적인 사회복지서비스를 제공하는 것으로 학교사회복지의 필요성이 제기되고 있던 국내 상황에서 시기적으로도 매우 중요했다.

이보다 앞서 1990년 초부터 지역사회복지관과 전문상담기관을 중심으로 지역사회 중심(community-based)의 학교사회복지 형태가 꾸준히 이어져 왔다. 공식적인 학교사회복지제도가 없는 상황에서 시작된 국내 지역사회 중심의 학교사회복지는 미국에서 1980년대부터 교육개혁운동의 일환으로 시도되고 있는 학교연계서비스(school-linked service)와 유사하다고 볼 수 있다. 학교연계서비스는 학생들의 생활에 영향을 주는 가족, 지역사회, 건강 문제들을 지역사회기관들이 중심이 되어 통합적 사회복지서비스를 제공한 서비스였다. 1997년부터는 국가 정책차원에서 교육부의 학교사회복지 시범 실시로 사회복지사가 학교체계 안에서 활동을 할 수 있는 계기가 마련되었고 민간차원에서도 지역사회복지관을 중심으로 학교와 연계된 학교사회복지서비스를 제공하기 시작하였다.

지금까지 우리나라 학교사회복지는 다양한 사업 주체들에 의해 학교현장을 사회복지실천의 장으로 설정하고 가정과 지역사회와의 관계 속에서 통합적으로 접근학고 학생 문제를 해결하고 예방하고자 하는 시도가 다양하게 있어 왔다(이태수, 2007). 1993년에 학교 부적응 학생을 지원하기 위한 프로그램으로 태화은평종합사회복지관에서 처음 시행된 이래, 1995년부터는 삼성복지재단을 통해 다양한 청소년프로그램을 지원하며 민간차원에서 시작되었다. 정부차원에서는 1997년에 교육부와 서울시교육청에서 시범사업이 시작되었으나, 교육부 사업은 1999년에 지방자치단체로 이양되었고, 서울시교육청의 시범사업도 2007년에 종료되었다(윤철수, 2007; 홍기혜 · 최민지, 2019 재인용). 2003년에 교육부가 시행하기 시작한 교육복지투자우선지역 지원사업은 확대되었고, 경기도 지방자치단체 학교사회복지사업, 강원도 일부 민간 지원사업을 통해 학교사회복지 실천이 계속되고 있다. 교육복지투자우선지역 지원사업은 도시의 저소득 지역을 대상으로 학교를 중심으로 교육, 복지, 문화가 통합된 서비스를 제공하는 것을 목표로 했으며 사업을 수행하는 학교와 교육에는 사업을 전담하는 지역사회교육전문가, 프로젝트조정자가 배치되었는데, 이들은 사회복지관 또는 학교 등에서 학교사회복지사업 경험이 있는 사람들이 대부분이었다. 이로 인해 당시 지역사회교육전문가(교육복지사)의 80% 이상이 사회복지사로 구성되었으며, 이들의 배치에 기본이 되는 임금, 근무형태 등은 이전 학교사회복지 기획 사업의 기준이 반영되었다. 2011년에는 중앙정부 차원에서 시·도교육청으로 사업이 이관되면서 교육복지우선지원사업으로 명칭이 변경되었지만, 여전히 학교사회복지와 밀접하게 연관된 사업으로 해석되고 있다(홍순혜 외, 2017).

따라서 학교사회복지는 "학교라는 공간을 직접적이고 주된 서비스 실천의 장으로 하여, 가정과 학교, 지역사회를 연계하는 통합적 관점에 기초하여 사회복지전문가 개입에 의하여 학생의 문제를 해결하고 예방해 나가는 사회복지실천"이다(이태수, 2007). 현재 학교 내 사회복지사업으로 사회복지 전문 인력이 배치되어 운영 중인 교육복지우선지원사업, 지자체 학교사회복지사업을 소개하면 다음과 같다(이종익·노경은, 2023).

1) 교육복지우선지원사업

교육복지우선지원사업은 학업에 어려움을 겪는 학생이 밀집된 학교에 대하여 교육·복지·문화지원 프로그램 등을 제공하는 사업이다. 1990년대 말에서 2000년대 초에는 사회 양극화 현상이 주요한 사회문제로 부각되었고, 이로 인해 교육취약계층에 속하는 학생들을 위한 교육복지지원에 대한 관심이 증가하였다. 정부는 취약한 계층의 아동과 청소년들의 교육 기회를 확대하기 위해 교육복지 정책을 강화하고 확대하였다. 이 중에서 2003년부터 시작된 교육복지우선지원사업은 학교 내 전문 인력을 배치하여 교육복지를 실질적으로 지원하는 가장 대표적인 정책 중 하나로 꼽힌다(홍순혜 외, 2017).

교육복지우선지원사업학교장은 교육격차 완화, 학업성취도 제고, 교육기회 균등 제공, 교육복지 증진 등을 위하여 사업의 기획 · 운영을 주관하는 교육복지 전담부서의 지정 또는 구성, 교육격차 해소와 교육복지 구현을 위해 필요한 사업 계획 수립 · 시행, 지역사회 유관기관과의 연계 · 협력 활성화, 사업에 관한 주요 사항을 협의하기 위한 교내 교육복지위원회의 구성 · 운영 등 사업학교의 장은 효과적인 사업 운영을 위하여 사업학교에 지원되는 방과후 학교 사업 등 관련 사업과 프로그램, 인력, 예산 등을 연계하여 운영할 수 있다. 시 · 도교육감은 사업을 효과적으로 운영하기 위하여 사업학교 지정, 교직원의 연수, 사업평가, 사업운영 등에 관한 지원을 수행하는 시 · 도 교육복지센터 등 필요한 기구나 조직을 설치 · 운영할 수 있다. 그리고 교육복지우선지원사업 전문 인력은 사업 대상 학생의 학교생활 적응 지원, 문제의 원인과 해결에 관한 교육, 지역사회자원의 연계 · 활용, 사업 관련한 학부모 및 교사에 대한 지원 등 업무를 수행한다(교육부, 2020).

따라서 교육복지우선지원사업은 학교와 지역사회의 협력을 통해 저소득층 학생의 교육, 문화, 복지수준을 높이기 위한 프로그램으로 지역사회의 자원을 활용하여 학교 내 교육 환경을 개선하고 교육공동체를 형성하는 데 주력한다. 따라서 교육복지우선지원사업은 학교사회복지 모델을 기반으로 하며, 교육복지조정자와 교육복지사 등 전문 인력이 주로 사회복지 관련 분야에서 활동하며, 학교 내에서 교육 및 복지서비스를 향상시키는 데 중요한 역할을 해왔다(홍봉선 · 남미애, 2011; 김한나 · 장덕호, 2017 재인용).

2) 지방자치단체 학교사회복지

'지방자치단체 학교사회복지사업(이하, 지자체 학교사회복지사업)'은 2003년 과천시 관문초등학교에서 시작한 이후, 경기도 내 여러 기초지방자치단체에서 실시하고 있다. 이 사업은 중앙정부나 민관기관이 아닌 기초지방자치단체의 학교사회복지사업조례, 교육경비보조에 관한 조례 등을 근거로 사업을 운영하고 있으며 현재 과천시, 용인시, 성남시, 군포시, 의왕시, 수원시, 안양시, 용인시 등 106교에서 실시되고 있다(한국학교사회복지사협회, 2023).

이러한 지자체 학교사회복지사업의 의미를 살펴보면 다음과 같다.

첫째, 실천 대상의 보편화이다. 지방자치단체 대표적인 사업도시인 수원시의 경우, 2013년 사업을 10교에서 34교로 확대했을 때, 저소득학생의 비율이나 지역 경제적 수준을 고려하지 않고 전체적으로 사업을 공모하였다. 이는 보편적 학교사회복지의 접근으로 소득과 상관없이 '다양한 사회문제를 마주하거나 마주할 수 있는' 모든 학생이 최상의 교육환경을 제공 받을 수 있도록 도와주는 활동을 강조하고 있다.

둘째, 문제 예방적 접근의 실질적인 효과이다. 지자체 학교사회복지사업은 모든 학생이 질적으로 향상된 학교생활을 할 수 있도록 지원하고 있다. 따라서 문제가 일어나기 전 예방적 활동이 중요하게 인식되고 사회복지사가 학교에 상주하며 교내·외 협력을 이끌어 유기적이고 조직적인 접근의 프로젝트를 실시하고 있다.

셋째, 사례발굴과 안전망 구축이 용이하다. 학교사회복지사가 상주하는 학교사회복지실은 모든 학생들에게 '쉼터'의 기능을 하며 학생들과 직접적으로 자주 접촉하기 때문에 사례 발굴이 용이하다. 학교사회복지사를 통해 발굴된 사례는 학생의 욕구에 따라 서비스를 제공하고 있다. 또한 발굴된 사례는 학교사회복지사의 직접적인 서비스 제공뿐만 아니라 교내외 자원들을 연계하여 학생들을 위한 안전망을 구축하는 데 용이하다.

넷째, 학교사회복지의 다양한 스펙트럼이다. 서비스 대상이나 영역이 정해져 있지 않기 때문에 지역별, 권역별로 다양한 모습으로 운영되며, 정형화되어 있지 않다. 학생-학교-학부모의 욕구와 지역적 특성에 따라 '학교별 맞춤형 프로그램'을 운영하고 학생 사례관리의 양상도 학교 여건, 지역 특색에 따라 다르게 나타나고 있다(임경선, 2011; 노경은, 2017 재인용). 지방자치단체 학교사회복지사업은 지방자치단체장과 교육지원청 교육장 간 업무협약을 체결하여 비록 한시 사업으로 운영되고 있지만, 사회복지사가 학교에 상주하며 주된 실천의 장으로 하여, 가정과 학교, 지역사회를 연계하는 통합적 관점에 기초하여 전문적인 사회복지실천 개입으로 학생의 문제를 예방하고 해결하는 학교사회복지 실천의 주요한 사업이다.

03 CHAPTER

교육과 학교체계에 대한 이해

1. 교육환경 변화에 대한 이해

교육체계의 구성이나 체계 그리고 방향은 교육법, 교육법 시행령 등과 같은 교육관계법들에 의해 명시되어 있다. 학교사회복지사의 역할도 이들 법들에 의해 영향을 받을 수밖에 없는 구조 속에 있기 때문에 실제적으로 학교사회복지의 효과성을 높이기 위해서는 교육청, 교육부, 학교의 조직체계 현황을 아는 것은 매우 중요하다. 무엇보다 학교사회복지의 동기가 '학교에서 누구나 공평한 환경에서 공부하며 미래를 준비해 나갈 수 있도록 돕기 위한 것'이라면 이 공평한 운영과 규율을 실제적으로 세우고 성립시키는 곳의 구조와 체계를 알아보는 일은 매우 중요하기 때문이다.

따라서 이러한 개념에 기초하여 생태체계학적 이론에 근거하여 교육에 관한 여러 조직들이 환경에 어떠한 영향을 미치는지, 과연 그 결과는 우리에게 긍정적인지 부정적인지, 또한 문제점이 있다면 개선방향은 무엇인지를 살펴보고자 한다.

1) 학교의 생태학적 환경

생태체계이론은 여러 체계 사이에 복합적 상호작용과 교류에 대한 이론이다. 즉, 생태체계이론은 생태학의 개념과 체계이론을 기반으로 파생된 이론으로, 인간과 환경적 힘이 상호작용하는 방법에 대해 실천적 관점을 중시한다. 대표적 학자는 지터먼(Alex Gitterman)과 저메인(Carel B. Germain)이다(조미숙, 2021). 학교는 그 구성원들이 서로 거래하고 상호작용하는 살아 있는 체계이다. 생산적인 교환은 학생, 부모, 교사, 학교조직, 학교 운영자 등 모든 사람의 배움과 성장을 촉진시킨다. 따라서 각 체계 사이의 문제해결은 관계자의 한쪽의 변화를 찾기보다는 오히려 체계 사이의 상호작용의 변화에서 찾아야 한다. 생태체계모형의 초점은 환경의 모든 측면에서 학생들의 표적집단을 명백히 하는 것이다. 교육이란 무엇인가? 인간의 가치를 높이고자 하는 행위 또는 그 과정을 의미한다. 영어의 'education', 독일어의 'Erziehung', 프랑스어의 'ducation'은 다 같이 라틴어의 'educatio'에서 유래한 것으로 '빼낸다'는 의미와 '끌어올린다'는 의미를 가지고 있어 내부적 능력을 개발시키고 미성숙한 상태를 성숙한 상태로 만든다는 의미를 포함하고 있다(오성철, 2022). 즉, 생활에서 스트레스를 받는 학생들의 성격특성, 학교, 지역사회 및 가족의 상호작용을 강조하는 준거 틀 내에서 설명하는 것이다.

따라서 생태체계모형은 학교사회복지사로 하여금 학생의 상황이나 어려운 점에 기여하는 모든 체계를 규명하도록 도와주는데, 학생을 중심으로 관계의 거리에 따라 미시체계, 중간체계, 외부체계, 거시체계로 설명할 수 있다(조미숙, 2021).

(1) 미시체계

미시체계는 가정이나 학교, 직장과 같이 학생이 속해 있는 하나의 인접 환경과 학생 사이의 상호작용들로 구성된다. 미시체계는 학생의 가장 기본적인 행동의 장이다. 예를 들어, 어떤 학교라는 행동의 장에 속해 있는 학생은 그 장의 일부이며, 따라서 그 학교가 가지고 있는 학생들에 대한 기대, 규제, 기회 등에 의해 영향을 받게 된다.

(2) 중간체계

중간체계는 가정, 학교, 직장과 같이 학생이 속해 있는 둘 또는 그 이상의 주요 환경들 사이의 상호관계를 포함한다. 한 학생의 가정에서의 행동과 학교에서의 행동 간의 차이는 학생과 두 장과의 상호작용, 그리고 두 장간의 상호작용이라는 중간체계에 대한 분석을 필요로 한다.

(3) 외부체계

중간체계의 연장으로서 중간체계에 포함되지 않은 구체적인 공식적·비공식적 사회구조들로 구성된다. 이 구조는 지역 수준에서 작용하는 주요 사회제도를 포함한다.

(4) 거시체계

경제적·교육적·법적·정치적 체계들과 같이 문화와 하위문화의 지배적인 제도적 유형들을 포함한다. 학생들의 생태학적 환경을 구성하고 있는 구체적인 요소들은 매우 다양하다. 학생의 생태학적 환경은 직접 그 장에 소속되어 밀접하면서도 직접적인 영향을 받는 인접환경인 가정과 학교, 그리고 좀 더 확대해서는 친구, 확대가족, 이웃을 포함한다. 또한 학생의 생태학적 환경은 지역사회의 보건체계, 사회적 서비스, 주택체계, 교통체계, 오락, 종교체계들을 포함하는 외부체계도 포함하며 이들을 통해 영향을 받고 있다. 학생이 속해 있는 국가나 도시 등의 좀 더 큰 사회를 특징짓고 있는 경제적·사회적·정치적·문화적·이념적 체계들도 학생의 생태학적 환경을 구성하고 있으며, 이는 다른 요소들에 영향을 줄 수 있는 거시적 환경체계의 일부라고 할 수 있다.

2) 학교사회복지사의 생태학적 환경

학교사회복지사의 위치는 학생과 학교뿐만 아니라 가족, 학교, 지역사회 사이에 있다. 그러므로 학교사회복지사는 학생과 부모, 지역사회가 사회적 능력을 개발하는 것을 도와주는 입장에 있고 동시에 학생, 부모, 지역사회의 욕구와 열망에 대해 학교가 책임지도록 도와주는 입장에 있다. 따라서 학교사회복지사는 상호작용하는 다양한 학생체계에 대한 지식을 소유해야만 한다. 또한 개인과 가족, 지역사회 그리고 크고 작은 체계와 기관과의 관계를 연계시킬 수 있는 기술이 필요하다. 예를 들어, 학생들에 대한 프로그램을 개발하고 계획하기 위해 조직된 학교와 지역사회위원회에서 주정부와 연방정부 차원에서, 학교와 지역사회 체계 내에서 각 체계의 기능을 강화하고, 장애물을 제거하도록 지원하며, 체계 사이의 의사소통을 촉진하여 체계가 개방되도록 노력해야 한다.

2. 교육 및 학교사회복지 관련법과 정책에 대한 이해

1) 사회복지사업법

(1) 사회복지사업의 정의와 적용 법률

「사회복지사업법」은 1970년 제정된 법률로 사회복지사업에 관한 기본적인 사항을 규정한 법률이다. 사회복지를 필요로 하는 사람에 대하여 인간의 존엄성과 인간다운 생활을 할 권리를 보장하고, 사회복지의 전문성을 높이며, 사회복지사업의 공정 · 투명 · 적정을 도모하고, 지역사회복지의 체계를 구축하며, 사회복지서비스의 질을 높여 사회복지의 증진에 이바지함을 목적으로 한다(사회복지사업법 제1조).

「사회복지사업법」에서는 사회복지 법인, 단체, 기관의 운영에 관한 내용과 사회복지사의 자격, 보수교육 등 전문성을 위한 내용을 규정하고 있다. 사회복지사들과 사회복지 법인, 기관, 단체는 「사회복지사업법」에 따라 모든 사람의 인간다운 삶을 위해 투명하고 공정한 사업을 진행하도록 노력해야 한다. 제정 당시 「사회복지사업법」은 「생활보호법」, 「아동복리법」, 「윤락행위 방지법」의 3개 법률에 적용되는 사업에 국한되었지만, 2020년 현재 27개의 법률에 적용되고 있다.

표 3-1 사회복지사업의 해당 법률

「국민기초생활 보장법」. 「아동복지법」. 「노인복지법」. 「장애인복지법」. 「한부모가족지원법」.
「영유아보육법」. 「성매매방지 및 피해자보호 등에 관한 법률」.
「정신건강증진 및 정신질환자 복지서비스 지원에 관한 법률」.
「성폭력방지 및 피해자보호 등에 관한 법률」. 「입양특례법」.
「일제하 일본군위안부 피해자에 대한 생활안정지원 및 기념사업 등에 관한 법률」.
「사회복지공동모금회법」. 「장애인·노인·임산부 등의 편의증진 보장에 관한 법률」.
「가정폭력방지 및 피해자보호 등에 관한 법률」. 「농어촌주민의 보건복지증진을 위한 특별법」.
「식품등 기부 활성화에 관한 법률」. 「의료급여법」. 「기초연금법」. 「긴급복지지원법」.
「다문화가족지원법」. 「장애인연금법」. 「장애인활동 지원에 관한 법률」.
「노숙인 등의 복지 및 자립지원에 관한 법률」.
「보호관찰 등에 관한 법률」. 「장애아동 복지지원법」. 「발달장애인 권리보장 및 지원에 관한 법률」.
「청소년복지 지원법」.

「사회복지사업법」에서 정의하는 사회복지사업은 위에 나열된 27개 법률에 따른 "보호, 선도, 복지에 관한 사업과 사회복지상담, 직업지원, 무료숙박, 지역사회복지, 의료복지, 재가복지, 사회복지관 운영, 정신질환자 및 한센병력자의 사회복귀에 관한 사업 등 각종 복지사업과 이와 관련된 자원봉사활동 및 복지시설의 운영 또는 지원을 목적"으로 하는 사업을 말한다(제2조). 그러나 이들 정의를 살펴보면, 학교사회복지가 제2조의 사회복지사업

내용에 포함되어 있지 않음을 알 수 있다.

제정 당시부터 아동복지는 사회복지사업법의 주요 영역이었지만, 청소년복지나 학교사회복지는 사회복지의 주요 분야 중 하나로 대학 수업에서나 현장에서 다루어져 왔음에도 「사회복지사업법」에 명시되지 못한 한계가 있었다. 하지만 2016년 「사회복지사업법」의 개정으로, 「청소년복지지원법」은 청소년쉼터 종사자의 처우 개선과 청소년쉼터 기준을 사회복지시설 기준에 충족하도록 하기 위하여 제2조의 해당 법률에 추가될 수 있었다. 그러나 학교사회복지는 아직 특별법이 마련되어 있지 않아 여전히 포함되어 있지 않고 있다. 학계와 현장에서는 특별법이 제정되지 않은 상태라도, 「사회복지사업법」의 정의에 지역사회복지, 의료사회복지, 재가복지와 함께 학교사회복지를 추가할 것을 강력 요청하고 있다.

(2) 학교사회복지사 관련규정

① 학교사회복지사의 자격

학교사회복지가 「사회복지사업법」의 제2조 정의에는 포함되지 않은 상태이나, 2018년 「사회복지사업법」의 개정으로 전문사회복지사의 하나로 명시되는 역사적 전환이 이루어졌다. 「사회복지사업법」의 개정 이유에 따르면, "전문사회복지사 제도를 도입하여 다양화·전문화되는 사회복지 욕구에 능동적으로 대응할 수 있도록" 하기 위한 것이다. 개정된 「사회복지사업법」에서 학교사회복지사의 내용이 포함된 조항은 사회복지사 자격과 관련된 법 제11조의 내용이다.

학교사회복지사 자격 규정

「사회복지사업법」 제11조(사회복지사 자격증의 발급 등)

① 보건복지부장관은 사회복지에 관한 전문지식과 기술을 가진 사람에게 사회복지사 자격증을 발급할 수 있다.

② 제1항에 따른 사회복지사의 등급은 1급 · 2급으로 하되, 정신건강 · 의료 · 학교 영역에 대해서는 영역별로 정신건강사회복지사 · 의료사회복지사 · 학교사회복지사의 자격을 부여할 수 있다.
③ 사회복지사 1급 자격은 국가시험에 합격한 사람에게 부여하고, 정신건강사회복지사 · 의료 사회복지사 · 학교사회복지사의 자격은 1급 사회복지사의 자격이 있는 사람 중에서 보건복지부령으로 정하는 수련기관에서 수련을 받은 사람에게 부여한다.
④ 제2항에 따른 사회복지사의 등급별 · 영역별 자격기준 및 자격증의 발급절차 등은 대통령령으로 정한다.

*출처: 사회복지사업법, 국가법령정보센터(2024). https://law.go.kr

이에 따라 학교사회복지사는 학교영역에서 사회복지 욕구에 능동적으로 대응할 수 있는 전문 사회복지사로 법령에 명시된 국가자격으로 전환되었다. 「사회복지사업법」의 개정에 이어, 2020년 「사회복지사업법」 시행령과 시행규칙이 개정되면서 학교사회복지사의 자격기준에 대한 세부적인 내용이 확정되었다.

② 학교사회복지사의 수련과 보수교육

「사회복지사업법 시행령」 제4조의2에서는 학교사회복지사의 자격취득을 위한 조건으로 수련기관과 수련과정을 규정하였다. 학교사회복지사의 자격취득을 위해서는 사회복지사 1급 자격을 취득한 후 보건복지부령으로 정하는 수련기관(초 · 중등학교)에서 1년 이상, 총 1,000시간 이상의 수련과정을 이수하여야 한다. 세부 수련과정 내용은 시행규칙에 명시되어 있는데, 이론 150시간, 실습 830시간, 학술활동 20시간 이상으로 규정되어 있다. 수련지도자는 학교사회복지사 자격을 갖춘 후 5년 이상 학교사회복지 실무 경험이 있는 사람이 될 수 있다.

또한 규칙 시행 후 3년 동안, 즉 2023년 12월까지는 보건복지부장관이 인정하는 단체에서 발급한 영역별 사회복지사 자격증을 취득한 후 해당 영역에서 5년 이상 종사한 사람은 수련지도자로서의 요건을 갖춘 것으로 특례를 마련하였다(부칙 제2조). 그러므로 기존에 발급받은 학교사회복지사 자격을 갖춘 후 5년간의 실무 경력이 있는 사람은 2023년까지 수련지도자로 수련과정을 운영할 수 있다. 이와 함께 학교사회복지사는 「사회복지사업법」의 보수교육(법 제13조 제2항)과 시행규칙 제5조를 준수하여야 한다. 즉, 학교사회복지를 실천하는 학교사회복지사는 연간 12시간 이상의 보수교육을 받아야 한다.

보수교육이 면제되는 사람은 군복무, 질병, 해외체류, 휴직 등으로 6개월 이상 자격과 관련된 업무에 종사하지 않거나, 학교에서 사회복지학 또는 사회사업학을 전공하고 있는 사람, 기타 불가피한 사유로 보건복지부장관이 인정하는 경우에 해당하는 사람이다.

기존에 학교사회복지사 자격을 취득한 사람에 대해서는 규칙 시행 후 3년 이내에 보건복지부장관이 정하여 실시하는 교육을 이수하면 영역별 사회복지사 수련과정을 이수한 것(규칙의 부칙 제3조)으로 경과규정도 마련되었다.

2) 교육관련 법률

(1) 교육기본법

우리나라는 해방 후 일제강점기의 '조선교육령'을 폐기하고, 대한민국 정부가 수립되면서 1949년에 「교육법」을 제정 · 공포하였다. 법 제8조에서는 모든 국민이 6년의 초등교육을 받을 권리, 국가와 지방공공단체가 초등교육을 위한 학교를 설치하여야 하는 의무와 아동이 초등교육을 받게 할 보호자의 의무를 규정하였다. 그러나 의무교육이 갖고 있는 무상성에 대해서는 당시 초등 무상교육을 실시할 학교 시설, 교원, 그리고 재원이 부족하였기 때문에 이를 명시하지는 못하였다.

이후 1997년 기존의 「교육법」을 폐지하고 「교육기본법」이 제정되었다. 이는 교육에 관한 국민의 권리와 의무 및 국가와 지방자치단체의 책임을 정하고 교육제도와 그 운영에 관한 기본적 사항을 규정하는 법률이다. 「교육기본법」의 교육이념은 「교육법」 제정 당시 홍익인간 이념을 그대로 전승하였으며, 교육의 목적은 '인간다운 삶의 영위'가 추가되었다.

「교육기본법」 제2조(교육이념)

"교육은 홍익인간의 이념 아래 모든 국민으로 하여금 인격을 도야하고 자주적 생활능력과 민주시민으로서 필요한 자질을 갖추게 함으로써 인간다운 삶을 영위하게 하고 민주국가의 발전과 인류공영의 이상을 실현하는 데에 이바지하게 함을 목적으로 한다."

*출처: 교육기본법, 국가법령정보센터(2024). https://www.law.go.kr/LSW/lsInfoP.do?lsId=000901&ancYnChk=0#0000

「교육기본법」에서는 학습권, 교육의 기회균등, 교육의 자주성 보장, 정치적 중립, 국·공립학교의 종교적 중립을 규정하고 있다. 또한 6년의 초등교육과 3년의 중등교육을 의무교육기간으로 정하고, 학교교육과 사회교육 등 교육에 관한 기본적 사항을 명시하고 있다. 특별히 학교사회복지와 관련된 모든 국민의 학습권과 교육의 기회 균등에 관한 조항을 제시하면 다음과 같다.

「교육기본법」 학교사회복지 관련 조항

제3조(학습권)

모든 국민은 평생에 걸쳐 학습하고, 능력과 적성에 따라 교육 받을 권리를 가진다.

제4조(교육의 기회균등)

① 모든 국민은 성별, 종교, 신념, 인종, 사회적 신분, 경제적 지위 또는 신체적 조건 등을 이유로 교육에서 차별을 받지 아니한다.

② 국가와 지방자치단체는 학습자가 평등하게 교육을 받을 수 있도록 지역 간의 교원 수급 등 교육 여건 격차를 최소화하는 시책을 마련하여 시행하여야 한다.

제8조(의무교육)

① 의무교육은 6년의 초등교육과 3년의 중등교육으로 한다.

> ② 모든 국민은 제1항에 따른 의무교육을 받을 권리를 가진다.
>
> 제12조(학습자)
>
> ① 학생을 포함한 학습자의 기본적 인권은 학교교육 또는 사회교육의 과정에서 존중되고 보호된다.
>
> 제27조(보건 및 복지의 증진)
>
> ① 국가와 지방자치단체는 학생과 교직원의 건강 및 복지를 증진하기 위하여 필요한 시책을 수립 · 실시하여야 한다.
>
> *출처: 교육기본법, 국가법령정보센터(2024). https://www.law.go.kr/LSW/lsInfoP.do?lsId=000901&ancYnChk=0#0000

(2) 초 · 중등교육법

「초 · 중등교육법」은 「교육기본법」 제9조에 따라 초 · 중등교육에 관한 사항을 정한 법률로, 초등학교, 중학교 · 고등공민학교, 고등학교 · 고등기술학교, 특수학교, 각종학교를 초 · 중등교육 학교로 규정하고 있다(제2조). 「초 · 중등교육법」은 이에 따른 이들 학교의 설립, 지도 · 감독, 학교 평가, 학생 · 학교 · 교직원, 학교운영위원회, 교육비 지원 등의 내용을 포함하고 있다. 특히 제2장에서 의무교육에 대한 세부 사항을 명시하여, 모든 국민은 보호하는 자녀 또는 아동이 6세가 된 날이 속하는 해의 다음 해 3월 1일에 초등학교에 다니게 하도록 규정하였다. 현재 의무교육에 고등학교는 포함되지 않지만, 2019년 법 개정을 통해 고등학교의 교육에 필요한 입학금, 수업료, 학교운영지원비, 교과용 도서구입비 등을 무상으로 하는 고등학교 무상교육의 규정(제10조의2)을 포함하였다.

학교사회복지와 밀접하게 관련된 내용으로는 학생의 자치활동 보장과 학생의 인권보장, 학생 징계에 관련된 사항을 규정한 것이다. 시행령 제31조에는 학생에 대한 징계를 ① 학교 내의 봉사, ② 사회봉사, ③ 특별교육 이수, ④ 1회 10일 이내, 연간 30일 이내의 출석 정지, ⑤ 퇴학처분 등으로 규정하고 있다.

Wee 클래스와 교육복지우선지원사업의 근거가 되는 조항은 「초 · 중등교육법」 제28조 학습부진아 등에 대한 교육조항이다. 관련된 구체적인 조항으로, 2010년 시행령 제54조가 개정되어 학습부진아 등에 대한 교육 및 시책에서 교육취약학생 밀집 학교를 지원하는 조항이 추가되었다. 이에 따라 정상적인 학교생활이 어려운 학생이 밀집한 학교에 대하여 교육 · 복지 · 문화 프로그램 등을 지원하는 사업을 실시하도록 법령상 근거가 마련되었다. 시행령 제54조의 세부내용은 다음과 같다.

「초 · 중등교육법 시행령」 제54조(학습부진아 등에 대한 교육 및 시책)

① 법 제28조제1항에 따른 학습부진아 등(이하 "학습부진아 등"이라 한다)에 대한 판별은 교육감이 정하는 기준에 따라 학교의 장이 한다.

② 학교의 장은 학습부진아 등에 대하여 교육감이 정하는 수업일수의 범위에서 체험학습 등 필요한 교육을 실시하거나 교육감이 적합하다고 인정하는 교육기관 등에 위탁하여 교육을 실시할 수 있다.

③ 교육부장관 및 교육감은 다음 각 호의 지원사업을 실시하여야 한다.

1. 학습부진아 등이 밀집한 학교에 대하여 교육 · 복지 · 문화 프로그램 등을 제공하는 사업
2. 학습부진아 등에 대하여 진단 · 상담 · 치유 · 학습 지원 프로그램 등을 제공하는 사업

④ 제3항에 따른 지원사업 대상학교의 선정기준, 대상학생의 선정절차 등 지원사업에 관하여 필요한 세부사항은 교육감의 의견을 들어 교육부장관이 정하여 고시한다.

*출처: 초 · 중등교육법 시행령, 국가법령정보센터(2024). https://www.law.go.kr/

이와 함께 2011년 교육부 훈령으로 '교육복지우선지원사업 관리 · 운영에 관한 규정'이 제정되어, 사업 대상과 사업을 운영하기 위한 중앙교육복지연구지원센터, 시 · 도 교육복지센터, 지역교육복지센터 및 사업 전담인력의 배치와 보수 및 자격에 관한 내용이 명시되었다.

(3) 장애아동교육 관련 법률

「장애인 등에 대한 특수교육법」은 2007년 제정되었으며, 이 법에 의해 기존의 「특수교육진흥법」은 폐지되었다. 이 법에서는 기존의 「특수교육진흥법」이 장애학생들에게 충분한 교육적 지원을 제공하지 못하는 현실을 개선하기 위하여 유치원 및 고등학교 과정의 의무교육을 도입하고, 장애의 조기발견체제 구축과 장애영아교육은 무상으로 하여 조기교육의 기회를 부여하였다.

또한 특수교육대상자에 대하여 가족 지원, 치료 지원, 보조인력 지원 등 관련 서비스의 제공을 의무화함으로써 장애인의 교육권을 실질적으로 보장하고자 하였다. 그러나 미국과 달리 우리나라의 특수교육 관련 서비스에는 학교사회복지서비스를 명확히 규정하고 있지 않고, 가족상담 및 가족 지원, 치료 지원, 보조인력의 제공이라고만 되어 있다. 법에 명시된 전문 인력은 기숙사를 설치·운영하는 경우에 생활 지도원, 간호사 또는 간호조무사만 기술되어 있다(제28조).

법 제15조에 의한 특수교육대상자는 「장애인복지법」의 장애 유형 구분과 달리 학습장애를 포함하여 다음과 같이 구분한다(출처: 장애인 등에 대한 특수교육법, 국가법령정보센터, 2024. https://www.law.go.kr).

특수교육대상자

제15조(특수교육대상자의 선정)

1. 시각장애
2. 청각장애
3. 지적장애
4. 지체장애
5. 정서·행동장애
6. 자폐성장애(이와 관련된 장애를 포함한다)
7. 의사소통장애
8. 학습장애
9. 건강장애
10. 발달지체
11. 그 밖에 대통령령으로 정하는 장애

이와 함께 기존의 장애아동의 복지가 보육을 제외하고는 대부분 저소득층 장애아동에 대한 선별적 복지로 이루어진 것에 대한 비판으로, 2011년 「장애아동 복지지원법」이 제정되었다. 이를 통해 장애아동을 위한 보편적 복지와 함께 장애아동의 가족이 적합한 양육 방법을 습득하고 가족의 역량을 키울 수 있는 가족 지원을 국가와 지방자치단체가 제공할 수 있도록 하였다. 또한 2014년 「발달장애인 권리보장 및 지원에 관한 법률」이 제정됨에 따라 지적장애와 자폐성 아동 등 발달장애 아동의 조기 진단 및 개입, 재활 및 발달 지원 등을 위한 발달장애인지원센터가 설치되고 발달장애 아동을 위한 서비스가 확충되었다.

(4) 학교폭력예방 및 대책에 관한 법률

「학교폭력예방 및 대책에 관한 법률」은 학교폭력 문제가 심각한 사회문제로 대두되면서, 이에 대한 예방과 대책을 담아 2004년에 제정되었다. 주요 내용은 정기적인 학교폭력 예방교육의 실시, 학교폭력의 신고의무화, 학교폭력의 예방 및 대책을 위한 전담기구의 설치와 이를 위한 국가의 재정적 지원을 담고 있다.

현재 법률에서 정의하는 학교폭력이란 "학교 내외에서 학생을 대상으로 발생한 상해, 폭행, 감금, 협박, 약취 · 유인, 명예훼손 · 모욕, 공갈, 강요 · 강제적인 심부름 및 성폭력, 따돌림, 사이버 따돌림, 정보통신망을 이용한 음란 · 폭력 정보 등에 의하여 신체 · 정신 또는 재산상의 피해를 수반하는 행위"를 말한다(제2조). 법에 따라 교육부장관은 5년마다 학교폭력 근절을 위한 기본계획을 수립하고, 국무총리와 대통령이 위촉한 전문가를 공동 위원장으로 하는 학교폭력대책위원회를 설치하여야 한다. 시 · 도에는 부시장이나 부지사를 위원장으로 시 · 도 학교폭력대책지역위원회를 설치하며, 교육지원청에는 학교폭력대책심의위원회를 설치하도록 하였다. 심의위원회는 학교폭력의 예방 및 대책, 피해학생의 보호, 가해학생에 대한 선도 및 징계, 피해 및 가해학생 간의 분쟁 조정 등을 심의한다. 또한 다른 교육지원청이나 교육청에 가해·피해학생이 소속되어 있는 경우 시·도 교육감이 협의하여 분쟁을 조정하도록 하고 있다(출처: 학교폭력예방 및 대책에 관한 법률, 국가법령정보센터, 2024. https://www.law.go.kr).

학교폭력이 발생하면 학교 내 전담기구 또는 소속 교원이 피해 및 가해학생에 대한 심층 면담을 통해 사안을 조사하고, 경미한 학교폭력은 학교장이 자체해결할 수 있다. 이는 이전과 변화된 내용으로 단위학교에서 다루기 어려운 분쟁조정을 교육지원청이나 교육청에서 하고 학교장은 경미한 사안만 해결하도록 하여 학교 부담을 조정한 것이다. 자체해결 요건은 법 제13조의2에 해당하는 것으로 다음과 같다(출처: 학교폭력예방 및 대책에 관한 법률, 국가법령정보센터, 2024. https://www.law.go.kr).

자체해결 요건

제13조의2(학교의 장의 자체해결)
1. 2주 이상의 신체적·정신적 치료를 요하는 진단서를 발급받지 않은 경우
2. 재산상 피해가 없거나 즉각 복구된 경우
3. 학교폭력이 지속적이지 않은 경우
4. 학교폭력에 대한 신고, 진술, 치료 제공 등에 대한 보복행위가 아닌 경우

현재 법 제14조에는 전문상담교사 배치에 대한 규정을 통해, 학교폭력에 관련된 피해학생 및 가해학생과의 상담과 교내 학교폭력 문제를 담당하는 전담기구 구성에 전문상담교사가 포함될 것을 명시하고 있다. 그러나 현재까지는 학교폭력과 관련하여 학교사회복지사가 많은 역할을 수행해 왔음에도 법률에는 명시되어 있지 않아 한계로 지적되고 있다.

최근 2020년 12월 법 개정으로 학교폭력대책심의위원회의 심의과정에서 학교폭력 당사자의 심리적 원인을 분석하여 적절한 조치를 결정하기 위하

여 아동심리 관련 전문가 의견을 청취하도록 하는 조항이 추가되었다(제13조 제4항). 또한 학교장은 학교폭력사건을 인지한 경우 피해학생의 반대의사 등 특별한 사정이 없으면 지체 없이 가해자(교사 포함)와 피해학생을 분리하도록 하였으며(제16조 제1항), 피해 또는 가해학생이 장애학생인 경우에는 특수교육 전문가 또는 장애인 전문가의 의견을 청취할 수 있도록 하였다(제16조의2 제2항)(출처: 학교폭력예방 및 대책에 관한 법률, 국가법령정보센터, 2024. https://www.law.go.kr).

3) 아동 · 청소년 및 가족 관련 법률

(1) 아동복지법

1991년 우리나라가 UN아동권리협약을 비준한 이후, 2000년 「아동복지법」이 개정되면서 학대아동에 대한 보호 및 아동 안전에 대한 제도적 지원이 강화되었다. 그리고 최근 2019년 법 개정을 통해 아동권리보장원 설립 근거를 마련하고(제10조의2), 아동보호체계에 대한 전면적인 변경이 이루어졌다. 아동권리보장원은 기존의 중앙입양원, 아동자립지원단, 드림스타트지원단, 실종아동전문기관, 중앙아동보호전문기관, 지역아동센터 중앙지원단, 중앙가정위탁지원센터, 디딤씨앗지원사업단을 통합한 것이다. 「아동복지법」은 18세 미만의 모든 아동을 대상으로 하는 포괄적인 복지법으로, 1961년 제정된 「아동복리법」을 1981년 전면 개정하였다. 주요 내용은 아동복지에 대한 국가와 지방자치단체의 책무, 아동정책기본계획 수립과 아동정책조정위원회 등 아동복지 정책의 수립과 시행, 아동보호 서비스 및 아동학대 예방, 취약계층 아동을 위한 통합 서비스 지원, 아동복지시설 규정 등을 다룬다(출처: 아동복지법, 국가법령정보센터, 2024. https://www.law.go.kr).

특히 아동학대로 인한 중상해, 사망 등 심각한 아동학대 사건이 지속적으로 발생함에 따라, 2020년 법 개정이 이루어져 아동학대에 관한 조치가 강화되었다. 시 · 도, 시 · 군 · 구에는 아동복지심의위원회를 설치하고 위원회 소속으로 사례결정위원회를 두어 요보호아동에 대한 보호와 퇴소 등의 내용을 심의하도록 하였다(제12조).

뿐만 아니라 아동학대 전담공무원을 두고 아동학대 조사체계를 공공 중심으로 개편하였다(제22조). 이와 함께 학생에 대한 아동학대 조기발견 체계 구축과 학대 피해학생 등이 안정적으로 학교에 적응할 수 있도록 지원하고, 보건복지부장관과 지방자치단체의 장과 교육부장관 또는 교육감이 아동학대의 조기발견과 신속한 보호조치를 위하여 정보를 공유할 수 있도록 하였다(제22조의2). 한편, 원가정 보호원칙을 개선하여 아동학대가 강하게 의심되고, 피해아동에 대한 조사를 위해 필요한 경우 보호자로부터 피해아동을 즉시 분리할 수 있는 제도를 마련하였다(제15조). 시장 · 군수 · 구청장이 보호대상 아동의 가정 복귀 여부를 결정할 때 아동보호전문기관의 장, 아동을 상담 · 치료한 의사 등의 의견을 존중하도록 하며, 아동학대 행위자가 상담 · 교육 · 심리적 치료 등을 받지 않은 경우에는 원가정 복귀를 취소할 수 있도록 하였다(출처: 아동복지법, 국가법령정보센터, 2024. https://www.law.go.kr).

(2) 아동학대범죄의 처벌 등에 관한 특례법

2014년에는 「아동학대범죄의 처벌 등에 관한 특례법」을 제정하여, 아동학대범죄에 대한 처벌을 최대 무기징역에 처할 수 있게 강화하고, 피해아동에 대한 보호절차와 아동학대 행위자에 대한 보호처분을 규정하였다. 또한, 2020년 법 개정을 통해 아동학대전담공무원이 아동학대 신고접수 및 조사를 수행하도록 규정하고, 피해아동의 보호명령 기간을 연장하여 성년에 도달할 때까지 보호할 수 있도록 하였다.

학생 대부분은 「아동복지법」의 대상이며, 학교의 장과 그 종사자는 「아동학대범죄의 처벌 등에 관한 특례법」 제10조에 의한 아동학대 신고의무자에 해당한다(출처: 아동학대범죄의 처벌 등에 관한 특례법, 국가법령정보센터, 2024. https://www.law.go.kr). 따라서 학교사회복지사는 아동학대를 발견하였을 때 이를 신고할 의무가 있다.

(3) 아동의 빈곤예방 및 지원 등에 관한 법률

「아동의 빈곤예방 및 지원 등에 관한 법률」은 2011년 제정된 법률로, 가족해체로 빈곤 상황에 놓이는 아동이 급격하게 증가하는 데 따라 경제적 · 사회적 · 문화적 · 정서적으로 빈곤 상태에 있는 아동을 위한 정책 수립을 위해 제정되었다. 이에 따라 국가 및 지방자치단체는 빈곤아동정책의 수행에 필요한 법적 · 제도적 장치를 마련하도록 하여, 보건복지부장관은 빈곤아동의 복지 · 교육 · 문화 등의 기본적인 욕구 등에 대한 실태조사와 5년마다 기본계획을 수립하고, 관계 중앙행정기관의 장, 시 · 도지사 및 시 · 도교육감은 시행계획을 각각 수립 · 시행하도록 하였다(출처: 아동의 빈곤예방 및 지원 등에 관한 법률, 국가법령정보센터, 2024. http://www.law.go.kr).

(4) 청소년 기본법과 청소년복지 지원법

청소년관련법이란 청소년 또는 청소년 육성 및 보호와 직 · 간접적으로 관계가 있는 법으로서 청소년을 직접 대상으로 하거나 청소년의 권리 · 의무에 관계된 조항을 포함하는 모든 법령과 규칙을 말하며, 약 250여 개가 있다(홍봉선 · 남미애, 2009). 이 중 학생과 가장 밀접한 법률로 「청소년 기본법」, 소년 보호 관련 법률, 「근로기준법」 등을 중심으로 살펴보면 다음과 같다.

① 청소년 기본법

「청소년 기본법」은 1987년 제정된 「청소년육성법」을 폐지하고, 1991년 제정된 법률이다. 청소년의 권리 및 책임, 가정 · 사회 · 국가 · 지방자치단체의 청소년에 대한 책임을 정하고 청소년정책에 관한 기본적인 사항을 규정하고 있다. 1997년 제정된 「청소년 보호법」과 2004년 제정된 「청소년활동 진흥법」과 「청소년복지 지원법」의 기본법으로 청소년 활동, 보호, 복지를 포괄한다. 「청소년 기본법」의 청소년은 9세 이상 24세 이하로 규정되지만, 「청소년 보호법」은 연 나이 19세 미만의 청소년을 대상으로 한다.

「청소년 기본법」에는 청소년시설, 청소년지도자, 청소년기본계획의 수립 등을 명시하고 있으며, 청소년특별회의, 청소년참여위원회 등 청소년의 참여 보장에 관한 내용을 포함하고 있다. 특히 2020년 「청소년 기본법」 개정으로, 장관을 위원장으로 각 부처 차관과 전문가로 구성되었던 청소년정책위원회에 청소년 위원이 참여할 수 있도록 하였다(제10조). 이는 국가 청소년 정책의 최상위 기구에 청소년의 참여를 보장한 것으로 청소년 정책이 진일보한 것으로 평가받는다.

「청소년복지 지원법」에서는 위기청소년의 조기발견 및 보호를 위하여 지역사회 청소년통합지원체계의 구축(제9조)과 위기청소년 지원을 위한 상담 및 교육, 특별지원, 가출 예방, 이주배경 청소년 지원에 대한 내용을 포함하고 있다(제5장). 또한 비행 · 일탈을 저지른 청소년과 일상생활에 적응하지 못하여 학교 외부의 교육적 도움이 필요한 청소년에 대해 예방적 · 회복적 보호 지원을 실시할 수 있도록 하였다(제19조).

청소년복지시설은 가출청소년을 위한 청소년쉼터, 가정 · 학교 · 사회로 복귀하여 생활하기 어려운 청소년의 자립을 돕는 청소년자립지원관, 학습 · 정서 · 행동상의 장애를 가진 청소년을 위한 청소년치료재활센터, 소년보호로 감호위탁 처분을 받은 청소년을 위한 청소년회복지원시설로 규정하고 있다(제31조). 학교사회복지사는 청소년복지시설 청소년들의 학교생활 적응을 위해 시설의 사회복지사와 긴밀히 협력한다(출처: 청소년기본법, 국가법령정보센터, 2024. https://www.law.go.kr).

② 소년보호 관련 법률

「소년법」은 19세 미만의 소년은 성인과 다르게 보호받아야 한다는 소년보호의 취지로 조선소년령(1942년 제정)을 대치하여 1958년 제정되었다. 범죄를 저질렀거나 저지를 우려가 있는 10~19세 미만의 소년에 대해, 형사사건에 대한 특별조치, 소년의 환경 조성과 품행 교정을 위한 보호처분의 내용을 포함하고 있다. 특히 14세 미만의 소년범은 형사사건이 아닌 보호처분을 하도록 하고 있으며, 2007년 「소년법」의 개정으로 보호처분의 최저 연령은 기존의 12세에서 10세로 낮추었다. 형사처벌은 14세 이상의 소년범을 대상으로 최고 징역형이 부과되며 소년교도소에 수감된다. 이 경우 전과기록이 남는 데 비해, 10~14세 미만 소년범은 촉법소년으로 보호처분을 통해 가장 심각한 경우 소년원에 보호 조치된다. 소년원은 법무부 산하의 학교로 소년교도소와 달리 전과기록이 남지 않는다. 법 제32조에 명시된 보호처분의 종류는 열 가지이다(출처: 소년법, 국가법령정보센터, 2024. https://www.law.go.kr).

- 1호 처분: 보호자 감호위탁 – 보호자 또는 보호자를 대신하여 소년을 보호할 수 있는 자에게 감호를 위탁한다. 단일로 내리는 경우는 거의 없으며 다른 보호처분과 함께 병과되는 것이 일반적이다.
- 2호 처분: 수강명령 – 소년에게 일정한 내용의 강의를 듣도록 명령하는 처분이다.
- 3호 처분: 사회봉사 – 판사가 지정한 사회봉사의 종류, 방법, 대상이 될 시설 등에서 사회봉사를 하는 처분이다.
- 4호 처분: 단기 보호관찰 – 보호소년이 정상적인 사회생활을 할 수 있도록 전문보호관찰관의 지도감독 및 원호를 받게 하는 처분으로 10세 이상의 소녀범들을 대상으로 한다.
- 5호 처분: 장기 보호관찰 – 단기 보호관찰과 내용은 같으나 기간이 더 긴 처분이다.
- 6호 처분: 보호시설 감호위탁 – 아동복지시설, 소년복지시설에 소년의 감호를 위탁하는 처분이다.
- 7호 처분: 소년의료보호시설 위탁 – 소년에게 정신질환이나 약물중독 등이 있는 등 의학적인 치료가 필요하다고 판단될 경우 내려지는 처분이다.

- 8호 처분: 1개월 이내 소년원 송치 – 한 달 이내의 짧은 기간 소년원에 송치하는 처분이다.
- 9호 처분: 단기 소년원 송치 – 단기로 소년원에 송치하는 처분으로 최장 6개월 송치한다.
- 10호 처분: 장기 소년원 송치 – 장기로 소년원에 송치하는 처분으로 최장 2년간 송치한다.

참고 **소년보호처분의 전과기록 유무**

「소년법」 제32조(보호처분의 결정) 제6항에 의거하여 소년의 보호처분은 그 소년의 장래 신상에 어떠한 영향도 미치지 않는다고 명시되어 있다. 따라서 보호처분은 기록이 남지 않으나, 절도 등에 해당하는 범죄는 차후 성인이 되거나 미성년자 상태에서 동종의 범죄를 저질렀을 경우 상습성 인정의 자료로써 사용될 수 있다.

*출처: 소년법, 국가법령정보센터(2024). https://www.law.go.kr > 법령 > 소년법

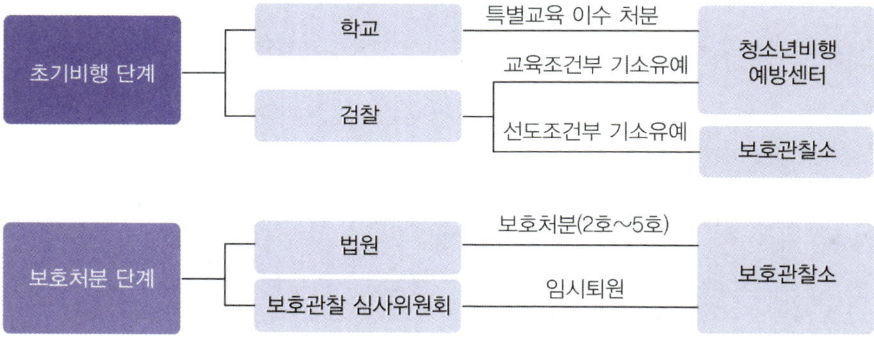

그림 3-1 소년사법 체계도

*출처: 법무부 범죄예방정책국(2024). https://www.cppb.go.kr/cppb/718/subview.do

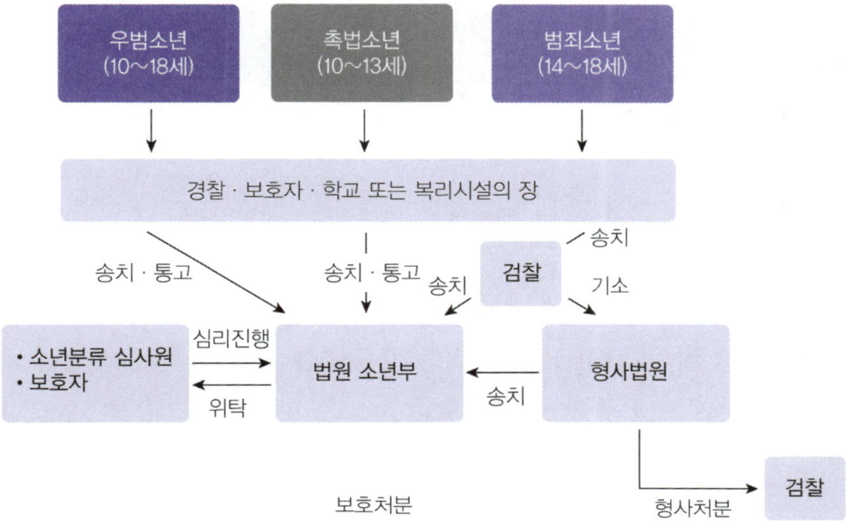

그림 3-2 소년보호사건 처리절차

*출처: 법무부 범죄예방정책국(2024). https://www.cppb.go.kr/cppb/578/subview.do

참고

■ **소년보호 사건대상**

- 범죄소년: 14세 이상 19세 미만의 죄를 범한 소년 중 벌금형 이하 또는 보호처분 대상 소년
- 촉법소년: 형벌법령에 저촉되는 행위를 한 10세 이상 14세 미만의 소년
- 우범소년 : 그 성격 또는 환경에 비추어 형벌법령에 저촉되는 행위를 할 우려가 있는 10세 이상 19세 미만의 소년 중 집단으로 몰려다니며 주위에 불안감을 조성하는 성벽이 있거나, 정당한 이유 없이 가출하거나, 술을 마시고 소란을 피우거나 유해환경에 접하는 성벽이 있는 소년

■ **소년보호 사건처리**

- 경찰: 촉법소년과 우범소년은 경찰에서 선도하거나 직접 관할법원 소년부에 송치
- 수사한 결과 보호처분에 해당하는 사유가 있는 경우 법원 소년부 송치
- 심리한 결과 보호처분에 해당할 사유가 있는 경우 관할 소년부 송치
- 보호자 · 학교 또는 복리시설의 장: 범죄소년 · 촉법소년 · 우범소년을 발견하였을 때 법원 소년부에 통고

■ **보호처분의 개념**

법원 소년부 판사가 소년보호사건을 심리한 결과, 소년의 성행 및 환경개선을 위하여 국가가 적극적으로 보호할 필요가 있다고 인정될 때 내리는 처분으로, 형사처분과는 달리 소년의 장래에 부정적인 영향을 미치지 아니함

*출처: 법무부 범죄예방정책국(2024). https://www.cppb.go.kr/cppb/578/subview.do

1958년 제정된 「소년원법」은 2007년 「보호소년 등의 처우에 관한 법률」로 개정되었으며, 소년원과 소년분류심사원의 조직, 기능 및 운영에 관하여 필요한 사항을 규정한 법률이다. 소년원은 교정교육, 초 · 중등교육(소년원학교), 직업능력개발훈련, 의료재활 등 보호소년의 성장가능성을 최대한 신장시켜 사회에 복귀할 수 있도록 하는 기관이다.

③ 근로기준법

1953년 제정된 「근로기준법」은 헌법에 따라 근로조건의 기준을 정함으로써 근로자의 기본적 생활을 보장하고 향상시키며 균형 있는 국민경제의 발전을 꾀하는 것을 목적으로 제정되었다. 「근로기준법」에서 정한 근로조건은 최저기준으로, 성인이나 연소자나 상관없이 모든 근로자의 노동보호를 위한 일반법이다.

청소년과 관련된 규정으로는 고용노동부장관이 발급한 취직 인허증 소지자를 제외한 15세 미만의 근로자(중학교 재학 중인 경우 18세 미만) 사용 금지와 근로계약, 임금, 근로시간, 재해 보상 등의 내용을 담고 있다. 또한 18세 미만의 청소년을 도덕상 또는 보건상 유해하거나 위험한 사업에 사용하지 못하도록 하고, 청소년을 고용하는 경우 연령을 증명하는 증명서와 친권자 또는 후견인의 동의서를 사업장에 갖추고, 친권자와 후견인의 대리 근로계약을 금지하고 있다. 2018년 「근로기준법」 개정으로 2021년부터는 연소자의 1주간 근로시간 한도를 기존의 40시간에서 35시간으로 축소하였다(출처: 근로기준법, 국가법령정보센터, 2024. https://www.law.go.kr).

4) 가족 지원 관련법

(1) 국민기초생활보장법

「국민기초생활보장법」은 생활이 어려운 자에게 필요한 급여를 행하여 이들의 최저생활을 보장하고 자활을 조성하는 것을 목적으로 1999년 제정된 법률이다. 빈곤선 이하의 저소득 국민에게 국가가 생계·교육·의료·주거·자활 등에 필요한 경비를 주어 최소한의 기초생활을 제도적으로 보장해 줄 목적으로 제정된 법으로, 헌법 제34조에 근거하여 1961년 제정된 「생활보호법」을 폐지하고 새로 제정되었다. 「국민기초생활보장법」에 의하여 생계급여·주거급여·의료급여·교육급여·해산급여·장제급여 및 자활급여 등이 제공되고 있다. 2015년 법 개정으로, 기존의 최저생계비 기준으로 일률적인 급여를 제공하였던 것에서, 상대적 빈곤선인 중위소득을 기준으로 급여에 따라 선정기준을 다르게 적용한다. 특히 학령기 아동을 위한 교육급여인 경우 중위소득 50% 이하로 급여 중 가장 많은 대상을 포괄할 수 있게 되었다(출처: 국민기초생활보장법, 국가법령정보센터, 2024. https://www.law.go.kr).

(2) 한부모가족지원법

「한부모가족지원법」은 1989년 제정된 「모자복지법」에서 출발하며, 2007년에 「한부모가족지원법」으로 개정되었다. 한부모가족이 건강하고 문화적인 생활을 영위할 수 있도록 생활 안정과 복지 증진을 목적으로 한다. 법에서 규정하는 한부모 가정이란 18세 미만의 자녀를 둔 가정에서 부모의 한쪽이 사망·이혼·별거·유기, 정신이나 신체의 장애, 미혼모 등의 이유로 혼자서 자녀를 키우며 부모의 역할을 담당하는 한쪽의 부모와 자녀로 구성된 가정을 말한다. 또한, 부모의 사망이나 정신 및 신체적 장애 등을 이유로 조부 또는 조모와 함께 살고 있는 가정이 포함되며, 생계비, 아동교육비 등의 복지급여와 한부모가족 복지시설 규정 등의 내용을 포함하고 있다. 2011년 법 개정으로 청소년 한부모가 아동을 양육하는 경우 추가적인 복지급여를 지원하도록 하였다(출처: 한부모가족지원법, 국가법령정보센터, 2024. https://www.law.go.kr).

(3) 건강가정기본법

「건강가정기본법」은 다양한 가족 문제의 예방과 해결을 위해 2004년 제정되었다. 「건강가정기본법」은 건강한 가정생활의 영위와 가족의 유지 및 발전을 위한 국민의 권리·의무와 국가 및 지방자치단체 등의 책임을 명백히 하고, 가정 문제의 적절한 해결방안을 강구하며 가족구성원의 복지증진에 이바지할 수 있는 지원정책을 강화함으로써 건강가정 구현에 기여하는 것을 목적으로 한다. 「건강가정기본법」에 의한 건강가정지원센터에서는 가사·육아·산후조리 및 간병 등을 위한 가정봉사원 제도, 건강가정 교육과 가정 문제 예방과 치료를 위한 프로그램 개발 등을 실시하고 있다. 또한 이혼 전 상담 등 이혼조정의 규정에 따라, 2005년부터 이혼숙려제도가 실시되고 있다(출처: 건강가정기본법, 국가법령정보센터, 2024. https://www.law.go.kr).

(4) 다문화가족지원법

「다문화가족지원법」은 최근 국제결혼 증가 등 다문화 사회로의 빠른 진입과 함께 다문화 가족 구성원이 안정적인 가족생활을 영위할 수 있도록 2008년 제정되었다. 다문화 가족의 삶의 질 향상과 사회통합에 이바지함을 목적으로 하며, 사회의 편견과 차별을 극복하고 가족구성원 간의 갈등 해소와 사회적응을 돕기 위한 내용을 포함하였다.

국가와 지방자치단체의 다문화 이해교육과 홍보, 사회적응교육과 직업교육·훈련지원, 가족상담, 부부교육, 법률상담, 결혼이민자 임신·출산 지원,

아동 교육 지원, 결혼이민자 의사소통을 위한 다국어 서비스 제공, 다문화가족지원센터 등의 내용을 포함하고 있다. 2014년부터 정부는 다문화가족지원센터와 건강가정지원센터의 통합을 추진하고 있어서 지역에 따라 통합된 곳도 있고 분리하여 운영하는 곳도 있다(출처: 다문화가족지원법, 국가법령정보센터, 2024. https://www.law.go.kr).

3. 사회체계로서 학교의 기능과 역할

'기능'은 하는 구실이나, 어떤 작용을 하는 것을 의미한다. 또한 권한이나 직책, 능력 따위에 따라 일정한 분야에서 하는 역할과 작용을 의미한다. 그리고 '역할'은 자기가 마땅히 하여야 할 맡은 바 직책이나 임무를 의미하며, 구실, 소임, 할 일 등으로 순화되어 사용되기도 한다. '역할'과 '기능'이라는 말의 본래적 의미가 단순히 한 개체가 '하는 일'의 의미를 넘어서서, 각각의 개체 사이의 특정 관계나 체제 안에서 논의되어야 할 필요가 있다. 학교의 역할은 학교의 팽창, 사회의 변화와 맞물려 다양하게 요구되어 왔다(진동섭 외, 2005). 교육의 보편화, 정보화 사회로의 진입 등의 변화는 학교가 기존의 교육기관으로서의 역할을 넘어 새로운 역할을 수행할 것을 요구하였던 것이다. 현대 사회에서는 학교역할에 대한 사회적 요구가 다양하게 나타나는데, 그 요구들 간에는 충돌과 갈등의 양상이 나타나기도 한다(양미경, 2004).

따라서 '학교의 기능'과 '학교의 역할'의 의미를 정의해 보면, '학교의 기능'은 학교가 가진 권한이나 제반조건에 따라 교육과 관련하여 수행하는 작용을 의미한다. 학교는 전통적으로 '교육하는 행위'와 가장 깊은 관련이 있기 때문에, 학교의 기능은 '교육'이라는 분야와 관련하여 학교가 수행하는 일을 의미한다고 볼 수 있다. 이에 반해 '학교의 역할'은 학교가 마땅히 수행하여야 할 맡은 바 임무를 의미하며, 이는 상대적으로 당위적이고 의무적인 성격을 띤다는 점에서 '학교의 기능'이라는 용어와 차이가 있다(임선빈, 2015).

정리하자면, '학교의 기능'과 '학교의 역할'은 학교가 수행하는 특정 작용과 관련된다는 공통점을 갖는다. 지금까지 학교조직이 수행하고 있는 결과적인 현상 혹은 실태를 분석하고 표현하고자 할 때는 '기능'이라는 용어를 사용하는 경우가 많았고, 학교조직에 기대하는 요구, 기대 바람 등을 바탕으로 한 목표지향적이고 미래지향적인 가치와 관련된 논의에서는 '역할'이라는 용어를 사용하는 경향이 있어 왔다.

학교를 뜻하는 'school'은 고대 그리스어에서 '여가'를 뜻하는 스콜레(scole)라는 단어에서 유래하였으며(김안중, 1995), 스콜레(scole)에서 학교의 의미는 학교가 기원적으로 정신적 활동을 추구하는 특별한 장소로 이해되고 있다는 점이다(김승호, 2013). 이와 같이 학교의 기원은 원시시대까지 도달할 수 있는데, 아직 생활이 체계화·복잡화되지 않았던 원시시대에서는 생활 속에서 자연스럽게 가르치는 일종의 '잉여교육제도(residual educational institution)'로서 학교가 등장하였을 가능성이 높다(김승호, 2013). 하지만 사회가 점차 체계화되고 복잡해지면서 이전과는 달리 의식적이고 체계적인 '형식적 교육(formal education)'이 필요하게 되었고, 오로지 교육만을 전담하는 별도의 제도로서 학교가 등장하게 되었다(석태종, 1999).

이러한 관점에서 볼 때, 학교는 기원적으로 '교육기관'의 역할을 수행했다는 것을 알 수 있다. 뿐만 아니라 한 사회의 존속, 유지, 발전을 위해 선세대가 가진 문화유산과 생활 속 지혜를 후세대에게 물려줄 필요가 있었으며, 학교는 이러한 요구에 의해 기원적으로 교육기관으로서의 본질적 역할을 수행하여 왔다(김승호, 2013).

사실, 학교에 대한 전통적 기대는 학령기 아동을 학교에 입학시켜 중요한 교과를 가르치는 '지식 전수' 교육에 있었다(박현숙, 2008). 하지만 1960~90년대 급격한 초·중등교육의 팽창과 함께 학교역할에 대한 새로운 요구가 제기되었고(김신일, 2010), 학교역할 변화에 대한 요구는 2000년대 들어 정치적, 경제적, 사회적, 문화적으로 더욱 다양하게 나타났다. 급격한 디지털화로 인해 지식을 얻고 학습을 제공하는 교육의 기회들이 학교 이외의 기관에서도 다양하게 제공되기 시작했는데(한숭희, 2010), 이는 학교가 독자적으로 수행해 왔던 교육기관의 역할이 더 이상 특별하지 않다는 것을 의미한다. 최근 학교역할에 대한 기대는 '지식 전수'의 교육 기능뿐만 아니라 다양한 영역에 걸쳐 나타나고 있으며, 학교역할에 대한 사회적 관심이 높아지고 있다.

문제는 시대의 변화에 따라 학교의 역할이 달라져야 한다는 거시적인 담론과 이론들은 존재하지만, 구체적으로 학교의 역할이 왜 달라지고 있는지?, 어떻게 달라지고 있는지?, 어떤 방향으로 달라져야 하는지? 등에 대한 합의가 이루어지지 않은 상태이다(임선빈, 2015). 따라서, 학교조직과 외부 환경과의 관계에서 제시되는 사회체제론적 관점에서의 학교역할 논의뿐만 아니라, 실제 학교조직 체제 안에서 구성원이 인식하는 학교역할에 대한 논의가 필요한 상황이다. 뿐만 아니라 이를 위해서는 실제 교육 수요자인 학교 구성원들을 대상으로 학교역할에 대한 인식이 탐색되어야 하며, 더 나아가 학교역할에 대한 구성원들의 인식이 모여 실제 현대사회의 학교역할 변화에 어떤 작용을 하고 있는지 설명할 필요가 있다.

한때, 학교는 전통적으로 학생을 대상으로 한 지식의 창출과 전달이라는 기능을 수행해 왔다(박현숙, 2008). 하지만 산업사회·정보화 사회에 접어들면서, 교육과 관련된 기능뿐만 아니라 정치, 경제, 사회, 문화와 관련된 다양한 기능을 사회로부터 복합적으로 요구받고 있다(양미경, 2004).

현대사회에서 학교가 수행하고 있는 역할을 크게 정치적 기능, 경제적 기능, 사회적 기능, 교육적 기능으로 나누어 제시할 수 있는데, 최근 학교역할과 관련하여 교육복지기관으로서의 역할담론이 대두되고 있다는 점에 주목할 필요가 있다.

첫째, 학교의 정치적 기능에 대해 살펴보면, 학교는 19세기 근대 국가주의의 등장과 관련하여 정치적 기능을 수행하기 시작했다(양미경, 2004). 근대사회는 다양하고 이질적인 문화적 · 지역적 집단과 계급으로 구성된 국민들을 하나로 묶을 수 있는 방안을 마련하고자 하였으며(Dronkers & Ploeg, 1997), 이 과정에서 가장 핵심적인 역할을 수행하였던 것이 학교이다.

둘째, 학교가 사회의 요구에 따라 산업사회에 필요한 인력을 양성하였고, 이들이 사회의 이익을 창출하는 데 기여했다는 점에서, 학교의 경제적 기능을 설명할 수 있다(양미경, 2004). 이는 Hargreaves(2012), Schultz(1972) 등이 제시한 인적 자본론(human capital theory)과 맥락을 같이하는데(진동섭, 2014), 우리 사회에서 그 중요성이 부각되고 있는 신지식인의 양성이나 국가 경쟁력 등과 관련된 논의는 개개인이 지닌 '경제적' 가치에 주목하고 있다는 점에서 학교의 경제적 기능을 설명한다고 볼 수 있다(양미경, 2004).

셋째, 학교는 사회적 지위의 획득과 배분에 관계함으로써 학교의 사회적 기능을 설명할 수 있다. 학교는 현대사회에 이르기까지 선발 및 배분의 기능을 수행하는 대표적 기관으로 존재해 왔는데(김신일, 2010), 이는 학교의 사회적 기능을 설명하는 대표적 관점으로 볼 수 있다. 이는 학생들이 가진 서로 다른 능력, 소질, 취미 등을 바탕으로 학생들 각자의 지식, 기술, 가치관, 태도 등을 육성하여 각자가 필요한 분야로 진출시킨다는 점에서 사회충원 기능이라고도 설명한다(김경식 외, 2011).

넷째, 학교는 정치, 경제, 사회적 기능과 더불어 학교의 근본적 기능이라 할 수 있는 교육적 기능을 수행해 왔다(진동섭 외, 2005). 학교의 교육적 기능이 점차 세분화·체계화되면서, 가르치는 목적, 구체적인 내용 구성 및 교수방법 등에 대한 갈등이 존재했던 것도 사실이나, 학교는 전통적으로 교육적 기능을 수행해 왔다.

마지막으로, 현대사회에서의 학교는 좀 더 구체적이고 실제적인 역할을 요구받고 있는데, 최근 학교역할에 대한 요구는 외부 환경으로부터의 '외부적 요구'가 아닌, 학교 구성원으로부터의 '내부적 요구'에 초점을 맞춘다는 특징이 있다. 그리고 이와 관련하여 최근 부각되고 있는 핵심적 요구는, 학교 구성원의 보다 행복한 삶을 위한 복지기관으로서의 학교역할이다(김정원, 2007; 박철희, 2011; 박현숙, 2008).

이처럼 학교는 현대사회에서 다양한 기능을 수행하고 있다. 학교의 기원에서 도출되는 교육적 기능뿐만 아니라, 정치, 경제, 사회, 문화적으로 다양한 기능을 수행하고 있으며, 최근에는 복지기관으로서의 학교역할이 제기되고 있다.

4. 학교조직과 학교의 조직문화에 대한 이해

현대사회는 제4차 산업혁명시대를 맞이함에 따라 교육현장 역시 역동적이고 예측하기 어려운 환경적 불확실성을 체감하고 있으며, 우수한 인재를 육성하기 위한 체제 개혁의 필요성을 절감하고 있다(박선형 외, 2017). 그동안 교육현장에서의 실질적인 변화를 꾀하기 위한 노력을 국가적 차원에서 전개하였으나, 교육 현안에 대한 관(官) 주도의 하향적 방식 접근은 현장의 실정에 맞지 않는 급조된 해결 방법으로 인해 현장에서 느끼는 학교혁신 정도는 미미하였다(한동엽, 2019). 이러한 문제를 개선하고자 단위학교 현장 중심의 교육개혁과 함께 실제 교육 수요자의 참여 확대를 요구하는 목소리가 커지고 있으며(곽보라, 2020) 그 결과 학교 단위 책임경영제와 같이 학교장의 권한

확대와 동시에 책무성을 강화하는 방향으로 변화하고 있다(최혜영, 2016).

학교체계는 사회로부터 지식, 가치, 목적과 재정을 투입받아, 학교교육과정을 통해 사회에 유능한 인간을 산출하는 조직체계이다. 단위학교의 상부체계는 시·군·구의 지역교육지원청(교육장), 시·도의 광역교육청(교육감), 교육부(장관)의 행정체계로 조직된다. 일반적으로 초등학교와 중학교는 지역교육지원청이 관할하고, 고등학교는 광역교육청이 관할한다. 또한 학교체계는 그 사회의 문화와 제도에 영향을 받으며, 「교육기본법」, 「초·중등교육법」 등의 법률적 지배를 받는다. 또한, 학교체계는 다양한 하위체계로 구성된다. 윤종건(1999)은 이러한 하위체계를 구조체계, 인사체계, 기술체계, 업무체계로 구분하였다. 구조체계는 학년, 학급의 구조를, 인사체계는 교사, 직원 등 다양한 인력을, 기술체계는 교육과정, 교실 등에서 이루어지는 기술을, 마지막으로 업무체계는 교수학습, 방과후 활동 등의 업무분장 체계로 보았다. 이러한 상호의존적인 하위체계들은 역동적인 과정을 통해 학교교육 목적달성을 위해 기능한다. 매년 수립되는 학교교육계획서는 이러한 학교조직체계와 교사들의 업무분장 및 세부 교육과정 내용을 담고 있다.

학교장은 단위학교의 대표이자 학교 내 집행권자로서(김흥주, 2005) 학교 운영 전반에 대한 이해를 바탕으로 학교의 변화와 발전에 가장 큰 영향력을 가지고 있으며(이경숙, 2007), 학교장은 학교 구성원들의 사기, 직무만족 정도, 조직문화 인식정도에 직접적으로 유의미한 영향을 미치는 것으로 확인되었다(문용주, 2002; 서동인, 2020; 신재흡, 2002; 오영재·박주용, 2005; Cranston, Enrich, & Billot, 2003). 이미 미국과 영국에서는 학교장의 리더십 인식 정도를 학교평가 영역에 포함시키고 있는데, 이는 교사의 사기와 교육 목표 달성에 영향을 미치는 학교장의 리더십이 학교조직문화와 밀접히 연관되어 작용하고 있으므로, 새롭고 통합적인 시각이 필요하다.

1) 학교조직문화의 개념

문화는 상징에 대한 동시대 공동체 구성원들의 의미부여로 출발하여 오랜 전수 과정을 거쳐 후대의 구성원들에게 보다 깊은 의미로 받아들여진다. 그리고 시간의 장벽을 초월하여 모든 현상이나 본질에 대해 당연시하게 되는 과정을 거쳐 형성되기에 공동체를 단단히 이어주는 공유된 철학, 사상, 가치, 신념, 태도, 생각 및 행동의 규범이라 정의할 수 있다(윤정민, 2021; 임영애, 2013; Owens & Valesky, 2010).

이를 바탕으로, 조직문화를 '각 집단 안에서 개인과 집단이 협력하는 방식을 특징짓는 가치, 규범, 신념, 행동 양식 구성의 일체'로 정의할 수 있는데, Minzberg(1989)는 다른 조직과의 구별을 통한 정체성을 확립함과 동시에, 조직에 활기를 불어넣는 전통 및 신념이라 보았다. Hoy와 Miskel(2005)도 조직에 정체성을 부여하여, 하나의 유기적 형태로 묶어줄 수 있는 공유된 지향성으로 보았다(임영애, 2013). Hofstede(1997) 또한 조직문화는 다른 조직과 구별되는 집합적 정신 프로그램(collective programming of the mind)으로 조직 구성요소를 융합하며, 조직의 역사를 반영함과 동시에 상징 및 의식과 같은 문화인류학 개념과도 관련이 깊다고 보았다(박대휘, 2015). 이러한 맥락에서 조직문화는 조직을 이끄는 신념으로 구성원의 보편적 가치관과 인지 및 생활양식의 기준이 되며, 구성원의 행동에 정당성을 부여하는 밑바탕이 된다. 구성원들은 이러한 공통의 경험이 누적됨에 따라 결속에 특별한 의미와 목적을 부여하며, 구성원의 일체감 고양 및 조직에 대한 충성심을 증대시킨다(류근하, 2012).

학교조직문화란 이상의 조직문화 개념을 학교조직에 적용한 것을 말하며, 학교는 일반 기업 및 공공 조직과 다르게 관료적 특성과 전문적 특성이 혼재되어 있다는 점에서 특수하다(김규태, 최경민, 2014). 학교의 관료적 특성으로는 공식화, 중앙집권화, 성문화된 규정, 수직적 의사소통 구조, 효율성 및 성과보수를 예로 들 수 있고, 전문적 특성으로는 교사 개인의 전문성 강조 및 분권화를 바탕으로 한 업무 구조 등이 있다(최경민, 2016 재인용). 따라서 동일 학교급이라 하더라도 학교조직이 구성원이 중요시하는 관점에 따라 충분히 다른 문화가 조성될 수 있다(Boyd & Crowson, 2002; Sergiovanni, 1994). 이는 학교조직문화가 교육 혁신을 위한 변화와 개선의 대상으로 여겨지는 상황에서 바람직한 학교조직문화의 조성 및 정착이 조직의 효율적인 성과를 도출할 수 있는 '전략'이 될 수 있음을 시사한다(이동호, 2019).

2) 학교장의 리더십과 학교조직문화

지도자는 집단 구성원과의 관계에서 영향력을 행사하는 과정에서 가치, 신념, 목표를 공유하는 집단, 집단 내에서 목표 실현 및 만족을 얻으려는 지도자와 개인 간 상호의존과 같은 사회 체제적 속성과 맞물려 지도성 발휘는 조직의 유지 및 운영을 위한 필연적인 기능이라 할 수 있다. 즉, 지도자는 구성원들의 잠재력 표출과 목적에 부합하는 행동을 이끌어 내고, 조직 구성원이 공유하는 가치, 신념, 규범으로서의 조직문화를 창출해야 할 의무가 있다(이애란, 2010).

Leithwood(1991)는 학교장의 변혁적 리더십 발휘가 교사들과의 협동을 통해 공동의 목표를 설정하고 소외감을 감소시켜 궁극적으로 협동적 문화가 정착됨을 밝혔다(최종진 · 박균달, 2018 재인용). 즉, 학교장의 변혁적 리더십 발휘가 교사의 참여적 의사결정 문화에 영향을 미치는 것으로 나타났다.

04 CHAPTER 학생에 대한 이해

1. 학령기 아동 및 청소년의 발달 특성

아동기에는 학교의 경험이 시작됨으로써 더욱 복잡한 사회적 영향을 받게 된다. 아동기 이전의 시기인 걸음마기까지의 아동은 거의 전적으로 가족의 영향하에 놓여 있게 된다. 그러나 학교는 아동에게 가족 이외의 외부로부터의 평가, 성공과 실패의 기회, 또래 집단과의 경험 등을 제공하는 매우 중요한 영향력의 원천이 된다. 아동기는 대략 아동이 일반적으로 유치원에 들어가는 연령인 4세부터 초등학교를 졸업하는 12세 정도까지의 시기이다. 실제로 유치원과 초등학교의 경험은 매우 다르다. 유치원은 사실상 학교 교육을 받는 시기라고 보기 어려우나 가족 이외의 사회적 영향력이 새롭게 등장한다는 점에서 이전 시기와 구별된다. 그러므로 아동기를 유치원 시기에 해당하는 아동기 전기와 초등학교 시기에 해당하는 아동기 후기, 즉 학령기 아동으로 구분할 수 있다(조미숙, 2021).

1) 학령기 아동에 대한 이해

(1) 학령기 아동의 연령 구분 및 특징

학령기 아동은 7~12세 시기로, 일반적으로 조직적인 학습 생활을 시작하는 초등학생 시기를 말한다. 이 시기는 프로이트의 잠재기에 해당되며, 에릭슨 이론에서는 학령기에 속하고, 피아제 이론에서는 구체적 조작기와 형식적 조작기 초기에 해당한다. 이 시기에는 자연스럽게 가정에서 학교로 생활의 중심이 옮겨가며, 학교 교육을 통하여 인지력을 발달시키고 자신이 속한 사회에서 요구하는 기본 기술을 습득해 나가게 된다(조미숙, 2021).

(2) 학령기 아동의 발달 특성

① 신체적 측면

학령기 아동의 신체 발달 속도는 이전 시기에 비해 상대적으로 완만하나, 꾸준히 성장하며 신체의 각 부위가 균형적 비율을 갖게 된다. 머리는 성인의 95% 정도까지 성장하며, 비율 면에서 아직은 큰 편에 속하나 신장 전체에서 차지하는 비율은 줄어든다. 유치는 영구치로 바뀐다. 아동기 중기까지 남아가 여아보다 키도 크고 몸무게도 많이 나가지만, 후기에 가서는 여아들의 신체 성숙이 남아보다 앞선다. 사춘기가 시작되면서 신체 변화와 함께 호르몬의 변화를 동반한다. 뼈의 성장이 근육의 성장보다 앞서 성장통이 발생하기도 한다.

운동기술과 근육의 협응이 세련되고 정교화되어 속도, 정확성, 안정성, 호응성, 역량 등이 더욱 발달하고 정교해진다. 자신의 신체반응 능력에 대한 자신감으로 걷기보다는 뛰어다니고, 활동반경도 확대된다. 여아보다 남아의 신체활동 참여 기회가 많아 운동발달이 더 촉진되기도 한다(강문희 외, 2011). 운동을 통한 단체놀이나 스포츠 게임의 참여는 사회적 기술을 습득하게 하고 우정관계를 형성하게 하는데, 이 과정에서 자신의 능력을 타인과 비교 평가하게 되므로 자존감 형성과 성격 발달에도 영향을 미치게 된다(조미숙, 2021).

② 인지적 측면

㉠ 사고 및 인지발달

학령기 아동은 인지적 성숙으로 사물과 행위에 대한 체계적 사고 능력이 발달해 학령전기까지 보였던 미흡한 특징들이 달라지는 시기이다. 논리적 사고의 발달로 보다 복잡하고 다양한 변수를 고려하기도 하나 논리를 언어나 가설적인 문제로 응용하기는 어렵다. 점차 후반이 되면 형식적 조작 사고가 발달하기 시작해 가설에 대한 연역적 추리가 가능해진다. 이 시기 사고와 인지발달의 특성을 정리하면 <표 4-1>과 같다.

표 4-1 학령기 아동의 사고 및 인지발달 특성

특성	설명
보존개념 확립	• 사물의 외형이 달라져도 특성은 변하지 않고 동일하다는 사실 인식
분류화 가능	• 상위와 하위 개념 간의 관계, 전체와 부분의 관계를 이해함 • 대상의 차이점을 구별하고, 차이점으로 범주화해 분류화 가능
서열화 가능	• 어떤 특성이나 특징을 기준으로 순서대로 배열할 수 있음
조합기술의 획득	• 수를 조작하는 능력 획득. 덧셈, 뺄셈, 곱셈, 나눗셈 등 가능
자기중심성 극복	• 타인의 시각에서 바라보는 능력 발달. 타인의 의도, 태도, 감정, 욕구 등을 추론할 수 있는 조망 수용능력 습득
탈중심화 (집중성 극복)	• 복잡한 사고 가능. 다양한 변수 고려해 상황과 사건 파악 가능
가역적 사고 가능	• 변화 발생 시 이전 상태로 되돌릴 수 있다고 생각하는 것

*출처: 조미숙(2021). p. 299. 재인용.

㉡ 언어발달

기억력과 주의력 향상, 공식적인 교육의 결과로 문자와 언어에 익숙해지고, 발표력, 문법능력, 작문능력, 독해력이 현저히 발달한다. 사용하는 어휘의 수가 증가하면서 언어 표현력도 증가하며, 의사소통 능력도 급격히 증가한다. 특히 지각된 정보를 스스로 논리적 방식으로 구성할 수 있는 능력이 발달하면서 동일한 주제에 대해 오랫동안 대화를 나눌 수 있다(조미숙, 2021).

③ 사회정서적 측면

㉠ 학교와 또래집단의 영향

- 학교에서의 경험

생활의 중심이 가정에서 학교로 이동되면서 사회적 교류의 장은 확대된다. 부모나 교사의 기대에 충족하느냐 아니냐에 따른 칭찬 혹은 질책과 처벌, 친구들로부터의 인정 혹은 놀림 등을 경험하면서 사회가 요구하는 기술을 배우게 된다. 따라서 이 시기 아동은 가정과 학교생활의 조화로운 적응을 위해 노력하는데, 긴장과 불안을 경험하며 실패할 경우 학교공포증과 같은 부적응 현상이 나타나기도 한다. 학령기 아동을 담당하는 교사는 사회적으로 바람직한 행동과 규범을 학습하도록 하면서 아동의 사회화 과정에 많은 영향을 미친다. 교사의 행동이나 지도 방법은 아동의 자기개념 형성과도 관련되는데, 교사의 행동을 긍정적으로 지각하는 아동일수록 긍정적인 자기개념을 나타내고 있었다(권중돈, 2014).

- 또래집단과의 관계

학령기 아동은 학교나 이웃에서의 또래친구들과의 집단생활을 통해, 규범 준수, 협력, 욕구 통제의 과정을 거치며 관계를 맺고 교류하며 사회적 기술과 태도를 학습한다. 이 시기 아동은 이성 친구보다 동성 친구와 더 친밀한 경향을 보인다. 또한 경쟁이나 협동, 협상의 원리를 깨달으며 사회적 규범을 배우고, 또래집단의 행동 기준이나 태도, 가치관에 영향을 받으며 정서적 안정감을 얻기도 하고 인지발달이 촉진된다.

또래와의 관계형성과 상호작용 과정에서 아동은 자기표현의 기회를 얻고 성취감을 경험하며, 상호 의존적 감정 공유로 우정을 경험하면서 점차 자기중심성이 완화된다. 또한 협동관계를 맺으며 또래의 승인을 통해 자기존중감이 발달하고, 용기, 인내, 정의감, 지도력 등의 바람직한 사회적 태도를 형성하게 된다. 그러나 또래로부터 반사회적 행동을 학습하고 행동화하는 경우도 발생할 수 있는데, 이럴 경우 사회적 발달에 부정적인 영향을 미칠 수도 있다. 또래집단에 참여할 기회를 갖지 못하게 되거나 거부, 무시, 괴롭힘을 당하게 되면서 집단 따돌림의 피해자가 될 수도 있다. 아동기의 이러한 경험은 불안, 우울 수준을 높이고, 낮은 자기존중감과 부정적 자기개념을 형성하도록 하면서 부적응적 행동을 보이게 만드는데, 이는 장기적 영향으로 이어질 수 있어 문제가 될 수 있다(조미숙, 2021).

- 단체놀이를 통한 학습

학령기 아동은 집단놀이(group play)보다는 단체놀이(team play)를 선호한다. 게임이나 스포츠를 이용한 단체놀이는 공동의 목표를 위해 서로 의존하고 역할을 분담하며 경쟁하면서 우정을 나누기도 한다. 단체놀이의 과정은 사회화에 중요한 역할을 하며 인지발달을 촉진하는데, 집단의 목표를 위해 개인의 목표성취를 보류하기도 하고, 공동의 목표성취를 위해 역할을 분배하면서 분업의 원리를 학습한다. 또한 협동과 경쟁의 의미를 배우고 경쟁의 본질과 승리의 중요성을 알게 된다(조미숙, 2021).

ⓒ 자기이해의 발달

학령기 아동은 사회적 교류의 영역을 확장시키면서 타인과의 상호작용을 활발히 하게 되는데, 점차 자기를 인식하고 자기개념과 자기존중감을 발달시키게 된다.

- 자기개념

자기개념(self-concept)은 신체적 특성, 개인의 기술, 가치관, 희망, 지위와 역할 등 개인이 자신의 것으로 동일시하는 개인적 특성에 대한 내적 · 개인적 지각이다. 자기개념의 이해를 돕기 위해 보다 구체적으로 살펴보면 다음과 같다(권중돈, 2014).

- 자신의 능력, 신분, 역할에 대한 전반적 인식인 전체적 자기개념
- 순간적인 기분에 의해 영향을 받는 일시적 자기개념
- 타인과의 상호작용에서 다른 사람이 자신을 어떻게 보느냐에 따라 자신을 평가하는 사회적 자기개념
- 자신이 '~어떻게 되었으면…' 하고 바라는 이상적 자기개념

이러한 자기개념은 개인의 연령, 학교에서의 성공이나 실패의 경험, 교사의 평가나 부모의 양육태도, 또래집단에 의해 영향을 받는다. 자기개념에 대한 표현은 성장에 따라 구체적 방식에서 추상적 방식으로 변화하는 데 보다 상세하고 복잡해진다(조미숙, 2021).

- 자아존중감

자기개념이 자신에 대한 인지적 측면이라 한다면, 자아존중감(self-esteem)은 감정적 측면이다. 자아존중감은 자기 자신에 대해 갖고 있는 개인적 가치감이나 긍정적 평가로서 자기개념의 하위 요인이다(장휘숙, 2013). 에릭슨 이론에 의하면, 아동이 새로운 것에 호기심을 갖고 사회에서 필요한 기술을 습득해 나가는 과정에서 교사나 부모의 칭찬과 보상을 받게 되면 근면성이 발달하면서 높은 수준의 자아존중감을 갖게 되며, 어떤 일에서 실패를 더 많이 경험하고 그 결과 사회관계에서 부정적 평가를 더 많이 받게 되면 열등감이 생기고 낮은 수준의 자아존중감을 갖게 된다고 하였다(조미숙, 2021).

- 도덕성 발달

학령기 아동은 도덕성 발달의 과도기 단계로, 타율적 도덕성과 자율적 도덕성이 같이 나타난다. 즉, 점차 옳고 그름에 대한 판단을 행위의 결과가 아닌 의도성을 근거로 판단하게 된다. 콜버그 이론에 의

하면 아동기 후기는 인습적 수준의 도덕성 발달단계에 속하며, 사회의 질서를 유지하기 위한 규칙과 사회적 규범을 따르고, 다른 사람의 승인을 얻고자 하는 방향으로 도덕적 행위의 옳고 그름을 판단한다. 이 시기 아동에게는 외적인 보상이나 벌 대신에 사회적 칭찬이나 비난에 대한 회피가 행동의 동기로 작용한다(조미숙, 2021).

표 4-2 학령기 아동과 학교사회복지 실천 영역

영역	설명
신체적 발달	• 빈곤, 가족해체, 아동학대, 부모의 부양 기피, 돌봄 취약 등에 의한 아동의 결식, 영양공급 부족 상황을 파악하여 아동급식사업 지원 및 연계 • 비만아동의 성인병 예방을 위한 식단 및 영양관리 교육, 운동 프로그램 제공 • 장애아동의 조기치료와 재활 등
인지적 발달	• 창의적이고 안전한 놀이 공간 확보와 서비스 연계 • 학습장애를 지닌 아동을 위한 언어, 지각, 운동이 통합된 치료 프로그램 지원 등
사회정서적 발달	• 아동의 사회정서적 발달을 위한 예술 및 놀이 프로그램 개발 • 학습장애아 가족을 위한 지지 상담 및 자조집단모임 지원 • 자녀와의 원활한 의사소통, 올바른 학습지도, 학교생활지도를 위한 부모교육 프로그램 지원 • 아동의 등교 거부, 불안과 우울, 주의력 결핍 및 과잉행동장애, 스마트폰, 인터넷 및 게임 중독을 위한 치료 지원, 지역사회 서비스 연계 등
주요 사회적 이슈	• 학교공포증 • 아동학대 • 집단 따돌림 • 스마트폰, 인터넷, 게임 중독 등

*출처: 조미숙(2021). p. 303. 재인용.

2) 청소년기에 대한 이해

(1) 청소년의 연령 구분 및 특징

청소년기의 기준 연령에 합의된 바는 없다. 다만, 청소년 관련 법령을 근거로, 「청소년기본법」에서는 9세 이상 24세 이하인 자로, 「청소년보호법」

에서는 만 19세 미만인 자로, 「소년법」에서는 19세 미만인 자, 「아동복지법」에서는 18세 미만인 자로 명시되어 있어 그에 준한 연령으로 가늠할 뿐이다. 한국의 경우 사회 통념상 초등학생 시기를 어린이 또는 아동이라 칭하고, 대략 중·고등학생 시기에 속한 이들을 청소년이라 인식하는 경향이 강하다. 따라서 대체로 중·고등학교 시기인 만 13세부터 만 18세까지를 청소년기로 볼 수 있다.

청소년기는 아동에서 성인으로 전환하는 과도기이며, 2차 성징 등 사춘기의 신체적 변화가 두드러지고, 인지발달에 있어 추상적 사고가 강해지는 시기이다. 심리적 측면에서는 부모로부터 독립하고 친구나 자기 자신에게 의존하려 하면서 자아정체감을 형성하는 심리적 이유기(psychological weaning period)이며, 프로이트 발달단계로는 생식기에 속하고, 에릭슨 발달단계에서는 정체감 대 정체감 혼란을 경험하는 시기에 속한다(조미숙, 2021).

(2) 청소년기의 발달 특성

① 청소년기의 신체적 측면

㉠ 신체 변화

청소년기는 영아기 다음으로 제2성장 급등기라 할 정도로 신체의 성장률이 빨라지고 외형적 성장이 두드러진다. 청소년의 신체적 성장은 개인차가 매우 크기 때문에 단지 연령만으로는 판단하기 어려우나, 11~13세 정도의 아동기 후기까지는 여아가 남아보다 키와 몸무게가 더 나가고 힘이 센 편이지만, 이후 청소년기에는 역전되어 남아의 성장속도가 빠르게 진행되어 신체발달이 더 우세해진다.

청소년이 지각하는 자신의 신체상과 매력은 자존감 수준과도 관련된다. 성숙이 빠른 소년은 몸의 크기와 운동능력에서 더 유리해 또래는 그 아이를 우월하게 보는 경향이 있으며, 성숙이 늦은 소년들은 신체적으로 덜 매력적이라고 생각해 긴장하는 경향이 많고 관심을 끌기 위해 미성숙한 행동을 보이는 경향이 있다. 청소년들은 신장과 체중, 신체의 다른 부위에도 성장이 급등하는 현상을 경험하면서 일시적인 신체 불균형 상태에 놓이기도 한다. 이 시기에는 자신의 신체에 대해 부정적인 이미지를 형성하기도 하는데, 일반적으로 남아보다 여아가 자신의 신체에 대해 부정적 이미지를 갖고 있는 경우가 더 많으며, 거식증이나 폭식증 등 섭식장애도 더 많이 경험한다(송명자, 2008). 청소년기에는 폐활량이 증가하고 소화기능이 왕성해지는 등 신체 내부기관도 현저히 발달하며, 내분비선의 발달로 지방이 과다해져 여드름이 나기도 한다(조미숙, 2021).

㉡ 성적 성숙

청소년기에는 신체 성장과 더불어 성호르몬의 분비로 소년의 경우 어깨가 넓어지고 각진 외모를 갖게 되며, 소녀는 체지방이 증가하고 골반 부위가 발달하여 허리가 가늘고 어깨가 좁으며 둥근 체형을 갖게 된다. 생식기관의 발달로 생식능력을 지니며, 사회심리적 적응과정을 통해 성적 성숙이 일어난다.

청소년기의 성적 성숙은 생식기관이 발달하고 내분비선에서 성호르몬 분비가 증가하면서 나타난다. 생식선(성호르몬을 분비하고, 난자와 정자를 만들어 내는 기관)을 통해 여성은 난소에서 에스트로겐(estrogen)을 분비하며, 이로 인해 유방이 발달하고 음모와 체모가 성장하며 생리를 하게 되고 임신할 수 있는 자궁의 상태가 된다. 남성은 테스토스테론(testosterone)을 분비하며, 이로 인해 신장이 증가하고 음모가 성장하며 생식기의 발달로 정자 생산이 가능해지고 성적 욕구가 증가한다. 한편 우리 몸의 부신(좌우 콩팥 위에 있는 내분비샘)에서는 여성에게는 테스토스테론을, 남성에게는 에스트로겐을 분비하게 만드는데, 이로 인해 실제로 여자와 남자는 두 개의 성호르몬을 다 갖고 있다. 다만, 주로 분비되는 호르몬의 종류와 양이 다를 뿐으로, 청소년기에 몸이 변하기 시작했다는 건 어느 한 성호르몬이 많이 분비되기 시작했다는 것을 의미한다.

청소년기의 여성은 생리를 통해 여성이 되었다는 자부심을 가짐과 동시에 많은 불편함과 당혹감이라는 양가감정을 경험하기도 하며, 남성은 몽정불안(夢精不安)과 자신의 성적 성숙에 대한 기대감이라는 양가감정을 경험하게 된다(조미숙, 2021).

② 청소년기의 인지적 측면

㉠ 형식적 조작 사고

청소년기는 Piaget의 인지발달단계에서 형식적 조작기에 해당한다. 형식적 조작 사고의 특징은 지각과 경험보다는 논리적 원리에 지배를 받으며 인과관계를 추론할 수 있는 추상적 사고가 가능하고, 경험하지 못한 사건에 대해 가설을 설정해 예측하는 가설연역적 사고가 가능하다는 점이다. 이에 실제 가능한 모든 개념의 조합을 체계적으로 고려할 수 있는 조합적 사고를 할 수 있으며 이상적 사고가 가능하다.

형식적 조작 사고 능력을 가진 청소년들은 구체적 조작기에 비해 실제적이고 구체적인 사항에 얽매이기보다는, 가상적 상황이나 추상적 사실에 관심을 갖고 이에 대한 논리적 추론을 할 수 있게 된다. 청소년들은 구체적 조작기에 속한 아동들이 어려워하는 민주주의, 종교, 아름다움과 같은 추상적 개념에 관심을 보이고 이러한 개념의 중요한 요소를 이해하기 시작한다. 이에 따라 자신의 삶의 의미를 생각하고, 사회의 규범이나 가치관을 이해하며, 예술작품에 담긴 많은 상징들을 터득하게 된다. 이러한 추상적 사고 능력의 향상은 사회적이고 이념적인 문제에 진보된 추론을 할 수 있게 한다. 따라서 이 시기부터 청소년들은 대인관계, 정치, 철학, 사랑, 종교 등의 추상적인 영역에 자신의 사고의 폭을 넓혀가게 된다(박경애 외, 2017).

형식적 조작 사고의 인지적 특성으로 청소년들은 정서와 태도, 행동상에 변화를 경험하게 된다. 이러한 변화에는 긍정적 측면도 있으나, 부정적 측면도 존재한다(조미숙, 2021).

- 긍정적 영향

  추상개념의 사용으로 실제적이고 구체적인 것에서부터 추상적이고 가능한 것을 구별할 수 있게 된다. 가설적 추리능력으로 인해 과학적 추론이 가능해진다. 상위개념을 인지할 수 있어 사고의 과정이 어떻게 구성되고 어떻게 기능하는지 이해하기 시작하여, 자기성찰이나 내성(introspection, 내면적 관찰)에 몰두하게 된다. 자기성찰, 내성과 함께 추상적 영역에 대한 이해가 가능하여 정체감 획득을 이룰 수 있다(조미숙, 2021).

- 부정적 영향

  계획을 세우고 인과관계에 대한 탐색을 통해 미래 상황에 대해 생각할 수 있게 되지만, 미래에 대한 기대와 함께 불안이 가중될 수 있다. 이상주의를 추구함으로써 세상의 결점과 논리적 모순을 발견하고 부모나 사회에 반항하게 된다. 자주 현실적인 문제를 고려하지 못하고 사회변화에 대한 실제적 장벽을 간과하게 된다. 형식적 조작능력은 자신과 타인의 사고와 감정을 구별하지 못하는 청소년의 자아중심성(egocentrism)을 부추긴다(조미숙, 2021).

㉡ 자아중심성(자기중심적 사고)

전조작기의 아동들과 달리 형식적 조작기의 청소년들은 타인의 생각이나 관점을 추론할 수 있지만, 이들이 갖고 있는 특성인 자기 몰두로 인해 잘못된 가정을 하기 쉽다. 즉, 아동기의 자아중심성은 타인이 자신과 다른 관점을 갖고 있다는 것을 인식하지 못해 나타나는 것이라면, 청소년기의 자아중심성은 자신의 생각이나 상위 인지에 대해 사고할 수 있는, 발달된 인지능력 때문에 나타난다고 볼 수 있다. 이에 청소년기의 자아중심적 특성은

11세 무렵 나타나기 시작해 15세 무렵 정점에 달했다가 다양한 대인관계를 경험하고 점차 객관적인 이해가 가능해지면서 점차 사라지게 된다(박경애 외, 2017).

자아중심적(자기중심적) 사고의 특징으로 청소년들은 독특한 사고와 행동양식을 나타내는데, 그중 대표적인 것이 상상 속의 청중(imaginary audience)과 개인적 우화(personal fable)이다.

- 상상 속의 청중

  이 현상은 청소년들이 실제가 아닌 가상 속에 청중을 만들어 내고 그들이 자신에게 주의를 집중하고 있다고 믿는 현상을 말한다. 예를 들어, 어느 청소년이 자신의 머리 모양이 마음에 들지 않을 때, 버스를 타거나 길을 걸을 때 혹은 학교에서 언제나 주변 사람들이 자신의 머리에 관심을 기울일 것이라고 생각하는 것이다.

  이처럼 청소년들은 자신이 다른 사람에게 관심의 초점이 되고 있다고 생각하기 때문에 강한 자의식(self-awareness)을 갖게 된다. 그러므로 다른 사람이 볼 때 사소한 실수나 언행도 이들은 그것에 주목할 거라 생각해 크게 당황하거나 신경을 많이 쓸 수 있다(조미숙, 2021).

- 개인적 우화

  이 현상은 자신에 관해 사실이 아니거나 사실과 다른 이야기를 만들어 내는 현상을 말한다. 청소년들은 자신의 생각이나 감정이 고유하고 특별하다고 생각하고, 아무도 자신의 경험을 이해하지 못할 거라 생각하기 쉽다. 예를 들어 어떤 여학생이 좋아하게 된 남학생과 이성교제를 하게 된다면, 자신과 그 남학생이 느끼는 감정은 다른 커플들이 느끼는 사랑과는 동일하지 않은 특별한 감정이라 생각하는 것을 말한다. 따라서 부모나 주변 사람들이 자신의 사랑을 흔한 감정으로 얘기하거나 다음 상황이 일반적인 다른 커플들처럼 전개될 것이라

말하면, 크게 분노하고 자신의 고유한 감정을 이해하지 못하는 것에 대해 서운한 감정이나 외로움을 표현하기도 한다. 즉, 개인적 우화란 어떤 사건을 자신에게 적용할 때 세상에 존재하는 일반적인 확률을 무시하거나 이를 왜곡하는 것을 말한다. 이러한 현상은 청소년들의 무모한 행동의 원인이 되기도 한다. 예를 들어, 오토바이를 타면서 헬멧을 착용하지 않고 과속하면서도 자신은 다치지 않을 거라고 생각하는 경우, 혹은 성관계를 가지면서도 임신의 가능성을 무시하거나 약물을 복용할 때도 중독 현상이 없을 거라고 생각하는 것이다. 자신을 독특하고 고유한 존재로 보고 세상에 존재하는 확률적 가능성에 따른 결과는 없을 것이라고 생각하는 현상이다(조미숙, 2021).

③ 청소년기의 사회정서적 측면

㉠ 정서적 특성

청소년기에 나타나는 정서적 특성을 아동기, 그리고 성인기와 비교해 요약하면 다음과 같다(박경애 외, 2017; 임영식 외, 2000).

- 부모, 교사, 친구의 이야기에 쉽게 분노하거나 얼굴을 붉히는 등 감정의 동요가 크고 정서 표현이 격렬하다. 이러한 격동성은 초기에 더욱 두드러지고, 후기로 갈수록 자신의 감정에 대해 여유를 찾는 경우가 많다.
- 정서에 자극을 주는 대상이 변화한다. 유아에게 불쾌한 정서를 일으키는 대상은 체벌이나 부상, 주삿바늘 등 신체적인 것이나 감각적인 것이라면, 아동들은 성적이 나쁘거나, 놀이나 게임 등 경쟁에서 지게 될 경우 사회적 학습과정에서 불쾌한 정서를 경험하는 경우가 많다. 한편, 청소년들은 자신이 무능력하다고 느낄 때나 막연한 불안감을 유발하는 대상에 대해 정서적 자극을 많이 받는다.
- 정서 표현이 내면화되는 경우가 많다. 일반적으로 아동의 정서 표현

은 직접적이고 일시적이어서 오래 지속되지 않는다. 반면 청소년들의 정서는 의식적으로 억제되는 경우가 많고 정서가 외부로 표출되기보다는 내부에 숨겨진다거나 방어기제에 의해 변용되기도 한다. 이로 인해 청소년이 느끼는 공포심이 우울의 형태로 나타나거나, 우울의 감정이 분노나 비행의 형태로 나타나기도 한다.

㉡ 또래집단과 이성관계

청소년기에는 또래 친구와의 관계가 밀접해지면서 또래에 대한 동조성이 극대화된다. 동조성(conformity)이란 집단 내부의 압력에 대해 개인이 이에 일치하려는 경향을 의미한다. 동조행동은 청소년기에만 국한된 것은 아니나 일생 중 청소년기에 가장 커지는 것으로 알려져 있다. 동조성이 높은 경우, 집단의 동조 압력을 따르면서 개인과 집단 간의 일치도가 증가하게 된다. 청소년들이 집단규범에 동조하는 이유는 자신의 생각에 대한 확신이 결여되어 있기도 하지만, 속해 있는 집단과 자신과의 관계 때문이기도 하다. 즉, 모호한 상황에서 정보를 얻기 위해, 또래집단의 수용과 인정을 얻기 위해 행동 양식에 일치하고 조화를 이루고자 한다.

청소년들의 행동에 있어 또래의 영향력이 고정된 것은 아니다. 부모와의 관계에 따라 다르게 나타나기도 하는데, 부모가 애정적이고 지원적일 때 청소년들은 또래를 지향하고 의존하는 경향이 적어지는 반면, 부모가 거부적이고 자녀의 의견에 귀 기울이지 않을 때 청소년들은 또래의 가치에 크게 의존하는 경향을 보인다. 즉, 청소년들이 또래집단에 의존하는 정도는 또래집단의 자체 매력만이 아니라 부모와의 관계나 부모의 지원 정도에 의해서도 결정된다(최윤미 외, 2000).

청소년기의 즐거움과 우정은 동성만이 아니라 이성을 통해서도 얻는다. 청소년기와 이후 성인기는 이성교제의 시기로, 이전까지 동성교제에만 관심을 가졌던 이들은 이성과의 관계에도 관심을 갖게 된다. 그러나 동성 친구를 더 많이 사귀는 편으로, 이성 친구와의 우정이나 이성교제는 동성 친구와의 우정에서 부족한 부분을 보완하는 기능을 한다(조미숙, 2021).

ⓒ 자아정체감의 발달과 심리적·사회적 유예기

Erikson은 청소년기의 발달과업 중 가장 핵심적인 발달과업이 자아정체감(egoidentity) 형성이라고 하였다. 자아정체감은 자신의 독특성에 대해 다소 안정된 느낌을 갖는 것으로, 행동이나 사고 혹은 정서의 변화에도 불구하고 변하지 않는 부분은 무엇이고 자신이 누구인가를 아는 것이다(권중돈, 2014). 자아정체감이 확고한 사람은 다음과 같이 개별성, 통합성, 지속성을 경험하게 된다(사회복지교육연구센터, 2019).

- **개별성**: 가치와 관심을 타인과 공유하더라도 자신은 타인과 구별되는 고유한 존재라는 인식
- **통합성**: 자신의 욕구와 동기, 태도, 행동 등이 전체적으로 통합되어 있다는 느낌
- **지속성**: 과거, 현재, 미래라는 시간의 흐름 속에서도 자신은 동일하다는 인식 청소년기는 자신이 누구인지를 발견하고 자아정체감을 확립하는 시기로, 자신이 맡고 있는 다양한 역할들을 실행해 보고 이런 역할들을 자신의 정체성으로 통합하는 시기이다. 청소년기에 이러한 통합된 정체성을 성취하려는 시도가 성공하느냐, 실패하느냐는 개인이 사회에 효과적이고 적절하게 적응하는 데 많은 영향을 미치게 된다.

청소년기에 자신의 여러 역할을 하나의 정체성으로 통합하지 못하고 여러 상충되는 역할에 적응하지 못할 때 정체감 혼란을 겪게 된다. 내가 누구인지, 인생에서 무엇을 얻고자 하는지, 어떤 사람이 되고자 하는지에 대한 답을 얻지 못하면, 이후 직업의 선택, 결혼, 주거, 여가 등 다양한 결정과

선택의 순간에 판단을 내리기 어렵다.

Marcia(1980)는 자아정체감을 ① 자신의 역할 실험과 대안 선택의 위기(crisis)에 있어 스스로 의사결정이 가능한지 그 여부와 ② 자신의 신념을 이루기 위해 어떠한 활동에 능동적 참여로 전념(commitment)할 수 있는지 그 여부를 토대로 네 가지 범주로 구분해 설명하였다.

- **자아정체감 성취**(Identity Achievement): 자신의 신념, 직업, 정치적 견해 등에 대해 스스로 의사결정을 내릴 수 있으며, 그 결정에 따라 강력한 노력을 통해 자아정체감을 획득하여 자신의 욕구를 해결하고 있는 상태를 말한다. 적응 상태에 속한다.
- **자아정체감 유예**(Identity Moratorium): 자신의 가치와 이상, 신념을 탐색하는 상태에 있으며 자아정체감 형성에 욕구를 가지고 다양한 역할과 신념, 행동 등을 실험하는 상태에 있다. 자신의 능력과 자신에게 적합한 그 무엇을 결정하지 못한 상태로 자아정체감 성취 혹은 자아정체감 혼란의 가능성을 지닌다. 적응 상태에 속한다.
- **자아정체감 유실**(Identity Foreclosure): 자신의 가치와 신념을 위해 노력하나 이것은 주로 부모나 사회적 가치관을 자신의 것으로 그대로 선택한 것으로, 위기도 경험하지 않고 쉽게 의사결정을 내렸지만 독립적 의사결정은 하지 못한 상태를 말한다. 자신의 이상과 신념을 적절하게 탐색할 기회를 갖지 못한 상태로 부적응 유형에 속한다.
- **자아정체감 혼란**(Identity Diffusion): 자아정체감을 확립하기 위한 욕구도 경험하지 않았고, 기존의 가치관에 대한 의문도 제기하지 않으며, 자신에 대한 의미 있는 대안도 탐색하지 않는 상태이다. 자신에 대한 어떠한 견해도 확고히 받아들이지 못하며, 미래를 위한 어떠한 계획도, 어떠한 태도도 형성하려는 노력을 기울이지 않는다. 가장 미성숙한 상태로 부적응 유형에 속한다.

청소년기 초반에는 자아정체감 혼란이나 유실 상태에 있다가 후반이 되면 유예 혹은 성취에 이르는 경우가 많다.

Erikson은 자아정체감을 확립하기 이전에 개인적인 힘과 능력을 기르고 사회로부터 인정받기 위해 자신의 가치, 믿음, 역할 등 다양한 역할 실험을 수행하는 것을 심리적·사회적 유예라 칭하고, 그 기간을 심리적·사회적 유예기라 명명하였다. 즉, 각자의 장점을 극대화해 사회로부터 긍정적으로 인정받고 최상으로 적응할 수 있도록, 외부의 요구로부터 일시적으로 해방되는 기간을 말한다(조미숙, 2021).

참고 **청소년 비행과 학교사회복지**

학교사회복지 실천에서 가장 관심을 가져야 할 청소년기의 문제는 청소년 비행이다. 청소년 비행은 대개 청소년기 전기에 시작되며, 이에 적절하게 대처하지 못할 경우에 비행과 범죄의 경력이 이어진다. 그리고 청소년 비행은 청소년 범죄와 유사한 의미로 간주되기 쉽지만 실제로 범죄뿐만 아니라 무단결석, 가출, 음주, 유흥업소 출입 등 신분에 어긋나거나 규범을 위반하는 행동을 포함한다. 최근에는 청소년의 인터넷 중독과 인터넷 관련 범죄도 새로운 문제로 대두되고 있다.

대부분의 청소년들이 성인기로의 전환을 성공적으로 하지만 학교사회복지사들은 종종 이러한 전환에서 매우 어려움을 겪고 비행에 연루되는 청소년들을 대하게 된다. 우리나라는 「청소년보호법」을 시행하여 청소년 문제를 예방, 해결하고자 시도하고 있으나 청소년 유해환경의 증가로 청소년 비행은 점점 더 심각해지고 있다.

학교사회복지사들은 비행청소년들을 돕는 프로그램에 지속적으로 참여해 왔다. 사회복지관이나 청소년기관을 통해 상담서비스를 제공하고 보호관찰 프로그램에서 사회복지기관에 의뢰된 비행 청소년들을 지도하며 법원에서 교정사회복지사로 활동하기도 한다.

다양한 이론에 의하여 청소년 비행의 원인이 지적되어 왔다. 밀러(Miller, 1989)는 사회적 계층 가운데 하위계층의 가치는 사회적 규범에 어긋나는 것들이 많으며, 청소년들이 이러한 가치에 순응하면 자동적으로 비행에 가담하게 된다고 설명한다. 그에 의하면 학교의 책임은 하위계층의 아동이나 청소년들이 자기가 속한 계층의 문화에 동화됨으로써 자연스럽게 규칙에 어긋나는 행동을 저지르게 되는 것을 극복하도록 도와주는 것이다. 쇼(Shaw, 1991)도 우범지역에 거주하는 아동과 청소년들이 일탈적 태도와 기술을 습득할 가능성이 더 크며, 따라서 청소년이 비행발생률이 높은 지역에 거주할수록 비행에 관련될 가능성이 더 크다고 지적하였다.

부와 사회적 지위 등을 획득하기 위한 기회의 불평등에 초점을 맞추어 비행을 설명한 이론도 있다(Cloward & Ohlin, 1961). 이 이론에 의하면 하위계층의 청소년들도 중산층의 청소년들과 마찬가지로 사회적 성공에 대한 포부를 갖지만 이들에게는 합법적 절차와 방법에 의하여 목표를 성취할 기회가 주어지지 않으므로 비합법적 방법인 비행에 의존할 수밖에 없다는 것이다.

따라서 비행청소년들은 애착, 전념, 참여, 신념의 네 측면에서 사회와 유대를 형성하고 유지하는 데 실패했다고 주장한다. 첫째, 애착(attachment)이란 청소년이 가족을 비롯한 주요한 사람들과 형성하는 애정적 유대를 말한다. 부모는 자녀들에게 사회적으로 바람직한 행동을 가르치는 애착의 근원이라고 볼 수 있다. 둘째, 전념(commitment)이란 대학에 진학하여 지위가 높은 직업을 얻고자 하는 포부에 관한 것으로, 일단 비행에 관련되면 이러한 목표는 성취하기 어렵게 된다. 잘 정의된 자신의 목표를 가진 청소년들에 비해서 미래에 관한 목표가 불확실한 청소년들이 비행에 더 잘 빠진다고 한다. 셋째, 참여(participation)는 사회적인 성공으로 이끌어 가는 인습적인 활동에 참여하는 것을 가리킨다. 예를 들면, 숙제를 열심히 하는 것은 좋은 직업을 갖기 위한 전제조건인 공부를 잘하는 것에 필수적인 활동이다. 넷째, 신념(belief)이란 그 사회의 중심적인 가치체계의 도덕적 타당성을 받아들이는 것이다. 사회적 규칙을 받아들이는 데 있어서의 차이가 비행에 대한 관련 여부를 결정하는 데 중요하며, 규칙의 구속을 덜 느끼는 사람일수록 비행을 저지르기 쉽다고 한다. 요컨대 어떤 이론들은 비행이 하위계층의 문화로서 학습되는 것이라고 주장하고, 또 다른 이론들은 사회적 성공을 위한 합법적인 기회가 봉쇄되어 있는 집단에서 대체적 수단으로 비행을 하게 된다고 설명한다.

정신분석이론에서는 청소년 비행을 유년기의 불행한 경험에서 초래된 성격장애의 증상으로 간주한다. 이러한 장애는 사회화되지 못한 공격양식, 불안에 대한 부적절한 방어기제의 형성, 죄의식의 결여 또는 죄의식 때문에 자신을 처벌하고 싶은 무의식적 욕구 등에서 비롯된다. 또 어떤 심리학자들은 불충분한 인지발달이나 도덕적 가치를 통합하지 못하는 것과 같은 인지적 발달의 문제로 비행의 원인을 설명한다(Specht & Craig, 1987: 168-170).

비행에 대한 학교사회복지 실천을 보면 학교사회복지사들은 지역사회기관과 연계하여 비행청소년들에 대한 상담과 더불어 이들을 교화하기 위한 교육, 직업알선, 주거시설 마련, 보건의료 서비스 등을 제공한다. 또한 청소년 비행은 흔히 가족문제에 의해서 일어나는 경우가 많으므로 가족관계를 개선하기 위한 가족상담과 가족치료도 제공한다. 뿐만 아니라, 인터넷 중독과 인터넷 범죄를 예방하기 위한 교육과 청소년에게 해로운 인터넷 사이트에 대한 감시활동도 필요하다(조미숙, 2021. 재인용).

참고 **청소년기 십대 임신과 학교사회복지**

최근 학교에서도 십대 임신과 미혼모 발생이 새로운 사회문제로 대두되기 시작했다. 미국은 십대 임신 발생률을 9% 정도로 추산하는데 이것은 다른 나라보다 월등하게 높은 수치이다(Zastrow & Kirst-Ashman, 2007). 우리나라는 정확한 비율을 알 수 없으나 전국의 중고등학교 여학생을 대상으로 이루어진 한 조사(장순복 외, 2001)에서 표본 가운데 0.5%의 십대 임신 발생률이 확인되었다.

십대 임신은 청소년에게 신체적 질환이나 정신적 질환, 학업 실패, 빈곤 등 주요한 삶의 영역에서 장기적인 문제를 초래할 위험성이 높다. 즉, 임신 기간 동안 적절한 의료적 도움을 받지 못해서 미혼모나 아기의 건강에 위협이 될 수 있는 의학적 문제들이 발생할 수 있다. 또한 이들은 고등학교까지 학업을 마치지 못하는 비율이 높고 빈곤과 복지혜택에 의존하는 비율도 높으며 스스로 기르기로 결정할 경우 자녀양육에 대한 특별한 지원이 필요하다.

또한 십대 미혼모의 아기 아버지 가운데 80% 이상이 역시 십대인 것으로 알려져 이들에 대한 관심도 필요하다(Zastrow & Kirst-Ashman, 2007). 십대 부모가 낳은 아기들도 지속적인 돌봄의 어려움으로 방치되거나 학대받을 가능성이 있다.

학교사회복지사는 청소년 임신과 관련해서 이를 예방하기 위해 성, 피임, 임신에 따르는 위험과 책임에 관한 교육과 정보를 제공할 수 있다. 청소년 미혼모에 대해서는 임신, 유산, 출산, 아기를 기르거나 입양하는 데 대한 결정에서 상담, 정보제공, 의뢰, 자원 연결 등의 도움을 제공할 수 있다. 또한 미혼모의 진로, 미혼부와의 관계, 원가족과의 관계 등에 대해서도 상담과 도움을 제공해야 한다(조미숙, 2021. 재인용).

참고 청소년기와 학교사회복지 실천

영역	설명
신체적 발달	• 섭식장애, 거식증, 폭식증 예방과 치료를 위한 상담 및 식이요법 지도, 전문가 지원연계 • 성에 대한 올바른 가치관 정립을 위한 성 상담, 성교육 프로그램 지원 • 성폭력 예방을 위한 청소년, 부모, 교사 대상 교육 • 성폭력 문제 대처를 위한 상담 및 보호, 치료적 자원연계 등
인지적 발달	• 저소득 청소년 방과후 프로그램 지원 • 학업중단 청소년의 교육 훈련 등
사회정서적 발달	• 청소년의 자아발견, 자아성장, 인간관계 기술 습득을 위한 개인 및 집단 상담 • 자아정체감 형성을 위한 전인적 성장 프로그램 지원 • 스트레스 예방과 관리 방법 지도 • 다양한 사회경험을 위한 자원봉사 활동 프로그램, 진로탐색 프로그램 지원 • 약물교육 및 치료 프로그램 지원 등
주요 사회적 이슈	• 청소년의 정신장애(우울, 불안, 물질남용 등) • 청소년 자살 • 청소년 폭력과 비행 • 청소년의 임신과 출산 • 중도입국 청소년, 학교 밖 청소년을 위한 교육지원 등

*출처: 조미숙(2021). p. 320. 재인용

④ 청소년기와 가족관계

가족은 개인의 발달에 영향을 주는 가장 중요한 사회적 기관이다. 부모는 아동의 역할 모델로서, 표준의 제시자로서 그리고 강화와 처벌의 제공자로서 영향력을 행사한다.

청년기의 시작과 함께 청소년들은 부모와 가족으로부터 점차적으로 멀어지고 동년배 집단에 의존하기 시작한다. 청소년들은 부모로부터의 독립에서 오는 불안을 감소시키기 위해 동년배 집단의 지원에 의존하고 그들의 규준에 동조한다. Bronfenbrenner(1974)는 동년배 집단은 청소년기의 가장 중요한 사회적 기관으로 가족의 영향력을 대치한다고 주장한다.

그러나 청년기가 끝날 무렵에 이르면 청소년들은 부모는 물론 동년배 집단으로부터도 점차적으로 독립하게 된다.

㉠ 청소년과 가족의 기능

부모와 청소년 자녀의 상호작용 빈도는 청년기 동안 감소되기는 하지만, 부모의 청소년 자녀에 대한 영향력이 그와 함께 동일한 정도로 감소되는 것은 아니다. 부모들은 청소년 자녀의 동년배 지향적 경향을 허용하고 그들의 독립을 격려하기는 하지만, 가족의 고유한 기능은 청년기 동안에도 여전히 개인의 발달에 영향을 준다.

가족은 동년배 집단이나 어떤 다른 사회적 기관에 의해 대치될 수 없는 다음과 같은 세 가지 기능을 수행하다(Olson, Russell, & Sprenkel, 1980).

첫째, 가족은 응집성 혹은 결속감을 제공한다. 가족이 갖는 응집성은 정서적 유대로서 구성원의 동일시를 유발하는 중요한 요인이다. 그 결과 가족구성원들은 물리적 가까움은 물론 감정적, 정서적 가까움을 경험한다.

둘째, 가족은 적응성(adaptability)을 위한 모델 기능을 수행한다. 즉, 가족은 힘의 구조가 어떻게 변화될 수 있고, 역할관계가 어떻게 발달되며 관계형성이 어떻게 이루어질 수 있는가를 예시해 준다. 적응성이 적은 완고한 가족을 갖는 청소년들은 엄격한 상호작용 양식을 내면화하는 반면, 지나치게 많은 적응성은 혼란된 양식을 내면화하게 한다.

셋째, 가족은 개인의 언어기술, 상호작용 방식 및 타협을 가르치는 의사소통 경험의 연결망을 제공한다. 청소년들은 가족구성원들과의 상호작용 경험을 통하여 타인과의 의사소통, 경쟁, 협동 및 타협하는 방식을 학습한다.

그러나 가족의 영향이 지나치게 크거나 적을 때, 청소년들의 지적, 사회적 발달을 방해한다. 즉, 지나치게 많거나 적은 적응성이 청소년의 상호작용 양식을 왜곡시키는 것과 같이 지나치게 적거나 많은 응집성도 청소년의 발달을 방해한다는 것이다. 지나치게 적은 응집성은 가족구성원에 대한 정서적 유대를 경험하지 못하게 하는 반면, 지나치게 많은 응집성은 청소년들 가족 속에 묶어 두어 가족으로부터의 독립을 방해하기 때문이다.

Becker(1964)는 가족의 응집성과 적응성이 청소년의 행동에 미치는 영향을 연구하였다. 그는 가족의 응집성을 애정/적대감 차원으로, 그리고 적응성을 통제/자율 차원으로 정의하고 네 가지 유형의 부모행동을 확인하였다. Becker에 의하면, 애정적이고 통제적인 가정환경은 어린 아동을 공손하고 예의 바르며 의존적인 청소년으로 양육시키는 반면, 적대적이며 통제적 가정환경은 위축하고 신경증적이며 싸움하기 좋아하는 청소년으로 성장시킨다. 또한 애정적이고 허용적인 가정환경은 독립적이고 능동적이며 사교적인 청소년으로 만드는 반면, 적대적이고 허용적인 환경은 불복종적이고 공격적인 청소년으로 성장하게 한다.

㉡ 청소년 자녀의 자아정체감 형성과 부모의 훈육방식

가족은 개인의 정체감 발달에 중요한 영향을 준다. 부모가 자녀를 지원하는 애정적인 가정의 청소년들은 통제의 내적 소재자일 뿐만 아니라 타인의 조망을 이해하는 능력을 획득할 수 있다(Adams, Jones, Schvaneveldt, & Jensen, 1982).

통제의 소재(locus of control)란 성공과 실패의 원인을 귀인시키는 방법으로서 통제의 내적 소재자와 외적 소재자로 분류된다. 통제의 내적 소재자가 성공이나 실패의 원인을 자기 자신의 능력이나 노력 부족에 귀인시키는 것과 대조적으로 외적 소재자는 운명이나 자신이 통제할 수 없는 어떤 힘에 귀인시키는 경향이 있다. 통제의 내적 소재자가 외적 소재자보다 정체감을 획득하고 개인적 성공을 거둘 가능성이 크기 때문에 부모의 애정적이고 지원적 태도는 중요한 의미를 갖는다. 따라서 가족의 응집성과 긴밀한 유대는 청년기 발달을 위한 기초가 된다.

특히 아버지가 민주적 양육방식을 사용할 때, 청년기 남녀의 정체감 획득은 보다 용이하게 이루어진다(Adams, Dyk, & Bennion, 1988; Enright, Lapsley, Drivas, & Fehr, 1980). 민주적 가정은, 비록 최후의 결정은 부모에 의해 이루어진다고 할지라도, 가족구성원 모두 자유롭게 자신의 견해를 표현할 수 있으면 가족문제의 해결을 위해 노력한다. 최종적 결정권을 갖는 민주적 가정의 아버지들은 따뜻하고 애정적이며 자녀의 의견에 귀를 기울임으로써 청년기 자녀의 정체감 형성을 촉진시킨다. 일반적으로 융통성 있고 서로 신뢰하며 정서적으로 가까운 가족을 갖는 청년들이 더 큰 자율성과 개인적 책임감을 지니며 정체감 획득에 도달할 수 있다.

대조적으로 부모가 자녀를 지나치게 통제하고 애정적 상호작용이 결여될 때, 청소년의 자살이나 약물남용 혹은 공격적 행동이 초래될 수 있다(Gantman, 1978; Kerfoot, 1980). Baumrind(1978)는 자녀가 사회적 유능성(social competence)을 지닐 수 있도록 격려하는 것이 가족의 가장 중요한 기능이라고 제안하였다. 자녀를 종속물로 취급하고 자녀의 자유로운 의사표현을 제한하는 권위주의적(authoritarian) 부모들은 자녀의 사회적 유능성의 발달을 방해하기 때문에, 비행청소년 자녀를 가질 가능성이 크다. 결론적으로 가족은 청년기 남녀의 규범적인 사회적 발달은 물론 비규범적인 일탈행동의 발달을 위한 기초를 제공한다.

㉢ 청소년 자녀와 부모와의 상호작용

부모로부터 독립하고 자율성을 획득해야 하는 청소년기 동안, 부모－청소년 관계는 아동기의 부모－자녀 관계의 수정을 요구한다. 청소년의 급속한 신체성장은 부모의 물리적 처벌이나 통제를 불가능하게 한다. 또한 그들의 형식적 조작사고는 부모가 제시하는 규칙이나 가치관의 논리적 모순을 발견하고 그것에 대한 설명을 요구하게 한다. 그 결과 부모－자녀 관계는 질적 변화를 겪지 않을 수 없다.

청소년들은 부모에 대한 애정과 의사소통을 유지하면서 점차적으로 부모에 대한 정서적 의존을 감소시켜야만 한다. 동시에 부모도 청소년 자녀에 대한 통제를 감소시키고 적절한 수준의 정서적 지원을 제공할 수 있어야만 한다.

2. 학생의 인권에 대한 이해

사회복지실천은 인간의 욕구(needs)에 기초한다. 인간이 인간답게 존재하고 기능하기 위해 충족되어야 하는 것이 욕구이다. 그리고 충족되지 않은 욕구를 충족할 수 있게 해 주는 것이 사회복지사의 임무일 것이다. 이러한 욕구충족의 결과 추구하고자 하는 바는 무엇인가? 욕구는 개인에게 속하는 것이지만 그것은 사회적 속성을 본질로 한다. 따라서 개인의 욕구는 사회적으로 충족될 수밖에 없으며, 시장에서 충족되지 않는 욕구는 가족, 공동체, 국가 등을 통해 충족되어야 한다. 현대사회에서는 국민의 욕구충족의 책임이 국가에 있다(Ware & Goodin, 1990: 3-5). 따라서 욕구충족은 바로 권리의 실현(Jim Ife, 2001: 139)이며, 욕구충족을 통해 얻고자 하는 것이 바로 인권이다. 결국 사회복지실천은 인간의 욕구를 충족할 뿐만 아니라 인권을 확립하고 보장하기 위함이다.

학교에서 청소년문제는 학생들의 무단결석, 중퇴, 가출, 왕따, 약물남용, 폭력, 비행, 청소년 매매춘 등과 학교부적응 문제 등 다양화, 복잡화되고 있지만 지금까지 학교에서는 소극적 통제 혹은 사후적 접근으로 다루고 다양한 서비스를 실시해 오지 못하고 있다.

현재 사회적으로 이슈화되고 있는 다양한 청소년문제 및 비행은 학교에서의 적극적 예방과 대응에 의해서 상당 부분 완화시킬 수 있다. 그러나 사후의 학교 밖 대응은 사회적 비용의 증대를 초래할 뿐만 아니라 실제로 효과적이지 않다. 따라서 학생복지서비스의 강화를 통한 학생들의 학교부적응 문제를 해결하는 것은 한 인간의 평생 삶의 질과도 깊은 연관을 가지고 있을 뿐만 아니라 사회문제의 예방에도 기여할 수 있다. 즉, 학교가 궁극적으로 추구하는 전인교육의 목적을 달성하기 위해서는 학업 향상과 진로지도에 중점을 두는 교육적 기능만으로는 학생들의 잠재력과 능력을 계발하는 데에 한계가 있으므로 모든 학생의 기본적 교육권을 보장해 주지 못한다(유주영, 2022).

학생의 기본적 교육권은 학교에서 수업을 받을 수 있는 학습의 권리뿐만 아니라 학교와 집을 오갈 수 있는 통학의 권리, 학습에 필요한 준비물을 보장받을 수 있는 권리, 학교에서 생활하는 동안 점심을 제공받는 급식의 권리, 자신의 능력과 장애에 따라 개별화된 교육을 받을 수 있는 특수교육의 권리 등을 모두 포함하여야 한다. 다시 말해 학생 개인이 이와 같은 교육의 권리를 보장받지 못할 때 지역사회와 국가는 학교의 사회복지적 기능을 강화하여 학생의 교육권을 보장해 주도록 노력해야 한다는 점이다(성민선 외, 2004).

이러한 측면에서 학생인권은 학생이 마땅히 누려야 할 기본적인 권리이며 인간이 존엄한 삶을 살아가는 데 있어 당연히 누려야 할 권리를 말한다. 즉, 학생인권은 학교에 다니는 초 · 중 · 고등학교 학생들이 성별이나 성적에 관계없이 평등하게 존중받고 누려야 할 권리를 의미한다(유주영, 2022).

학생인권은 아동인권이나 청소년인권과 거의 유사한 의미로 사용되어 왔다(유성상, 2011; 최형찬, 2011). 우리나라에서 학생인권에 대한 관심이 시작된 것은 1991년 유엔아동권리협약이 마련되면서부터이다.

학생인권이라는 용어가 교육 관련 법에 등장한 것은 1997년 마련된 「교육기본법」(법률 제5437호, 1997.12.13., 제정) 제12조에 "학생을 포함한 학습자의 기본적 인권은 학교 교육 또는 사회 교육의 과정에서 존중되고 보호된다"

고 명시하면서부터이다. 2007년에는 「초 · 중등교육법」 제18조의2에 "학교의 설립자 · 경영자와 학교의 장은 「헌법」과 국제인권조약에 명시된 학생의 인권을 보장하여야 한다"고 명시하였다. 이러한 점에서 학생인권은 학교라는 특수한 장 안에서의 교육과 관련된 권리인 학습권을 포함하는 개념이라고 할 수 있다.

한편, 학생인권에 대한 관심이 확대되면서 시 · 도에서도 학생인권이 조례로 규정되었다. 2010년 경기도교육청이 학생인권조례를 처음 제정하였으며, 이후 2011년 광주시교육청, 2012년 서울시교육청, 2013년 전북교육청, 2020년 충남교육청, 2021년 제주교육청 등 6개 지역에서 학생인권조례를 제정하였다. 학생인권의 구체적인 내용은 지역마다 차이가 있지만 대체적으로 차별받지 않을 권리, 폭력과 위험으로부터의 자유, 교육권, 사생활의 비밀과 자유, 종교의 자유, 표현의 자유, 참여의 권리, 소수자 학생의 권리 등의 내용을 포함하고 있다.

그러나 학생인권조례가 제정되어 있지 않은 11개 지역 중에는 이와 유사한 조례 혹은 헌장이 도입되어 시행되고 있다. 예컨대, 전라남도는 '교육공동체 인권조례', 대구광역시는 '대구교육권리헌장', 충청북도는 '충북 교육공동체 헌장' 등 학생인권조례와 유사한 내용의 조례나 헌장 등이 마련되어 있다(조금주, 2016).

학교사회복지는 모든 학생이 안전한 학교에서 행복한 삶을 영위할 수 있도록 인권 기반의 실천을 한다. 그러나 학생인권의 확대가 교권의 추락을 가져온다는 주장, 가정이라는 사적 공간에 대한 공적 개입의 반발, 역차별 논쟁 등 다양한 영역에서 긴장과 갈등 또한 나타나고 있다.

사회복지실천에서도 투표권으로 대표되는 참정권이나 자유권과 같은 1세대 인권은 법률가나 정치가의 영역으로 여겨졌고, 사회권과 같은 2세대 인권이 사회복지의 영역으로 받아들여져 왔다. 또한 환경권과 같은 3세대

인권에 대해서는 아직까지 크게 사회복지실천의 영역으로 인식하지 못한 실정이다. Jim Ife는 인권의 속성은 어느 한 인권이 다른 인권보다 우위에 놓일 수 없으며, 한 국가에서 보장되는 인권이 다른 나라에서는 무시되어도 되는 인권일 수 없는 보편성과 불가분성을 갖고 있기 때문에, 보편적인 인권을 추구해야 한다고 하였다(Ife, 2012). 내가 누릴 수 있는 인권은 다른 사람들도 동등하게 누릴 권리가 보장되어야 한다는 점에서 성인, 남성, 한민족, 비장애인이 누릴 수 있는 동등한 권리를 아동 · 청소년, 여성, 이민족, 장애인 등에게도 보장하는 인권관점의 학교사회복지 실천이 중요하다(진혜경, 2021).

학생들의 인권보장은 학교사회복지 실천의 주된 영역이다. 그러므로 다수결의 의사결정에서 소수 취약한 학생들의 권리가 침해되지 않도록 말할 권리를 보장하고, 주도력을 갖고 스스로 목소리를 낼 수 있는 학교의 제도적 변화를 위한 노력이 필요하다.

학교사회복지 실천의 모든 단계, 즉 욕구 사정, 개입, 평가 등의 일련의 과정에서 전문가주의, 폭력적인 언어사용, 또 다른 억압의 사용에 유의할 것을 주장한다(Ife, 2012). '누가 학생의 욕구를 사정하는가'와 같은 질문에 대하여 학생클라이언트 중심의 인권과 권리 옹호로 나아가야 하며, 옹호가 또 다른 억압이 되지 않도록 경계한다는 것이다. 즉, 학교사회복지 실천에서 프로그램 기획이 전문가 중심으로 기획되고 운영되거나 프로그램의 목적과 수단이 전도되지 않도록 주의를 기울일 필요가 있다. 인권 기반의 학교사회복지 실천은 '누가 필요로 하는 실천인가'에 대한 질문, 개입의 모든 과정에서 학생의 인권, 즉 의사결정의 참여, 자기결정권, 비밀보장 등을 철저히 준수하고 있는가에 대해 끊임없이 반성적 고찰이 필요하다(진혜경, 2021).

한편, 문화적 다양성은 인권관점에서 매우 중요한 주제이다. 세계화 시대에는 다양한 인종, 문화적 배경의 사람들이 빠른 속도로 이동하면서 전례 없는 접촉으로 문화가 혼재되어 있다. 또한 인터넷의 발달로 물리적인 이동 없이도 수많은 문화를 접하게 된다. 2020년 현재 초·중·고에 재학 중인 다문화가정의 학생 수는 13만 7천여 명에 달한다(교육부, 2020). 전체 학생 대비 비율로 보면 2.5%에 해당하지만(여성가족부, 2020), 일부 농촌 지역에서 다문화 학생의 비율은 40%를 넘기도 하고 전남의 한 지역아동센터는 다문화가정 아동이 100%이다.

다문화 사회에서 종교, 인종, 성적 취향, 출신 국가, 난민 등 다양한 영역에서 기존의 전통적인 관념의 변화를 필요로 하고 있다. 이주민과 타문화에 대한 방식은 동화주의와 문화적 다양성의 방식이 혼재하고 있는데, 동화주의에서는 이주민이나 타 문화를 기존의 한국 사회의 방식에 맞추려 시도하고, 문화적 다양성에서는 다양한 문화 자체의 풍부함을 강조하여 그대로 인정한다. 과거에는 주로 동화주의에 입각하여 결혼이주여성과 그 자녀들이 한국에 빠르게 정착하도록 돕는 데 집중하였다. 그러나 최근의 경향은 다문화가정 아동들이 이중언어를 구사하고, 부모의 나라 문화에 자부심을 갖게 하는 문화적 다양성을 강조한다.

그러므로 학교사회복지사는 다문화가정의 학생을 포용하는 학교 문화를 만들고, 학생, 교사 및 학교사회복지사 자신의 문화적 감수성을 향상시키기 위하여 노력할 필요가 있다. 현재 학생에게 적용 가능한 다문화 감수성 증진 프로그램 등 다양한 프로그램들이 개발되어 있으며, 학교현장에서 이를 활용해 볼 수 있다.

3. 취약집단 학생(빈곤가정 학생, 다문화가정 학생, 가출학생, 학교폭력 및 가정폭력 노출학생)의 특성

1) 취약집단 청소년

'취약집단 청소년'에 속하는 범주가 광범위함은 물론, 다변화, 다층화, 다양화되어 있기 때문에 지금까지 '취약집단 청소년' 모두를 포괄하는 개념 규정은 매우 어려운 점이 사실이다. 취약집단 청소년에는 빈곤, 차상위, 가정 밖 청소년, 학교 밖 청소년, 이주 배경 청소년, 한부모가정 청소년, 시설 보호 및 퇴소 청소년, 장애 청소년, 소년소녀가정 청소년, 농산어촌(도서벽지) 청소년 등 그 발생원인이나 처한 환경 또는 취약상태가 양적 · 질적으로 다른 그룹들이 광범위하게 분절 · 분산된 채 포함되어 있다. 따라서 이들을 모두 포괄하는 하나의 통일된 정의는 현실적으로 불가능하다(성윤숙 외, 2022).

실제로 OECD의 경우는 취약집단 청소년의 개념을 더 단순화하여 언어적 차원의 '불리한 청소년(disadvantaged youth)'으로 규정하고 있다(Bowers, Sonnet, & Bardone, 2000: 23).

취약집단 청소년은 '특정한 발생 원인으로, 일반 청소년에 비해 상대적으로 불리한 위치에서 양질의 교육과 안정된 교육환경을 누리지 못하므로, 고용을 비롯한 자율적 행복추구권의 실질적 실현이 불안정하여 적절한 사회적 지원이 필요한 만 9세 이상부터 24세 이하의 청소년'이다(성윤숙 외, 2022).

취약집단 청소년의 전체적 및 체계적 분류는 다양한 관점에서 접근할 수 있다. 즉, 정부 정책 대상에서 소외된 취약집단 청소년을 확인함은 물론, 중복의 발생 원인으로 인한 혼란을 방지하기 위해 발생 영역의 측면에서 다음과 같이 분류해 볼 필요가 있다(성윤숙 외, 2022).

첫째, 경제 영역에선 주로 부모의 사회경제적 상태나 지위 등으로 인해 안정적인 일상의 돌봄이나 교육환경을 충분히 제공받지 못하는 취약집단 청소년이 발생한다. 기초생활보장수급자(생계, 의료, 주거, 교육급여를 받는 가구)나 차상위계층(중위소득 50% 이하의 저소득층이지만 기초생활수급자 대상에서 제외된 가구)에 해당하는 저소득가정의 청소년 등이 해당된다.

둘째, 문화 영역에선 기본적으로 문화적 차이나 이질성으로 인한 문화적 동화의 어려움과 함께, 경제적 문제나 학교생활 적응의 어려움 등으로 취약집단 청소년이 발생하며, 여기엔 북한 이탈 가족 청소년, 다문화가정 청소년 등이 해당된다. 최근 제20차 다문화가족정책위원회 회의에서 발표된 바에 따르면 2022년 현재 '전체 다문화가족 수는 109만 명(전체인구의 2.1%가량)이고, 다문화 배경 학생 비율은 2012년 전체의 0.7% 수준에서 2021년 3%까지 증가함에 따라 가까운 미래에 '다문화가족이라는 용어와 정책이 더 이상 필요 없게 될 것'이라고 한다(김총리, 2022). 따라서 문화적 갈등을 예방하는 차원에서도 촘촘하고 섬세한 정책적 지원이 필요할 것으로 보인다.

셋째, '가정'은 가정의 구조적 문제, 부모의 신체적 결함, 보호자의 학대 또는 방임문제 등으로 인해 취약집단 청소년이 발생하는 영역이다. 여기에는 입양아, 한부모가정 청소년, 조손가정 청소년, 장애인 부모를 둔 청소년, 가정 밖 청소년, 학대 및 가정폭력 피해 청소년, 소년소녀가정, 범죄피해가정 청소년, 실종 청소년, 청소년(한)부모, 나홀로(돌봄)청소년 등이 속한다. 이 중 한부모가정의 경우 보편적 복지를 악용하여 지원을 받기 위해 의도적 이혼을 한 경우는 제외되어야 할 것이다. 다만 정확한 사안 분별을 위해 관련전문가, 지인, 면담자 등의 심의위원회 등을 두는 것도 한 방안이 될 것이다.

넷째, '학교'는 학교생활의 부적응, 학교생활에 내재하는 피해, 불건전한 또래문화 등으로 안정적인 교육환경을 제공받지 못하고, 그로 인해 취약집단 청소년이 발생하는 영역이다. 학교 밖 청소년, 학교폭력 피·가해 청소년, 비행·범죄 소년, 학교 부적응 청소년, 학업중단 위기청소년, 의무교육 단계 미취학 청소년 등이 여기에 속한다. 다만 학교 밖 청소년 가운데 개인적으로 공교육의 한계를 느끼고 대안학교를 자율적으로 선택한 경우는 제외되어야 할 것이다.

다섯째, '지리'는 자의적이지 않은 이유로 도시와 분리됨으로 인해 청소년의 안정적인 일상의 돌봄이나 교육환경 제공이 어려운 영역이다. 농산어촌 청소년, 도시낙후지역에 사는 청소년 등이 여기에 속한다. 다만 지리적 분리를 취약성 유발의 유일한 원인으로 보기는 어렵다. 도시낙후지역이나 농산어촌에 거주하게 된 경제, 사회, 문화요인도 있을 것이고, 특히 경제적으로 여유가 있고 자녀를 자연 속에서 자유롭게 양육하고자 귀촌하는 경우 등은 이 범주에서 제외되어야 할 것이기 때문이다.

여섯째, '개인'은 당사자의 지적 능력이나 장애 또는 사회성 결여, 혹은 학습 능력이 낮은 경우 등으로 취약집단 청소년이 발생하는 영역이다. 이 영역에는 장애 청소년(장애, 발달장애, 특수교육 대상자 등), 중독청소년, 정신건강 위험 청소년(자살, 자해, 우울 등), 성매매 청소년, 또래에 비교하여 학업성적이 현저히 낮은 청소년, 은둔형 외톨이 등이 속한다. 그리고 개인 원인이 아니라 개인 영역이라는 사실에 유의할 필요가 있다. 개인 영역을 개인 원인으로 규정하는 일은 지양되어야 한다. 장애 청소년의 경우 개인이 지니는 취약성인 것이지만, 개인에 의해서가 아니라 불가항력적 외부 요인에 의해 기인한 것이다.

또한, 중독청소년, 성매매 청소년, 은둔형 외톨이 등의 경우도 경제나 가정, 학교 등의 타 영역에서 기인한 문제가 복합적 원인으로 작용하는 경우가 대부분이다. 실제 취약집단 청소년은 특정한 한 원인이 아니라 다양한 원인이 복합적으로 또 다층적으로 발생한다. 학교 영역에 속하는 취약집단 청소년(학교 밖 청소년, 학교폭력 피·가해 청소년, 비행·범죄 소년, 학교부적응 청소년, 학업중단 위기청소년, 의무교육단계 미취학 청소년 등)의 경우도 원인적 측면에서 개인, 가정, 학교 그리고 사회적 문제가 중첩된 경우가 상당하다. 그리고 이는 다른 영역들도 마찬가지이다. 따라서 취약계층 청소년을 지원하기 위한 정책 개발과 실행에 있어 단기적, 장기적 정책 수립은 물론 취약계층별 지원과 함께 취약계층 청소년 각 개인의 다양한 사안에 대한 정밀한 분석과 진단, 그리고 섬세한 지원이 이루어지도록 유의해야 할 것이다.

2) 취약집단 청소년에 대한 접근

사회적 취약집단을 위한다는 것은 바로 인권의 문제로 연결된다는 점에서 청소년인권의 측면과 인권기반접근은 매우 중요한 의미를 갖는다. 최근 사회적 취약집단 또는 사회적 약자를 위해 이들이 권리의 주체임을 인정하고 인권적 측면을 고려한 정책을 적극적으로 추진하는 방향으로 나아가고 있다. 인권보호라는 측면에서 보면 청소년은 더욱 취약할 수 있다는 인식에서 취약집단에 대한 인권기반접근이 강조되고 있다.

유엔아동권리협약 제42조에 따르면 당사국은 18세 미만의 아동과 청소년 및 전체 사회구성원들에게 인권교육을 실시할 의무가 있음을 규정하고 있다. 우리나라도 「청소년복지 지원법」에 따라 청소년에 대한 인권교육 실시 의무를 규정하고 있다(제5조). 청소년 인권교육은 타인을 존중하며 세계관을 인식할 수 있는 인권감수성을 갖도록 돕기 위해 인권친화적인 교육환경에서 청소년의 참여와 활동이 강조되는 교육이라고 할 수 있다. 모든 청소년은 유엔아동권리협약에 부응하는 적절한 수준의 권리를 보장받아야 하나, 현실세계에서는 청소년의 권리를 침해받을 수 있다. 특히 사회적 취약계층 청소년의 경우, 사회문화적으로 소외된 환경 속에서 인권을 존중받는 경험보다는 인권을 침해받는 상황에 처할 확률이 높으며, 이러한 경험은 청소년 자신은 물론 타인의 권리에 대한 존중을 어렵게 할 수 있다(정순례 · 김은정, 2015).

취약집단 청소년에 대한 인권기반접근의 중요성은 유엔에서 제정한 2016년 '청소년기 유엔아동권리협약의 이행에 관한 일반논평 20호'를 통해 제시된 청소년인권 보장을 위해 필요한 조치들에서 잘 나타난다. 여기에는 청소년의 권한부여(empowerment), 시민권 및 그들 자신의 삶에서의 적극적인 참여, 최적의 건강증진, 복지증진과 차별 없는 인권증진 등에 관한 내용을 담고 있다(천정웅, 2021). 우선, 유엔아동권리위원회는 청소년기는 성장 기회, 특별한 역량, 열망, 에너지, 창의성 등의 특성을 가지는 삶의 단계이지만, 취약성(vulnerability)도 갖는 시기로 보고 당사국들이 청소년기의 긍정적 발달에 초점을 두고, 이 특별한 삶의 시기가 갖는 가치와 기회를 고려하는 것을 강조한다(Kendall & Kinder, 2007). 당사국이 청소년인권을 보장하고 그들의 발달을 지지하는 최적의 환경을 창출하는 것이 중요하다고 본다.

유엔아동권리위원회에서는 청소년인권에 관심을 가져야 하는 이유로 청소년 시기가 생애과정의 한 부분임을 인식하고, 도전적 환경 속에 살고 있으며, 건강의 위험부담을 갖는 시기라는 세 가지 점을 강조한다(천정웅, 2021).

첫째, 청소년기는 생애과정의 한 시기이다(recognizing adolescence as part of the life course). 청소년기는 생활의 기회를 개선하기 위한 전환기와 기회의 중요한 시기이기도 하며 긍정적인 조기 개입과 경험은 어린 자녀가 청소년이 되는 과정의 최적의 발달을 촉진하는 데 기여한다.

둘째, 청소년기는 도전적인 환경 속에 사는 시기이다(challenge environment). 청소년기는 약물사용과 중독, 폭력 및 학대, 성적 착취 또는 경제적 착취, 인신매매, 이주, 갱단 등을 포함하여 디지털 환경으로 악화한 여러 가지 위험에 노출될 수 있음을 의미한다. 이러한 어려움을 극복하거나 완화하고 청소년을 배제하고 소외시키는 사회적 요인을 해결하는 도전과 변화하는 사회적, 경제적 및 디지털 환경에 직면할 수 있도록 청소년들의 역량 강화를 위한 투자가 필요하다(일반논평 20호 12항).

셋째, 청소년기는 건강의 위험부담을 갖는 시기이다(period of health risks). 일반적으로 다른 연령 집단에 비해 사망률이 상대적으로 낮다는 특징이 있는 것이 청소년기이지만 출산, 안전하지 못한 낙태, 교통사고, 성병을 포함하여 사망과 질병을 경험할 수 있는 것이 현실이다. 이 밖에 HIV, 대인관계, 부상, 정신건강 및 자살 등 위험이 되는 모든 것은 특정 행동과 관련되어 있으며 이를 해결하기 위한 부문 간 협력이 필요하다(일반논평 20호 13항).

한편, 인권기반접근(Human Rights Based Approach: HRBA)은 빈곤과 개발을 이해하는 개념적 틀이 되고 있으며, 개발정책과 프로그램의 과정과 결과를 안내하는 길잡이며 도구의 역할을 수행한다. 인권기반접근은 유엔개발계획(UNDP)을 비롯한 UN 기관뿐만 아니라, 미국, 영국 등의 주요 공여국의 개발 협력 전략이기도 하다. 유엔이 지향하고 있는 지속가능발전목표(SDGs: Sustainable Development Goals)의 핵심명제인 '단 한 사람도 소외되지 않는다(Leave No One Behind)'는 목표도 인권이 빈곤과 불평등한 구조를 해체하고 평등하고 참여적이며 포용적인 사회를 지향한다는 것을 말해 준다(성하은 · 김혜정, 2021).

인권기반접근(HRBA)은 취약계층을 지원하고 보호하는 데 가장 적정한 방법론으로 논의된다. 각 요소별로 보면 인권(human rights)은 권리가 실현될 수 있도록 하는 원칙과 방법을 의미하며, 기반(based)은 특정한 기준과 원칙을 따르는 것으로 볼 수 있으며, 접근(approach)은 법이나 규칙이 아닌 실행을 위한 정책프로그램이면서 도구로써 인권기반적으로 적용한다는 것으로 볼 수 있다(성하은 · 김혜정, 2021).

유엔아동권리위원회는 '청소년기 유엔아동권리협약의 이행에 관한 일반논평 20호'를 통해 청소년 시기가 아동과 다른 특징을 갖는다고 보고 유엔아동권리협약을 청소년기에 적용하는 것에 대한 핵심적 권고를 제시하고 있다.

유엔아동권리위원회는 일반 논평을 통해 당사국의 책임과 당사국의 의무에 대해 핵심적 권고를 제시하고 있는데, 특히, 당사국의 의무에 대해서 아래와 같은 내용을 명시하였다.

- 모든 청소년인권에 대한 약속(commitment)의 중심에는 그들의 고결성과 활력, 권한부여(empowerment)와 적극적 참여 및 최적의 건강, 웰빙 및 발달의 증진 등에 대한 인정과 존중이 있어야 한다.
- 청소년들이 교육을 중단하지 않도록 하고, 교육에서의 출석을 개선하고 조기 학교 탈락을 감소시키는 것을 어렵게 하는 모든 요인들에 대응하는 종합적이고 적극적인 조치를 안내한다.
- 청소년들과 그 가족에게 기초 소득 보장, 경제적 쇼크 보호 및 건강 돌봄에 대한 접근과 다른 사회 보장 조치들을 제공하는 사회적 보호 장치(floors)를 만든다.
- 모든 유형의 폭력을 종식시키는 종합적 조치를 소개한다. 예방과 보호를 동시에 제공하는 프로그램을 고안하는 데 청소년을 개입시킨다.
- 이주민과 망명자들은 특별히 취약하다. 이들이 범법자가 되거나 억류되어서는 아니 된다.

따라서 청소년인권과 관련하여 구체적으로 제시하고 있는 내용 중에서 특히 취약집단 청소년과 관련한 인권기반접근을 위해 알아야 할 주요 영역에 대해 소개하면 다음과 같다(천정웅, 2021).

첫째, 시민적 권리와 자유(civil rights and freedoms) 영역이다. 이는 출생신고, 표현의 자유, 종교의 자유, 결사의 자유, 사생활과 비밀보장, 정보권과 관련된다. 특히, 출생신고가 결여되면 기본 서비스 거부, 국적을 증명할 수 없거나 신원 확인 서류를 받을 능력이 없게 되거나, 착취 또는 인신매매의 위험이 증가하고, 필요한 안전장치 부족 등 청소년기에 상당한 문제들이 발생할 수 있다.

둘째, 아동 · 청소년 폭력(violence against children & youth) 영역이다. 청소년은 모든 형태의 폭력으로부터 보호받을 권리가 있음을 강조하고 있다. 이를 위해 유엔아동권리위원회는 당사국들에게 모든 형태의 폭력으로부터의 자유에 관한 아동 권리 일반논평 제13호(2011)를 통해 제시한 의견과 포괄적 입법, 행정적, 사회적 및 문화적 권리에 관한 유해한 관행에 관한 일반논평 제18호(2014) 및 모든 환경에서 체벌을 법적으로 금지하는 것을 포함하여 모든 형태의 폭력을 종식시키고 모든 유해한 관습을 종식시키는 교육적 조치 등을 제시하였다. 당사국은 예방 및 재활과 청소년 희생자의 사회적 재통합에 관한 제도적 프로그램을 확대할 수 있는 기회를 창출해야 한다(일반논평 20호 49항).

셋째, 가족환경과 대안돌봄(family environment and alternative care) 영역이다. 부모와 보호자를 위한 지원, 대안돌봄에서의 청소년, 청소년 중심의 가족 등 세 가지 측면으로 제시되어 있다. 모든 내용이 취약계층 청소년과 관련되지만, 특히, 대안돌봄에서의 청소년에 관한 내용은 주목된다. 청소년들은 교육 수준이 낮고 사회복지에 의존하며 노숙자, 투옥, 원치 않는 임신, 어린 나이에 부모가 되거나 약물남용, 자해 및 자살 위험이 높다는 점이다. 대안돌봄을 받는 청소년의 경우 16~18세가 되면 시설을 나가야 하는 것이 일반적이며, 성적 학대와 착취, 인신매매 및 폭력에 취약하며 시스템이나 보호장치가 부족하고 기술과 역량을 습득할 기회가 없다고 규정하였다(일반논평 20호 52항).

넷째, 기본적인 건강과 복지(basic health and welfare)에 관한 영역이다. 건강보호(health care), HIV/AIDS, 청소년 약물사용, 부상과 안전한 환경, 적절한 생활수준 등에 대해 제시하고 있다. 특히, 청소년의 건강은 주로 개인, 동료, 가족, 학교, 지역사회 수준에서 행동 및 활동에 중대한 사회·경제적 결정 요인 및 구조적 불평등의 결과라는 점에서 주목할 필요가 있다. 자살, 자해, 식이 장애 및 우울증과 같은 정신건강 및 심리적, 사회적 문제는 청소년, 특히 취약집단의 건강 상태, 병적 상태 및 사망률의 주요 원인이 된다. 이러한 문제의 원인이 유전적, 생물학적, 인격적, 환경적인 복잡한 상호작용과 관련된다는 점에서 보면, 탄력성과 건강한 발달을 촉진하고 정신건강을 증진하는 것이 필요하며, 이는 성인과의 강한 유대관계, 긍정적인 역할 모델, 적절한 생활수준, 양질의 중등교육에 대한 접근, 폭력과 차별의 자유, 영향 및 의사결정, 문제 해결과 대처 기술 및 안전하고 건강한 지역 환경을 필요로 한다(일반논평 20호 58항).

다섯째, 교육, 레저 및 문화활동(education, leisure and cultural activities) 영역이다. 이와 관련해서는 교육, 레저·레크리에이션 및 예술 등의 세 가지를 제시하였다. 유엔아동권리위원회는 여아를 초등교육 이상으로 유지하는 데 많은 국가가 어려움을 갖고 있다고 본다. 그러나 여아의 중등교육에 대한 투자는 유엔아동권리협약을 준수하기 위해 필요하며, 아동의 강제결혼, 성착취 및 조기 임신으로부터 소녀를 보호하고 여성의 미래 경제적 잠재력 확보에도 기여한다. 그리고 학교 안팎에서의 성적 및 성에 기반한 폭력이 생기지 않도록 해야 하며 여성에게 장벽이 되는 법적, 정치적, 문화적, 경제적 및 사회적 요인을 극복하기 위해 여성의 긍정적인 역할 모델, 가족 지원 및 경제적 권한을 부여할 것을 장려한다(일반논평 20호 69항).

여섯째, 특별보호조치(special protection care) 영역이다. 여기에는 이주, 인신매매, 분쟁 및 무력위기, 군대 및 단체 모집, 아동노동, 청소년사법 등의 여섯 가지가 포함된다. 특히, 사회·경제적 측면에서 이주는 다양한 기회를 제공하나, 청소년은 신원 확인 서류를 비롯하여 서비스 접근 과정에서 많은 어려움에 직면할 수 있다(일반논평 20호 76항). 또한, 많은 취약집단 청소년들이 경제적 이유 혹은 성 착취를 이유로 인신매매 위험에 처해 있다. 국가는 아동 매매 및 납치에 관한 자료 수집을 위해 포괄적이고 체계적인 메커니즘을 수립하고, 특히 취약집단 아동·청소년들에게 주의를 기울이도록 촉구한다.

3) 취약집단 청소년을 위한 교육복지

교육복지(education welfare)는 모든 사회구성원들이 한 사회 또는 국가에서 규정한 교육의 최소 기준에 도달할 수 있도록 하는 공적 지원으로 "인간으로서의 존엄성에 대한 상호 인정과 관심"의 차원에서 비롯된다(김경애 외, 2011). 빈곤층의 사회활동 참여는 형평성에 기초한 사회·경제적 구조 및 문화를 형성하기 위해서 필요하며 이는 학습과 연동해야만 된다. 진정으로 평등한 사회는 취약집단이 그들 자신의 경험에 관하여 목소리를 낼 수 있는 풍토가 갖추어지지 않으면 불가능하다는 것을 기억할 필요가 있다(윤현지, 2018).

그러나 정부 주도의 교육복지사업은 대체로 저소득층 밀집 지역 및 학교를 대상으로 인적, 경제적 지원을 제공하는 방향으로 전개되는데, 이는 결핍모델에 근거한 사회적 지원체계의 전형적인 형태가 되고 있다(이희현 외, 2020). 결핍모델은 특정 집단에 결여된 것을 채워주는 접근이다. 교육복지의 일환으로 지원하는 교육비, 방과후 바우처, 국가장학금, 정보화 지원사업 등의 경우도 이러한 결핍적 접근이며 교육복지우선지원사업, 드림스타트 사업, 방과후학교, 초등돌봄교실, 지역아동센터지원사업 등과 같은 교육복지사업들도 프로그램 구성은 결핍모델로 볼 수 있다(이희현 외, 2020). 정책적인 측면에서는 복지 대상층의 상황과 욕구를 파악하여 각자에게 필요한 서비스를 결합한 형태로 제공하는 것은 가장 효율적인 접근방법으로 간주된다.

그러나 이러한 접근법은 그것이 가진 효율성도 있지만, 취약집단에 대한 수동적 인간상과 같은 부정적 관점과 시혜적 논리를 함의하고 있는 것이 지적되면서 그 대안으로서 취약집단이 지닌 강점과 가능성에 초점을 두는 긍정모델이 발달자산모델, 역량모델, 가치중심모델, 강점중심모델 등의 다양한 이름으로 출현하였다(천정웅, 2020). 긍정모델은 개인이 가진 자산, 능력, 가능성 등에 집중한다는 점에서 그리고 취약계층의 내적 역량에 주목하고 이를 증진시키는 방향으로 패러다임 전환을 요청한다는 점에서 고무적인 것으로 논의되고 있다(Arnold, 2020).

이러한 입장과 맥락을 같이하는 긍정적 접근 노력은 우리나라 청소년정책의 발전과정을 통해서도 잘 나타나고 있다. 흔히 IMF(국제통화기금: International Monetary Fund) 시기로 불리는 1997년을 전후한 사회적 변화로 인하여 청소년정책의 초점은 청소년 문제 예방에 두는 것에서 청소년활동과 청소년참여를 포용하는 방향으로 전개되어 온 특징을 갖는다. 하지만 정책적 접근과 달리 사회일반은 청소년을 문제의 대상으로 보는 이른바 "문제로서의 청소년(youth as problems)"의 이미지가 여전히 지속되어 왔으며, 실천현장에서도 획기적인 전환적 변화는 찾아볼 수 없는 현실이다.

실제로 '위기청소년'을 앞세우는 현재의 일부 정책적 접근은 기여적 평가와 비판이 동시에 제기되고 있다. 우선 정책적 기여는 통계적 과정을 통해 국가가 현재 또는 미래의 개인적, 사회적 문제를 유발할 수 있는 청소년을 찾고 개입하여 예방(prevention)하는 사회적 노력으로 볼 수 있다는 점이다(김미란, 2012). 그러나 다른 한편으로는 '위기청소년정책'은 "미래의 불확실성에 대한 위기의식을 증폭시키고 이를 통하여 국가는 특정청소년과 그 가족을 타자화하는 배제의 전략을 작동시켰으며" 위기 요인분석을 통하여 '위기청소년'을 조기 발견하여 제도적으로 개입하는 방식이라는 점에서 비판적으로 검토할 필요성이 제기되고 있다(김미란, 2012: 51). 과거의 '문제 청소년' 담론에서 '허용'과 '금지'의 경계에 따라 '위험한' 청소년을 범주화하고 사회안정을 위한 단속 대상으로 여겼던 것이 오늘날에는 더욱 체계적인 방식으로 '위기청소년' 담론을 통하여 특정 청소년집단을 주변화시키고 있다고 본다.

미국을 비롯한 선진국의 경우 취약집단 청소년을 포괄하는 것으로 기존에 주로 사용하던 '위기에 처한(at-risk)' 청소년과 같은 용어들을 부정적 레이블(label)로 규정하고, 여기에서 벗어나 새로운 패러다임(a new paradigm)으로 '가능성이 있는(at-promise)' 청소년(학생)으로 사용해야 한다는 주장이 지속적으로 제기되고 있다(Swadener & Niles, 1991). 사실 '위기에 처한' 청소년이라는 용어의 보편적 정의는 없으며 이러한 명칭은 잠재적 낙인효과가 있다고 보아 사용하지 않아야 한다고 주장하고 있는 것이다.

이런 점에서 보면 최근에는 청소년을 문제와 희생으로 보는 기존의 견해들에 대한 비판과 함께 긍정적, 발전적 접근을 통해 청소년을 강점, 자산, 잠재성 및 자원을 가진 존재로 보는 데에 대한 관심이 증대되고 있는 것은 그 의미가 크다. 그에 따라 청소년들이 갖게 되는 문제들 중 많은 부분은 바로 청소년 자신들의 강점, 가족, 그리고 지역사회에서 그 해결책을 발견할 수 있다는 점을 강조하고 있기 때문이다.

긍정적 청소년 개발(Positive Youth Development)은 청소년의 긍정적이고 밝은 측면을 부각하려는 노력에서 제시된 개념이다. 음주, 비행, 폭력, 소외 등 청소년의 문제점에 주목하여 이러한 문제점을 줄이거나 예방하기 위한 '결핍 감축'에 초점을 두는 것이 아니라 모든 청소년이 지닌 긍정적 가치와 가능성을 최대한 끌어내고 발달시키기 위한 '강점 강화'의 시각을 가진다. 긍정적인 관점에서의 청소년 개발은 청소년을 무한한 발전가능성을 가진 존재로 보고, 청소년들에게 다양한 체험이나 활동 등을 할 수 있는 기회를 제공함으로써 성인으로 성장하는 데 필요한 신체적, 정서적, 인지적, 사회적, 시민적, 직업적 측면에서의 역량들을 발달시키는 것을 강조한다(천정웅 · 이용교, 2007).

여기에서 청소년 개발(youth development)은 긍정적인 방향으로 청소년의 능력을 개발하여 청소년이 건강하게 성장하도록 하는 것으로, 청소년들을 사회적 · 도덕적 · 정서적 · 신체적 · 인지적으로 유능하게 도와주는 일련의 진보적인 활동과 경험들을 통해 청소년기와 성인기의 도전에 준비하도록 하는 과정이라 할 수 있다. 청소년 개발은 청소년의 잠재능력을 보다 바람직한 방향으로 성장시키고 개발하는 일련의 적극적인 과정으로서 지적, 정신적, 정서적 제공을 위한 사람이나 장소의 개입을 통하여 지원된다. 기존의 청소년에 대한 문제 중심적 접근(problem-based approach)을 청소년의 잠재력과 가능성을 강조하는 강점 중심적 접근(strength-focused approach)으로 변화시키는 것이다(천정웅, 2020).

실제로, 미국 등 주요 선진국은 기존의 현금지원에서 자립지원정책 중심으로 변화함으로써 적극적 정책으로 전환하고 있는 점에도 주목할 필요가 있다. 특히 미국에서는 가출 및 노숙 청소년법(Runaway and Homeless Youth Act), 위탁보호자립지원법(Foster Care Independence Act), 인력투자법(Workforce Investment Act) 등과 같은 법령을 통해 관련 부서 간의 협력을 통한 다양한 프로그램 운영을 촉진하고 있다. 위탁가정에서 독립한 청소년에 대해 교육비를 지원하는 교육훈련바우처(Educational Training Voucher)제도나 저소득 학업중단 청소년들에 대해 주택 건설을 통해 대안교육과 직업훈련을 실시하는 유스빌드(Youth Build) 프로젝트를 진행하는 것 등을 대표적인 예로 볼 수 있을 것이다(배주미 · 김영화 · 김범구 · 정익중, 2011).

적극적 관점에서는 청소년을 문제와 희생으로 보지 않고 잠재성(potential), 자산(assets) 및 자원(resource)을 가진 존재로 본다. 적극적 관점은 청소년을 연령 구분에 입각한 발달적 시기로만 보는 것이 아닌, 사회적 지위와 역할,

세대로서 보아야 한다는 관점, 청소년을 해결해야 할 문제의 대상이 아닌 가능성과 기회 탐색의 사회적 구성원으로 보아야 한다는 관점, 청소년들이 안고 있는 많은 어려움을 지적하는 관점 등을 포괄한다(천정웅 · 이용교, 2007).

취약집단 청소년을 위한 강점 중심의 적극적 관점은 어려운 상황이나 취약한 환경이 전부가 아니라, 그들 안에 내재된 강점과 가능성에 초점을 둔다는 점에서 사회적 포용과 인권적 측면과 인권기반접근, 그리고 긍정적 관점의 교육복지와 관련한 논의를 아우르는 방향이라는 의미를 갖는다.

02 PART

학교사회복지의 이론과 실천

05 CHAPTER

학교사회복지의 주요 관점과 실천 이론

1. 생태체계적 관점과 강점 관점

1) 학교사회복지와 생태체계적 관점

생태체계적 관점은 인간이 자신을 둘러싸고 있는 학교·가정·지역사회 등 다양한 환경 체계와의 상호작용을 통해 존재하는 것으로 본다. 그러므로 생태체계론적 관점에서 볼 때 학교는 매우 중심적인 위치를 차지하고 있다. 학교는 다양한 욕구를 가지고 있으며, 개인·가족·집단·교사 간의 협력을 필요로 하고, 각 분야의 전문가들이 팀을 만들어 일할 수도 있기 때문에 학교사회복지적 개입을 위해서 매우 중요한 실천현장이라고 할 수 있다(Constable, 1997).

그러나 생태체계적 관점에서 학생을 이해하기 위해서는 학교를 이해하는 것 외에도 학생이 속해 있으면서 직접적인 영향을 받는 인접 환경인 가족과 친인척, 교사, 교우, 선·후배 그리고 지역사회 안에서의 친구, 이웃을 고려해야 한다. 뿐만 아니라 학생의 생태학적 환경은 사회복지기관, 의료기관, 종교기관, 법률 및 경찰기관, 문화여가시설, 기타시설 등 더 큰 외부체계를 포함하며 이들을 통해 서로 영향을 받고 있다. 따라서 학교사회복지는 이러한 생태체계적인 관점을 통해 다양한 욕구에 기초한 다각적인 개입을 실시하므로 문제 해결 및 예방에 효과적이다.

학교는 교육 목적을 달성하기 위한 공식적인 기관이다. 목적지향적이고, 이를 위한 구조와 절차, 정책을 갖고 있으며, 다양한 사람들로 구성된 사회체계이다(Owens & Neals, 1999). 학교 조직을 바라보는 관점은 다양하지만, 학교 내에서 혹은 학교와 연계하여 사회복지서비스를 전달하는 경우 학교의 복잡하고 특수한 조직적 맥락을 이해하기 위해 체계이론은 매우 유용하다.

체계이론은 생물 유기체를 통해 시작되었지만, 이를 경제, 사회, 문화, 기술 등 다양한 분야에 적용시키면서, 오스트리아 생물학자인 Bertlanffy(1968)에 의해 일반체계이론으로 확립되었다. 전체가 부분의 합 이상이라는 비합산성(non-summativity), 체계가 안정된 평형상태를 유지하고자 하는 항상성(homeostasis), 다중종결성(multifinality)과 동귀결성(equifinality)은 개방체계의 특성이다. 개방체계는 외부로부터 자원의 투입과 체계 내 작동 후 적절한 산출을 내며, 환류를 통해 더 생산적이고 효과적이며 기능적이다. 체계이론에 의하면, 모든 체계는 상부체계와 하부체계로 구성되며(holon), 항상성을 유지하려는 속성을 갖고 있다. 하부체계의 기능에 문제가 생기면 상호의존적인 다른 체계에 영향을 주고, 결과적으로 체계 전체에 영향을 미친다. 이때 사회체계는 생존을 위하여 적응(Adatation), 목적달성(Goal-attainment), 통합(Integration), 유형유지(Latency)의 네 가지 기능(AGIL)을 필요로 한다(Parsons, 1951). 국가 내에서 경제(적응), 정치(목적 달성), 종교(통합), 학교(유형 유지)는 이러한 기능을 수행하는 대표적인 예라 할 수 있다.

이와 같이 체계이론은 학교 조직체계의 상부체계(교육청, 교육부)와 하부체계(교사, 학생, 업무 분장 부서 등)로 구성되어 있으며, 각 체계는 지향하는 목적과 기능, 역할을 갖고 있음을 통찰하도록 돕는다. 또한 어느 한 부분의 변화는 다른 체계와 조직 전체에 영향을 미치는 상호의존적 관계를 이해하게 해준다. 체계이론에 의하면, 학교가 기능적인 체계로 되기 위해서 폐쇄체계가 아니라 환경과 상호작용하며 인적 · 물적 자원의 순환이 가능하고 의사소통이 원활한 개방적 체계로 되어야 한다.

학생은 학교체계에 속한 일원으로 교사, 또래, 선후배 등 다양한 사람들과 사회적 관계를 맺는 동시에, 가족체계의 영향을 받고, 나아가 지역사회와 국가의 제도와 정책, 문화의 영향을 받는다. 그러므로 학생이 갖는 어려움은 학생만이 아니라 또래, 교사, 가정, 학교 등 학생에게 스트레스를 주고 있는 환경체계, 양쪽 모두의 변화를 요구한다. 인간과 환경의 이중적 초점을 갖고, 생태체계적 관점을 가지고 학교사회복지사는 학생의 대처능력을 향상시키고 학생과 환경체계가 상호작용하는 공동 영역에서 개입을 한다. 사실 생태체계이론은 유기체의 상부체계와 하부체계의 상호의존적인 관계를 설명하는 체계이론의 관점과 체계와 환경의 상호적응 과정을 설명하는 생태학적 관점을 통합한 이론이다. Bronfenbrenner(1979)에 의한 생태체계이론은 인간과 다양한 수준의 체계와의 상호작용을 이해할 수 있도록 돕는다. 따라서 "환경 속의 인간"을 강조하는 생태체계이론은 학교사회복지에서는 가장 중요한 실천 이론의 토대가 된다. 생태체계이론은 학생을 둘러싸고 있는 환경체계와의 상호작용 속에서 부적응이 이루어지는 과정을 환경의 요구에 따른 스트레스, 학생이 갖고 있는 대처능력, 활용할 수 있는 자원으로 설명한다.

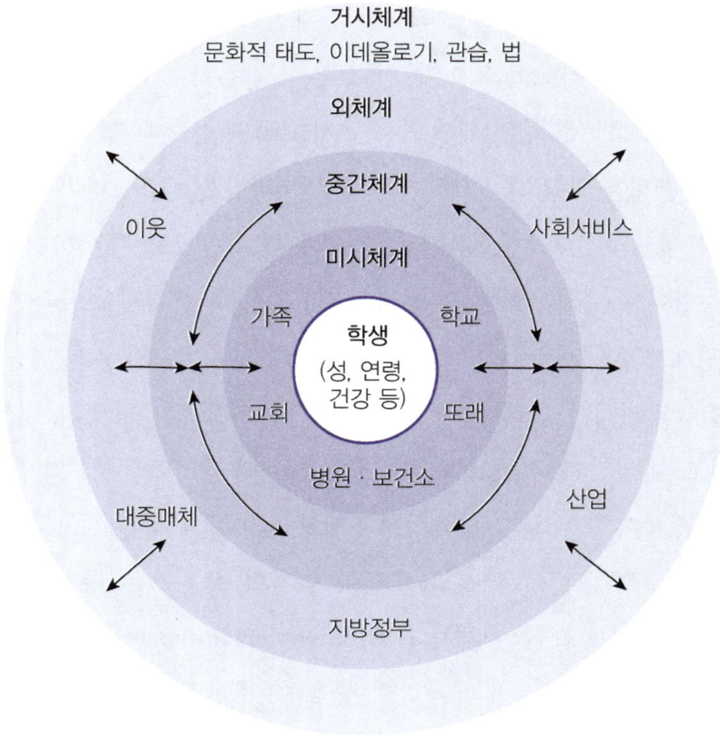

그림 5-1 Bronfenbrenner의 생태체계

미시체계는 학생과 직접적으로 대면하여 1:1의 상호관계를 맺는 가족, 학교, 또래 친구, 교회, 병원 등을 말한다. 미시체계의 상호작용은 학생에게 가장 큰 영향을 미친다. 중간체계는 미시체계들과의 상호관계를 말하는데, 예를 들어, 부모와 자녀의 친구들 사이의 상호작용, 부모와 학교 교사와의 상호작용, 학교사회복지사와 교사와의 상호작용 등을 말한다. 부모가 자녀의 친구들에 대해 부정적이거나 긍정적인 태도를 보이는 것이 학생에게 영향을 미치는 것처럼 중간체계의 영향력도 중요하다. 반면 외체계나 거시체계는 직접적으로 학생과 1:1의 면대면 접촉은 없지만, 간접적으로 영향을 미치는 체계이다. 외체계의 예로 교육위원회나 부모의 직장을 들고 있는데, 학생이 직접 이들을 만나지는 않지만 교육위원회의 교육

정책 결정은 학생에게 영향을 미치며, 부모의 직장 때문에 학생은 부모와 접촉하는 시간이 줄거나 혹은 스트레스를 받은 부모와 긍정적인 관계를 맺는 데 어려움이 있을 수 있다. 거시체계는 외체계보다 더 광범위한 국가나 사회 전반의 문화, 관습, 법 등으로, 사회 전반에 영향을 미치기 때문에 학생에게도 영향력을 갖는다.

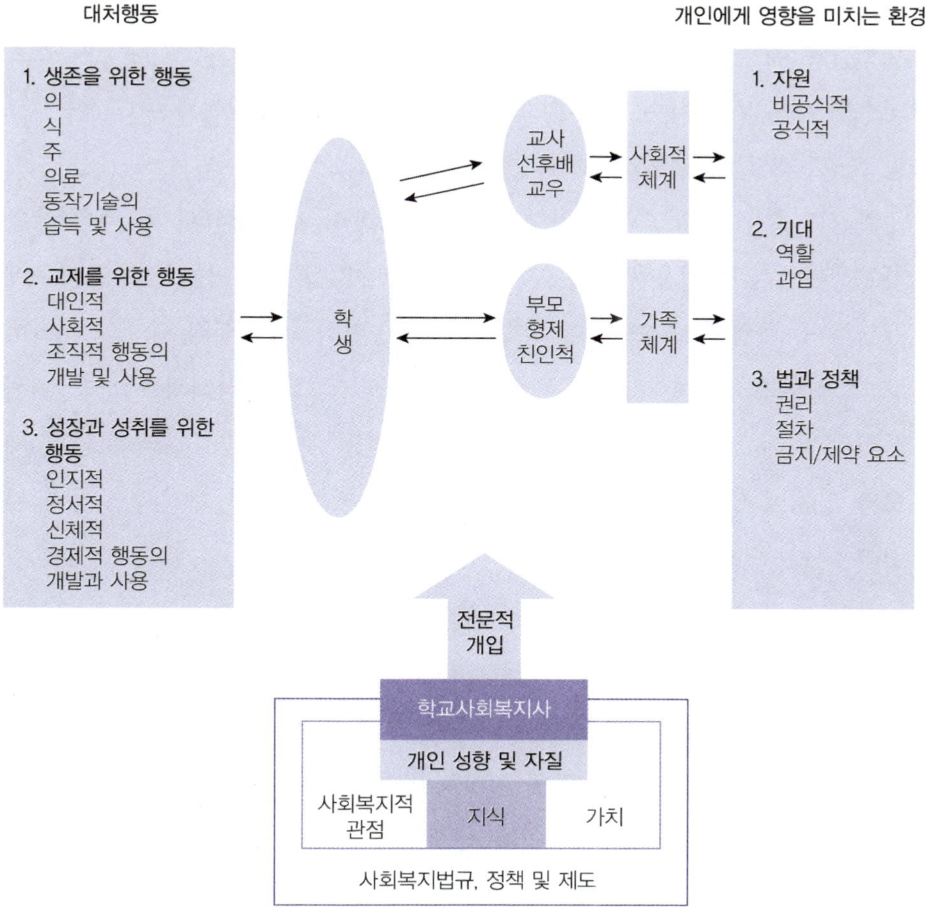

그림 5-2 **생태체계적 관점에서의 학교사회복지 모형**

*출처: Monkman(1982). p. 139.

한편, Monkman(1982)은 학생 개개인마다 생존, 교제, 성장과 성취를 위한 대처행동이 있으며, 이러한 대처능력은 전 생애를 통해 발달한다고 보았다. 또한 학생은 생태체계적 관점에서 학교에서의 사회적 체계, 가족체계, 지역사회체계의 일원으로 이들로부터 영향을 받는다. 학생에게 영향을 미치는 환경체계는 공식적·비공식적 자원, 역할과 과업에 대한 기대, 법과 정책들로, 이러한 환경체계는 학교, 가족, 지역사회와 모두 관련되어 있다. 이러한 요소들은 자원으로도 작용하지만, 과도한 역할이나 과업을 기대하여 스트레스원으로 작용할 수 있으며, 법과 정책에 의해 통제받는다는 과정을 [그림 5-2]와 같이 설명하고 있다.

환경의 요구와 개인의 대처행동의 상호작용이 부적합하게 될 때 학생은 학교생활에서 어려움을 겪는다. 학교사회복지 실천은 이들의 상호작용에 개입하며, 개인의 대처행동을 향상시키고, 공식적·비공식적 자원을 개발하고 연계하며, 과도한 기대를 완화시키고, 보다 적절한 정책과 제도를 개선시키기 위해 노력한다. 학교사회복지사 개인도 사회복지실천과 관련된 제도와 정책에 영향을 받으며, 전문적 지식, 기술, 가치 및 개인적 성향과 자질에 따라 개입하게 된다.

이와 같은 생태체계적 관점은 학생 개인과 학생을 둘러싼 환경체계와의 상호작용에 대한 이해뿐만 아니라 학교사회복지사 역시 중요한 요소임을 보여준다. 생태체계적 관점은 심리학이 갖고 있는 인간 내면의 역동성과 사회학이 갖고 있는 사회구조의 영향력을 통찰하게 하는 동시에 대인 서비스가 갖고 있는 중요성, 즉 인간을 대상으로 인간에 의해 이루어지는 상호작용의 역동성을 이해할 수 있게 한다. 따라서 학교사회복지사는 중요한 대인 서비스 과정의 핵심 인력으로 학생과 환경체계에 효과적으로 대응하기 위해 끊임없이 전문적 실천을 개발하기 위하여 노력할 필요가 있다.

2) 학교사회복지와 강점 관점

사회복지에서는 전통적으로 클라이언트의 결함을 고침으로써 문제를 해결하는 것 이외에도 클라이언트가 변화과정에서 활용할 수 있는 강점, 자원, 역량을 소유하고 있다고 가정해 왔다. 전통적인 사회복지실천의 모델인 심리사회모델에서 "환경 속의 개인"이라는 관점에서도 클라이언트의 문제를 개인이 가진 결함의 결과로만 보지 않고, 클라이언트의 사회기능 향상에 중점을 두어 왔다(장수미 외, 2018).

강점 관점은 세계를 보는 하나의 방식으로서 이 관점은 개인, 부부, 가족, 그리고 지역사회가 소유한 내부 및 외부의 자원들을 보다 수월하게 발견하게 해준다. 우리 모두는 사람들이 우리들의 결점, 실패, 그리고 약점에 주목하고 언급하는 데 익숙해져 있다. 강점, 대처기제, 성공, 그리고 긍정적 특성을 찾아내고 확인시켜 주는 사람을 만나보기가 어렵다. '반쯤 채워진 물잔'을 보고 어떤 사람들은 반밖에 안 남았다고 하고, 어떤 사람은 반이나 남았다고 한다. 같은 현실을 놓고도 긍정적인 측면을 보는 것이 매우 중요하다.

강점 관점은 문제나 사람들에 대하여 거짓된 확신을 주거나 혹은 비현실적으로 낙관적인 폴리애너(Pollyanna; 지나친 낙천가. 미국 E. Porter(1868-1902)의 소설 Pollyanna의 주인공 소녀 이름에서 유래됨)가 되는 것과는 다른 것이다. 도움이 필요한 사람에게 폴리애너식의 접근은 전혀 유용하지 않다. 다시 말해 학교사회복지 실천에서 강점 관점을 취한다는 것은 현실을 바라보는 또 다른 방법으로써 학생의 삶 속에 있는 기능적 특성과 성분들을 파악할 수 있는 또 다른 렌즈세트를 갖는 것을 말한다(Saleeby, 1996).

이와 같이 강점 관점에서 보는 인간 행동의 기본 특성은 장기간 심각한 문제를 가진 사람의 경우일지라도 인간에게는 항상 변화가 일어난다는 점이다. 따라서 강점 관점의 주요 개념들은 개인의 다양한 견해, 관점, 의미, 경험 등을 존중한다. 즉, 학교사회복지사는 학생의 견해, 관점, 의미, 경험 등을 중요시하므로 학교사회복지사 자신의 지식이나 사정기술보다는 학생의 문제와 경험과 관련된 지식, 강점과 자원 등을 기초로 문제해결의 동기를 강화시키고 능력을 향상시킨다는 점이다(조미숙 외, 2020).

학교에서 학교적응과 부적응, 모범생과 문제아, 공부 잘하는 아이와 못하는 아이, 정상 가정과 결손 가정 등으로 구분하는 것은 학생의 단편만을 부각하여 종합적인 이해를 하기 어려운 선입견을 준다. 이는 학생에게 낙인감을 주고, 학생을 무기력하게 만들 수 있으며, 그 학생이 갖고 있는 다른 많은 강점을 스스로와 주변사람이 인식하지 못하고 지나쳐 버리게 만든다. 교사가 긍정적인 기대감을 가질 때 학생은 자신감을 갖고 학업 성취와 태도가 향상된다. 학교사회복지사가 학생에게 갖는 관점의 차이가 실천과 학생의 변화에 영향을 미칠 수 있기 때문에, 이분법적인 사고방식으로 부정적 문제에 초점을 두고 이를 변화시키려 하기보다는 강점을 강화하는 데 집중하도록 실천방향을 전환시키는 것이 필요하다.

그러므로 강점 관점에서는 학생의 결핍된 문제를 찾아내려고 많은 시간을 들이기보다는 학생과 가족, 학생을 둘러싼 환경이 가진 강점과 자원을 찾는 것이 현재의 문제와 더불어 삶의 전반에 변화를 가져올 수 있다고 본다. 전통적인 문제 중심의 병리적 관점에서 사회복지사는 위계적인 권력을 가진 전문가이며, 클라이언트는 질병을 가진 환자로 무기력하게 만들 수 있는 위험이 있었다. 뿐만 아니라 병리적 관점은 사정, 개입, 평가에서 클라이언트를 소외시키지만, 강점 관점은 학생이 중심이 되는 사회복지 실천을 지향한다. 학생은 강점과 회복력을 갖고 있으며 변화의 주체이고, 자신의 문제에 대한 전문가로, 학교사회복지사는 학생이 강점을 통해 그 실체를 볼 수 있도록 한다(Blundo, 2006).

강점 관점은 사례관리, 임파워먼트 모델, 해결중심 모델, 동기강화 모델 등에 영향을 주었다. 이러한 강점 기반의 사회복지실천으로 Saleebey(2012)는 다음과 같은 여섯 가지 원칙을 제시하였다.

① 모든 개인, 집단, 가족, 지역사회는 강점들을 갖고 있다.

② 트라우마, 학대, 질병, 고난은 해가 되겠지만, 또한 도전과 기회를 가져올 수 있다.

③ 개인, 집단, 지역사회의 열망을 일으키고, 성장시키며, 변화시킬 수 있는 가능성은 무한하다.

④ 우리는 클라이언트와 함께 협력할 때 가장 잘 원조할 수 있다.

⑤ 모든 환경은 자원들로 가득하다.

⑥ 보살핌과 돌봄은 가족, 이웃, 지역사회, 문화 속에서 활발한 사회적 관계, 희망에 바탕을 두며, 이는 시민의 삶의 질에 영향을 미치는 사회정책 등의 맥락에 따라 좌우된다.

이를 학교사회복지에 적용해 본다면, 강점 기반의 학교사회복지 실천 원칙은 다음과 같다.

① 모든 학생, 학급, 학교, 가족, 지역사회는 강점을 갖고 있으며, 자원들로 가득하고, 성장과 변화 가능성이 무한하다.

② 빈곤, 학대, 학교폭력, 질병, 고난 등은 해가 되겠지만, 또한 학생, 가족, 학교, 지역사회가 변화할 수 있는 도전과 기회가 될 수 있다.

③ 학교사회복지사는 학생과 협력할 때 가장 잘 원조할 수 있다.

④ 학교사회복지사, 또래 친구, 가족 및 지역사회의 사회적 관계에 따른 희망적인 보살핌이 기본적으로 요구되며, 이는 학교와 교육정책의 맥락에 따라 영향을 받는다.

3) 강점 관점에 기반한 학교사회복지 접근모델

(1) 임파워먼트 모델

임파워먼트(empowerment)는 강점 관점을 잘 나타내는 실천적 개념으로, 개인 내부의 힘을 통한 심리적 측면뿐만 아니라, 대인관계나 정치·사회적 힘을 발휘하고 그들의 생활 환경을 개선하기 위한 행동을 취하게 되는 것을 의미한다(Shera & Wells, 1999). 임파워먼트 모델은 역량강화 또는 권한부여 모델이라고도 하는데, 권력이 상대적으로 약한 집단이 통제력과 영향을 가질 수 있도록 개인, 집단, 지역사회의 다양한 차원에 개입한다. 주로 빈곤층, 장애인, 여성, 노인 등 취약집단을 위한 효과적인 실천모델이며, 특히 성인 중심의 사회에서 아동·청소년이면서 복합적으로 성적 지향, 성별, 인종 등으로 인해 차별을 받는 학생집단에게 유용하게 적용될 수 있다.

임파워먼트 모델에서 학교사회복지사는 학생과 동등한 파트너십을 바탕으로, 학생의 말할 수 있는 권리와 이를 경청할 의무를 옹호하는 데 앞장선다.

학교와 지역사회 환경에서 학생들이 변화의 주체가 될 수 있도록, 학교사회복지사는 학생들이 참여하고 주도할 수 있는 프로그램의 모임을 조직하는 역할이 필요하다(김영란 외, 2007). 학교사회복지사는 강점 관점의 임파워먼트 모델을 적용하여, 소수 학생의 입장이 잘 배려되지 않는 학교정책을 변화시키고 이들 집단이 갖는 어려움을 돕기 위하여 옹호 역할을 수행한다. 임파워먼트 모델에서 옹호는 주요하지만, 잘못된 옹호활동이 오히려 이들을 더 무기력하게 할 수 있기 때문에(Ife, 2012), 전문가 주도로 가지 않도록 민감성을 가질 필요가 있다. 학생이 주도하고 학교사회복지사는 이들을 돕는 위치에서 문제를 해결하도록 하는 접근이 중요하다.

(2) 해결중심 모델

강점 관점은 해결중심 모델과도 관련성이 높다. 해결중심 모델은 1970년대 초에 Steve de Shazer와 김인수 부부에 의해서 개발되었는데, 근본적으로 모든 사람은 자신의 문제를 해결할 수 있는 능력을 갖고 있다는 인간의 잠재력에 대한 신뢰를 중심 철학으로 한다. 해결중심 모델은

① 문제를 해결했던 과거의 성공과 문제가 없던 예외 경험,

② 존재하고 있는 기술과 긍정적인 개인 능력들,

③ 바라는 미래의 세 가지 영역을 중심으로 대화를 진행하면서 문제보다는 해결에 초점을 둔다(De Jong & Berg, 2002).

해결중심 모델은 과거의 문제 원인을 밝히는 데 초점을 두었던 병리적 관점의 장기적인 개입을 비판하고, 해결에 초점을 맞춘 구체적인 목표 설정과 단기 개입을 강조한다. 또한 학교사회복지사가 문제를 진단하고 해결책을 제시하는 것보다, 오히려 그 문제를 오랫동안 다루어 왔던 학생이야말로 자신의 문제와 그 해결책을 알고 있는 전문가라고 본다. 문제에 압도되어 있는 학생이 "기적질문(miracle question)"을 통해 문제가 해결된 상황을 상상하고, "예외질문(exception question)"을 통해 예외 상황과 유사한 상황을 반복적으로 할 수 있도록 함으로써 문제를 해결하는 데로 더 나아갈 수 있도록 한다.

이러한 해결중심 모델은 학생, 가족, 집단, 조직과 기관, 학교 등 중요한 인간관계가 이루어지고 있는 모든 상황에 적용할 수 있다(De Jong et al., 2002). Franklin 등(2018)은 강점 기반 해결중심 접근을 통해 미국의 한 고등학교 학생들의 출석률과 졸업률을 크게 향상시킨 사례를 보고하고 있다. 또한 학교폭력에서도 해결중심 모델을 적용하였을 때 긍정적인 효과를 가져오는 것으로 보고되고 있다(Young & Holdorf, 2003; Young, 2009).

(3) 회복탄력성 모델

회복탄력성(resilience)은 레질리언스, 적응유연성, 탄력성 등으로 부르며, 아동·청소년의 개인적 측면과 학교적응 모두에 적용될 수 있다. Emma Werner는 1950년대 하와이의 Kauai섬에서 태어난 아동에 대한 30년간의 종단연구에서 고위험군 아동의 36%에 해당하는 아동이 심각한 문제 없이 건강하게 성장한 것을 통해 회복탄력성의 개념을 밝혀냈다(Werner & Smith, 1982).

회복탄력성이란 좌절감을 극복하고 회복하는 능력을 말하며, 역경이나 어려움의 상황에서도 기능 수행을 다시 회복하며, 시련을 겪기보다 더 성장하게 되는 성향을 일컫는 개념이다(김주환, 2019). 이 모델에 의하면, 위험에 처한 개별 학생들을 부정적으로 이끄는 위험요인이 있지만, 위험한 상황에도 불구하고 부정적인 경로에 빠지지 않게 하는 보호요인의 기능을 보여준다(Compas, Hinden, & Gerhardt, 1995).

Henderson과 Milstein(2003)은 학교를 좋은 근로자를 양성하는 곳으로만 생각하는 '공장 모델'은 학생의 회복탄력성에 장애가 되며, 학생들도 이에 영향을 받는다고 하였다. 이들은 회복탄력성을 필요로 하는 학생들에게 환경 속의 위험요인을 완화하고, 회복탄력성을 증진시키기 위한 개입을 다음과 같이 제시하였다. 즉, 친사회적 유대 증가, 분명하고 일관된 경계 설정, 생활기술 가르치기를 통해 위험요인을 완화시키고, 의미 있는 참여 기회 제공, 높은 기대 설정, 보살핌과 지지를 제공하여 환경 속의 탄력성을 증진시킨다.

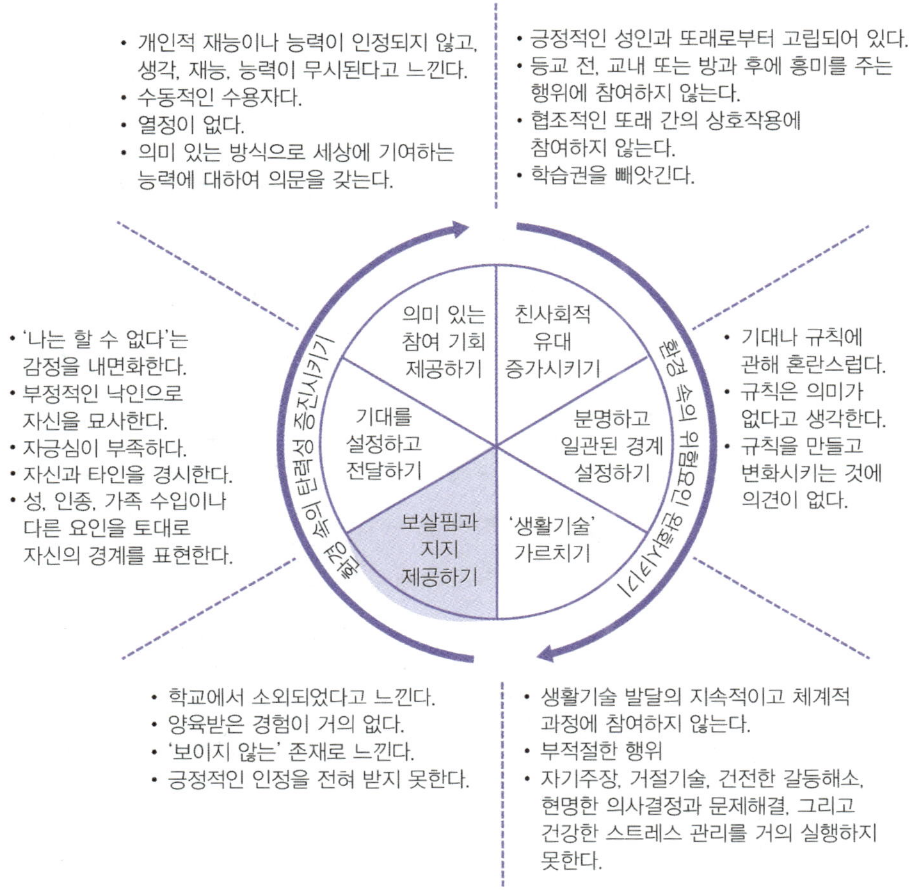

그림 5-3 회복탄력성 증진이 필요한 학생에 대한 개입

*출처: Henderson & Milstein(2003). 장승옥 역(2008). p. 41.

(4) 동기강화 모델

동기강화 모델은 1982년 노르웨이에서 약물중독 심리치료사들의 슈퍼바이저 역할을 하던 William Miller가 어느 날 잠시 들렀던 이발소에서 우연히 아이디어를 얻어 시작되었다. 노르웨이의 중독 심리전문가들은 도전적 질문을 던지면서 배우는 것에 익숙했다. 따라서 이들은 미국 심리학자인 Miller에게도 대답하기 어려운 여러 가지 질문을 끊임없이 던지곤 했다. 끊임없이 던지는 “왜 그렇지요?”라는 질문에 답하기 위해 고민하는 과정에서 바로 “음주 문제를 가진 사람들을 위한 동기강화 모델”이 발전되었다. 이러한 문제에 대한 새로운 통찰을 통해 시작된 동기강화상담의 개념과 방법은 그 이후 중독 재활 실무자들에게 매우 유용하게 사용되었다(조미숙 외, 2020). 즉, 동기강화 모델은 1980년대 초 Miller에 의해 소개된 이후 행동변화를 필요로 하는 사회복지실천현장의 다양한 클라이언트에게 적용되어 그 효과성이 보고되고 있는 증거 기반 실천방법이다. 동기강화모델은 부정(denial)하는 특성을 가지며, 단주 동기가 낮은 알코올중독자의 치료에 사용되면서 시작되었으나 점차 행동변화가 요구되는 흡연, 약물남용, 도박 등의 다양한 유형의 중독자, 폭력가해자 등의 비자발적 클라이언트와 일상생활에서 규칙적인 건강관리가 필요한 만성질환자에게 그 적용이 확대되고 있다. 사회복지영역에서 동기강화 모델의 확산 추세는 기본적으로 동기강화 모델이 Rogers의 인간 중심 철학에 기반하고 있으며, 단기적으로 개입하고, 비교적 개입과정을 훈련받기 쉬운 특성 때문으로 판단되고 있다(조미숙 외, 2020).

오늘날에는 Miller와 Rollnick이 저술한 『동기강화상담』이 한국을 비롯한 다양한 국가의 언어로 번역되어 사용되고 있으며, 그중 몇 나라에서는 중독 이외의 일반적인 문제에까지 적용되어 발전하고 있다. 북미를 비롯한 유럽 및 오세아니아의 상담 전문가들에게는 필독서로 통하고 있는 동기강화상담은 중독 전문가뿐만 아니라 행동 변화를 도와야 하는 대부분의 사회복지사들이 반드시 알아야 하는 접근방법으로 받아들여진다(Miller & Rollnick, 2002).

Miller와 Rollnick(2002)은 동기강화 모델의 원리를 ① 공감 표현하기, ② 불일치감 만들기, ③ 저항과 함께 구르기, ④ 자기효능감 지지하기 등 네 가지로 제시하였는데, 학교사회복지현장에 적용하여 설명하면 다음과 같다(조미숙 외, 2020).

① 공감 표현하기

공감 표현하기는 학교사회복지사와 학생의 관계형성을 위해서 필수적이다. 학생의 상황을 이해하고 있으며, 이를 공감하고 있음을 충분히 전달함으로써 신뢰관계가 형성되며, 이를 기반으로 개입이 원활하게 진행될 수 있다. 또한, 공감은 상담 과정에서 대단히 중요한 일반 요인(common factor)이며, 학생의 입장에서 학생이 경험하고 있는 것을 경험해 보는 것을 말한다. 공감 표현하기와 관련이 있는 학교사회복지사의 태도로 수용(acceptance)을 들 수 있다. 학교사회복지사의 수용적 태도의 핵심은 학생의 말을 존중하는 자세로 귀 기울여 듣는 데에 있다. 학생을 있는 그대로 수용할 때, 학생은 스스로 변화하고 싶어 하지만, 반대로 변화를 강력하게 촉구하는 지시적인 말을 하면 학생은 오히려 변화하지 않으려는 경향성이 생겨난다. 왜냐하면 인간의 독립성은 아동기 초기에서부터 성장과 발달의 주요과업이고 성공적인 성인의 특징으로 간주되어 왔기 때문이다. 학교사회복지사의 수용과 존중의 태도는 학생의 독립감을 훼손시키지 않고 학생과 치료적 협력관계를 형성시켜 주며 학생의 자아존중감을 지지하는 효과도 있다. 이러한 요소가 결국 자연스러운 변화를 촉진시킨다.

② 불일치감 만들기

불일치감 만들기는 학생의 가치와 행동 간의 차이를 분명하게 드러내도록 하는 것이다. 불일치감 만들기는 스스로 자신의 양가감정을 파악하고 검토하게 하는 것이다. 이때 학교사회복지사는 학생의 행동과 신념, 가치관 사이의 불일치감을 더욱 만들어 내기 위해 이를 발견할 수 있도록 질문하고 돕는 역할을 맡아야 한다. 따라서 학교사회복지사는 학생의 행동과 가치관이 불일치함을 지적하거나 문제해결 방향을 지시하거나 판단과 비판을 하는 것은 학생의 변화동기를 방해한다는 점을 유의해야 하며, 학생의 꿈과 희망 및 가치에 대해 진심으로 질문함으로써 학생 스스로 상황을 볼 수 있도록 돕는 것이 중요하다.

③ 저항과 함께 구르기

저항과 함께 구르기는 변화에 대한 학생의 저항, 다시 말해서 주저함이나 망설임을 그대로 인정하고 존중하라는 의미로 볼 수 있다. 즉, 저항에 직면하거나 회피하지 말고 있는 그대로 받아들이고 개입함으로써 학생의 방어상태를 감소시키도록 한다.

④ 자기효능감 지지하기

자기효능감 지지하기란 학생이 변화의 주체이자 변화할 수 있는 능력이 있음을 스스로 확신하도록 지지하는 것이다(장수미 외, 2018). 학교사회복지현장에서 기본적으로 사용가능한 동기강화 모델의 개입기술기법은 개방형 질문하기(Open-ended Questions), 인정하기(Affirmations), 반영하기(Reflections), 요약하기(Summaries)로, OARS라고 부른다.

2. 학교사회복지의 실천모델

학교사회복지의 실천모델들은 흔히 개입의 목적과 수준, 표적체계, 사정방법, 개입전략, 사회복지사의 역할과 책임 등의 내용들을 포함하게 되는데(Kettner, 1975), 실천모델들은 그 당시의 환경적 조건하에서 특정 실천분야의 욕구를 가장 잘 충족시킬 수 있도록 설계된다. 미국 학교사회복지 실천은 1906~1907년부터 미국의 뉴욕, 보스턴과 하트퍼드(Hartford) 세 도시를 중심으로 방문교사(visiting teacher) 활동을 통해 시작되었다. 그 후 1923년 뉴욕공익기금(Commonwealth Fund of New York)의 재정지원하에 청소년비행 예방을 위한 3년간의 시범사업이 연속적으로 이루어짐에 따라 그 수가 많아졌고, 1940년대에는 그 명칭이 학교사회복지사(school social worker)로 바뀌면서 학교사회복지사의 활동이 공식화되었다(Allen-Meares, Washington, & Welsh, 1996).

그 후 각 학교의 상황과 여건에 따라서 학교사회복지 활동이 이루어졌는데, 그 접근 모델에 대한 정리 작업은 1972년 Alderson에 의해 처음 이루어졌다. Alderson는 학교사회복지 실천의 접근모델로서 전통적 임상 모델(traditional clinical model), 학교 변화 모델(school change model), 사회적 상호작용 모델(social interaction model)과 지역사회 학교 모델(community school model)의 네 가지를 소개하였다. 그 이후 Costin(1975)은 일리노이 대학의 제인 아담스 사회사업대학(Jane Addams School of Social Work, University of Illinois, Urbana)에서 3년간의 시범사업을 통해 학교－지역사회－학생관계 모델(school-community-pupil relations model)을 개발하였다.

여러 학자들이 정리한 접근모델은 당시의 학문적 경향, 사회·문화적 상황 등을 반영하여 단계적으로 형성되었다. 또한, 학교사회복지사들의 전문성에 대한 인정과 학교의 욕구에 기초한 학교사회복지사 역할의 확대도 접근모델에 반영되었음을 알 수 있다(Allen-Meares et al., 1996).

1) 전통적 임상 모델

전통적 임상 모델(Tradition Clinical Model)은 학교사회복지 실천현장에서 가장 잘 알려져 있고, 가장 많이 활용되는 모델이다. 주요 초점은 학교에서 자신의 잠재력을 달성하는 데 장애가 되는 사회적·정서적 어려움을 파악하는 데 있다. 이러한 문제들을 정신분석이론과 자아심리학, 개별사회복지의 이론과 방법론을 통해 인식하며, 정서적·심리적 어려움은 근본적으로 부모－자녀 관계와 가족관계에서 기인한다고 본다.

전통적 임상 모델은 학교체계가 학생의 문제에 역기능적이지 않으며 온화하다고 보기 때문에 비교적 학교에서 광범위하게 사용될 수 있었다. 학교가 속한 지역사회도 갈등이나 변화가 적은 중산층 지역으로, 학교사회복지사들은 출석에 어려움을 겪는 학생의 가정방문과 학생과 부모 면담 등의 활동을 수행하였다. 주로 개별사회복지 방법론을 통해 학생과 부모를 돕고, 이와 관련하여 학교체계 내에서 협력 활동과 자문 활동을 수행한다. 전통적 임상 모델에서 학교사회복지사의 주요 활동을 정리하면 다음과 같다.

① 학교에서 아동이 갖고 있는 어려움에 대한 개별사회복지
② 교사와 다른 학교 인력들과 전문적 관계형성(interprofessional relationships)
③ 부모에 대한 개별사회복지 서비스
④ 지역사회기관과의 활동
⑤ 지역사회에 프로그램 설명

전통적 임상 모델은 학생과 가족을 위한 미시적 서비스에 초점을 두며, 이는 학교사회복지사의 가장 기본적 역할이다. 학교사회복지사는 가정방문, 학생과 가족 상담, 부모-자녀 관계 개선 또는 가족 관계 개선을 위한 개별적, 집단적 개입을 계획하고 실행한다. 주로 학생의 자아존중감, 자기효능감, 대인관계 기술의 향상과 역량 강화, 효율적인 부모교육 프로그램(PET) 등 학생과 부모 대상의 개입이 학교사회복지사 또는 지역사회기관과 연계하여 지원된다.

2) 학교 변화 모델

학교 변화 모델(School Change Model)은 제도적 변화 모델이라고도 하며, 학생의 사회적, 교육적 기능을 향상시키는 데 장애가 되거나 오히려 이를 야기하는, 역기능적인 학교 규범이나 상황에 초점을 두고 이를 변화시키는

데 목적을 둔다. 이 모델에서 클라이언트 체계는 학교 자체이며, 학생, 교사, 행정가 등 학교 내의 모든 사람은 잠재적인 개입의 표적이 된다.

일탈이론의 개념이 적용되어, 학생의 문제는 학생에 대한 낙인으로 학생들이 학교 내에서 생산적인 역할 수행에 어려움을 겪는 것이라 본다. 학교 교사들이 문제아로 낙인을 주는 말은 학생의 학교생활을 어렵게 하고, 낙인은 향후 그의 생활 전반을 따라다니게 된다. 그러므로 이 모델은 기본적으로 학생의 문제나 비행은 학생 개인의 특성과 학교 상황들 모두에서 기인한다고 본다. 이에 따라 학교사회복지사는 옹호의 역할, 학생에 대한 직접적인 실천, 교사, 행정가, 부모, 기관들에 대한 집단 사회사업 자문, 중재, 협상을 수행한다. 경직된 교육체계의 변화는 학교사회복지사의 주된 과업이 되어야 하며, 학교사회복지사는 다음과 같은 활동을 수행하게 된다.

① 중요한 학교 문지에 대해 학생들이 명확히 보고 진단하도록 도움
② 개별적 또는 내부 문제해결 집단을 통한 옴부즈맨의 역할을 수행하며, 도움이 필요한 학생들은 이를 고충 처리 절차의 하나로 사용할 수 있어야 함
③ 교사, 학생, 행정가들이 우려 사항들을 말할 수 있고 갈등을 해결할 수 있도록 각각의 비공식적 집단 형성
④ 변화 매개자, 학생, 교사, 행정가로 구성된 문제해결 팀을 구성

전통적 임상 모델은 정신병리학적 관점에서 학생 문제의 원인을 보았지만, 학교 변화 모델은 학교 자체를 표적체계로 본다. 학교사회복지사는 옹호자 역할과 옴부즈맨 요소를 수행하면서, 위험을 감수해야 하는 부담을 갖게 된다. 이 모델에서 효과적인 협상은 핵심적인 실천이며, 조직 행동이론과 기술을 사용한다. 그러나 다른 한편으로는 학생에게 영향을 주는 체계를 학교체계에 국한함으로써 가족이나 지역사회 요인들의 영향을 고려하지 않는 한계점이 있다.

우리나라에서 학교사회복지사들은 학교 변화 모델을 통해 학생 생활지도

를 하면서 학생 문제에 대해 변화매개자로 활동하고, 문제학생으로 낙인 찍혔던 학생들의 옹호자로 활동하였으며, 사과와 용서의 날(Apple Day) 등 처벌 중심의 학교 규정과 문화를 변화시키기 위해 활동하였다. 최근 학생인권조례 등의 제정과 함께 옴부즈맨 제도 등 학교교육에서도 많은 변화가 나타나는데, 학교사회복지사는 학생의 인권 증진을 위해 더 큰 역할을 담당하게 될 것이다.

3) 지역사회 학교 모델

지역사회 학교 모델(Community School Model)은 지속적인 청소년 비행, 중퇴율, 실업 등, 취약집단 학생 문제에 대해 지역사회에서 관심과 우려가 증가하는 것에 따른 실천적 접근이다. 이 모델은 주로 지역사회가 학교의 교육목적과 규범에서 벗어나 있고, 학교를 불신하거나 이해가 부족하여 발생하는 지역사회와 학교 간의 갈등에 초점을 둔다.

빈곤, 불이익, 박탈 등 사회적 환경에서 오는 어려움은 학교 내의 학생과 사람들에게 영향을 미친다. 그러므로 학교사회복지사는 빈곤의 희생자인 학생들을 돕도록 학교 프로그램을 개발하는 한편, 학생의 학습과 사회적 기능이 영향을 받지 않도록 지역사회 환경을 변화시키고, 지역사회가 학교에 대한 이해와 지지를 증진시키도록 개입한다. 학교 교직원들은 빈곤지역의 문화적 어려움이나 그 결과를 완전히 이해하지 못하며, 학생과 부모에 대해 효과적으로 일할 수 있는 특별한 지식과 기술을 필요로 한다.

이 모델에서 학교사회복지사는 다학제 간 팀의 한 구성원으로 학생, 교사, 행정가를 대표하여 중재자, 가능케 하는 자, 옹호자, 조직가, 개발자의 역할을 수행한다. 학교사회복지사는 학교와 지역사회의 관계에서 이중적인 정체성을 유지해야만 이 역할을 효과적으로 수행할 수 있으며, 중재와 옹호에 대한 고도의 기술을 갖추어야 한다.

학교에 소속된 학교사회복지사가 지역사회 내에서 갈등을 중재하고, 불이익을 받는 학생들을 옹호하며, 학교와 지역사회를 위한 중재자 역할을 하는 것은 결코 쉽지 않은 일이지만, 지역사회의 다양한 전문직과 함께 협력하면서 적용될 수 있는 모델이다.

4) 사회적 상호작용 모델

상호작용이란 의사소통을 통해 개인이나 집단 사이에서 상호 영향을 주고받는 행동이라 할 수 있다. 사회적 상호작용 모델(Social Interaction Model)은 사회적 상호작용이 일어나는 영역에 주의를 기울이며, 특정한 방법론을 강조하지 않고 사회 문제와 사회적 과정에서 모든 참여자들의 행동과 태도에 따른 사회적 상호작용에서의 과업을 강조한다.

이 모델은 중재 모델에서 비롯되었는데, 학생의 문제는 학생과 사회체계, 학생과 학교체계 모두에게 책임이 있다고 본다. 학교사회복지사는 학교, 가정, 지역사회, 교사와 학생 사이의 연계자로서, 다양한 체계들 사이의 중재자로 역할을 수행한다. 학교사회복지사는 다양한 학생체계에 대한 지식과 개인들, 가족, 소집단과 이웃집단과 효과적으로 관계를 맺어야 하며, 사회적 상호작용 모델의 관계 접근은 자연스럽게 표적체계와 상호작용하며 관여와 개입을 할 수 있도록 한다.

이 모델은 다른 모델보다는 옹호를 덜 강조하며, 체계들 사이의 의사소통과 상호 교류를 증진하고 장애를 제거하며, 체계들 사이의 공통점을 찾고 이들 체계들의 기능을 증진시키도록 돕는다. 사회적 상호작용 모델에서 학교사회복지사는 다음의 다섯 가지 주요 과업을 수행한다.

① 공통 기반 탐색
② 장애물을 찾고 이에 도전
③ 자료 형성 - 학생이 사용할 수 없었던 생각, 사실, 개념들을 형성
④ 비전 제공
⑤ 상황의 요구나 한계 발견

5) 학교-지역사회-학생관계 모델

Costin(1975)이 3년간의 시범사업을 통해 개발한 이 모델은 학생, 학교와 지역사회 간의 복잡한 상호작용을 강조한다. 이 모델이 갖고 있는 기본적인 목표는 학생, 학교와 지역사회 간의 상호작용에 변화를 꾀함으로써 학교의 바람직하지 못한 제도적 관습과 정책을 수정하는 데 있다. 따라서 이 모델은 특정 학생집단과 그들이 속한 상황에 관심을 갖는다. 그리고 관심의 초점도 전통적 임상 모델과는 달리 집단구성원의 개별적 성격 특성보다는 학생집단의 상황에 맞추어진다.

학교-지역사회-학생관계 모델은 학생들이 경험하는 문제를 사회적 상황의 한 특성으로 본다. 무단결석, 학습부진, 청소년비행 등 학생들의 복합적인 문제상황을 고찰해 보면 유사한 상황에 처해 있는 학생의 독특한 특성들이 학교와 지역사회의 조건과 상호작용하는 가운데 역기능적인 학생집단이 형성되는 것을 볼 수 있다. 문제 발생의 책임은 온전히 그 집단에 있는 것이 아니고 학교와 지역사회에도 있다는 점이다. 따라서 이 모델에서 장기적으로 추구하는 목표는 표적집단이 되는 학생들의 스트레스 완화를 통한 교육기회의 형평성을 확보하기 위해 학교-지역사회-학생 간의 관계에 필요한 변화를 계획하고 실행하는 것이다. 즉, 학생들의 학습능력은 성장기의 사회·문화적인 환경의 영향을 받으며, 이들의 학습경험은 성장한 후의 행동양상에 영향을 준다고 보기 때문에 학교는 학생들이 처해

있는 사회·문화적인 요소를 고려한 다양한 서비스를 제공함으로써 학습 기회를 향상시켜야 한다고 본다. 이 모델은 사회학습이론, 체계이론과 조직의 발달, 상황이론, 역할의 분류, 체계의 문제와 같은 관련 개념과 이론들을 이론적 배경으로 하고 있다.

따라서 학교-지역사회-학생관계 모델의 개입과정과 내용을 살펴보면 다음과 같다.

- **1단계:** 개입과정으로의 첫 단계는 서비스를 제공해야 할 표적 대상을 확인하고 사정하는 것이다. 사정 절차는 학교사회복지사를 위시하여 교장, 교감, 교사 그리고 다른 관련 교직원들로 구성된 다학문적 팀에 의해 이루어지는 것이 바람직하다. 사정을 위해서는 표적집단이 되는 학생들과 부모와의 면담을 통해 욕구를 파악한다. 구체적으로 학생들과 부모들이 어떤 것을 문제라고 인식하고 있는지, 스트레스와 불만족을 야기하는 교육과정은 어떤 것인지, 학교에서 잘 되고 있는 것은 무엇이라고 생각하는지 등에 대해서 알고자 한다. 그 외에도 표적집단 학생들의 교육기회에 영향을 미치는 학생의 특성과 학교와 지역사회의 상황에 대한 파악 등이 학교기록, 관련된 사람들의 면접, 자문, 관찰 등을 통해 이루어진다.
- **2단계:** 사정절차가 완료되면 학교사회복지사는 서비스 계획을 수립하는데, 이 과정도 교장, 교감, 교사와 다른 교직원들로부터 지속적인 자문을 구하면서 진행된다. 학교사회복지사는 서비스 계획을 개발하여 문서화하고, 계획달성을 위해 참여와 협조가 필요한 모든 사람들에게 제출한다. 그 이후 서비스 계획에 필요한 조정을 하며, 서비스 계획을 수행할 책임을 맡은 사람들과 계약을 체결한다.

6) 학교연계 통합서비스

학교연계 통합서비스(school linked integrated services)는 학교사회복지 실천의 모델이 아니라 1990년대에 들어 사회분열, 사회 위험요인의 증가, 교육의 불평등 문제를 심각하게 인식하면서 비롯된 미국 교육개혁의 일환으로 나타나게 된 서비스이다(Kordesh & Constable, 1999). 학교연계 통합서비스는 지역사회기관과 학교가 아동과 가족에게 학교 내 또는 학교 근처에서 다양한 보건 · 사회복지서비스를 통합적으로 제공하고자 공조하는 혁신적인 서비스 전달체계라고 정의할 수 있다(Hare, 1995). 이는 현대사회에서 나타나는 다양한 경제적 · 사회적 · 심리적 문제들 때문에 많은 학생들이 학교생활에서 실패할 수 있는 위험에 처해 있고(National Commission on Children, 1991), 기존의 서비스가 전달체계가 분열되어 있고, 접근하기 어렵고, 복잡하기 때문에 학생과 그 가족에게 제공되는 서비스가 불충분하다는 인식하에 발전되었다(Kordesh & Constable, 1999). 학교연계 통합서비스는 학생과 그 가족이 갖는 복잡하고도 다양한 문제들을 효과적으로 해결하고, 이들의 욕구를 충족시키며, 서비스의 단편성과 중복성을 최소화하기 위해서 학교 내 또는 학교 근처에서 교육, 문화, 복지, 보건, 정신건강, 정서적 서비스, 보육서비스, 고용서비스 등을 모두 포함하는 통합적인 서비스를 제공함으로써 학생의 교육뿐만 아니라 그 가족의 기능강화도 함께 이루고자 한다. 이러한 서비스를 제공하는 장으로서 학교는 교육과 복지서비스를 전달하는 이중목적을 수행해야 한다.

따라서 학교연계 통합서비스 개입과정과 내용을 살펴보면 다음과 같다.

- 1단계: 학교연계 통합서비스에서는 학교가 다양한 지역사회기관과 공식적인 공조관계를 형성하는데, 이때 학교사회복지사는 중심적 역할을 담당해야 한다. 학교로 유입되는 지역사회의 서비스들이 학교체계에

대한 이해가 부족한 전문가들에 의해 운영되다 보면 사회적 서비스와 교육이 통합적이지 못할 수 있다. 따라서 학교사회복지사는 복지서비스와 교육이 적절하게 연계될 수 있도록 서비스 내용을 조정해야 한다.

- 2단계: 외부기관에서 학교에 들어와서 서비스를 제공하는 전문가와 교직원 간에 원활한 의사소통과 협조체계가 이루어질 수 있도록 하여야 한다.

이상의 접근모델과 서비스는 그것이 기초로 하고 있는 이론적 배경과 관심의 초점에는 분명한 차이를 나타내지만 학생들의 교육목표 달성을 향해 노력한다는 점에서는 동일하다. 그 목표에 접근하기 위한 개입이나 서비스의 초점을 개인, 학교, 지역사회, 학교와 지역사회와의 관계, 제도적인 부분, 또는 통합적인 전달체계 중 어디에 두느냐에 따라 독특한 접근 모델이나 서비스가 결정되고 있다. 따라서 지금까지 설명한 학교사회복지 실천모델을 <표 5-1>로 정리해 보면 다음과 같다.

표 5-1 학교사회복지 실천모델

구분	전통적 임상 모델	학교 변화 모델	지역사회-학교 모델
초점 및 대상	사회적 또는 정서적 문제를 지닌 학생	학교환경 (특히 학교 규범과 상황)	빈곤과 불이익으로 학교를 오해하거나 불신하는 소외된 지역사회
목적	사회 정서적 문제를 가진 것으로 확인된 학생들이 보다 효과적으로 학교생활을 하도록 원조	역기능적인 학교의 규범과 상황의 개선	학교에 대한 지역사회의 이해와 지지 개발; 빈곤계층 학생에 대한 지지 프로그램 개발; 낙후된 지역사회의 상황 개선
표적체계	학생과 부모	학교 전체	지역사회, 학교
문제나 원인에 대한 관점	부모와 자녀 간의 문제로부터 초래된 학생의 정신적 또는 정서적 어려움	비효율적이며 역기능적인 학교 규범 및 상황	빈곤 및 기타 사회적 조건; 문화적 다양성과 빈곤의 영향에 대한 이해가 부족한 학교 관계자들

사회복지사의 과업	개별사회복지와 집단 사회복지; 학생과 부모, 교사 간의 중간 역할	역기능적인 학교의 규범과 규칙 발견; 학생들을 대상으로 집단 사회복지; 교사 및 학교 관계자들과 개별 및 집단 협의	지역사회의 변화를 위해 개입; 지역사회가 의문과 문제 제기를 하도록 돕고, 학교와 지역사회가 상호 이해하도록 개입; 지역사회가 학교 행사에 참여하도록 촉구
사회복지사의 역할	지지적 협력과 협의를 가능케 함	자문, 중재, 옹호, 협상	중재, 옹호, outreach
이론적 기초	정신분석학, 사회심리학, 자아심리학, 개별사회복지	사회과학 이론 (일탈이론, 조직이론)	지역사회-학교 이론, 의사소통이론

구분	사회적 상호작용 모델	학교-지역사회-학생 모델	학교연계 통합서비스 모델
초점 및 대상	학생과 학교 간의 상호작용; 상호 관계 내의 문제를 확인함	학교, 지역사회, 학생의 상호작용	학생과 그 가족
목적	상호 원조 체계의 개발을 촉진; 호혜적인 상호작용의 장애 요소들을 제거	각각의 개인이 공유하는 특정 집단의 특성 파악 및 문제 개선	학생과 그 가족들의 보건, 정신건강, 사회적 성과도 향상(학생의 다양한 문제에 대한 통합된 서비스 전달)
표적체계	상호작용의 장애	상호작용	문제 해결에 필요한 모든 주체
문제나 원인에 대한 관점	학생의 부적응은 다양한 사회체계 간에 원만한 의사소통과 상호작용의 장애	학생의 부적응은 그러한 문제를 공유하는 특정 학생집단의 문제	각 체계 간의 상호작용 (Transaction)
사회복지사의 과업	체계 간의 공유점 발견 및 극대화; 상호 공동 목표 수립; 의사소통 개선; 상호 원조체계 구축; 개인, 집단, 지역사회를 대상으로 직접적인 원조활동	공통적 환경 특성과 학교, 지역사회의 특성을 파악; 환경체계에의 개입 및 변화 유도	교육목적과 분리되어 운영되기 쉬운 지역사회 서비스 체계들을 교육목적과 연계시켜 통합서비스가 교육성과를 높이는 데 기여할 수 있도록 하는 기능 수행
사회복지사의 역할	중재, 자문, enabling		공조를 위한 연계자, 사례관리자
이론적 기초	체계이론, 사회과학이론, 의사소통이론	체계이론, 지역사회 조직	체계이론, 사회과학이론, 지역사회 조직

<표 5－1>에서 알 수 있듯이 각각의 모델의 강조점 및 특성은 명확히 구분되지만 Alderson(1972)은 실천현장에서 하나의 모델이 모든 측면에 적용되는 것은 아니며, 특별한 상황에서 다양하게 결합하여 적용될 수 있다고 하였다. 따라서 우리나라 학교사회복지 실천현장에서 실제로 진행되고 있는 "교육복지우선지원사업"을 통하여 학교사회복지 실천모델이 어떻게 융합되어 운영되고 있는지 탐색해 보고자 한다.

3. 교육복지우선지원사업 모델

우리나라의 경우 아동·청소년과 가족을 대상으로 심리정서, 교육, 문화체험, 건강 등의 포괄적 서비스를 다양한 기관에서 제공하고 있다. 위스타트 센터, 드림스타트 센터, 건강가정지원센터, 다함께 돌봄센터, 정신건강복지센터, 지역아동센터, 청소년방과후아카데미, 청소년상담복지센터, 위센터 등 아동·청소년의 사례관리와 관련된 많은 기관이 존재한다.

그중에서도 학교를 기반으로 교육, 문화, 복지의 통합적 서비스를 지역사회와 연계하여 제공하고 있는 교육복지우선지원사업 모델을 살펴보고자 한다. 교육복지우선지원사업은 학교사회복지의 이론과 개입방법을 활용한 실천모델로, 현재 가장 많은 사회복지사가 활동하고 있는 사업 모델이다.

1) 사업 목적과 대상

교육복지서비스는 2003년 대도시 빈곤지역의 학교와 지역사회기관의 협력을 바탕으로 저소득층 학생들의 교육기회 평등을 위한 '교육복지투자우선지역지원사업'으로 시작하였다. 초기 서울과 부산의 빈곤지역을 중심으로 실시되었는데, 2010년 「초·중등교육법」 시행령의 개정으로 지역단위가 아닌 저소득층 밀집 학교가 대상이 되었다. 현재 이 사업의 정의와 목적은 시·도별로 조금씩 차이가 있는데, 김선숙 등(2019)이 시·도별 교육복지우선지원사업 매뉴얼을 분석한 결과, 대체로 학교가 중심이 되어 지역공동체를 구축하고 개별 학생에 대한 맞춤형 사업을 통해 통합적으로 지원하는 것을 교육복지우선지원사업의 목적으로 하고 있었다.

참고 교육복지우선지원사업

■ **교육복지우선지원사업의 정의**

교육복지사업의 일환으로 시행되는 선별적 서비스 교육 취약계층 학생에 대한 교육적 성장을 지원하여 교육 격차를 해소하기 위한 사업. 즉, 교육 취약 학생들이 직면한 교육기회, 교육과정, 교육결과에서의 격차를 줄이고 교육적 성장을 도모하기 위해 학교와 지역사회의 교육공동체를 구축하고 학생에게 필요한 다각적인 맞춤형 지원을 제공하는 사업

■ **교육복지우선지원사업의 목적**

교육 취약 학생을 위하여 학교가 중심이 되는 지역교육공동체를 통해 학생 심의 맞춤형 사업을 통합적으로 지원하는 것을 그 목적으로 함

참고 제3조(사업대상학생)

① 사업대상학생은 다음 각 호의 하나에 해당하는 자로서 종합적인 교육 지원이 필요하다고 사업학교의 장이 인정하는 자로 한다.
1. 「국민기초생활 보장법」 제12조에 따른 교육급여 수급권자
2. 「국민기초생활 보장법」 제2조 제10호에 따른 차상위계층의 자녀
3. 「한부모가족지원법」 제5조에 따른 보호대상자인 한부모가족의 자녀
4. 「북한이탈주민의 보호 및 정착지원에 관한 법률」 제2조 제2호에 따른 보호대상자의 자녀
5. 「다문화가족지원법」 제2조제1호에 따른 다문화가족의 자녀
6. 「장애인 등에 대한 특수교육법」 제15조에 따른 특수교육대상자
7. 기타 교육상 지원이 필요하여 교육감이 정하는 사람의 자녀

② 사업학교의 장은 제1항의 규정에 따라 사업대상 학생을 정함에 있어서 필요한

경우 사전검사 등 필요한 진단을 실시할 수 있다. 그러나 예방교육처럼 모든 학생이 대상이 되는 경우가 있기 때문에 실질적인 사업의 대상은 프로그램에 따라 전체학생, 우선지원학생, 집중지원학생으로 구분된다.

*출처: 교육복지우선지원사업 관리 · 운영에 관한 규정(교육부훈령 제332호, 2020).

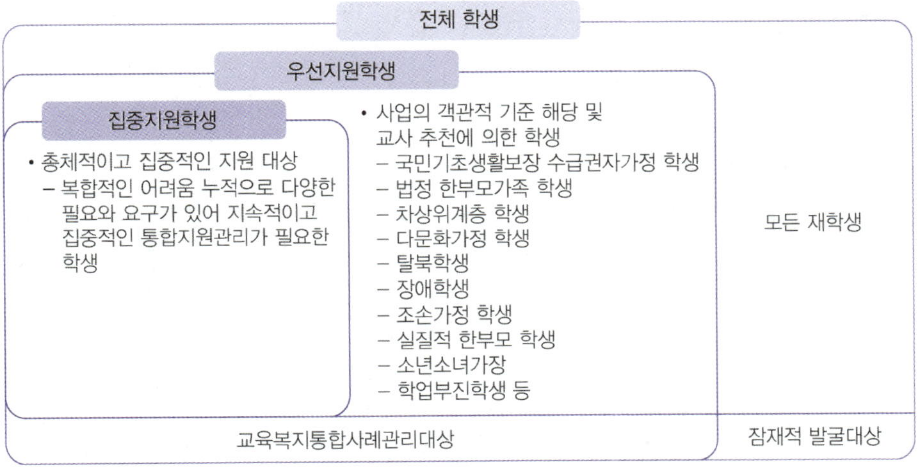

그림 5-4 '교육복지투자우선지역지원사업' 대상학생

*출처: 김선숙 등(2019). p. 43.

2) 주요 서비스 내용

교육복지서비스는 교육, 문화, 복지의 포괄적 서비스를 지역사회자원을 연계하여 저소득층 학생과 위기학생에게 제공하는 것으로, 대부분 교육복지 대상 학생의 사례관리, 개별 및 집단 프로그램의 개발과 운영, 가정방문 및 가족 개입, 지역사회의 자원 발굴 및 연계를 통해 학생을 돕는다. 학생의 학교적응력 강화를 위한 프로그램을 교육과정과 연계하여 제공한다.

지역사회자원의 개발과 연계는 교육복지서비스의 핵심내용으로, 이를 통해 장학금, 심리 · 정서적 서비스, 조식 지원, 문화체험 지원 등으로 교육복지 대상 아동을 지원한다.

3) 운영 체계

사업을 수행하는 전담 인력은 학교와 교육청에 배치되고 있다. 학교에 배치되는 교육복지사(지역사회교육전문가)는 주로 학생, 학부모, 교사를 지원하고, 교육(지원)청에 배치되는 프로젝트 조정자는 지역사회자원 발굴과 관내 사업학교 간 연계 협력을 지원한다. '교육복지우선지원사업 관리운영 규정' 제12조에 따른 전담 인력의 역할은 다음과 같다.

제12조(사업 전담 인력의 배치·활용)

① 사업학교와 교육지원청 및 시·도교육청은 사업의 효과적인 운영을 위하여 사업 전담 인력을 배치하여 활용할 수 있다.

② 사업학교에 배치된 사업 전담 인력은 다음 각 호의 업무를 수행한다.

1. 사업 대상 학생의 학교생활 적응 지원
2. 사업 대상 학생을 위한 문제의 원인과 해결에 관한 교육
3. 사업 대상 학생 지원을 위한 지역사회자원의 연계·활용
4. 사업과 관련한 학부모 및 교사에 대한 지원 등

③ 교육지원청 및 시·도교육청에 배치된 사업 전담 인력은 다음 각 호의 업무를 수행한다.

1. 사업학교와 지역사회의 요구를 파악하고 이를 교육지원청 및 시·도교육청의 사업계획에 반영
2. 사업이 필요한 학교의 발굴과 지원
3. 지역사회 교육복지 자원의 발굴과 활용
4. 사업학교 간 연계·협력 지원 등

우선지원사업을 지원하고, 중장기 계획 수립과 연구 조사 및 사업에 대한 전반적인 평가계획을 수립한다. 사업 추진 체계는 교육, 문화, 복지의 전문가와 실무자들로 구성된 협의회와 기관장, 교육청 담당자, 전문가 등으로 구성되어 사업 운영을 지원하는 운영위원회가 사업의 효율적인 운영을 돕고 있다.

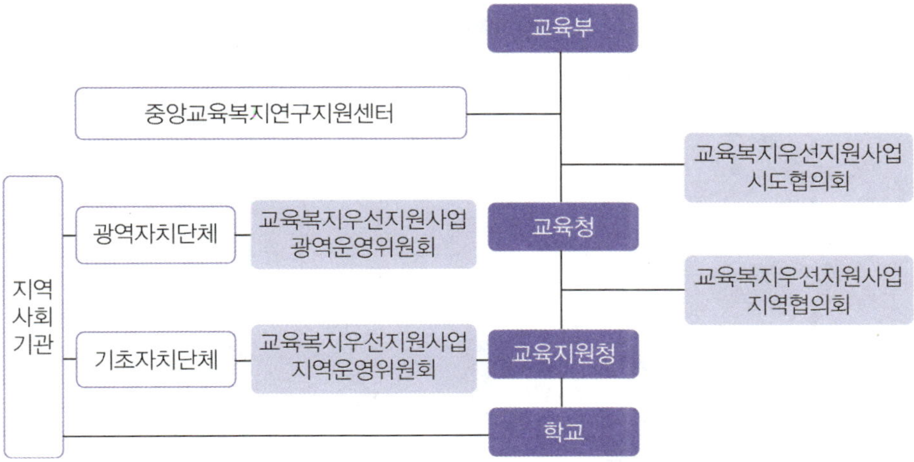

그림 5-5 **교육복지우선지원사업 전달체계**

*출처: 서울특별시교육청교육연구정보원(2024). https://www.serii.re.kr > fus > board

구체적인 전달체계의 기능과 역할을 서울시교육청(2020)의 사례로 살펴보면, 서울시교육청은 법적으로 규정하고 있는 초등학교와 중학교 외에 유치원과 고등학교에서도 사업을 운영하고 있다. 또한 저소득층 학생 수가 규정에 못 미치지만 사례관리가 필요한 학생들을 지역단위로 묶어 서비스를 제공하기 위해 지역교육복지센터를 자치구를 중심으로 운영하고 있다.

지역교육복지공동체는 지역단위에서 교육 취약 학생을 발굴하고 이를 지원하며, 위기학생 사례회의, 멘토링, 학부모 상담, 지역단위의 공동사업을 기획하고 추진한다. 이의 중심 기관으로 지역교육복지센터가 지역사회 기반형 교육복지 협력사업을 진행하여, 학교와 마을이 함께하는 교육복지 안전망을 구축한다. 서울시교육청의 추진체계는 [그림 5-6]과 같다.

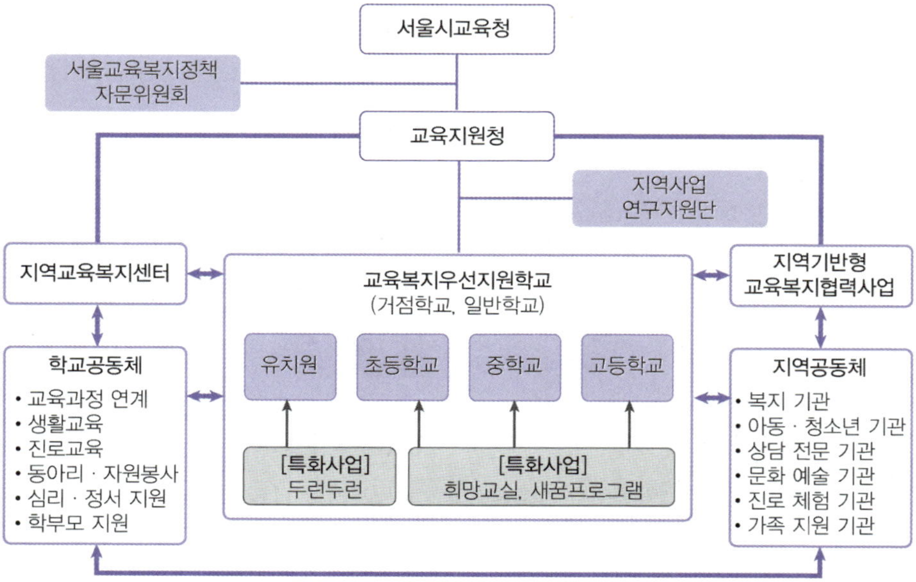

그림 5-6 **서울시교육청 교육복지우선지원사업 추진체계**

*출처: 서울특별시교육청(2021).

교육복지서비스 모델은 기존 학습의 교육기능만 요구되었던 학교를 지역사회자원 연계를 통한 통합적인 복지기관으로 위상을 바꾸는 계기가 되었다. 또한 지역사회와 학교가 지역 교육복지 공동체를 구축하고 교육 안전망을 구축하는 실천 경험이 축적되어 온 모델이다. 이 모델이 교육부의 일회성 시범사업과 달리 법 개정과 조례 제정 등을 통해 안착될 수 있었던 것은 사업을 주관하는 전문 인력이 학교와 교육청에 배치되어 연계자, 네트워크 관리자, 프로그램 개발자 등의 역할을 성공적으로 수행하였기 때문이다. 아직은 저소득층에 국한된 선별적 복지라는 한계가 있지만, 앞으로 지역사회의 아동·청소년 문제해결과 지역 내 모든 아동·청소년의 삶의 질 향상을 위한 학교 기반의 서비스 모델로 발전해 나가야 할 것이다.

06 CHAPTER

학교사회복지사의 역할과 실천윤리

1. 학교사회복지사의 역할에 대한 이해

학교사회복지사의 역할은 학생에 대한 개입과 함께 부모와 교사에 대한 개입 및 지역사회자원 활용 등이 동시에 모색되어야 효과적일 수 있다. 그러므로 학교사회복지사의 역할에 대한 논의와 함께 고려해야 할 점은 학생을 위한 접근방법이라고 할 수 있다. 이러한 측면에서 학교사회복지사는 학교의 욕구인 교육효과의 극대화와 학생의 욕구인 교육을 통한 자아성취를 달성시키기 위한 노력들을 적절하게 활용하여 서비스를 제공하는 역할을 하고 있다.

Costin은 역동적 관계 속에서의 학교사회복지사의 역할을 다음과 같이 설명하고 있다. 즉, 가능하게 하는 자, 촉진자, 자문가, 공동협력자, 교사, 중개자, 옹호자, 관리자로서 전문적 지식과 이론을 바탕으로 학교 내에서 발생하는 학생들의 욕구에 적극적으로 개입할 수 있는 역할을 강조하고 있다.

체계로서의 학교는 상호의존적인 부분들의 기능이 합쳐져 전체로서 기능한다. 따라서 교육의 각 주체 간의 네트워크(network)를 형성하고 연계하는 방법 그리고 학생 지원 체계 구축을 실시함에 있어 조정하고 중재하는 역할이 필요하다. 학교사회복지사는 학생 · 가정, 학생 · 학교, 학교 · 가정, 학교 · 지역사회, 전문직 · 전문직 간의 원활한 상호교류에 관심을 갖고 중개자, 매개자, 연결자의 역할을 담당한다. 즉, 학교 내 교육 또는 학교생활에 장애요인이 되는 문제를 해결하고 모든 학생들의 학습에 대한 잠재능력을 최대화하기 위하여 가정과 학교, 지역사회 간의 일차적인 연결자와 조정자로 활동하면서 학생과 환경 간의 상호교류를 촉진시키고자 노력하게 된다. 이러한 노력은 학교 내에서 가장 중요한 역할을 하는 교사들을 포함하여 양호교사, 특수교사 등 학교 내 전문가들과 팀을 이룬 가운데 이행하게 된다(Allen-Meares, Washington, & Welsh, 2000; Freeman, 1994). 또한 학교 · 가정 · 지역사회의 연계망을 구축하여 학생들이 다양한 이유로 학교에 적응하지 못하고 중도 탈락하는 것을 예방하는 안전망을 제공하는 것은 학교사회복지의 일차적 기능이다. 이를 위해 교육지원 체계를 조직하고 조정하는 기능을 할 수 있다. 따라서 각 역할들의 개념을 구체적으로 살펴보면 다음과 같다.

(1) 학생과 부모에 대한 개별사회복지서비스

학생과 부모에 대한 개별사회복지서비스(casework service to the child and his parent)는 학생의 문제와 관련해서 학생과 부모에게 개별사회복지서비스를 제공하는 것이다. 구체적인 역할들은 부모와 학교 교직원들로부터 학생의 문제행동에 대한 정보를 얻고, 다른 교직원과 함께 학생의 문제에 대해 명확화시킨다.

(2) 학생의 문제에 대해 교사와 협력 관계를 맺는 역할

교사와 협력 관계를 맺는 역할(interpreting the child to the teacher)은 교사와 학생의 문제에 대해서 상담하는 것이 아니라, 학교사회복지서비스를 수행하는 과정에서 특정 학생들에 대한 교사의 이해를 높이는 것이 주목적이다. 이는 문제학생에게 효과적이며 신속하게 개입하기 위해 교사의 협조를 구하거나, 교사에게 직접적인 도움을 제공하는 것이다(김선희, 1970: 115). 이때 학생 전반에 대한 상의보다는 특정 학생들에 대하여 교사에게 설명해 주는 역할이라고 할 수 있다.

(3) 학생과 부모에 대한 교육상담

학생과 부모에 대한 교육상담(educational counseling with the child and parents)은 학생과 부모에게 학교의 교육적 기능에 대해 상담하는 것이다. 이 역할은 학교의 사회적 · 학문적 기대와 학교의 권위에 대해 설명하고, 명확화시키는 업무이다. 이는 학생들의 부모와 학교와의 관계를 개선시키고 학생 개인의 교육적 목적을 달성하도록 돕는 데 그 목적이 있다.

(4) 교사에 대한 개별서비스를 제공하는 역할

교사에 대한 개별적인 서비스 제공(personal service to the teacher)은 학생을 교육하고 있는 교사가 개인적인 문제로 학생들을 지도하는 데 지장을 초래하지 않게 하기 위한 것으로 Costin의 연구에서는 학교사회복지사의 역할에서 중요도가 가장 낮게 나타난 역할이다.

(5) 학교사회복지서비스에 대해서 다른 관계자들에게 설명하는 역할

학교사회복지서비스에 대해 설명하는 역할(interpreting school social work service)의 주목적은 학교체계 안에 있는 다른 전문가들에게 학교사회복지서비스를 조정하고 명확화시키며 해석하는 것이다.

(6) 가정과 지역사회기관을 연결시키는 역할

가정과 지역사회기관을 연결시키는 역할(liaison between the family and community agencies)은 사회복지서비스가 필요한 학생과 부모를 지역사회복지기관들과 연계시키는 것이다. 이 역할은 학생과 가족에 대한 적극적인 지원을 위하여 지역사회를 이용하는 것을 뜻한다.

(7) 학생의 정서적 문제에 대한 개입

학생의 정서적 문제에 대한 개입(clinical school social work service)은 개별사회복지나 집단을 통하여 학생들에게 학생이 지닌 정서적 문제에 대한 통찰력을 얻고, 학생 개인의 목표와 가치를 개발하도록 돕고 문제가 되는 행동을 변화시키는 역할이다.

(8) 지도력과 정책결정에 참여

지도력과 정책결정에 참여(leadership and policy-making)하는 역할은 전문가로서의 책임성을 반영하는 것으로, 학생들의 복지정책과 관련된 학교 행정가를 돕는 역할 및 사회정책과 사회운동과 관련하여 지역사회를 위한 서비스를 제공하고, 학교의 주요 관심사에 대해 학부모들의 조직과 함께하는 역할이 포함된다.

(9) 사례관리와 관련된 업무

사례관리와 관련된 일상적인 업무(caseload management)는 효과적인 업무를 수행하기 위해 매일 하는 일상업무로서 주로 학생들의 사례건수 관리와 관련된 업무를 수행하는 것이라고 할 수 있다.

그러면 학교사회복지사가 수행해야 할 구체적인 역할은 무엇인가? 그것은 크게 전문적인 임상사회복지사의 역할, 교육적 카운슬링 제공, 가정-학교-지역사회의 연계자, 지역사회의 자원 활용, 그리고 정책입안 등 다섯 가지로 구분할 수 있다. 따라서 학교사회복지사의 역할을 좀 더 구체적으로 살펴보면 다음과 같다(성민선 외, 2004).

첫째, 학교사회복지사는 학생의 심리적·정서적 문제를 예방하고 해결하는 심리치료 전문가로서 학생의 문제를 명확히 규정하기 위해 학생·가족·학교제도·지역사회의 정보를 수집하여 학생문제의 원인을 명확히 사정하고 이에 따른 심리치료를 제공한다.

둘째, 학교사회복지사는 학생 개인의 인성적 특성에 의해서 또는 경제적·사회환경적 특성에 의해서 발생하는 학생의 심리적·정서적 문제를 해결하기 위해 심리치료 외에 경제적 원조를 제공하는 사회복지서비스도 담당해야 한다.

셋째, 학교사회복지사는 교직원이나 학부모들에게 학생문제의 원인과 이에 대한 예방안을 교육시켜 학생문제의 예방과 해결에 도움을 주어야 한다.

넷째, 학교사회복지사는 가정-학교-지역사회의 관계를 증진시키는 연계자로서 학교가 지역사회에 기대하는 내용과 학교의 교육목적을 주민들에게 홍보하거나 반대로 지역사회의 욕구를 학교당국에 전달하는 역할을 담당해야 한다.

다섯째, 학교사회복지사는 학교 내·외의 타 전문직과 협력하여 학교행정이나 교육정책이 학생을 위한 최선의 결정이 되도록 도움을 주어야 한다(김근홍 외, 2002, 재인용).

따라서 학교사회복지사는 학교와 가정, 학교와 지역사회의 연계서비스 제공자로서 가정에 학교문화를 해석해 주고 학교에는 가족문화를 해석해 줄 책임, 지역사회의 변화하는 인구 동태에 대한 반응, 학생에 대한 새로운 지식, 교사와 행정가들에 대한 자문 등의 역할을 수행한다(Allen-Meares, 1998; Levine, 1996). 뿐만 아니라, 학교사회복지의 기능은 기대했던 만큼의 교육적 목표를 달성하지 못하는 학생으로 하여금 사회에 기여할 수 있는 성원이 되기까지 배우고, 발전할 수 있는 기회를 최대한 활용하도록 돕는 것이다. 따라서 학교사회복지사의 중요한 기능은 다음과 같다.

첫째, 자아 강화의 기능

둘째, 민주적 시민이 되도록 하는 기능

셋째, 학교생활의 정서적, 지적, 사회적 적응을 돕는 기능

넷째, 학생의 건강 증진 기능

다섯째, 문제 예방의 기능

여섯째, 환경 조성의 기능

이러한 기능을 수행하기 위하여 학교사회복지사는 다음의 사항을 세심히 고려해야 한다.

첫째, 학교생활에서 학생의 정상적 발달을 저해하는 요소들을 발견해야 한다.

둘째, 학생을 이해하고 돕기 위해 학생의 신체적·정신적 발달 단계에 대한 지식이 필요하다.

셋째, 학생을 돕는 조직체의 하나로서 부모와 학생 간의 밀접한 관계는 어떻게 확보되는가를 인지해야 한다.

넷째, 정서적인 불안, 공포, 갈등 때문에 학교 경험으로부터 혜택을 얻을 수 없는 학생에게 어떤 도움을 줄 것인가를 생각해야 한다.

참고 학교사회복지사가 현장에서 하는 일

역할	내용
임상전문가	학생을 위한 개별, 집단 상담 및 치료적 개입
교육자 · 자문가	학습, 진로를 위한 정보의 제공 사회성 기술, 학습전략, 의사소통훈련, 각종 예방을 위한 교육
매개자 · 연계자	학생과 가족에게 필요한 자원의 발굴, 연계
조정자 · 중재자	학생과 환경 사이에서 양자 모두의 문제 해결 과정을 조정, 중재
옹호자	학생과 가족의 인권을 보장하기 위한 옹호활동
자원개발자	학생과 가족, 학교에 필요한 지역사회자원의 발굴 및 개발촉진
공조자 · 협력자	교사를 비롯하여 다양한 전문가, 관련기관과의 협력, 공조
조사연구자	실태조사 및 효과성 연구를 통한 효과적 복지서비스 제공
정책제언가	학생복지 증진을 위해 다양한 수준에서의 정책감시, 제언에 참여

참고 학교사회복지 실천에서 제공하는 서비스

1. 사례관리: 복잡다양한 문제와 욕구를 가진 학생에게 여러 가지 지원방법을 활용하고 학교 내외의 자원을 함께하여 효과적으로 문제를 해결하고 요구가 충족되도록 모든 서비스 과정을 운영하는 사회복지실천 전문방법
2. 개별개인대면상담: 이메일이나 전화상담, 심리검사, 정보제공
3. 집단개입: 공통의 욕구나 문제를 가진 학생들을 집단으로 구성하여 프로그램을 제공하거나 학급단위 예방교육적인 집단 프로그램을 제공
4. 가정개입: 가정방문 및 학부모 면담을 통한 상담, 학교와 가정 간 연계 지원, 생활지원을 위한 서비스 연계
5. 지역사회 연계: 학생복지 증진을 위한 학교 밖 자원 개발 및 관계자 네트워크 구축 학교의 지역사회 봉사
6. 기타 실태조사, 욕구조사, 연구 및 자원봉사 활용 등

*출처: 학교사회복지사협회(2024). https://www.kassw.or.kr/page/s1/s1.php

2. 학교사회복지사의 윤리와 가치체계

1) 학교사회복지 실천에서 가치란 무엇인가

현대사회가 다분화되고 발전함에 따라 학교사회복지 실천의 영역은 다양한 문제 개입의 필요성에 직면하고 있다. 학교사회복지는 여타 전문직보다 가치문제와 깊은 관련을 갖고 있다. 이는 학교사회복지사의 개입이 학생 삶의 중요한 부분을 선택하게 하는 데 밀접한 관계를 맺고 있기 때문이다. 이러한 개입은 첨예한 윤리적 딜레마 문제를 내포하고 있어 학교사회복지사들의 원조기술 발휘 이상의 것을 요구하고 있다. 실제로 학교사회복지사는 특정개입을 위해 어느 한쪽의 선택을 내려야 하는 학교사회복지 실천의 갈등상황에서 사회복지의 윤리적 실천의 기준들을 활용해야 한다. 왜냐하

면 학교사회복지 실천은 그 개입에 있어서 사회복지 고유의 전문직의 가치관을 형성하고 있으며, 특정 가치는 학교사회복지 실천에 있어 기본적인 핵심가치로 여겨지고 있기 때문이다. 가치로부터 무엇이 옳고 그른가를 결정하는 윤리적 판단의 기준과 원칙들이 나오기 때문에 학교사회복지사는 가치와 윤리를 실천의 연속선상에서 중요하게 다룰 필요가 있다.

Levy(1973)는 사회복지전문직은 사회에서 역할수행에 필요한 가치의 기초를 확립해야 함을 강조한다. 일반적으로 가치는 몇 가지 중요한 속성을 가지고 있으며 이에 따라 몇 가지 중요한 기능을 수행하고 있다. 즉, 가치는 바람직한 것에 대한 일반화된 개념으로서, 역사적으로 형성되었고 경험으로부터 추출된 것으로 특정 대상층이나 그 대상층 내부의 집단이 공유하고 있다. 또한 가치는 행동양식을 조직하거나 구조화하는 수단을 제공한다 (Wiliams, 1968).

'가치(values)'라는 용어는 "강함, 승리, 혹은 그럴 만함"을 의미하는 라틴어 'valere'로부터 나왔다. 수년 동안 학자들은 가치에 대해 다음과 같은 정의를 내려왔다. 즉, "평가될 수 있는 모든 것", "모든 욕구의 대상", "외향적이건 내재적이건 혹은 개인적 특성이건 집단의 특성이건 간에 어떤 바람직함이란 개념으로서 가능한 한 여러 수단과 목적들 중에서 선택을 할 때 영향을 미치는 것", "인간의 노력의 지침이 되는 바람직한 최종 상태 혹은 사회적 행동을 인도하는 정당화된 목적의 가장 일반적인 진술", "여러 대안적 행동 중에서 선택을 할 때 영향을 주는 규범적 기준" 등이 그것이다 (Reamer, 1999).

이렇듯 가치에 대한 정의는 학문적 차원에서 폭넓게 정의되고 있으며, 특정집단, 개인 또는 문화가 본질적으로 바람직하다고 받아들이는 신념이자 실천적 개념이라는 광의로 생각할 수 있다.

Reamer(1999)는 사회복지실천에서 가치의 중요성을 다음과 같이 네 가지 측면에서 설명하고 있다.

첫째, 가치는 사회복지실천의 본질적 목적과 사명에 영향을 미친다(Reamer, 1999). 사회복지 가치는 삶의 어려움을 겪고 있는 사람들을 돕는다는 가치에 관심을 갖고 있었던 사회복지전문직의 창시자들과 현대의 사회복지사들에게 뿌리 깊은 신념을 제공하고 있다(Reid, 1992). 사회복지실천은 단순히 기술이라기보다는 정교한 개입방법을 이용하여 취약한 사람들을 돕기 위해 고안된, 가치에 기초하고 가치에 의해 영감을 받는 노력이다(Timms, 1983).

둘째, 사회복지사가 중시하는 가치는 그가 클라이언트나 동료들, 다른 사회 성원들과 맺는 관계에 영향을 미친다(Hamilton, 1940; Reamer, 1999). 사회복지사는 함께 일하고 싶은 대상을 선택한다.

셋째, 사회복지사의 가치는 또한 그들이 사용할 개입방법과 개입수준의 결정에도 영향을 미친다(McDermott, 1975; Varley, 1968; Reamer, 1999). 한 예로, 어떤 사회복지사는 행동의 변화를 위해서 직면하는 것이 가장 효과적이라고 믿어서, 청소년 범죄자에게 개입할 때 직면하는 기술을 선호한다. 그러나 같은 대상을 다루는 경우에도 사회복지사에 따라 직면의 방법이 인간성을 잃게 한다고 보아서, 이 방법보다는 자신의 가치에 따라 클라이언트의 자기결정과 치료적 관계의 수립을 강조하는 상담개입을 선호할 수 있다.

넷째, 가치는 전문직의 의무들이 서로 갈등을 일으킬 때, 윤리적 딜레마를 해결하기 위한 노력의 열쇠가 된다. 윤리적 딜레마는 서로 대립하는 가치들을 포함한다. 윤리적 딜레마에 직면할 때, 사회복지사들은 궁극적으로 사회복지실천 가치의 본질에 대한 믿음에 근거하여 상충된 가치들 중 어느 것을 우선할 것인지를 결정하게 된다.

그러나 사회복지전문직에서 가치가 갖는 결정적인 중요성에도 불구하고 가치가 학교사회복지 실천에 어떠한 영향을 미치고 있는지를 분석적으로 연구한 논문을 찾기가 쉽지 않다. 최근 사회복지 가치와 관련된 연구들은 가치의 중요성이나 딜레마 상황에 대한 분석을 넘어서서 사회복지전문직 가치의 차원을 개인적 차원과 사회적 차원 등으로 나누어 전문직 가치를 분석적으로 연구하는 시도를 하고 있다(Crabtree, 2000; Imre, 1982; Specht & Courtney, 1994). 또한 사회복지의 사회변화와 사회정의 실현의 사명이 다시 강조됨에 따라 학교사회복지가 사회적 요구와 기대에 맞는 역할을 하고 있는가에 대한 반문을 제기하고 있는 상황이다.

2) 학교사회복지 실천의 핵심가치

일반적으로 가치는 인간이 적절한 행동을 선택하는 데 지침 또는 기준으로 작용하기 때문에 경험적으로 증명되는 것은 아니지만, 학교사회복지 실천에서 가치의 개념은 질적인 판단인 동시에 학교사회복지 전문가들이 지향해야 할 목적이나 목표를 제시해 준다. 가치는 학교사회복지전문직 실천에서 지식, 기술과 더불어 가장 중요한 3대 요소 중 하나이다. 가치를 기반으로 해서 사회복지전문직이 동기화되고 기능화되기 때문에(Loewenberg et al., 2000), 학교사회복지 실천현장에서 사회복지 지식과 기술을 적용하기 위해서는 실천의 핵심이 되는 가치를 우선적으로 살펴보아야 하는데, Allen-Meares와 Montgomery(2014)는 사회복지실천의 가치를 토대로 학교사회복지 실천이 추구하는 가치를 다음과 같이 제시하였다.

첫째, 개별 학생은 어떠한 특성이든 관계없이 한 사람으로 가치가 있다.

둘째, 개별 학생에게 학습 과정이 공유되어야 하고, 배울 수 있어야 한다.

셋째, 학생 개인차(학습률의 차이 포함)를 인식해야 한다. 즉, 개입은 학생의 교육목적을 지원하는 것을 목표로 해야 한다.

넷째, 개별 학생은 인종과 사회·경제적 특성에 관계 없이 학교에서 동등한 대우를 받을 권리가 있다.

학교와 학생을 중심으로 하는 특수성을 반영하여 미국에서는 학교사회복지사 서비스 표준을 통해 윤리적 실천을 규정하고 있다. NASW는 1978년 28개 조항의 학교사회복지서비스 표준을 제정하였으며, 첫 번째 조항에서 "학교사회복지사는 NASW의 윤리강령과 윤리적 의사결정을 사용하여 사회복지 전문직의 가치와 윤리를 준수하여야 한다."고 규정하고 있다. 현재 학교사회복지서비스 표준은 11개 조항으로 되어 있지만, 전문직의 가치와 윤리에 대한 규정은 여러 차례 개정에도 항상 첫 번째 조항으로 강조되고 있다(NASW, 2012). 즉, 학교사회복지사는 핵심적 가치(서비스, 사회정의, 인간의 존엄성과 가치, 통합, 역량)를 실현하며, 사회복지사 윤리강령에 따라 전문가의 윤리적 책임을 다한다(NASW Standard 1. Ethics and Values).

참고 학교사회복지현장에서의 윤리적 실천들

■ **개입 전에 제공해야 할 정보**

1. 개입의 목표를 명확하게 밝힌다.
2. 이론적 바탕과 모델을 설명한다.
3. 개입 과정, 절차, 학생이 지켜야 할 규칙을 설명한다.
4. 학교사회복지사는 본인의 교육 배경, 전문적 훈련, 전문가로서의 자격을 분명히 밝힌다.
5. 개입 과정에서 학생의 문화와 가치에 상충될 때가 있을 수 있음을 미리 알린다.
6. 회기별 운영 시간, 총 회기 수 등에 대해 밝힌다.
7. 개입 과정에서 있을 수 있는 심리적 부담이나 위험 요소가 있다면 이를 설명한다.
8. 법적, 윤리적 이유로 비밀보장이 이루어질 수 없는 경우가 있음을 알린다.
   (예: 성폭력, 자살 의사, 보다 나은 치료를 위한 슈퍼비전 등)
9. 학교사회복지사나 연계기관에서 제공 가능한 서비스, 가능하지 않은 서비스가 무엇인지 말해 준다.
10. 학교사회복지사와 학생/보호자 사이에 지켜야 할 책임 한계를 분명히 한다.

■ **학생이 개입 과정 중 갖는 권리**

1. 본인에게 기대하는 사항이 무엇인지를 알 권리
2. 본인의 허락 없이 개입 과정을 녹음, 녹화할 경우 이를 중단시킬 수 있는 권리

3. 학교사회복지 실천과 윤리적 딜레마

사회복지실천에 있어 윤리의 중요성이 대두되기 시작한 것은 사회복지직이 전문직으로 나아가기 위한 단계에서 시작되었다고 볼 수 있다. 1920년대에는 전문직으로 인정을 받았던 의사집단과 업무영역을 두고 갈등을 빚기 시작하였고, 그 원인이 전문지식의 미개발과 윤리강령의 부재에 있음을 인식하게 되면서 이러한 제도의 필요성을 제기하게 되었다. 사회복지가 전문직이 되고자 박차를 가하게 된 도화선이 된 사건은 의료 전문직의 평론가이자 의사였던 Abraham Flexner(1915)가 전국 자선 및 교정회의(National Conference of Charities and Correction)에서 "사회복지가 전문직인가?"라는 제목의 논문 발표였다고 볼 수 있다. 그는 이 논문에서 사회복지직은 전문직이 아니라고 발표하였다. 그는 어떠한 직업이 전문직이 되기 위해서는 몇 가지 속성을 갖추어야 하는데, 사회복지직은 그러한 속성을 두루 갖추고 있지 못하다고 평하였다. 여기서 전문직이 가지고 있는 속성 다섯 가지를 다음과 같이 소개하고 있다.

첫째, 전문직은 수행하는 기술(skill)의 바탕이 되는 체계적인 이론(systemic body of theory)을 갖추어야 한다.

둘째, 전문직의 권위(professional authority)가 있어야 한다.

셋째, 전문직은 사회로부터 일정한 권한과 특권을 인정받는다.

넷째, 전문직은 전문직 자체의 윤리강령을 가지고 있다.

다섯째, 전문직은 전문직 고유의 문화(professional culture)를 가지고 있다. 따라서 그는 사회복지사들이 비록 친절하고 자원이 풍부하다고 할지라도 전문직이 아닌 단순한 매개인에 지나지 않는다고 결론지었다.

결국 Flexner의 전문직 속성에 비춘 사회복지직의 전문직 비판에 대응하여 사회복지직은 전문직의 위치를 얻고자 윤리강령을 만들려고 시도하였으며, 교육기관을 설립하고 교과서를 개발하였고, 개입대상의 영역을 좁혀 정신의학 중심의 개별지도에 몰두하기 시작하였다. 그러한 결과 그동안의 사회복지직의 중심활동으로 자리 잡았던 사회개혁 운동이나 공공복지는 등한시하게 되는 시기도 있었다.

물론 1920년대부터 미국사회복지사협회에서는 전문직으로서의 윤리 원칙을 개발해야 한다는 인식이 존재했지만, 그보다는 사회복지실천 지식이나 기술을 보다 전문화해야 한다는 주장이 힘을 얻고 있었다(고수현, 2005). 1960년, 최초로 윤리강령이 미국사회복지사협회에서 채택되었지만 사회적으로 그 중요성을 인정받지는 못하였다. 그런데 1970년대 후반에 들어와서부터는 사회윤리학의 범주에서 사회복지 윤리학이 본격적으로 각광을 받게 되었다. 즉, 1970년대 후반에 들면서부터 사회복지와 관련된 과학과 기술의 발전이 급격해지고 사회복지현장에서도 그전에는 겪지 못했던 윤리적 결정의 딜레마가 대두되게 된 것이다. 이제 사회복지현장에는 의료기술의 발달로 인한 인간생명의 연장문제, 건강한 노화나 안락사 문제, 인공수정으로 인한 대리모 문제, 장기이식 문제, 낙태와 성윤리 문제 등이 사회복지사의 직업영역으로 편입되었다. 뿐만 아니라 20세기 후반의 유전공학의 발달은 인간복제 문제를 포함하여 사회복지가 그 직업적 영역에서 다양한 윤리적 딜레마 문제를 해결할 수 있는 구체적이고 뚜렷한 원칙과 철학을 요구하게 만들었다.

사실, 영어의 윤리(ethics)는 그리스어 'ethos'에서 나온 관습, 사용, 습관 등의 의미를 가지며, 어떠한 행동이 도덕적으로 바르며, 옳은 판단과 행동은 어떠해야 하는지를 다루는 개념이다. 새 우리말 큰사전에서는 윤리란 사람이 사회적 관계에 있어서 마땅히 행하거나 지켜야 할 도리라고 정의하고 있다. 그러므로 일반인의 윤리는 인간관계에서 그 사회의 도덕률과 가치에 기초해서 행하고 지켜야 할 의무를 명확히 밝히는 것이다. 전문가의 윤리는 어떤 특수한 역할의 입장, 즉 전문가 역할을 수행하는 데 수반하는 특수한 의무를 성문화한 것이다(양옥경 외, 1993). 윤리는 개인의 행동을 인도하는 일련의 가치들을 기반으로 생성된 구체적인 원칙들이다. 따라서 가치가 옳고 그름을 반영한다면, 윤리는 이들 가치에 입각하여 어떻게 행동할 수 있을 것인가를 결정해 주는 역할을 한다. 다시 말해 학교사회복지사는 학교사회복지의 가치와 일치할 수 있는 윤리적 결정을 내릴 수 있는 확고한 가치의 기반을 가져야 한다(Kirst-Ashman, 1999). 따라서 윤리는 학교사회복지사가 자신의 학교사회복지 실천에서 지켜야 할 도덕적 규칙이라 하겠다.

한편, '딜레마(dilemma)'라는 갈등의 용어적 어원은 그리스어에서 왔으며, 'di(double : 둘)'와 'lemma(proposition : 제안)'라는 뜻으로 구성되어 있다. 딜레마는 '만족할 만한 해결책을 찾을 수 없는 문제 상황 또는 곤경'을 뜻한다. 즉, 딜레마는 사회복지사가 두 개의 똑같이 비중 있는 상황에서 양자택일을 해야 할 때의 갈등이다. 따라서 윤리적 딜레마는 똑같이 비중 있는 대안 중에서 만족할 만한 해결책을 찾을 수 없는 문제 상황으로서 사회복지가 직면하는 문제의 윤리적 측면을 말한다(Lowenberg & Dolgoff, 1988).

이러한 딜레마 현상의 특징을 살펴보면 다음과 같다.

첫째, 일반적으로 딜레마 상황에는 상이한 두 가치가 개입된 두 대안이 존재한다. 여기서 대안은 실행으로 옮길 수 있는 구체적인 행동을 의미하고, 가치는 그러한 대안을 정당화시키는 논리를 의미한다. 즉, 대안은 가치가 표상화된 형태인 것이다. 더 나아가 두 대안에서 어떤 선택을 내릴지 갈등하는 상황뿐만 아니라 명목상 대안이 하나인 경우에도 그것을 선택할 것인가 아니면 포기할 것인가 하는 갈등 상황이 있을 수 있다.

둘째, 두 대안은 서로 단절적이다. 단절적이라 함은 대안들 간에 연속성이 없다는 의미인데, 연속성이 없다는 것은 대안들을 맞교환할 수 있는 가치의 차원이 다르거나 혹은 찾을 수 없다는 것이다. 그러므로 딜레마 상황은 대안들을 비교하거나 우선순위에 따라 나열하기가 애매모호한 상황을 말한다.

셋째, 두 대안은 서로 상충적이다. 상충적이라는 것은 두 대안을 동시에 선택하거나 동시에 포기할 수 없는 상황과 한 개의 대안을 선택함으로써 다른 대안을 포기할 수밖에 없는 상황을 의미한다. 또한 서로 모순이 존재한다는 단순한 사실로 인해 딜레마 상황이 되는 것이 아니라 구체적으로 실행에 옮길 수 있는 행동 대안 간의 실제적 충돌이 발생하여 선택 문제에 봉착했을 때를 딜레마 상황이라고 할 수 있다.

넷째, 주어진 시간 내에 상충하는 대안들 가운데 하나를 선택해야 한다. 주어진 시간 내의 한 개를 선택할 때 따르는 심리적 부담감이 아무리 크다고 해도 모두를 선택하지 않을 때의 손실보다는 낫다는 의미다. 그리고 시간 제약이 있다는 것은 딜레마 상황에서 선택할 때 상황의 통제가 힘들다는 것이다.

다섯째, 딜레마 상황에서 두 대안 중 어떠한 선택도 가치평가의 기준이 애매하기 때문에 결코 만족할 만한 것이 못 된다는 것이 딜레마의 특징이라 볼 수 있다(윤견수 외, 2000 재인용).

Lowenberg 등은 사회복지 영역에서 가치 및 윤리 문제가 발생하는 영역과 개념을 정의하였는데, '클라이언트/사회복지사/기관/지역사회/전문직/사회'가 '문제 정의/목표 설정/우선순위 결정/방법 전략의 결정/바람직한 결과 등의 제안'에서 갈등이 있을 때 사회복지실천에서 윤리적 문제가 발생한다고 하였다(양옥경 외, 1993). 왜냐하면 각 체계는 '인간특성/가치/주요과제/체계수준' 등에 대한 가정이 각각 다르게 연계되었고 가치에 따라 달리 선택되기 때문이다.

마찬가지로 학교사회복지사가 준수해야 하는 윤리는 윤리강령을 통해 명시되어 있으나, 윤리적 딜레마 상황에서 학교사회복지사는 자신의 가치와 학생의 가치, 사회적 가치와 전문직 윤리를 모두 고려하여 적절하게 딜레마 상황을 해결해야 할 것이다. 학교사회복지사는 가치로부터 전문직 실천의 윤리적 원칙들이 나오기 때문에, 여기서 무엇이 옳고 그른가 하는 윤리의 문제와 어떠한 지향을 선호하는가에 관한 가치의 문제는 동시에 중요하게 고려되어야 할 것이다.

참고 **학교사회복지사가 윤리적 딜레마 시 의사결정 지침**

Ⅰ. 인간행동의 필수적인 전제조건(예: 생명 그 자체, 건강, 음식물, 주거지, 정신적 균형상태 등)에 대한 위해와 관련된 규범들은 거짓정보제공이나 비밀의 폭로, 그리고 여가활동이나 교육, 부 등과 같은 부차적인 것들의 위협과 관련된 조항보다 우선한다.

Ⅱ. 한 개인이 누릴 기본적 안녕을(인간의 활동을 위한 필수적인 재화를 포함해서) 다른 사람이 소유한 자기결정권보다 우선한다.

Ⅲ. 한 개인이 가지는 자기결정권은 자신의 기본적 안녕에 대한 권리보다 우선한다.

Ⅳ. 자신이 자발적으로 자유의사에 따라 동의한 법이나 규칙, 규정을 준수하는 것은 이러한 법, 규칙, 규정과 상충되는 방식으로 자유롭게 행동할 수 있는 개인의 권리보다 우선한다.

Ⅴ. 개인의 행복권이 자신이 자발적으로 참여한 단체의 법, 규칙, 규정, 협정 등과 충돌할 때는, 개인이 갖는 안녕에 대한 권리가 우선한다.

Ⅵ. 기아 등과 같은 기본적인 해악을 예방해야 한다는 의무와 주택, 교육, 공적부조 등과 같은 공공재를 제공해야 한다는 의무는 개인이 자신의 재산권에 대해서 전적으로 가지는 처분권에 우선한다.

참고 학교사회복지사의 의사결정 과정

Ⅰ. 상충하는 사회복지 가치와 의무를 포함하여 갈등을 일으키는 윤리적 이슈가 무엇인지 규명한다.
Ⅱ. 윤리적 결정으로 영향을 받을 수 있는 개인, 집단, 조직을 규명한다.
Ⅲ. 가능해 보이는 모든 실천활동과 관련된 당사자, 그리고 그에 따른 잠재적 이득과 위험 등을 규명한다.
Ⅳ. 각 행동방안에 대한 찬성과 반대 이유와 근거를 아래사항을 고려하여 충분히 검토한다.
Ⅴ. 동료 혹은 적당한 전문가와 상의한다(기관의 직원, 슈퍼바이저, 관리자, 변호사, 윤리학자 등).
Ⅵ. 결정을 내리고 의사결정과정을 기록한다.
Ⅶ. 결정내용을 모니터, 평가, 기록한다.

이상에서 살펴본 바와 같이 학교사회복지현장에서 윤리적 딜레마는 다른 전문직과 사회복지가치의 차이에서 발생하는 갈등, 개인의 가치나 윤리가 사회복지실천의 가치나 윤리와 상충되는 경우 등 다양한 경우에 발생한다. 보호자나 담임 교사로 정당한 알 권리, 진실성과 정보개방의 원칙, 학생의 사생활 보호와 비밀보장의 원칙, 기관에 대한 윤리적 원칙 등 여러 가지의 원칙이 상충되면서 학교사회복지사는 윤리적 갈등을 경험하게 된다.

사회복지사 윤리강령은 실천현장에서 발생할 수 있는 윤리적 갈등에 대해 해결의 지침과 원칙을 제공하고 클라이언트와 전문직을 보호한다(최명민 외, 2019). 일반적인 사회복지현장에서는 Lowenberg와 Dolgoff의 윤리적 결정의 우선순위에 따른 결정 지침이 잘 알려져 있다. 그러나 절대적인 원칙이라고 하기는 어렵다. 가장 좋은 윤리적 결정의 방법은 개인이 혼자서 결정하는 것이 아니라 집단의 의사결정을 따르는 것이라 할 수 있다. 슈퍼바이저, 동료 집단, 전문가 단체는 윤리적 결정의 책임을 공유하고 최선의 방법을 고려하는 데 집단 지성의 장점을 활용할 수 있다.

학교사회복지사는 이 과정에서 학생 개인의 정보가 누설되어 2차 피해를 받지 않도록 유의하여야 하며, 불가피한 경우가 아니라면 학생의 동의를 바탕으로 진행하여야 한다. 학생 이익 최우선의 원칙, 비밀보장의 원칙과 자기 결정권의 원칙은 상호 신뢰와 학생과의 관계를 형성하고 인간의 존엄성과 가치를 실현하는 원칙으로, 학교체계 내에서 윤리적 실천을 수행하는 학교사회복지사에게 매우 중요한 원칙이라고 할 수 있다.

07 CHAPTER

학교사회복지의 실천과정 I

학교사회복지 실천이란 도움이 필요한 학생과 가족 및 집단에 대해 전문적 지식과 기술을 갖춘 학교사회복지사가 계획된 원조를 제공하는 일련의 과정이다. 따라서 학교사회복지 실천과정은 학교사회복지사가 학생과 학생을 둘러싼 다양한 환경 내의 체계들을 변화시키기 위해, 그의 전문적 가치와 지식에 기초하여 통합적 방법으로 개입하는 과정이다. 이러한 학교사회복지 실천과정은 도움을 필요로 하는 학생을 처음 만나는 것을 시작으로, 학생이 가지고 있는 문제 혹은 서비스를 필요로 하는 내용을 파악 · 분류 · 사정하며 문제의 해결 또는 구체적인 원조과정을 거쳐 서비스를 종결하게 되고 경우에 따라서는 사후관리의 과정을 거치게 된다. 이때 일반적인 사회복지 실천과정과는 달리 학교사회복지 실천은 생태체계적 관점에서 학생, 교사, 학교, 가정, 지역사회 등 다양한 체계에 개입하며, 개별상담, 집단 프로그램, 자원 개발과 연계 등의 활동이 매우 중요하다. 따라서 여기서는 준비 단계, 사정 및 계획 단계, 서비스 개입 단계, 평가 단계, 종결 단계의 5단계로 학교사회복지 실천과정을 소개하고자 한다.

1. 준비 단계

준비 단계에서는 본격적인 학교사회복지서비스 계획 수립에 앞서서, 학교사회복지사로서 관계형성과 자아의 활용 및 학교 내 협력체계 구성이 주요 과업이라고 할 수 있다. 즉, 학교사회복지는 학생들의 학교적응과 사회적 기능을 향상시키기 위하여 지역사회의 자원을 연계하여 학생과 그 가족들의 문제해결을 돕는 전문적인 원조 활동이기 때문이다(Hare, 1995).

그러므로 준비 단계에는 학교사회복지서비스 계획 수립을 위하여 학생, 학부모, 교직원, 지역사회와의 관계형성이 포함된다. 이때 학교사회복지를 실천하는 데 크게 두 가지의 근본적이고 포괄적인 개념이 사용되는데, 그것은 "관계형성(relationship)"과 "자아의 활용(use of self)"이다. 이 두 개념은 상호 연관되어 있다. 왜 관계형성과 자아 활용의 문제가 그토록 중요한 것일까? 학교사회복지 실천이 효과적이기 위해서는 반드시 학교사회복지사가 학생과 진실로 연결되어야 하기 때문이다.

학교사회복지 실천에서 관계형성은 도움을 주는 사람(학교사회복지사)과 도움을 구하는 학생이 처음 만나기 전에 이미 시작된다. 따라서 이 첫 대면을 미리 준비하는 것이 원조관계를 발전시키는 데 있어서 매우 중요하다. 학생은 나를 어떻게 기대하고 있을까 등 학교사회복지사로서 첫 대면을 준비해야만 한다. 때때로, 학교사회복지사는 개입의 결과가 부정적으로 나오게 되면, 클라이언트인 학생이 적대적이거나, 비협조적이거나, 고집불통이고, 고분고분하지 않았기 때문이라고 생각할 수도 있다. 그러나 이때 명심할 점은 학교사회복지 실천은 매우 긍정적이고, 상호적인 관계형성에 기초를 두고 시작된다는 점이다. 관계형성은 학교사회복지사와 학생 중 어느 쪽의 일방적인 노력에 의해서 이루어지는 것이 아니라, 서로에 대한 신뢰와 믿음을 바탕으로 파트너십에 의해서 유지되는 것이다. 따라서 관계형성에 있어 어떤 부분이 잘못되어질 경우 이런 모든 측면들을 검토해야만 한다.

좋은 관계형성은 학교사회복지사가 정직하고, 진실하며, 비심판적이고, 따뜻하고, 수용적이며, 학생에게 관심을 보이고, 감정이입적이며, 존중을 표해야 형성되는 것이다. 이러한 좋은 원조관계는 문제해결과정을 촉진시켜 목표를 빨리 이루게 한다.

원조관계에서 상호 간에 발전되는 결속을 종종 '라포(rapport)'라고 부른다. '라포'를 형성한다는 것은 학교사회복지사가 학생에게 단지 긍정적인 느낌을 갖는다거나, 학교사회복지사의 모든 선택이나 행동을 승인한다는 의미가 아니다. '라포(rapport)'는 기본적으로 상대방을 존중하는 방법으로 상대방과 관계를 맺고, 신뢰를 발전시키며 정직한 의사소통을 촉진함을 의미한다. 뿐만 아니라, 부담 없이 학교사회복지실을 방문할 수 있도록 학교사회복지실의 분위기를 조성하고, 학생, 학부모, 교사, 지역사회기관의 담당자 등 만나게 되는 모든 사람들에게 인사와 밝은 표정 등 언어적, 비언어적으로 환대하는 태도는 관계형성의 기반이 된다.

이를 위한 학교사회복지사의 기본적인 도구는 바로 자신의 자아(self)이다. 학교사회복지사들은 학생과의 좋은 관계형성과 발전적 변화를 이루기 위해 자신의 의사소통 능력을 사용한다. 학교사회복지서비스에 참여하는 체계가 개인이든, 가족이든, 집단이든, 공동체이든 아니면 조직이든 간에 학교사회복지사는 '자아의 활용'에 의존하여 변화를 추구한다. 학교사회복지사는 다른 사람들과 교류할 때 머리는 물론이거니와 가슴을 사용한다. 또한 자신의 개인적 · 전문적 경험과 지식, 그리고 학술적 및 실천 경험에서 얻은 지혜를 사용하여 자신의 '자아의 활용'을 발전시켜 나아가야 한다(조미숙, 2023).

특히 협력체계 구성은 교육청이나 상위체계에서 안내된 지침에 따라 학교조직의 체계적인 차원에서 공식적으로 이루어진다. 대부분 학교 내에 학교사회복지사업 운영협의회가 구성되어 있는데, 학교사회복지사업 운영협의회는 학교 관리자, 부장교사, 학교사회복지 담당 교사 및 학교사회복지사로 구성된다. 그리고 학교사회복지서비스의 계획 수립, 예산 집행 관리, 평가의 전반적인 학교사회복지사업을 관리한다. 뿐만 아니라, 각 사업별로 실무자들을 중심으로 실무협의회를 구성하기도 하며, 이와 같은 공식적인 협력체계 외에도 학교사회복지사는 비공식적 모임에 참여하며 협력체계를 확산시킬 수 있다.

2. 사정 및 계획 단계

1) 사정 단계

사정 및 계획 단계는 학교사회복지 실천을 실행하기에 앞서 자료수집, 분석, 목표 설정 및 학교사회복지서비스 계획 수립이 이루어지는 전 과정을 말한다. 과거 전통적인 사회복지에서 사정(assessment)을 진단(diagnosis)이라는 용어로 불렸다. 진단이란 용어는 의료모델에서 나온 것으로, 증상 · 질병 · 역기능과 같은 부정적인 의미를 내포하고 있다. 반면 사정(assessment)은 클라이언트인 학생의 부정적인 부분들이 포함되기도 하지만 문제해결 · 성장 증진 · 기능향상 · 잠재력 실현 · 새로운 자원개발에 활용될 수 있는 강점 · 자원 · 건강한 기능과 같은 다른 긍정적 요인들을 평가하는 넓은 의미로 사용되고 있다.

따라서 학교사회복지 실천에서 사정(assessment)은 생태체계적인 관점에서 학생의 문제해결을 증진시키기 위한 요인과 이에 장애가 되는 요인을 이해하기 위한 과학적이고 체계적인 과정이다. 즉, 사정(assessment)이란 학생의 수집된 자료를 해석하고 자료로부터 문제를 추론하는 지적인 활동이다. 다시 말해 학생의 문제와 상황을 이해하고 이것을 기반으로 개입을 위한 활동계획을 수립하기 위한 활동이라는 점이다(조미숙 외, 2018). 사정은 문제가 무엇인지, 어떤 원인 때문인지 그리고 그 문제를 해결하기 위해 무엇이 변화되어야 하는지에 대해 답하는 핵심적 단계이다. 이때 문제가 규정되면 문제의 중요성과 변화의 시급성을 기준으로 표적문제(target problem)를 찾아내어 개입의 목표를 정해야 한다(조미숙 외, 2018). 따라서 사정을 통해 목표를 설정하고 개입하게 되므로 학교사회복지 개입의 효과란 사정의 정확도에 달려 있다(Kirst-Ashman & Hull, Jr., 1993).

이때 학교사회복지사들은 학생의 사회적, 정서적, 행동적 그리고 교육 성과를 개선하기 위한 목적으로 개인, 가족, 체계/조직(즉, 교실, 학교, 동네, 시 · 군 · 구, 시 · 도)에 대해 사정을 수행할 필요가 있다. 또한 학교사회복지서비스는 학생과 가족, 학교체계 및 지역사회체계를 대상으로 미시적 수준에서 거시적 수준에 이르는 실천 영역을 포괄한다. 따라서 사정 단계에서는 해당 학교의 표적문제와 관련된 정보와 학생과 환경체계를 이해할 수 있는 자료수집과 분석을 통해 이루어져야 한다.

(1) 욕구 사정

학교가 속한 지역사회는 주거 환경, 활용 자원, 안전 등에서 차이가 있으며, 학부모의 직업, 학생의 진로, 학교와의 연계 협력과 관련이 있다. 그러므로 학교사회복지사는 학교가 갖고 있는 일반적인 문제에 대한 사정과 학교에서 활용할 수 있는 내 · 외부 자원에 대한 사정, 지역사회나 학부모의 학교에 대한 요구 등, 전반적인 사정과 함께 다양한 구성원들의 욕구를 파악할 필요가 있다.

일반적으로 초등학교와 중 · 고등학교는 매우 다른 조직체계와 학교 문화를 갖고 있으며, 학생과 학부모의 욕구도 차이가 있다. 초등학교라 하더라도 저학년의 욕구와 고학년의 욕구가 서로 다르다. 초등학교 저학년은 학부모들의 높은 기대와 학생에 대한 돌봄이 요구되며, 고학년의 경우 상대적으로 학부모들의 기대와 요구는 감소하지만 학생들의 문제행동과 학생 간, 학생과 교사와의 갈등이 증가하는 특성을 갖는다. 욕구 사정은 중장기 계획에 따른 3년이나 5년 주기로 학생, 학부모, 학교, 지역사회를 대상으로 욕구조사 및 자원조사를 통해 이루어질 수 있으며, 해마다 새로 학교체계에 들어오는 학생, 학부모, 교직원에 대해 추가적으로 시행될 수 있다. 그리고 학교교육 연간계획 수립을 위한 학생, 학부모, 교직원 대상의 학교교육 전반에 걸친 전년도 평가 결과를 활용할 수 있다(조미숙 외, 2018).

(2) 학생의 문제규명

사정(assessment)의 첫 번째 작업은 문제를 규명하는 것이다. 접수 및 참여유도 단계에서의 문제확인보다는 좀 더 심층적으로 문제의 성격과 원인을 이해하는 것으로, 접수 및 참여유도 단계에서 문제의 확인이 주로 학생 스스로가 말하는 문제에 기초한다면 문제규명 단계에서는 문제에 대한 학교사회복지사의 평가에 더 비중을 둔다. 또한 학생이 제시한 문제에 초점을 두는데 이는 학생이 시급하게 느끼고 있는 문제이며, 그것 때문에 학생이 도움을 청하였고 학교사회복지사가 좀 더 깊이 탐색해야 할 영역이 어느 부분인지 알려주기도 한다. 즉, 문제규명은 학생 중심으로 그의 고유한 가치와 상황 속에서 정의되는 것이므로, 학교사회복지사는 문제에 대한 학생의 이해를 존중하고 그가 문제를 잘 정의할 수 있도록 도와야 한다(조미숙 외, 2018).

다음 15가지 질문은 문제사정에 유용한 지침이 된다(Zastrow, 1999).

① 구체적으로 무엇이 문제인가?

사정에서는 가능한 한 보다 구체적이고 정확하게 하기 위해 문제와 문제의 차원을 명료화하는 것이 중요하다.

② 학생은 문제를 어떻게 보며 문제에 대한 정서적 반응은 어떠한가?

③ 문제체계에 누가 관여되어 있는가?

학생이 제시한 문제에 따라 관여된 개인, 집단, 조직이 점차 확대되기도 한다.

④ 참여자들은 어떻게 관여하고 있는가?

선행사건 – 사고 – 행동의 과정에서 관여자들이 어떻게 상호작용하고 상대방의 행동을 어떻게 생각하느냐에 따라 문제행동이 유발될 수 있다.

⑤ 문제의 원인은 무엇인가?

⑥ 어디서 문제행동이 일어나는가?

문제행동을 보이는 장소와 보이지 않는 장소의 차이를 통해 어떤 종류의 불안, 긴장, 스트레스가 문제행동을 야기하는지 알 수 있다.

⑦ 언제 문제행동이 일어나는가?

문제행동이 일어나는 시기와 줄어드는 시기의 차이점을 통해 유발요인을 발견하여 그 요인에 관련된 사람들의 행동을 더 깊이 탐색해 나갈 수 있다.

⑧ 문제행동이 일어나는 빈도, 강도, 지속기간은 어느 정도인가?

문제행동이 얼마나 클라이언트인 학생의 전반적인 삶에 폭넓게 영향을 미치는지를 이해하는 데 도움을 준다.

⑨ 문제행동은 언제부터 있어 왔는가?

문제행동의 역사를 알아보는 것이다. 제일 처음 문제행동이 발생했던 상황에 대한 깊이 있는 탐색이 초기의 유발요인을 발견하는 데 도움을 준다. 뿐만 아니라 "왜 하필 지금 도움을 요청하는가"라는 주요한 질문과 연결될 수 있다.

⑩ 문제와 관련하여 채워지지 않는 욕구는 무엇인가?

학생은 자신이 원하는 바를 피상적으로 이야기하기 쉽다. 그들의 욕구에 초점을 두는 것은 학생의 변화 동기를 강화할 수 있다.

⑪ 학생은 문제를 어떻게 보며 문제에 대한 정서적 반응은 어떠한가?

감정이 지나칠 경우 오히려 문제가 더 악화될 수 있고, 경우에 따라 행동보다는 감정이 더 문제가 되어 감정을 일으킨 선행 문제행동의 중요성이 가려지기도 하기 때문에 매우 중요한 질문이다.

⑫ 학생은 그동안 문제에 어떻게 대처해 왔으며 문제를 해결하는 데에는 어떤 기술이 필요한가?

학생이 스트레스를 감당하는 수준과 그의 문제해결 및 대처기술의 정도를 파악하는 데 도움이 된다. 또한 과거 이와 유사한 어려움에 어떻게 대처해 왔는지 그리고 지금은 무엇 때문에 과거와 같은 대처를 하지 못하는지에 대한 실마리를 제공해 준다.

⑬ 필요로 하는 외적 자원은 무엇인가?

학생이 필요로 하는 자원을 얻을 수 있는 자격과 과정에 대한 정보를 제공하여 자원과 학생을 연결해 주는 매개자의 역할을 할 수 있다.

⑭ 학생 자신의 자원, 기술, 강점은 무엇인가?

학생이 자신에 대한 긍정적인 시각을 가짐으로써 스스로 문제해결의 주체가 되어 변화에 대한 강한 동기를 가질 수 있어 효과적이다.

⑮ 치료계획과 개입계획은 어떠한가?

(3) 학생 개인에 대한 사정

다음은 학생의 문제와 욕구를 이해하기 위해 필요한 정보로서 학생 개인에 대한 사정의 내용들이다(Hepworth & Larsen, 1997).

① 생리적 요소에 대한 사정

첫째, **생물학적 신체기능**: 신체적인 특성(외모, 체격, 자세, 얼굴표정, 걸음걸이, 기타 신체적으로 특이한 점 등), 학생의 옷차림, 머리 모양, 손놀림, 자세 등은 가치관이나 생활방식, 변화 동기, 긴장이나 불안, 우울의 정도와 같은 정서적인 상태의 이해에 도움이 된다.

둘째, **신체적 건강**: 신체적 건강상태는 신체적 증상뿐만 아니라 우울, 불안, 주의력 집중장애에 영향을 미치고, 다른 어려움의 주요인이 되기도 한다.

셋째, **약물과 알코올의 남용 여부**: 학생이 정기적으로 복용하는 약물의 부작용 가능성과 약물의 과도한 복용에서 오는 부작용에 대한 사정이 필요하다. 또한 알코올 남용은 심한 건강문제를 유발하고, 가족생활을 파괴하거나 지역사회문제를 야기하며, 자살, 폭력, 배우자와 아동의 학대에도 영향을 미치는 매우 중요한 사정 요소이다.

② 정서·심리상태에 대한 사정

학생의 심리상태는 지능, 동기화, 대처행동의 유형, 자아개념, 불안이나 우울의 정도, 일반적 인성의 통합 등을 표준화된 심리검사를 통해 파악할 수 있다. 예를 들어, MMPI는 가장 많이 사용되는 성격검사이며, 지능검사, 인지적 지체검사, DSM-V 등이 사용된다.

③ 학생의 강점 사정하기

학교사회복지사의 사정(assessment) 중 중요한 작업은 학생체계 및 사회환경의 잠재적인 강점과 능력, 자원, 가능성을 규명하는 것이다. 강점의 규명은 문제해결에 활용 가능한 자원을 찾아내는 것으로, 학생체계의 능력, 기술, 자원, 가능성과 학생이 갖고 있는 환경의 자원을 찾아내는 것을 의미한다. 강점 사정 영역에는 교육 정도와 취업 경험, 문제해결능력과 의사결정

능력, 개인적 자질과 능력, 물리적·재정적 소유상태, 인생태도와 관점 등이 포함된다. Hepworth와 Larsen(1990)은 학생의 원조과정에서 전통적인 문제 중심 사정보다 강점 중심의 사정방법이 학생에게 권한부여·잠재능력개발·자신감·책임감 등을 갖게 해준다고 하였다. 학교사회복지사는 학생이 스스로 보지 못하고 있는 장점도 찾아낼 수 있도록 돕고, 그가 갖고 있는 문제해결에 필요한 기술이 무엇인지를 찾아내서 장점을 구체화하도록 한다.

④ 학생의 참여 동기

학생은 자신의 문제를 인지해야 할 뿐만 아니라 문제해결 활동에 기꺼이 참여해야 한다. 이러한 동기가 없이는 원조노력이 실패하기 쉽다. 그러므로 학생의 동기를 평가하고 강화시키는 것이 사정과정에서 취급할 중요한 사항이다. 이러한 학생의 동기는 학교사회복지사와의 지속적인 상호작용에 의해 강하게 영향을 받는 일종의 역동적 힘이라고 할 수 있다. 그러므로 학교사회복지사는 초기 동기를 사정함과 더불어 앞으로 계속 동기를 유지, 강화시켜 나가야 할 책임이 있다.

⑤ 학생의 대처능력

학생이 무엇을 원하는지 탐구할 필요가 있다. 그러고 나서 이와 관련하여 학교사회복지사가 무엇을 제공할 수 있을지에 대한 설명을 한다. 한편 서비스 제공에 대한 학생의 반응, 긍정적, 부정적, 수동적, 포기, 양가감정 등에 대하여 도움을 주면서 개방적으로 의견을 교환할 필요가 있다.

(4) 학생의 사회적 환경에 대한 사정

사정이란 수집된 자료를 해석하고 의미를 부여함으로써 최종적으로 문제를 규정하여 실천의 방향을 결정하는 일이다. 자료수집이 학생의 문제를 이해하는 데 도움이 될 만한 자료를 모으는 것이라면, 사정은 수집 · 정리된 자료를 분석하고 심사숙고하여 문제를 규명해 내는 작업이다. 문제가 규명되면 문제의 중요성과 변화의 시급성을 기준으로 표적문제(target problem)를 찾아내어 개입의 목표를 정하게 된다(엄명용 외, 2006). 일반적으로 사정에서는 학생의 다양한 생활상황과 학생의 독특한 욕구를 측정한다. 이러한 사정에 기초하여 개입전략은 학생의 욕구와 환경적 자원 간을 적절히 결합시킬 수 있도록 하는 데 목표를 둔다.

학교사회복지 실천에서 학생의 문제를 해결하기 위해 지역사회자원들을 개발하여 활용하는 것이 중요한 비중을 차지하고 있다. 왜냐하면 학생을 둘러싸고 있는 다양한 자원을 활용하여 개입할 경우 문제해결의 가능성과 효과성이 크기 때문이다. 따라서 학교사회복지사는 학생의 환경이 문제해결에 적합한지 부적합한지, 긍정적으로 기능하는지 부정적으로 기능하는지, 보호요인과 위험요인은 무엇인지 등이 사정의 내용이 된다.

개인과 환경이 상호작용하며 서로 긴밀한 영향력을 주고받는다는 생태체계 이론을 고려하여 학생을 둘러싸고 있는 다양한 체계들을 확인해야 한다. 학생의 환경은 문제의 발생요인이면서 동시에 문제를 해결하는 자원이기도 하다. 그러므로 문제를 사정할 때와 마찬가지로 해결방안을 사정할 때도 환경적 측면을 고려하는 것이 필요하다(최금해 외, 2010).

(5) 사정에 유용한 도구

정확한 사정은 효과적인 개입을 위해 필요불가결한 조건이므로 전문적이고 체계적인 사정도구를 활용하여 사정하는 것이 필요하다. 사정도구를 사용하는 이유는 학생과 학생 가족의 역동과 특성을 도식화함으로써 맥락을 이해하는 데 용이하기 때문이다. 또한 사정도구는 문제나 상호작용의 패턴을 파악함으로써 본질적인 해결의 실마리를 찾는 데 도움이 된다. 특히 사정도구를 사용하는 과정에서 학생 자신에 대한 통찰과 변화에 대한 의지를 불러일으킬 수 있다. 사정의 도구는 매우 다양한데 이것을 적재적소에 맞게 활용하는 것이 학교사회복지사의 기술이라고 할 수 있다.

① 가계도

가계도(genogram)는 각 가족구성원이 2～3세대에 걸친 가족관계를 생물학적, 법적 그리고 정서적으로 어떻게 관련되어 있는지를 간단한 그림으로 표시하는 것으로 가족들 스스로가 세대 간 반복되는 관계 유형을 찾고 현재 제시된 문제의 근원을 찾아내는 데 매우 유용한 도구로써, 항상 학교사회복지사와 학생이 함께 작성해야 하는 것이다. 따라서 가계도는 학교사회복지 실천에서 가장 널리 사용되는 사정도구로, 가계도를 통해 학생의 가족구조에 대한 체계적인 이해, 가족 내에서 학생의 위치, 가족사건에 대한 이해, 그리고 가족의 상호작용을 분석함으로써 문제를 사정하는 데 유용하다(조미숙 외, 2018).

② 생태도

생태도(ecomap)는 학생 개인이나 가족이 외부 환경체계들과 어떻게 관련되어 있는지를 그림으로 나타낸 것으로, 학교사회복지사가 학생과 환경과의 관계 또는 학생의 가족과 환경과의 관계에 대한 정보를 획득하도록 돕는 사정도구이다. 생태도는 학생의 양육환경과 유지환경의 종류와 관계의 질 그리고 체계 사이의 에너지의 흐름을 보여 줌으로써 학생의 가족에 대한 현재 지역사회자원이나 체계들의 영향과 상호작용의 변화를 보여 준다. 생태도는 지역사회에서 얼마나 많은 외부체계들과 관계를 맺고 있는지, 고립의 정도는 어떠한지, 관계의 질은 어떠한지를 보여 줌으로써 학생의 가족 내부에 대한 이해와 함께 외부와의 연결과 적응 정도를 파악할 수 있게 해준다(엄명용 외, 2006).

③ 사회도

사회도(sociogram)는 상징을 사용하여 집단 내 구성원들 간의 상호작용을 표현하는 그림으로, 구성원 간의 개인적 수용과 거부 및 집단 내의 대인관계를 평가하는 데 사용하는 기법이다. 따라서 사회도는 학교사회복지 실천과정에서 주로 집단개입에서 집단구성원들의 변화과정을 측정할 때 활용되며, 사회도를 여러 번 그려서 비교해 봄으로써 집단의 특징적 상호작용과 대인관계 유형의 변화를 파악할 수 있다(김봉순 외, 2010). 이러한 사회도는 주로 집단과 일하는 학교사회복지사가 집단 내의 소외자, 2인군, 3인군, 결탁, 경쟁관계, 하위집단, 연합 등을 파악할 수 있는 유용한 도구이다(조미숙 외, 2018).

④ 사회적 지지망 그리드

사회적 지지망(social support network grid)이란 학생의 환경범위에 있으면서 영향을 미치는 중요한 사람들 또는 체계를 말한다. 사회적 지지망은 학생의 사회적 관계망 속의 주요 인물, 지지가 있는 생활 영역, 각 개인이 제공하는 지지의 구체적 유형, 지지 제공자의 중요도, 지지가 상호적인지 일방적인지 여부, 개인적 친밀도, 접촉 빈도, 관계 기간 등의 정보가 포함된다(최해경, 2010).

⑤ 생활력 조사

생활력 조사는 모든 학교사회복지 실천에서 공통적으로 쓰이는 방법인데, 학생의 생애 동안 발생한 사건이나 문제의 발전과정을 사정하는 데 중요하다. 생활력 조사는 출생부터 개입시점까지 시간별로 학생의 가족문제, 건강문제, 대인관계문제 등 학생의 삶의 다양한 시기에 여러 특징들을 조사하여 구체적으로 기록해 봄으로써 학생의 현재 문제상황을 사정할 수 있게 된다(조미숙 외, 2018).

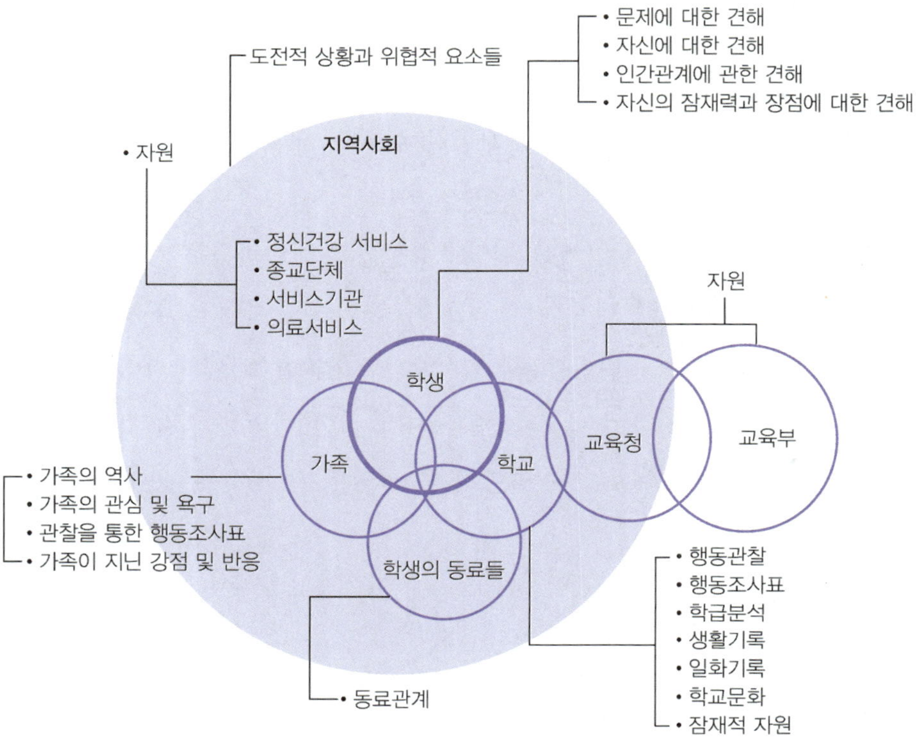

그림 7-1 학교사회복지의 사정내역 및 분야

*출처: 홍금자 · 이경준(1988). p. 74.

2) 계획 단계

계획 단계는 학생과 학교사회복지사가 자료를 수집하고 학생의 문제나 상황에 대한 초기사정에 동의하게 되면 사정결과를 토대로 학교사회복지사의 구체적인 개입 방안을 세우는 실질적인 문제해결과정이 시작되는 단계이다. 계획 단계에서 학교사회복지사와 학생은 표적문제를 선정하며 개입 목표설정과 계약에 이르게 된다. 특히 개입대상이 되는 문제와 개입방법을 설정하는 단계이므로 학교사회복지사와 학생 사이에 의견 불일치는 문제해결에 미치는 영향이 크므로 사소한 견해차라도 개입 단계로 도달하기 전에 충분한 토의를 거쳐 합의점을 찾도록 해야 한다(조미숙 외, 2018).

이러한 계획 단계에서의 목표설정은 매우 중요하다. 목표설정이 중요한 이유는 학교사회복지사와 학생에게 개입과정의 방향을 명확하게 제시해 혼란 없이 학교사회복지가 진행될 수 있도록 도와주고, 개입이 끝난 후에도 그 결과를 효과적으로 평가할 수 있게 해주기 때문이다(Johnson & Yanca, 2004).

(1) 목표의 정의와 기능

개입의 목표란 학생이 현 상황을 벗어나기 위한 바람직한 변화의 방향이다. 학교사회복지 실천과정의 궁극적인 목적(objective)은 학생의 '삶의 질 향상'이라고 할 수 있다. 이러한 목적은 단기적인 개입목표(goal)들이 달성됨으로써 이루어질 수 있다. 목표란 '문제가 해결된 상태' 혹은 '개입을 통해 일어나기 바라는 변화'를 의미하며, 본질적으로 개입과정의 바람직한 결과 혹은 기대를 말한다. 또한 목표는 개입의 본질에 영향을 미치고 변화과정에 학교사회복지사와 학생이 수행하는 역할, 바람직한 목표에 따라 이행되는 활동 유형에도 영향을 미친다. 목표는 개입과정의 방향을 제시해주고 변화과정에 학생을 적극적으로 참여하게 하는 수단으로 제공된다. 즉, 목표를 통해 학생은 자기결정 혹은 자기 주도적 활동에 집중할 수 있다(임은희, 2005).

따라서 원조과정에서 명시된 목표는 다음과 같은 기능을 한다(Hepworth et al., 2006).

① 학교사회복지사와 학생은 달성해야 할 목표에 대해 학교사회복지사와 학생이 모두 동의하였음을 확실하게 해준다.

② 원조과정의 방향과 초점, 계속성을 제공하며 불필요한 방향을 예방한다.

③ 적절한 전략과 개입을 선정하고 발전시키는 것을 용이하게 한다.

④ 학교사회복지사와 학생은 그들의 진행상황을 조절하는 것을 서로 돕는다.

⑤ 구체적인 개입과 원조과정의 효과성 및 효율성을 평가하는 척도로 활용된다.

(2) 목표설정 지침

목표설정이 위와 같이 중요한 기능을 하기 때문에 신중하게 목표를 선택하고 결정하는 것이 중요하다. 목표를 설정할 때에는 다음과 같은 몇 가지 지침이 필요하다(Hepworth et al., 2006).

첫째, 목표는 반드시 학생이 바라는 결과와 연결되어야 한다. 목표 속에 학생이 추구하고 바라는 결과가 반영되어야 학생이 동기를 가지고 목표를 달성하고자 하는 노력을 하게 될 것이다.

둘째, 목표는 명백하게 측정 가능한 용어로 정의되어야 한다. 원조과정이 방향성을 갖기 위해서는 계획된 목표가 구체적으로 정의되어야 하며, 모든 참여자들이 달성해야 할 변화에 대한 분명한 이해가 있어야 한다. 변화하고자 하는 바가 무엇인지 분명할 때에만 그 결과를 객관적 관찰에 의해 평가할 수 있기 때문이다.

셋째, 목표는 실현 가능해야 한다. 학생은 대부분의 노력이 실패하여 좌절된 상태에서 학교사회복지사를 찾아오게 된다. 목표는 작더라도 달성 가능할 수 있도록 해야 하며, 목표달성에 대한 학생의 능력과 목표달성을 방해할 수 있는 환경적 제약들이 고려되어야 한다. 학생의 개인적 능력을 벗어난 목표나 한정된 기간 동안 달성하기 어려운 과다한 목표설정은 피해야 한다.

넷째, 목표는 학교사회복지사의 지식과 기술에 상응하는 것이어야 한다. 학교사회복지사 자신의 실천범위와 능력을 벗어난 개입은 하지 않는 것이 학생에 대한 윤리적 책임이다. 따라서 학교사회복지사의 지식과 기술 내에서 목표달성이 가능해야 한다.

다섯째, 목표는 성장을 강조하는 긍정적 형태여야 한다. 목표는 목표달성의 결과로 학생이 얻게 될 혜택이나 이득을 강조하면서 성장에 중점을 두어야 한다.

여섯째, 학교사회복지사는 윤리나 법, 학교사회복지사의 중요한 권리나 가치에 맞지 않는다면 목표에 동의하지 않아야 한다.

일곱째, 목표는 반드시 기관의 기능과 일치해야 한다. 학생의 문제와 욕구가 때로는 학교사회복지의 기능이나 프로그램의 목표와 양립할 수 없는 변화에 대한 기대가 드러날 수 있다. 만약 일치되지 않을 경우 학생을 다른 기관으로 의뢰하여 필요한 서비스를 받도록 원조하는 것이 적절하다.

목표를 설정하기 위한 전략으로는 우선 표적문제를 찾아야 한다. 개입목표가 이러한 지침대로 잘 설정되었다 하더라도 목표가 여러 가지인 경우 우선순위를 정할 필요가 있다. 우선순위를 정할 때 사용하는 기준은 다음과 같다.

① 학생의 가장 시급한 문제
② 가장 단기간에 달성할 수 있어 성취감을 느낄 수 있는 것
③ 학생이 다른 목표에 도전할 수 있도록 강한 동기를 제공할 수 있는 것
④ 학교사회복지사의 능력, 기관의 기능상 무리 없이 달성 가능한 것 등이다.

개입목표가 많은 경우 학생과 의논하여 목표를 2~3개로 줄인 뒤 이것을 다시 우선순위로 나열하여 우선되는 것부터 초점을 두어 개입한다. 그러나 순위를 정하였다 하더라도 경우에 따라서는 두세 가지를 동시에 목표로 삼기도 한다. 따라서 목표들 중 우선순위를 정하는 것은 개입 시 목표의 중요성을 상기시키고, 어느 것이 더 시급한 것인지를 인식하여 정확한 개입방

향을 설정하기 위한 것이다(조미숙 외, 2018).

표적문제와 목표가 설정되면 학생과 학교사회복지사의 의무와 과업, 구체적인 실천활동을 상호 약속하는 단계인 계약 단계로 들어간다. 학교사회복지 실천을 위한 계약은 학교사회복지 실천 개입의 표적문제, 개입의 목표와 전략 그리고 참여자들의 역할과 과업에 관하여 학교사회복지사와 학생 간에 명백하게 동의를 하는 것이다. 계약 내용 속에는 개입활동과 그에 따른 학생과 학교사회복지사 각각의 역할을 명확히 하여 가능한 학생의 참여를 높여야 한다. 이러한 계약은 목표와 과업을 설정하는 데 있어, 원조활동의 책임을 지는 데 영향을 미친다. 더욱이 계약은 서비스의 결과를 평가하고 서비스 방향을 설정하는 기초가 될 수 있다. 따라서 계약은 모호성과 미지의 두려움, 관련된 불안을 감소시키며 원조활동의 초점을 맞추는 데 도움을 준다(조미숙 외, 2018).

(3) 계약의 내용

학생의 문제해결을 위한 목표를 설정하고, 개입방법에 관한 계획이 수립되면, 서비스 계약을 진행한다. 일반적인 서비스 계약은 구두계약이나 암묵적 계약으로, 서비스 동의에 대한 의사를 확인하는 것으로 대체되기도 하지만, 집중 사례관리가 이루어질 때는 보호자와 학생의 서면 동의를 받는 것이 중요하다. 계약서에는 서비스 목표와 개입 계획, 학생의 정보에 대한 비밀보장과 서비스 철회 절차 등을 포함한다. 그러나 학교체계에 대한 개입이나 학교사회복지실 연간계획 수립에서는 내부 협의체를 통해 학교의 주요 표적문제와 목표설정, 서비스 계획 전반에 관해 논의하고 동의를 거쳐 확정 짓는 과정이 포함된다. 또한 지역사회체계에서 학생의 문제를 해결하기 위해 서비스 연계기관과 학교가 상호 목적과 서비스 계획을 합의하여 협약을 맺고 계약서(MOU협약서)를 작성할 수 있다.

08 CHAPTER

학교사회복지의 실천과정 II

1. 개입 단계

개입 단계는 수립된 학교사회복지서비스 계획을 실행하는 단계이다. 초기 활동인 사정과 계약이 이루어지면 학교사회복지사와 학생은 상호 합의한 목표를 달성하고, 문제를 해결하기 위한 구체적인 행동을 실천하는 개입 단계로 들어가게 된다. 이 단계는 학교사회복지사가 학생에게 영향력을 행사하며 의도적인 변화를 일으키는 과정이고, 결과적으로 학생은 자신이 직면한 문제를 해결하거나 자신의 능력과 잠재력을 개발하는 것이 핵심적인 내용이다(조미숙 외, 2018). 개입 단계의 주요 과업은 계획된 서비스의 제공, 욕구 충족과 문제해결의 변화를 모니터링하는 일이다. 이 단계에서는 직접적인 서비스 제공과 서비스의 연계, 중간평가회, 교사 및 지원기관과의 협력 등 간접적인 실천개입이 모두 이루어진다.

1) 개입의 개념 및 특징

개입(intervention)은 학교사회복지사와 학생이 합의한 목표를 달성하고 문제를 해결하기 위한 계획을 실천하는 것이다. 구체적인 행동을 통해 학생과 주변 환경에 변화가 일어날 수 있도록 지원하는 단계로 학교사회복지 실천과정에서 가장 핵심적인 부분이다. 개입은 목표가 확인되고 개입이 진행되어 종결과정이 시작될 때까지 계속되며, 학교사회복지사는 초기 계획대로 문제해결과정이 진행되고 있는지를 끊임없이 점검(monitoring)하면서 문제가 해결될 수 있도록 도와주며 지지와 환류(feedback)를 제공해야 한다.

개입방법에는 직접적 개입방법과 간접적 개입방법이 있다. 직접적 개입방법에는 개인, 집단, 가족을 대상으로 학생에게 직접 개입하는 기법이며, 간접적 개입방법은 학생의 욕구에 반응하도록 환경을 변화시키는 실천방법을 의미한다. 개입을 성공적으로 실행하기 위해서는 적절한 개입의 선택이 우선시되어야 하며, 이 과정에서 학교사회복지사는 개입의 계획에 있어 인간발달 단계 및 가족발달 단계도 신중하게 고려해야 한다(조미숙 외, 2018).

또한, 개입 단계에서는 학교사회복지사가 하는 일, 학교사회복지실에서 운영하는 프로그램 등에 대해 학교체계와 공유하는 일이 매우 중요하다. Dupper(2003)는 학교의 정치적 환경 속에서 갈등을 피하고, 학교사회복지사의 입지를 공고히 하기 위한 전략들을 제시하고 있다. 학교사회복지사 자신과 서비스에 대한 홍보는 학생들의 삶의 질 향상을 위해서, 교사가 학교사회복지를 이해하고 심리 · 정서행동적 문제가 있거나 지역사회자원 연계가 필요한 학생에게 신속히 개입할 수 있도록 의뢰할 수 있게 돕는다.

학교사회복지사는 매월 활동 보고를 통해 학교사회복지실에서 어떤 서비스가 이루어지고 있으며, 내방하는 학생들이 주로 어떤 문제를 갖고 오는지, 지역사회와 어떻게 협력하고 있는지를 충분히 알릴 필요가 있다. 개입 단계 중간에 이러한 활동 보고는 서비스가 원활히 지원될 수 있도록 도우며, 필요에 따라 사업을 주관하는 교육청이나 재단 등에서 의무적으로 요청하기도 한다.

2) 개입 단계의 목표와 학교사회복지사의 과업

개입은 문제해결을 위해 목표를 달성하려는 일련의 전문적 실천활동이다. 학생이 자신의 문제행동과 상황 그리고 환경과의 관계를 변화시키는 방향으로 노력하도록 도와주는 과정인 것이다. 따라서 개입 단계의 목표는 다음과 같다(엄명용 외, 2006).

첫째, 문제해결을 위한 구체적인 변화전략의 수립

둘째, 개입, 원조, 교육, 동기유발, 자원연결, 행동변화 등을 통한 변화의 창출

셋째, 지속적인 점검(monitoring)을 통한 변화 정도의 유지와 평가

학생과 가족을 위한 학교사회복지서비스 개입과 더불어, 서비스 목표달성을 위한 다양한 수준에서의 개입을 진행한다. 학생의 목표달성을 위한 학교사회복지사의 개입 역할은 중개자, 조력자, 옹호자, 중재자, 사회행동가, 임상가, 새로운 정보제공과 대인적 행동 유형의 모델링을 가르쳐 주고, 기술을 숙련하도록 지도해 주는 교사 등의 역할을 한다. 학교사회복지사는 문제를 해결하려는 학생의 변화 노력을 지원하기 위한 개입활동의 핵심으로 상담, 지역사회의 자원 연계, 새로운 자원의 개발, 사회적 지지의 활용, 교육 등의 역할을 수행한다(최해경, 2010). 개입 단계에서는 교사, 학부모 및 지역사회의 연계와 협력이 요구되며, 학교사회복지사는 서비스의 점검과 조정, 체계 사이의 갈등을 중재하며 원활한 소통과 자원이 교환될 수 있도록 개입한다. 장애인식교육, 학교폭력 예방교육, 성교육 등을 제공할 수 있는 전문기관이나 전문 인력이 풍부한 지역의 학교에서는 관련된 지역사회 자원을 연계하며, 자원이 부족한 곳에서는 학교사회복지사가 직접 프로그램을 기획하고 운영한다.

정기적, 비정기적인 사업운영협의회와 실무협의회는 학교사회복지서비스

가 학교체계 내에서 이루어지는 것에 대한 책임과 권한을 공유하고 협력과 소통에 도움이 된다. 교사가 협력체계로 직접 프로그램을 운영하여야 하는 경우(예를 들면, 사제동행 프로그램 등)도 있는데, 진행 정도나 운영상의 어려움 또는 프로그램을 통해 발견되는 학생의 새로운 욕구 등을 점검하기 위하여 되도록 함께 중간 평가를 실시하는 것도 필요하다.

3) 개입 단계에서 개인 수준의 변화

개인 수준에서 학생의 문제해결을 위해 치료적 면담과 상담기술을 사용한다. 치료적 면담은 학생이 변화하도록 돕거나, 사회적 환경이 학생의 필요에 맞도록 변화하게 돕는 것이다. 개인 수준의 변화는 정서적 영역, 행동적 영역, 인지적 영역으로 구분하여 볼 수 있다. 이때 모든 요소를 동시에 변화시키려는 개입방법은 너무나 복잡하기 때문에 어느 한 요소를 중심으로 변화를 일으키며, 다른 요소가 따라서 변화하도록 하는 전략을 사용하는 것이 일반적이다.

(1) 정서변화를 목표로 하는 개입

정서적 안정이란 낙담, 좌절, 의기소침과 무력감, 자신감 결여 등의 심적 상태를 건강하고 자신감 있는 상태로 회복시키고, 불안, 분노, 죄의식 등의 불합리하고 불건전한 정서를 적절히 해소하도록 도와 자아기능을 회복시키는 것을 말한다.

첫째, 감정적 표현 촉진과 자기인식 확장을 통한 정서적 변화이다. 감정표현은 그 자체만으로 감정의 정화요소가 있다. 공감적 경청과 반영을 통하여 그리고 의도된 감정표현과 통제된 정서적 관여를 통해 학생이 감정을 표현하도록 돕는다. 학생의 감정표현을 적절히 통제하며, 감정표현 이후 그런 감정의 배경이나 원인에 대해 이해하고, 학생에게 문제가 되던 감정과

정서를 수용하도록 도와야 한다.

둘째, 인지수정을 통한 정서의 변화이다. 우리가 상황을 어떻게 인식하고 해석하느냐에 따라 정서와 행동반응이 다르다. 정서적 반응은 어떤 사건이나 상황에 직면했을 때 떠오르는 생각과 감정은 각자의 고유한 경험에 의한 매우 주관적인 자기중심적 해석에 따라 나타난 반응이다. 따라서 학생으로 하여금 자신의 정서를 알게 하고 이러한 정서가 어떤 결과를 가져왔는지 알게 하며, 그러한 감정의 결과가 타당한 것인지 판단해 보게 함으로써 적절한 행동을 선택하도록 도울 수 있다.

셋째, 행동체험을 통한 정서의 변화이다. 가장 전형적인 행동치료에서는 공포대상이나 상황에 의해서 생긴 불안상황을 직면 또는 상상하게 하고, 긴장이완훈련을 통해 이완반응을 동시에 일으켜서 결국 긴장이완이 불안반응을 극복하도록 한다. 대인적 불안이나 열등감에도 여러 가지 가상적인 상황을 설정하여 반복 연습한 후 실제 상황에서 적용하도록 격려한다.

(2) 행동변화를 목표로 하는 개입

학생의 행동을 변화시키는 것이 목적일 때 사용하는 기법들은 주로 행동이론에 기초하고 있다. 행동수정 이론은 인간의 행동은 그 행동을 발현하게 하는 선행조건과 행동 그리고 그 행동의 결과에 영향을 받는다고 보기 때문에 선행조건과 결과에 조작을 가함으로써 표적행동 자체를 변화시킬 수 있다는 가정에서 출발한다. 행동결과의 조작기법은 바람직한 행동을 새로 형성하고자 하는 경우에는 강화가, 문제행동을 제거하고자 하는 경우에는 처벌 또는 소거가 대표적이다. 학생의 문제들 중에는 행동의 변화가 없이는 문제가 해결되었다고 보기 어려운 문제들이 있다. 즉, 음주, 도박 반복적 비행, 거짓말로 인한 품행장애, 폭력과 행동 등은 인지나 정서적인 차원에서 변화되었다고 하여 문제가 해결된 것으로 보기는 어렵다.

(3) 인지변화를 목표로 하는 개입

인지변화를 위한 개입은 개인이 가지고 있는 잘못된 신념이나 인지패턴을 수정하여 행동의 변화를 원조하는 방법이다. 학생의 인지와 행동기술을 향상시킴으로써 기능적인 삶을 살 수 있도록 돕는 것이다. 학교사회복지 실천에서 인지치료는 학대부모의 우울문제에 주요 치료적 개입 모델로 활용되고 있고, 폭력행동의 분노조절 프로그램에 주로 사용되고 있다. 뿐만 아니라 폭력행동을 중단시키는 데 활용되고 있으며, 청소년 문제에 대한 개입에도 자주 활용되고 있다. 인지변화를 꾀하는 학교사회복지사는 오류에 의한 왜곡된 사고에 논박이나 교육과 같은 인지적인 방법과 인지적 과제의 부여와 같은 지식적인 방법 등을 적극적으로 사용할 수 있다.

이 단계에서 학교사회복지사는 다음과 같은 인지치료의 세 가지 주요 원리를 활용한다.

첫째, 학교사회복지사는 학생의 감정과 사고를 분명하게 구별하도록 돕기 위해서 그 차이를 여러 가지 예를 들어 설명을 반복한다.

둘째, 과거는 단지 잘못된 사고의 원천을 찾아내기 위해서만 중요하다는 점이다. 행동을 동기화하는 것은 과거의 생각이 아니라 현재의 잘못된 생각이다. 나아가서 사고의 새로운 패턴은 학습될 수 있고 잘못된 사고의 원천을 결정짓지 않고도 문제는 해결될 수 있다.

셋째, 건설적 변화를 가져오기 위해서 학생들은 자신의 잘못된 신념을 만들어 내고 기여하는 많은 자신들의 문제를 자각하고, 이러한 잘못된 신념을 수정하는 책임이 자신에게 있다고 생각해야 한다.

(4) 문제상황에 대한 대처방식의 변화

① 문제해결기술 향상

문제해결기술은 일상생활에 직면한 문제에 대처하는 능력이 적절하지 못하여 어려움을 겪고 있는 학생에게 당면한 문제의 해결뿐만 아니라 학생의 문제해결기술능력을 향상시켜 다른 문제에 대한 대처능력도 향상시키고자 하는 개입을 말한다. 학생은 자신의 문제해결을 위해 체계적으로 접근하는 방법을 배우는 과정에서 학교사회복지사와의 관계를 통해 타인의 욕구에 반응하고, 타인의 입장을 이해하며 그들과 협력하는 과정을 배우게 된다. 뿐만 아니라 문제해결을 돕는 원조과정에서 합리적인 의사결정 방법을 익혀 충동적이거나 비합리적인 결정을 내리지 않고 해결되지 못한 문제로 인한 스트레스나 역기능적 행동을 감소시킬 수 있게 된다(Hepworth & Larsen, 1986).

② 스트레스 관리 기술

스트레스란 자기에게 부과된 요구 수준과 이 요구에 부응할 수 있는 자신의 능력 간의 어떤 불균형감이 지각될 때 일어나는 생리적 반응이다. 스트레스는 부정적인 것으로 학생의 신체적 질병과 정신적 고통, 부적응의 원인이 되는 것들이다. 스트레스 관리는 삶의 문제와 연관하여 긴장이나 스트레스를 받는 학생들에게 광범위하게 사용되는 방법이다. 긴장이완훈련은 생리적 측면을 다룬 기법이지만 학생의 불안감을 완화시키고, 정서적 상태를 일정 수준으로 유지하기 위한 개입으로 학교사회복지현장에서 종종 사용된다(방미진 외, 2011).

4) 개입 단계에서 집단 수준의 개입

사회복지실천에서 초기 집단개입실천의 장으로 인보관을 들 수 있는데, 집단의 힘을 활용하여 도시지역 빈민들을 교육·계몽하고 정체감을 가질 수 있도록 돕고 정서적 지지와 원조를 제공하며, 사회환경을 조직하고 개선하고자 하는 목적으로 개입되었다. 이러한 집단개입은 1960년대 이후에는 사회변화뿐만 아니라 개인의 치료와 변화 목적으로 정신병동, 아동복지기관, 교도소, 학교 등에서 활성화되면서 학교사회복지 실천의 개입방법으로도 성장하게 되었다.

(1) 집단개입의 목적

집단개입의 목적은 학생의 사회화, 역기능의 예방, 치료, 재활 및 성장, 전체 집단의 성장과 변화, 사회행동, 사회적 위기의 제거를 통한 변화이다.

(2) 집단역동

집단구성원들과 집단지도자 사이에 일어나는 상호작용과 에너지 교환을 "집단역동"이라고 한다. 집단역동은 상호작용을 통해 나오는 구성원들의 힘의 합 이상이다. 집단개입이 가능한 것은 바로 집단의 역동 때문이다. Toseland와 Rivas(1995)는 집단역동을 다음과 같이 네 가지 영역으로 나누어 설명하였다.

첫째, **의사소통과 상호작용 영역**: 집단구성원들이 언어적, 비언어적으로 의사소통하여 집단 내의 상호작용이 일어나게 된다. 상호작용은 집단 중심일 수도 있고 리더 중심일 수도 있다. 리더 중심일 경우 구성원들 간의 자유로운 상호작용을 방해한다는 점에서 바람직하지 못하다. 반면 집단 중심은 자유로운 상호작용을 통해 집단과정을 촉진시킬 수 있으나, 초점 없는 피상적인 이야기들로 인해 오히려 목표달성이 어려워질 수도 있다.

둘째, **집단의 응집력**: 집단의 응집력은 집단구성원들로 하여금 집단에 머물도록 하는 데 영향을 미치는 요인들의 합이다. 집단에 대한 응집력은 집단에 대한 매력에서 나오는데, 이는 집단을 통해 얻는 것이 잃는 것보다 많을 때 생기게 된다. 집단의 응집력이 강할수록 구성원들이 서로에게 미치는 영향력이 커진다.

셋째, **사회적 통제역학**: 집단이 질서 있게 기능하기 위하여 구성원들로 하여금 일정한 방식을 따르도록 하는 과정에서 통제력을 사용하게 된다. 사회적 통제에는 규범과 역할, 지위가 있다.

넷째, **집단문화**: 집단문화는 집단구성원들이 공통적으로 가지는 가치, 신념, 관습, 전통을 의미한다. 대부분의 집단구성원들은 자신의 경험과 인종, 종교 등으로부터 고유한 문화를 집단으로 가져오지만 이러한 가치들은 의사소통과 상호작용하는 과정에서 서로 섞이게 되고 결국 새로운 일련의 집단문화를 형성하게 된다(양옥경 외, 2006).

(3) 집단유형

Toseland와 Rivas(1995)는 집단이 추구하는 목적에 따라 치료집단(treatment group)과 과제집단(task group)으로 분류하였다. 치료집단은 집단구성원의 교육, 성장, 행동변화 또는 사회화에 대한 욕구를 충족시키기 위해 구성된 집단으로, 여기에는 지지집단, 교육집단, 성장집단, 치료집단, 사회화집단이 있다. 과제집단은 의무사항의 이해, 조직 또는 집단의 과업성취를 위해 구성된 집단으로 위원회, 행정집단, 협의회, 치료회의, 사회행동집단 등이 있다.

(4) 집단개입 방법

① 사회적 목표 모델

사회적 목표 모델은 초기 집단사회복지의 기본적 모델이며, 민주주의를 유지·발전시키려는 사회적 목표를 강조한다. 인보관, YMCA, YWCA, 보이스카우트와 같은 초기의 사회복지단체와 조직에서 인간관계의 의식적인 훈련, 지도력의 실험, 민주적 과정의 학습, 시민참여 등의 집단 활동을 통해서 사회적 의식, 사회적 책임의 목적을 달성하기 위한 목표 모델로 학교사회복지 실천현장에서 유용하게 사용할 수 있다.

② 치료 모델

치료 모델은 시설보호아동의 치료에서 발전되었으며, 집단을 통해 아동의 개인기능과 사회기능을 육성하는 수단임과 동시에 상황으로 보고 있다. 따라서 이 모델에서 학교사회복지사의 역할은 지시적이고 계획적이며 목표지향적인 변화촉진자, 전문가, 조력자, 중개자의 역할을 수행한다.

③ 상호작용 모델

상호작용 모델에서 집단은 모든 학생들과 학교사회복지사가 이루는 하나의 체계로 보며, 각 체계 또는 집단은 그 자체가 유기체이므로 하나의 실체로서 이해된다. 이 모델에서 학교사회복지사의 역할은 개인과 집단, 지역사회 사이의 상호관계의 중개자로서 활동하며 그 초점은 이들 삼자의 체계적 상호의존성에 둔다.

5) 학생집단을 위한 옹호활동

옹호란 학생집단이 서비스로부터 소외되었을 때 현존하는 정책이나 서비스가 학생집단에게 불리한 영향을 미치고 있을 때 이를 수정하기 위해서 또는 필요한 자원이나 서비스를 위해 새로운 입법이나 정책의 입안이 필요할 때 학생집단을 위해 학생집단과 함께하는 활동을 말한다. 학교사회복지사는 부적절한 혹은 불평등한 사회적, 법률적, 제도적 기능으로 인해 욕구를 충족할 수 없는 학생 개인이나 집단을 위해 옹호활동을 하게 된다. 학교사회복지사가 옹호활동을 하기 위해서는 불이익을 당하는 학생 개인이나 집단의 참여가 절대적으로 필요할 뿐만 아니라 이러한 문제를 인식하고 있는 학교사회복지 전문가들의 참여 또한 중요하다.

2. 평가 단계

학교사회복지 실천과정의 마지막 단계는 평가 및 종결 단계이다. 평가와 종결은 서로 연결되어 있다. 학교사회복지 실천의 목적이 학생의 문제해결 혹은 욕구충족에 초점이 있으므로 문제가 해결되거나 욕구가 충족되면 종결이 이루어진다. 목표달성과 문제해결, 욕구충족에 대한 결정은 평가를 통해 내려지기 때문에 평가는 종결을 위한 토대가 된다(최해경, 2010). 평가 단계는 실제 개입의 결과가 얼마나 안정되게 유지될 것인가를 결정하는 단계이다. 특히 종결 단계는 학생이 상실과 이별에 직면하여 보이는 다양하고 복잡한 감정과 태도 때문에 어느 단계보다 학교사회복지사의 민감한 반응과 기술적 접근이 필요한 단계이다.

1) 평가의 개념 및 목적

평가란 개입의 효과성과 효율성을 측정하는 것으로, 효과성은 목표가 달성되었는지의 여부를, 효율성은 사용된 자원과 얻어진 성과 간의 비율을 말한다(Sheafor et al., 1991). 여기에는 개입의 목표가 달성되었는지 그리고 변화가 개입에 의한 것인지를 알아보는 과정이다. 평가는 개입의 전 과정에서 지속적으로 시행되지만 특히 개입이 끝날 때 더욱 중요하다. 평가를 통해 학교사회복지사와 학생은 의도한 바대로 서비스 계획을 이행했는지 여부와 목적들이 성취되었는지를 결정하고, 이를 토대로 문제나 목표, 서비스 계획 등이 수정될 수 있다. 그리고 동일한 서비스 계획을 다른 방식으로 진행할 수도 있다. 이러한 측면에서 평가는 학교사회복지 실천의 과학성과 전문성을 강화해 주고 학생에 대한 책임성을 높여준다는 면에서 매우 중요한 의의가 있다고 할 수 있다. 따라서 평가 단계는 사정 단계에서 이루어진 학교사회복지서비스 계획의 목표에 대한 평가 계획에 따라 실시된다. 개별상담이나 소집단 프로그램 등에서 각각 평가가 이루어지지만, 이를 종합하여 학년말에 학교사회복지서비스 전반에 걸친 평가가 진행된다.

평가의 목적은 다음과 같다.

① 학교사회복지 프로그램이 목적을 어떻게 효과적으로 충족시키는가를 확인해야 하기 때문이다.

② 학교사회복지 프로그램을 재구성하거나 더욱 효과적으로 관리하기 위한 정보를 얻기 위해서이다.

③ 학교사회복지 모델을 파악하거나 문제에 대한 이론이나 접근법을 시험해야 할 필요성이 있기 때문이다.

④ 학교사회복지 실천의 효과성을 위해 무엇을 필요로 하는가를 발견하기 위해서이다.

⑤ 학생의 관점에서 학교사회복지 프로그램이 어떻게 잘 시행되고 있는가, 그리고 더욱 효과적이 될 수 있는가에 대하여 확인해야 하기 때문이다.

⑥ 학교사회복지 실천에 있어서 공공기관과의 관계 및 노력을 개선하기

위해서이다.

⑦ 학생의 요구사항들을 만족시키기 위해서이다.

2) 평가의 유형

평가는 일반적으로 결과평가, 과정평가, 학교사회복지사평가, 프로그램평가로 구성된다.

평가의 유형

- 학교사회복지 실천대상 중심 : 학생 개인 수준에서의 평가, 학생의 가족 수준에서의 평가, 학생집단 수준에서의 평가, 지역사회 수준에서의 평가
- 학교사회복지 실천내용 중심 : 결과평가, 사정평가, 학교사회복지 프로그램에 대한 평가, 특정한 활동이나 학교사회복지 업무에 대한 평가

(1) 결과평가

결과평가란 설정된 목표에의 달성여부를 사정하는 것을 의미한다. 설정했던 목표들이 얼마나 달성되었는지, 학교사회복지 개입과정을 통해 원했던 변화가 일어났는지를 평가하게 된다. 결과를 사정하는 방법은 사정 단계 동안 사용된 방법에 의해 결정된다. 결과평가지에는 질문지 척도 사용이나 기초선[1]을 비교하는 객관적 방법이 있다.

① 일반적 진전평가(general progress)

일반적 진전을 사정하기 위해서는 학생이 각자가 성취해야 할 진전 정도에 관하여 학생의 의견을 유도해 내고 동의했던 목표를 참조하는 것이다. 이 방법은 학생의 인식에 근거하는 평가이며, 학생의 목표달성을 설명하는 실질적인 것이므로 학생의 목표달성에 관한 의문을 줄일 수 있다.

1) 개입 이전의 표적행동이 일어나는 빈도, 강도 그리고 기간 등을 말하는 것으로, 수일 또는 수주에 걸쳐 관찰하여 기록한 내용이 된다.

학교사회복지사가 학생에게 목표달성의 정도를 질문하기 위해 사용하는 척도

5. 완전 성취했음.　4. 거의 성취했음.　3. 보통 정도 성취했음.
2. 어느 정도 성취했음.　1. 진전 없음.

② 사전, 사후 비교 방법(pretest-posttest)

학생 개인이나 집단에 대한 평가로서 문제나 표적행동의 빈도를 측정할 수 있다면 최근의 측정치에 기초선을 비교하는 객관적인 방법인 사전-사후 비교 방법이 있다. 이 방법은 평가하고자 하는 문제와 그 측정도구를 개입하기 전에 문제가 어느 정도인지를 측정하고, 개입 후 다시 같은 방법으로 문제의 정도를 측정하여 그 변화를 학교사회복지 프로그램 개입의 결과로 보는 것이다.

③ 통제집단과 실험집단의 비교

학교사회복지 프로그램 개입을 한 집단과 개입을 하지 않은 집단을 비교하여 그 차이를 개입의 결과로 추정하는 것이다. 그러나 이 방법은 학교사회복지 프로그램 개입이 필요한 집단에 의도적으로 개입을 하지 않는다는 것이 학교사회복지윤리에 맞지 않고, 두 집단 간에 다른 변수의 영향은 거의 통제된다는 전제가 되어야 한다. 하지만 실제로 이러한 집단을 설정하기가 현실적으로 어렵기 때문에 학교사회복지현장에서 사전, 사후를 비교하는 것이 보다 바람직하다.

(2) 과정평가

과정평가란 원조과정에 대한 학생의 인식을 의미한다. 즉, 원조과정이 학생에게 유용하였는지 또는 손해를 보게 했는지에 대한 학생의 평가이다. 특히 학교사회복지사가 목표를 달성하기 위해 사용한 방법이나 기법, 어떤 기술이 진전을 시켰고 또 어떤 기술은 효과가 없었는지, 또 다른 기술은 문제를 제거했는지 그리고 어떤 특별한 기법을 사용했는지에 관한 학생의 피드백이다.

(3) 학교사회복지사에 대한 평가

학교사회복지사에 대한 평가는 학교사회복지사 자신의 행동, 태도, 속성 등이 개입과정에 긍정적이거나 부정적인 영향을 받는 학생 태도, 행동, 특질에 대한 피드백에서 보여주는 평가이다. 부정적인 피드백은 비록 고통스럽지만, 반치료적인 행동, 태도, 매너리즘을 알려준다는 점에서 역시 도움이 된다.

(4) 프로그램 평가

① 욕구 사정

학교사회복지 프로그램 실행에 필요한 실행 가능성 혹은 타당성을 결정짓는다.

② 평가 가능성 사정

학교사회복지 프로그램이 평가될 수 있는지를 결정한다. 학교사회복지 프로그램에 요청되는 자원과 예측되는 프로그램 활동들 그리고 예견된 프로그램 결과들이 규정된다.

③ 과정분석

원조의 최종결과보다는 원조가 제공된 과정들에 초점을 둔다. 이는 학교사회복지사가 예측된 진전이 있었는가의 여부를 사정하는 데 도움을 준다.

④ 결과분석

학교사회복지 프로그램 효과성에 대한 평가로서 프로그램 결과 측정이 이루어진다. 이는 학교사회복지 프로그램 비용 측정과 병행되면서 프로그램 비용 효과성을 산출한다.

⑤ 프로그램 모니터링

자원, 활동 및 결과 등에 대한 학교사회복지 프로그램 데이터를 지속적으로 수집하고 분석한다. 과정분석 및 결과분석은 한 번으로 이루어지는 평가임에 반해, 학교사회복지 프로그램 모니터링은 여러 번에 걸쳐 이루어지는 특성을 가지고 있다.

3) 평가 기법

(1) 단일사례설계

한 사례의 학생을 개입과정, 개입 후를 반복적으로 관찰하고 변화를 기록하는 것으로서, 목표가 달성되었는지, 개입의 결과가 어떠한지에 대해서 알아볼 수 있는 학교사회복지 실천에서 가장 보편적으로 활용되고 있는 방식이다. 단일사례설계는 학교사회복지 프로그램 개입 이전의 상태와 개입 이후의 상태를 비교하는 것으로, 흔히 AB 설계라고도 한다. 여기에서 A는 학교사회복지 프로그램 개입 이전 상태, 그리고 B는 학교사회복지 프로그램 개입상태를 말한다.

(2) 목표달성평가

목표달성 척도에서는 목적달성을 결과 기준으로 사용한다. 이 방법은 학생의 문제에 초점을 두는 것이 아니라 목표에 초점을 두고 있다는 점에서 긍정적이다. 단일사례설계로 학생에 대한 개입을 평가하는 것이 적합하지 않을 때 이 방법을 사용할 수 있다.

(3) 과제달성평가

과제달성평가는 학교사회복지사와 학생이 합의한 과제를 완수하는 정도를 평가하게 되며, 전형적으로 5점 척도를 사용한다.

(4) 만족도조사

학생 만족도조사는 학교사회복지 프로그램 및 서비스에 관한 학생의 의견을 구하는 것이다. 학생에게 학교사회복지 프로그램 및 서비스 개입의 성공, 학교사회복지사의 역량 등 원조과정의 중요한 측면들을 평가하도록 한다. 학생 만족도조사는 학생 개인뿐만 아니라 학생집단 혹은 학교사회복지 서비스를 제공받고 있는 모든 사람에게 적용될 수 있으며, 직접적 서비스뿐만 아니라 프로그램 전체를 평가하는 데 적용될 수 있다(나동석 외, 2009).

4) 조사절차 시 학교사회복지사가 준수해야 할 사항

① 측정도구들은 반드시 신뢰도와 타당도를 지녀야 한다.

② 측정절차는 학생이 사용하기에 쉽고 간략해야 한다.

③ 측정절차는 변화유형의 차이점뿐만 아니라 다소 미미한 변화 수준 또한 발견할 수 있어야 한다.

④ 측정절차는 현재 측정되고 있는 현상을 변화시키거나 영향을 미치지 않으면서 차이점을 발견할 수 있어야 한다.

⑤ 단일체계 디자인을 사용할 경우 측정 디자인은 변화를 추적하고 모니터링하며 평가하는 데 적합해야 한다.

이상에서 살펴본 바와 같이 평가 단계는 관찰, 개별 인터뷰, 초점 집단 인터뷰, 설문조사 등 다양한 방법을 활용하여 이루어지는 과학적이고 체계적인 과정이다. 수집된 양적, 질적 자료의 분석과 함께 이를 보고서로 작성하고 그 결과를 공유하는 것은 평가 단계의 주요 과업이다. 학교사회복지사는 예산 집행의 투명성, 계획된 서비스의 전달, 기대했던 서비스 대상의 변화 정도, 주요 성과와 부족한 부분에 대한 내용을 학교체계 내·외부와 공유하게 된다. 학교 내부 평가는 주요 사업운영협의회에서 이루어지며, 학교 외부 평가는 교육청이나 사업을 주관하는 기관에서 실시된다.

평가 결과는 결과보고서를 작성해야 하는데, 최근에는 전산화되어 주요 서비스 결과 내용을 입력하는 형태로 되어 있다. 평가 단계에서 파악된 주요 성과와 문제점은 차년도 계획 수립에 반영되어야 보다 양질의 서비스가 개발될 수 있으며, 동일한 실수가 반복되는 것을 예방할 수 있다. 학교사회복지사는 다양한 영역에서 학교사회복지서비스의 효과성을 파악하게 되는데, 주요 성과에 대해 학교 내부 교직원회의에서의 공유와 함께 언론 보도자료, 학교 홈페이지, 동문회, 학부모회, 지역사회 소식지 등을 통해 외부와 공유하는 것이 매우 중요하다.

3. 종결 단계

1) 종결의 개념

종결 단계는 학교사회복지사와 학생 간의 개입과정 종결, 즉 원조과정의 해제를 위한 체계적 절차라고 할 수 있다. 종결은 학생과 학교사회복지사 모두에게 이별과 관련된 복잡한 감정을 갖게 된다. 이때 학생이 보이는 반응은 학교사회복지사에 대한 애착 정도, 목표의 성취 정도 그리고 어린 시절 이별 경험에 따라 다양하게 나타날 수 있다. 그러나 일반적으로 학생은 일정 기간 자신과 관련된 모든 이야기를 들어주고 자신을 수용하며 긍정적으로 돌보아준 학교사회복지사와의 이별을 큰 상실과 슬픔으로 느낀다. 따라서 종결과정에서의 목표는 학생을 도와서 그가 당면하고 있는 문제를 해결하는 것뿐만 아니라 앞으로 당면할 문제들을 극복할 수 있도록 학생을 강화시키는 것이다.

학교사회복지 실천에서 일어날 수 있는 종결의 이유는 다음과 같이 다양한 상황들이 있다.

① 사전에 동의된 목표들이 정해진 기간 내에 성취된 경우
② 학생이 그동안의 원조가 충분했다고 결정한 경우
③ 학교사회복지사가 전근이나 이직 등으로 해당 지위를 떠나거나 학생이 다른 지역으로 이사한 경우
④ 법정요청이 만료되었을 경우
⑤ 기관의 정책이 일정한 시간제한을 두었을 경우
⑥ 자원의 한계 상황이 일어났을 경우
⑦ 시간의 부족과 업무 부담감으로 인한 경우
⑧ 슈퍼바이저로부터 충고가 있었을 경우
⑨ 다른 기관들로부터의 영향력으로 인한 경우

2) 종결의 유형

(1) 계획된 종결

첫째, **일정 기간만 제공되는 계획된 종결**: 종결은 미리 알려진 것이므로 학생의 입장에서는 갑작스럽게 종결을 맞는 것보다 충격이 적고, 그에 대한 대비를 할 수 있어 종결에 따른 감정을 해소할 충분한 시간을 갖게 된다. 그러나 그 기간 내에 문제가 해결되지 않았을 때 학생은 진행 도중에

서비스가 중단되었다고 생각할 수 있고, 학교사회복지사는 종결에 대한 감정처리 이외에 남아 있는 문제를 해결하기 위해 다른 기관에 의뢰해야 하는 이중부담도 가지게 된다.

둘째, **시간 제한적 종결**: 초기부터 학교사회복지사와 학생이 개입의 시간을 미리 정하고 시작하는 것이다. 정서적 애착과 의존을 줄여주고 종결에 따른 상실감도 줄여주지만 나름대로 종결에 대한 반응은 나타난다. 학교사회복지사는 학생이 개입을 통해 얻는 것을 분명히 하고, 지속적인 개입이 필요한 경우 또 다른 계획을 세우며, 개입기간에 배운 바를 학생이 일상생활에 어떻게 적용할 것인지를 확인한다. 그리고 사후 서비스를 계획한다.

셋째, **시간제한이 없는 종결**: 언제 종결할 것인가를 결정하는 것이 중요하다. 서비스에서 얻는 이득이 점차 줄어들어 중요성이 없어질 때가 종결할 때라고 한다. 장기간의 개입과정에서 학생의 의존심이 증가되고 학교사회복지사와의 관계를 통해 얻는 이득에 만족하는 경우 종결은 어려워진다.

(2) 계획되지 않은 종결

첫째, **학생에 의한 조기 및 일방적 종결**: 학생이 갑자기 약속을 어기거나 이런저런 이유로 올 수 없음을 핑계 대고 더 이상 자신의 문제를 노출시키지 않으면서 종결을 원하는 경우, 대부분 해결되지 못한 저항 때문이거나 문제가 이미 해결되었다는 비현실적인 믿음 때문일 수 있으므로 직면하여 상담하는 것이 좋다. 조기 종결과 일방적인 종결은 종종 해결되지 않은 저항의 표현이므로 저항을 해결할 기회를 부여할 필요가 있다. 학교사회복지사는 학생의 상황을 다양한 측면에서 탐구하여 학생에 의한 조기 종결이 이루어지는 경우를 최소화하도록 노력해야 한다.

둘째, **학교사회복지사의 사정으로 인한 종결**: 학교사회복지사가 직장을 바꾸거나 업무의 재담당으로 인해 학생의 치료를 종결할 경우, 부모에 의해 거절된 경험이 있는 학생은 특히 상처받기 쉽다. 시간이 허락하는 한 감정표현을 허용하고 다른 학교사회복지사에게 의뢰하는 것을 수용하도록 도와야 한다.

(3) 종결의 반응

종결은 그 자체의 독특한 감정과 특성을 가지고 있다. 종결은 부정, 저항, 분노, 애도나 비탄 등의 반응을 동반할 수 있다. 학교사회복지사 또한 자신이 충분한 노력을 했는가에 대한 회의에서 오는 죄책감, 노력의 효과성에 대한 불확실성, 상실감 등 일종의 종결반응들을 보인다. 이러한 종결과정에서 학교사회복지사의 역할은 다음과 같다(Kirst-Ashman & Hull, 2009).

첫째, 적절한 종결 시기를 결정하고, 둘째, 종결에 따르는 학생과 학교사회복지사의 정서적 반응을 처리하고, 셋째, 개입의 목표달성 정도를 평가하고, 넷째, 개입을 통해 획득한 효과를 유지 · 강화하며, 다섯째, 필요한 경우 학생을 다른 자원으로 의뢰(referrals)하는 것이다.

학교사회복지사는 학생과 그의 상황에 관한 사정, 학생의 성취도, 학생이 생각하는 종결의 의미 등에 기초하여 활동계획을 수립하고, 다음과 같은 측면을 고려해야 한다(Northen, 1982).

① **진행의 평가**: 학생의 문제해결 과정과 현재 상황을 평가하는 데 학교사회복지사가 학생에게 제공하는 서비스의 질과 학생의 서비스 활용을 사정하게 된다. 서비스의 종결이 고려될 때에는 항상 목표 성취에 대한 검토가 있어야 하며, 처음 설정한 목표가 변경되었는지, 목표가 어떻게 성취되었으며, 성취되지 못하였다면 왜 성취되지 못하였는가를 검토해야 한다.

② **양가성의 결과**: 종결에 대한 양가감정을 발산하도록 격려하는 것이 이 단계 동안에 학교사회복지사가 해야 할 주요 과업 중 하나이다.

양가감정이 잘 탐색되면 과업성취나 문제해결을 위한 학생의 에너지가 더욱 방출되기 때문에, 학생은 서비스 종결의 경험을 통하여 상실과 분리를 조정하는 방법을 배울 수 있다.

③ **진행과정의 검토**: 종결과정에서 학교사회복지사는 학생의 증상이나 특별한 행동에 대하여 논의하도록 학생에게 질의를 하고 변화에 대한 그의 아이디어를 표현하도록 한다. 마지막 면접에서 공통된 주제는 현재까지의 과정을 검토하고, 학생이 느끼는 사항에 관한 평가를 하는 것이다. 학교사회복지사의 활동이 가장 중요한 부분은 진행되어 온 사항을 인식하고 변화를 가져온 구체적인 면을 학생과 더불어 탐구하는 것이다.

④ **문제해결**: 학교사회복지사는 학생이 근래에 획득한 지식과 기술을 테스트하고 활용하여 지역사회 내에서 새로운 역할을 발견하고 새로운 관계를 발전시키거나 강화하는 등 학생의 노력을 지지한다.

⑤ **과도기의 처리**: 종결 단계는 과도기적 성격을 지니고 있는데 과도기에는 학생과 밀접한 관련을 가지고 있는 사람과 어떤 상호작용이 있을 수 있다. 따라서 종결에서 학생의 정서적 반응을 조절하기 위하여 학교사회복지사는 다음과 같은 사항에 유의해야 한다.

첫째, **학교사회복지사가 떠날 때 유발되는 정서의 조절**: 학교사회복지사가 기관을 떠남으로 인해 종결될 경우 학생은 슬픔을 경험하기에 앞서 다른 반응을 보인다. 자존심이 저하되어 있거나 거절의 경험을 가진 학생은 거절감, 배신감, 분노, 원한 등의 감정이 더욱 민감하게 나타날 수 있다. 이 경우에 학교사회복지사는 이러한 감정들을 발산하는 데 역점을 둔다.

둘째, **비성공적인 결과를 초래한 종결**: 원조과정이 비성공적으로 끝날 경우, 더욱 좋은 결과를 성취하는 데 방해가 된 요인이 무엇이며, 장차 부가적인 원조를 요청하는 데 대한 학생의 감정에 대하여 논의되어야 한다. 본질적으로 여기에 대한 정서적 반응을 조절하는 데는 감정이입적인 커뮤니케이션, 수용, 온정, 강점의 인정, 이해, 진실성 그리고 가벼운 직면 등이 활용된다.

⑥ **변화 결과를 확고히 하기**: 개입과정에서 학교사회복지사의 마지막 활동은 달성한 결과를 안정시키고, 그것을 학생의 일상생활에 일반화시키는 것이다. 이를 위해 학교사회복지사는 개입의 전 과정을 다시 한 번 학생과 점검하면서 그 과정이 어떻게 진행되었는지를 학생이 되새길 수 있도록 돕는다.

(4) 사후관리

사후관리(follow-up)란 종결한 후 1개월에서 6개월이 지났을 때 학생이 잘 적응하고 있는지를 점검하는 과정을 말한다. 사후관리는 학교사회복지사가 종결 이후에도 학생에게 계속 관심을 가지고 있다는 것을 보여 줌으로써 변화를 지속할 수 있는 동기를 제공한다. 방법으로는 직접 가정을 방문한다든지, 메일 및 전화로 확인하기도 하고 내방하여 면접을 할 수도 있다. 즉, 사후관리는 학교사회복지사가 학생에게 종결 후에도 계속적으로 관심을 가지고 있음을 표현하는 수단이 되기도 하며, 학생이 필요하다면 추가 서비스를 제공할 수도 있다.

09 CHAPTER

학교사회복지 체계별 실천의 특성과 개입방법

학교사회복지사가 포괄적인 학교사회복지 체계별 실천기술과 이론적 지식을 섭렵하여 적용한다는 것은 쉬운 일이 아니다. 특히, 개입대상에게 특별한 변화가 없으면서 학생에 대한 변화, 교사나 교장의 기대가 크고 압력이 강할 때 학교사회복지사는 자신의 능력을 의심하며, 절망할 수도 있다. 이러한 학교사회복지 체계별 실천기술과 이론적 지식을 습득하고 적용하여 효과적인 변화와 문제해결을 도모하려면 부단한 노력과 시간 그리고 경험에서 우러나오는 실천지혜(practice wisdom)가 필요하다. 따라서 학교사회복지 체계별 실천에 대한 특성과 개입방법을 소개함으로써 학교사회복지사가 전문성 향상을 위해 무엇을 해야 하는지 살펴보고자 한다.

1. 학생체계 중심 실천

1) 학생체계 중심 실천의 특성

2024년 청소년(9~24세) 인구는 782만 4천 명으로 총인구의 15.1%이며, 2023년 청소년 인구(797만 5천 명, 총인구의 15.4%) 비중 대비 0.3%p 감소한 것으로 나타났다. 2023년 다문화 학생은 전년 대비 7.4%(12,533명) 증가한 181,178명으로, 전체학생(521만 8천 명)의 3.5%를 차지한 것으로 나타났다(여성가족부, 2024).

최근 많은 아동·청소년이 내면의 변화와 환경의 요구 속에서 위축되고, 불안과 우울, 좌절을 겪으며 심한 경우 자살에 이르는 정서적 어려움을 겪는다. 통계청과 여성가족부(2024)의 조사결과에 의하면, 중·고등학생 스트레스 인지율은 10명 중 4명으로 여학생(44.2%)이 남학생(30.8%)보다 스트레스를 더 많이 느끼는 것으로 나타났다. 뿐만 아니라, 여학생(30.9%)이 남학생(21.4%)보다 우울감을 더 많이 느끼는 것으로 나타나 성별에 따른 차이를 보였다. 또한 100명 중 15명은 최근 30일 이내에 음주한 경험이 있었으며, 30.2%의 청소년이 스마트폰 과의존 위험군인 것으로 나타났다.

학교사회복지는 주로 학생의 심리·사회적 역기능으로 인해 발생하는 다양한 종류의 학교부적응 문제를 예방하고 해결할 뿐만 아니라, 학생의 자존감과 사회성 기술을 향상시키고, 학생들의 학교적응력을 향상시키도록 돕는다(한인영 외, 1997). 이러한 학생체계 개입은 개별 학생을 대상으로 하는 개별 개입과 동일한 문제를 가진 집단 개입의 방법이 활용된다. 실제로 학교사회복지사는 학교현장에서 가장 많은 시간을 학생에게 직접적 서비스를 제공하는 데 할애하고 있으며(Bye et al., 2009), 그다음으로 학교체계 개입, 지역사회 개입, 행정 등 및 기타에 시간을 할애하는 것으로 나타났다.

교육부는 2012년부터 학생 정서·행동특성검사를 학부모 동의 없이 실시 가능하도록 하여, 매년 초등학교 1·4학년, 중학교 1학년과 고등학교 1학년을 대상으로 실시하고 있다. 이는 진단검사가 아닌 학생의 성격특성 및 정서·행동발달 경향성을 파악하여 학생교육활동의 적정성을 지원하기 위한 선별검사(screening test)이다. 초등학생 대상 정서·행동발달 선별검사(Child Problem-Behavior Screening Questionnaire: CPSQ-II)는 전체 65문항으로, 성격요인, 정서행동 문제를 포함하고 있다. 중고등학생용(Adolescent Mental Problem Questionnaire: AMPQ-III)은 총 63문항으로 성격요인, 위험문항(학교폭력 피해, 자살 관련), 정서행동 문제로 구성되어 있다.

검사결과에 따라 정서·행동특성 문항을 중심으로, 학생들은 정상군과 관심군(일반관리, 우선관리)으로 구분되어, 관리 대상인 관심군 학생을 선별한다. 관심군 학생은 T점수 65~69는 일반관리군, T점수가 70점 이상이거나 자살 관련 문항이 기준 점수 이상인 경우 우선관리군으로 전문기관에 의뢰하도록 하고 있다.

일반적으로 관심군 학생은 전체의 약 6~7%가 해당된다. 관심군으로 분류된 학생은 심리적 부담이나 스트레스, 우울한 생각이나 자살에 대한 생각 및 계획, 불안 문제, 학습·주의력·품행·인터넷 사용의 문제 등과 같은 문제들에 대해서 세심한 관심과 심층평가가 필요하다. 특히 우선관리군에 속할 경우에는 정서행동의 문제를 가질 가능성이 보다 높기 때문에 우선적인 개입이 필요할 수 있다(교육부, 2020a). 그러므로 학생과 우선관리 학생에 대해서는 관리체계를 구축하고 위험 수준별로 필요한 개입을 하도록 하고 있다. 자살 위기와 학교폭력 피해문항 응답 학생은 심층평가 및 필요한 조치가 이루어질 수 있도록 학교에 Wee 클래스 전문상담사가 있는 경우 학생 심리검사를 의뢰하고 함께 학생 개입을 위한 서비스 조정을 하며, Wee 센터나 청소년상담복지센터, 지역 정신건강복지센터, 자살예방센터 등과 연계 협력을 통해 학생을 도울 수 있다.

이러한 맥락에서 Meyers 등(Meyers et al., 1979; Ehly, 1993에서 재인용)은 학교사회복지에서의 개입을 크게 ① 학생 대상의 직접적 서비스, ② 학생 대상의 간접적 서비스, ③ 교사 대상의 직접적 서비스, ④ 거시체계 대상의 서비스로 분류하였다. 먼저, 학생 대상의 직접적 서비스에는 학생들에게 제공되는 상담 및 교육프로그램, 훈련과정, 지지 등이 포함되며, 간접적 서비스는 학생을 둘러싸고 있는 교사, 부모, 타 전문가에 대한 개입을 통해 학생의 변화를 유도하는 것이다. 직접적 서비스의 대상으로서 교사는 교사에 대한 직접적인 상담을 비롯하여 학생을 다루거나 이해하기 위한 자문 및 훈련이 포함된다. 특히, 거시체계 대상의 서비스는 학교체계의 변화를 의미하며, 교장 및 교감 그리고 총무 및 서무담당의 행정체계에 대한 개선이나 변화, 교육구청, 교육정책 등의 변화를 위한 개입을 뜻한다. 이러한 개입방법은 사회복지실천에서 생태학적 관점의 미시, 중간, 거시체계에의 개입과 같은 맥락으로 이해할 수 있으며, 실천개입기술에서의 직·간접적 개입과 맥을 같이한다고 볼 수 있다(성민선 외, 2004).

2) 학생체계 중심 실천에 영향을 미치는 요인

학생에게 있어 학교적응은 매우 중요하다. 학교적응에 영향을 미치는 요인들로 개인, 가정, 학교, 친구 등의 여러 요인을 학교적응과 관련하여 살펴보면, 학생들을 둘러싼 심리·사회적 환경은 동일한 구성 메커니즘을 지니고 있는 것이 아니라는 점을 알 수 있다. 학생들의 심리·사회적 환경을 살펴보면, 학교부적응을 예측해 주는 요인과 학교부적응을 억제하는 기능을 지니고 있는 요인으로 구분해 볼 수 있다. 이 중 학교부적응을 예측해 주는 요인이 위험요인이며, 억제하는 기능을 가지는 변인이 보호요인이다. 즉, 위험요인이 한 학생이 평균적인 다른 사람들에 비해 발달상 문제를 일으킬 만한 소지가 높아지도록 하는 특성 및 변인이라면(Polland et al., 1999), 보호요인은 위험요인에 노출되었을 때 나타날 수 있는 부정적인 영향력을 중재하거나 완화시켜 결과적으로 비행이 야기될 수 있는 확률을 낮추는 변인이다(Rutter, 1979). 이러한 회복탄력성은 학생 개인마다 다르며 시간이 지나면 성장이나 쇠퇴할 수 있는 특성이 있다(Hendersen & Milstein, 2003).

실제로 학생들이 위험요인에 많이 노출되어 있다고 해서 누구나 학업중단을 하는 것은 아니다. 위험요인에 노출된 학생들이 모두 학업중단을 하지 않는다는 것은 위험요인을 억제할 수 있는 다른 요인들이 존재한다는 것이다. 단순히 위험요소로는 여러 가지 문제를 가지고 있는 학생 중에서 높은 학교적응을 보이고 있는 학생체계의 특성을 설명하지 못하게 된다. 학생의 학교적응을 이해하기 위해서는 위험에 처한 학생 개인들을 부정적인 경로에 처하게 하는 위험요소에 더하여 그러한 위험에 처했음에도 불구하고 부정적인 경로로부터 보호해 주는 보호요인을 고려해야만 한다.

(1) 위험요인

Smith와 Carlson(1997)의 선행연구에서 학교적응과 관련된 위험요인을 살펴보면 크게 개별적인 수준, 가족적인 수준, 지역사회 등 사회환경적인 수준으로 나누어 살펴볼 수 있다.

개인적인 수준에서 위험요소로서는 신체 및 정신장애, 만성질환, 낮은 지능 충동이나 우울성향 등이다. 출생 시 장애나 유전적 질병과 발육상태 부진은 학생의 발달 및 적응에 심각한 영향을 미치는 것으로 나타나는데(Brooks-Gunn et al., 1995; Garmezy, 1996), 빈곤계층 학생들이 장애를 가지고 출생할 확률이 높고, 임신기의 좋지 않은 영양섭취로 인해 발육상태가 부진하게 되는 경우가 많다.

가족관련 위험요소는 이혼과 사망으로 인한 구조적 결손, 부모의 우울이나 알코올 중독 같은 정신병리, 비일관적인 양육태도, 문제행동에 대한 허용적 태도, 자녀에 대한 낮은 관여, 자녀학대나 배우자 학대 그리고 낮은 사회경제적 지위 등이 제시되고 있다(박연신 · 김의철, 2003; 최윤정 외 2004; Garmezy, 1991; Hashima & Amato, 1994).

(2) 보호요인

빈곤학생의 적응에 긍정적 영향을 미치는 보호요소에 대해 Gore와 Eckenrode(1996)는 개인적 요소와 환경적 자원 등 두 가지를 제시하고 있으며, Garmezy(1991)와 Werner(1989)는 개인의 기질적 요소, 가족적 요소 그리고 외부적 지지원의 존재 등 세 가지를 제시하고 있다.

먼저 개인적인 보호요소로는 학생 개인이 가지고 있는 미래에 대한 계획성, 책임감, 문제해결능력, 자기유능감 등을 제시되고 있다(Garmezy, 1991; Luther, 1991). 문제상황에서 이러한 특성을 가진 학생은 더 나은 적응유연성을 보이는 것으로 나타나고 있다.

가족관련 보호요소로서 제시되는 것은 가족구성원의 사회적 지지와 민주적인 양육태도이다. 가족의 지지와 부모의 긍정적 양육태도 등은 학생이 빈곤이나 장애, 실패 등의 위험요인이 주는 효과를 중재하는 역할을 하는 중요한 보호요인으로 제시되고 있다(오경자 외, 2005; Conger et al., 1994; Constantine & Benard, 2001).

사회환경적 보호요소는 학교에서의 관심과 지지, 친구의 지지, 다양한 활동에의 참여 등을 통한 사회적 지지의 제공 등으로 제시되고 있다. 먼저 학생이 하루에 1/3 또는 1/2 이상을 보내게 되는 학교는 학생에게 매우 중요한 심리·사회적 환경이다. 긍정적인 경험이 있는 학교는 그들에게 미래를 준비하는 지적 훈련과 인격적 성장을 위한 안정된 장소이며, 학교에서의 교사의 관심과 지지, 격려와 기대 등은 위기와 역경에 처한 학생에게 용기와 힘을 주는 긍정적인 보호요인으로 기능하고 있다(Constantine & Benard, 2001; Greene, 1992).

따라서 학생의 학교적응탄력성(school resilience)이란, 고위험의 역경 상황에서도 학업에 대한 태도가 좋고, 학교생활에 대한 높은 동기와 흥미를 갖고 있으며, 학교 규범을 잘 준수하는 능력으로 정리될 수 있다. 따라서 학교는 학생 개인의 내적인 보호요인을 발달시키는 교육적 접근, 예방과 개입 프로그램, 적절한 교육과정을 제공하고, 회복탄력성을 양성하는 환경적 보호요인을 증진시키도록 노력해야 한다.

3) 학생체계 중심 실천의 개입방법

학생체계 중심 개입은 개별 개입이나 집단 개입을 통해 우울, 불안 등의 심리·정서적 문제나 비행, 폭력 등의 행동 문제에 대한 개입으로 학생 개인의 문제해결과 행동 변화에 초점을 둔다. 그러나 학생 문제의 원인이 다차원적으로 이루어지기 때문에 생태체계적 관점에서 문제해결을 위한 개입도 학생, 가족, 학급 또는 학교, 지역사회를 대상으로 이루어지는 경우가 많다. 이렇게 개입대상체계가 학생이든지 부모이든지, 교사이든지 간에 학교사회복지사의 개입은 학교사회복지사의 이론적 관점과 깊은 연관이 있다.

학생의 심리·정서행동적 문제는 개인, 가족, 환경의 여러 가지 복합적인 원인에서 비롯되기 때문에, 그에 적합한 정신역동 모델, 심리사회 모델, 인지행동 모델, 해결중심 모델 등을 문제해결에 적용한다. 학생 개인 체계의 개입을 위하여 학교사회복지사는 문제의 성격, 학교사회복지사 자신의 역량, 학교와 지역사회의 환경적 맥락을 고려하여 절충적으로 실천 모델을 적용한다. 즉, 어떤 이론적 배경을 토대로 개입을 할 것인가에 따라 개입기법이 달라질 수 있으므로, 학교사회복지사는 자신의 이론적 관점을 점검하고 다양한 이론적 관점을 활용할 필요가 있다(Murphy & Dillon, 1997). 학생체계 중심의 개입은 대면상담에 기초하기 때문에 의사소통 기술은 보편적으로 요구되는 기술이다.

학생체계 중심의 문제행동이나 태도의 변화를 위해 학교사회복지사는 접수·초기면접-사정-개입·치료-종결의 과정을 거치며, 학교사회복지사와 학생 간의 관계를 변화의 도구로 활용해야 한다. 접수·초기면접 단계에서는 학생 스스로 방문이나 전화로 하는 경우도 있지만 학교상황에서는 일반적으로 교사의 의뢰를 통해서 학생들이 학교사회복지사를 찾는 경우가 많다. 따라서 학생체계 중심의 개입방법에서는 다음과 같은 개입기술이 중요하다.

(1) 초기면접

초기면접 시 학교사회복지사는 학생이 생각하는 의뢰의 이유와 주요 문제, 문제에 대한 학생 본인의 생각을 탐색하고, 학생이 학교사회복지사의 도움을 필요로 하는 영역이 무엇이며, 서비스를 받고자 하는 동기 수준이 어느 정도인지를 파악해야 한다(Hepworth & Larsen, 1997). 때때로 학생 개인이 생각하는 문제와 교사가 의뢰한 이유 그리고 학교사회복지사가 생각하는 문제가 일치하지 않을 수도 있다. 이때 학교사회복지사는 세 사람 간의 일치점을 찾도록 노력해야 한다. 학생이 자신의 주요 문제를 부인할 수도 있으며, 학교사회복지사가 알고 있는 문제를 최소화하거나 부분적으로 인정하는 경우도 있다. 따라서, 초기면접에서는 학교사회복지사는 문제를 부인하거나 회피, 혹은 강한 저항감을 갖고 있는 학생들을 학교사회복지서비스에 보다 자발적으로 참여할 수 있도록 돕는 관계형성기술(engagement skills)과 계약기술이 필요하다.

(2) 관계형성기술

관계형성기술은 학교사회복지서비스에서 전문관계를 형성하는 데 필수적이다. 학생 개인에게 도움을 주기 위해서는 학교사회복지사와 학생 간의 관계가 변화의 촉진제가 된다. 이때, 학교사회복지사는 개방성, 온화함, 학생에 대한 이해와 존중, 진실성 등의 특성을 활용하여 학생과의 신뢰관계 및 라포 형성을 촉진할 수 있다. 또한, 학교사회복지사가 갖추어야 할 기본적인 대화의 기술을 갖추어야 하는데, 여기에는 언어적, 비언어적 대화를 듣고 해석할 수 있으며, 목소리, 억양, 얼굴 표정, 말의 속도 등에서 학생에게 편안함과 친근감, 진실성을 보여 줄 수 있도록 노력해야 한다(김혜란 외, 2001).

(3) 계약기술

계약기술은 학생들이 호소하는 주된 문제와 이 문제에 대한 목표를 설정하고, 문제해결과 목표성취를 위해 취해야 할 조치들을 문서화하는 과정을 포함한다. 이 기술은 학생의 상황과 관련된 문제에 대한 사정을 기초로 구체적인 목표와 개입프로그램, 방법 등에 대한 실행방법 및 평가계획을 세우고 합의하는 데 필요한 기술이다(김혜란 외, 2001). 또한, 학생의 문제에 대해 상호 이해를 통해 문제를 구체화하고, 목표를 설정하며, 효과적인 접근방법을 개발하며, 단계적 행동방법을 구상하고, 평가계획을 세우는 실천기술이다. 주된 문제가 여러 가지가 있다면 우선순위를 선정한 후 장·단기 목표를 구체적으로 수립하여야 한다. 목표는 측정 가능할 수 있도록 세분화하고 구체화하여야 하며, 달성기한을 설정해야 한다(Hepworth & Larsen, 1997).

목표설정에 있어 학교사회복지사는 학생 위주의 목표를 설정토록 노력한다. 즉, 학생 스스로 달성 가능하리라 여겨지는 목표를 설정할 수 있도록 하는데, 목표의 문서화 작업은 학교사회복지사와 학생 간의 계약을 의미하며, 학생에게 책임감을 심어 줄 수 있는 기회가 된다.

참고 서면계약서에 표기될 수 있는 내용들

- 학생에게 제공하는 서비스의 결과는 무엇인가?
- 학생이 해야 할 일은 무엇이며, 언제인가?
- 가족, 친구, 이웃 등이 학생을 위해 해야 할 일은 무엇인가?
- 사회복지사와 직원들이 해야 할 일은 무엇인가?
- 타 기관에서 확보해야 할 서비스는 무엇인가?
- 학생의 상황을 재사정하고 서비스 계약을 재조정하게 만든 사건은 무엇인가?
- 계획에서 의도하지 않은 결과가 있다면 무엇인가?
- 필요한 경우, 서비스에 대한 이용료와 이에 대한 납입방법은 어떤 것인가?

*출처: 서울대 사회복지실천연구회(2000).

(4) 고지된 동의

고지된 동의란, 학생이 서비스의 내용과 방법에 대해 이해하고 참여한다는 것을 비롯하여 비밀보장의 원칙에 대해서 설명을 듣고, 이해하며, 학생 면담 관련 정보의 유출 시 학생의 동의를 필요로 한다는 것을 학생에게 분명히 설명하고, 필요한 경우 서면동의를 구하는 것이다. 이때, 비밀보장의 원칙은 보다 자세한 설명을 요한다. 미국의 경우 비밀보장원칙의 예외 조항은 학생이 아동학대를 받고 있을 때, 자해위험이 있을 때, 그리고 타인을 해칠 위험이 있을 때, 사례회의나 교육목적으로 정보를 활용할 때이다. 학교사회복지사는 아동학대의 신고의무자이므로 아동학대 사실을 인지하였을 때는 아동학대예방센터(긴급전화, 국번 없이 1391)로 신고해야 할 의무가 있다. 학생이 자해할 위험이 있을 경우와 타인을 해칠 위험이 있을 경우, '사회복지사윤리강령'에 입각한 학생의 안전보호원칙을 이행해야 하는 것으로, 부모, 교사, 예상되는 피해대상자 등에게 신속하게 통보하여야 한다. 특히, 중 · 고등학생들은 자신의 자살충동행동이 타인에게 알려지는 것에 대해 민감하게 반응하게 되는데, 학교사회복지사는 학생의 안전우선원칙을 명확히 이해시켜야 할 필요가 있다.

학교사회복지사는 비밀보장의 원칙과 예외 사항을 초기 면담시간에 설명해 줌으로써 나중에 발생할 수 있는 부정적인 반응을 피하도록 한다. 뿐만 아니라, 학생의 생명보호 및 안전이 무엇보다 중요하며, 학교사회복지사는 학생의 생명보호를 위해 노력한다는 점을 인식시키고 이해시켜야 한다.

(5) 정보제공과 조언하기

정보제공은 학생에게 의사결정이나 과업수행에 필요한 정보를 제공하는 것을 말한다. 그리고 조언은 학생이 해야 할 것을 추천하거나 제안하는 학교사회복지사의 기술을 의미한다. 하지만 이 두 가지 기술은 조심해서 사용해야 할 필요가 있다. 우선 정보제공과 조언하기의 기술은 학교사회복지사의 접근기술에 따라 학생이 직접적인 행동으로 옮길 가능성이 크기 때문에 행동 실행과 그 결과에 따라서는 법적 책임이 따를 수도 있다. 따라서 직접적인 정보제공과 조언보다는 학생이 제공되는 정보와 조언에 따라 충분히 독자적인 판단을 할 수 있는 여지를 제공해 주어야 한다.

(6) 격려, 재보증, 일반화 기술

격려는 학교사회복지사가 학생의 잠재적 가능성에 확신을 표현하는 기술이며, 학생의 강점을 인정하고 지지하는 수단이 된다. 반면, 재보증(reassurance)은 학생이 합리적이고 현실적인 생각과 결정을 내렸음에도 불구하고 여전히 학생이 의구심을 가질 때 사용한다. 그리고 일반화(generalization)의 기술은 학생이 문제시 생각하는 감정, 태도 그리고 행동이 다른 사람들과 비슷하거나 다른 사람들도 그렇게 느끼고 행동한다는 것을 설명하는 기술이다(서울대 사회복지실천연구회, 2000).

(7) 직면과 도전하기

직면과 도전하기 기술은 학교사회복지사와 학생 간에 돈독한 신뢰관계가 형성되었을 때 사용해야 하며, 학생의 자기 인식을 증진시키는 것을 목적으로 하고 있다. 학생이 자신의 문제를 합리화한다든지, 회피한다든지, 왜곡한다든지 할 때, 혹은 학생의 언행에서 불일치가 발견될 때, 학생이 문제해결을 위한 조치를 이행하지 않거나 문제해결과 관련된 중요한 과제를 다루지 않으려고 할 때 사용한다(서울대 사회복지실천연구회, 2000). 그러나 한 예로 학교사회복지사가 직면기술을 사용하였을 때도 학생의 사적인 경계선이 침해당하지 않았다는 느낌을 가질 수 있도록 해야 하며, 학교사회복지사의 관심과 보호를 받고 있다는 느낌이 들도록 사용해야 한다. 즉, 학교사회복지사가 자신의 문제해결에 진심으로 관심을 갖고 노력하지만 학생 자신의 노력이나 의지가 부족한 점을 지적한다는 것을 충분히 이해할 수 있어야 한다. 이때 학교사회복지사는 긍정적인 관찰과 함께 도전적인 메시지를 제공하고 강점을 인정하고 지지할 필요가 있다.

(8) 반영기술

반영기술에는 내용반영기술, 감정반영기술 그리고 감정과 의미반영기술이 있다.

첫째, 내용반영기술은 메시지나 정보에 대한 이해를 전달하기 위한 감정이입기술로서 학생이 말한 내용을 부연하고 다시 학생에게 표현하는 것을 의미한다(Cournoyer, 2000; Murphy & Dillon, 1997). Evans 등(1998)은 내용을 부연설명할 때 내담자의 말 속에 담긴 주된 생각을 재진술하고 내담자 말에 의미를 덧붙이거나 의미를 변경하지 않을 것을 제시하고 있다.

둘째, 감정반영기술은 학생이 표현한 감정을 이해하고 반응하는 것을 의미한다. 이 기술은 학생의 감정을 정확하게 이해하고, 이를 공감하며, 이해했다는 반응을 보이는 것으로 문제해결의 선행조건이 된다. Evans 등(1998)은 감정을 반영할 때 적절한 표현방식으로 학생이 느끼는 감정을 명확하고 간결하게 요약하고, 혼돈되어 있는 감정을 반영해 주며, 현재시제를 사용하면서 현재의 감정에 초점을 둘 것을 강조하고 있다. 감정반영기술을 통해 학생은 자신의 감정을 이해하고 수용하며, 자신의 감정을 학교사회복지사가 이해하고 있음을 깨닫게 된다. 또한, 감정반영기술을 통해 학교사회복지사와 학생 간에는 돈독한 관계가 형성될 수 있다(Evans et al., 1998).

셋째, 감정과 의미반영기술은 감정이입과 적극적 경청을 통하여 학생의 감정과 사실 혹은 생각을 반영하는 것이다. 이 기술은 학생의 경험과 일치시켜야 하지만 의미를 부여하거나 해석하지는 않는다.

(9) 경청기술

경청기술은 타인의 말을 주의 깊게 듣는 것, 비언어적 제스처를 관찰하는 것, 학생이 자신을 충분히 표현하도록 격려하는 것, 말한 내용을 기억하는 과정을 의미한다(Cournoyer, 2000). 이 기술은 학교사회복지사가 자신의 경험에 대한 관심을 최소화하는 반면, 학생이 경험하고 표현하는 것을 명료하게 이해하기 위해 학생에게 집중하는 것을 의미한다. 효과적인 경청을 위해서는 자기 통제, 자기 훈련이 필요하다. 즉, 학생이 말을 할 때 침묵을 지킬 줄 알고, 이를 적절히 사용할 수 있어야 한다. 또한, 경청기술은 관찰기술을 동반한다. 이는 학생이 말한 언어적, 비언어적 의사소통의 내용을 이해하고 관찰하는 것을 의미한다. 나아가 경청기술을 사용할 때는 사회적인 낙인이나 금기시하는 주제의 논의를 어려워할 수 있으므로 격려의 기술도 필요하다.

학생체계 대상으로 많이 활용하는 이론적 관점과 기술로는 인지행동이론에 입각한 실천기술이 있다. 인지행동이론이 학생들에게 적용하기 쉬운 이유는 표적이 되는 문제행동과 목표가 측정 가능하다는 점이다. 뿐만 아니라 보상과 처벌의 원칙에 따른 즉각적인 피드백이 가능하며, 학생들이 면접에서 배우는 기법을 쉽게 이해하고, 현실에 적용할 수 있기 때문이다.

2. 집단체계 중심 실천

1) 집단체계 중심 실천의 특성

적응이란 개인과 환경과의 관계를 나타내는 개념으로 개인이 그의 일생동안 생존과 성장, 생산적 기능들을 충족하기 위해 그의 환경과의 적합성을 성취하기 위한 적극적인 노력이다(Germain, 1983). 청소년기는 신체적 · 정서적 · 인지적 · 사회적 성장이 급격하게 이루어지는 시기이며, 이 시기에는 급속한 신체적 변화와 인지적 발달을 경험하며, 자아정체감 확립과 더불어 성인생활을 준비해야 하는 여러 가지 과제를 습득해야 한다. 학교적응은 학교라는 환경 속에서 청소년들이 자신들에게 주어진 과제를 습득하는 것을 의미한다.

학교적응에 대한 정의를 살펴보면, 학교적응은 학교라는 사회적 집단에 속하는 청소년이 그 집단의 목적을 효율적이고 능률적으로 달성하는 것뿐만 아니라 자신 스스로도 이러한 환경에서의 상호작용에 만족을 느끼는 상태라 할 수 있다(송운용 · 곽수란, 2006). 뿐만 아니라, 학교상황에서의 스트레스에 대한 대처라는 관점으로 학교적응을 설명할 수 있다(문승태, 2004).

한편 Spencer(1999)는 학교생활 적응을 학생의 특성과 학습 환경의 다차원적 성격 및 요구 간의 교육적 적합성을 최대화하는 데 필요한 학교순응의 정도로 정의하고 있으며, 학교부적응은 학업동기, 학업성취, 학교 참여, 지속성, 학교출석, 학습준비 그리고 학교졸업 등에서의 부적합으로 이어짐을 주장하였다.

Kurdek 등(1995)은 학업성적, 기초지식에 대한 성취도, 문제행동 등 세 가지 측면에서 학교적응을 설명하고 있으며, Dubois 등(1994)은 학업성적, 학교출석일, 학습에 관련된 자아개념 등으로 학교적응을 개념화하였다.

이상과 같은 정의를 종합해 볼 때, 학교적응은 결과적인 학업성취에 국한되는 것이 아니라, 그들이 속한 집단의 목적을 효율적으로 달성하며, 그 과정에서 학생 개인의 만족스러운 상호작용 과정을 모두 포함하는 개념이라고 할 수 있다(곽수란, 2006).

따라서 집단체계를 이용한 학교사회복지 실천방법은 학생들의 학교적응을 위해 학교현장에서 많이 활용될 수 있다. 이때, 집단프로그램과 집단을 혼용하지만, 집단프로그램은 집단의 내용의 일부이며 집단의 목적을 성취하기 위한 하나의 수단이므로 집단프로그램과 집단은 엄연히 구별되는 개념이다. 또한, 집단프로그램을 운영할 때 프로그램 자체가 집단의 목적이 되어서는 안 된다. 이러한 현상은 특히 구조화된 집단프로그램에서 자주 발생하는 문제이면서 집단이 실패하는 원인이 되는데, 집단의 목적은 집단 구성원의 개별목표와 집단 전체의 목적으로 이루어지는 것이며, 개인 및 집단의 욕구를 반영하는 것이지 구조화된 집단프로그램에 의해 개별성원의 목표와 집단목적이 정해지는 것은 아님을 분명히 해야 한다.

집단체계를 활용한 개입은 개별 구성원과 집단 전체 그리고 집단이 속한 환경의 세 가지 모두에 초점을 둔다. 이는 집단을 통하여 학생의 욕구를 충족시키고 집단 전체의 목적을 성취하면서, 집단에 영향을 줄 수 있는 외부 환경(예를 들면, 학교, 지역사회)과의 관계 속에서 집단이 성장하고 발달하는 것이다. Northern과 Kurland는 집단을 활용할 때 발생하는 역동적인 힘(dynamic forces)을 언급하고 있는데(Northern & Kurland, 2001), 이러한 역동적인 힘은 집단을 활용할 때 발생하는 장점이라고 할 수 있다.

학교현장은 학급단위로 이루어져 있고, 또래의 지지와 간접적 경험을 공유할 수 있는 집단 역동의 효과 등으로, 소집단 프로그램이 매우 많이 활용되고 있다. 학교사회복지사는 유사한 문제를 가진 학생들의 문제해결집단, 전반적으로 문제 발생 이전에 이를 예방하기 위한 예방교육 프로그램, 그리고 위기학생들의 학교생활 적응을 위한 소집단 프로그램 등을 운영한다. 이 밖에도 집단 캠프, 임원 학생을 위한 리더십 프로그램 등 매우 다양한 프로그램들이 운영되고 있는데, 학교현장에서 집단체계 중심 실천을 통하여 다양한 효과를 유도할 수 있다. 운영 시간 계획은 프로그램의 성격에 따라서 창의적 체험활동 시간을 활용하거나, 아침 수업 전, 혹은 수업 후, 주말(문화체험, 캠프활동 등) 등에 이루어지며 수업 시간에 맞추어 1회기 40~50분으로 기획한다. 학교에서 한 학기는 보통 17주로 편성하여 1년간 34주로 운영되지만, 학기초, 학기말, 시험기간, 프로그램 홍보와 모집 기간 등을 고려할 때, 학기별로 4~12주 이내로 계획되는 것이 용이하다.

2) 집단체계 중심 실천의 단계

학교에서 개별 개입은 특별한 행정적 절차 요구 없이 접수, 사정 및 상담, 종결 및 평가의 과정을 통해 이루어지지만, 집단 개입의 경우는 반드시 사전에 계획되고 내부 결재를 통해 학교 관리자의 허락을 받아야 한다. 모집 대상 학년, 운영 시기, 주요 내용에 대한 사전 협의가 학년부장이나 복지부장과 이루어져야 하며, 외부 기관과 연계하여 운영하거나 학교 밖에서 이루어지는 경우는 안전사고나 인솔자 책임 등 더욱 주도면밀한 계획이 이루어져야 한다.

특히, 학교사회복지사가 직접 집단 프로그램을 진행하지만, 창의적 체험활동 시간을 활용하여 예방교육 프로그램을 진행하게 될 때, 담당 교사가 보조지도자로 함께 진행하는 것은 매우 중요하다. 이는 일정 정도 수업 교사의 책임을 상기시키는 것이며, 교사가 배제되지 않도록 역할을 부여하는 것이다. 또한 학급 개입에서 한 명보다는 두 명의 지도자가 있을 때 프로그램의 개입 효과도 더 커진다. 학부모 자원봉사자나 지역사회 인적 자원을 활용하여, 학생 4~5명당 1명의 보조지도자가 함께한다면 개입의 효과성은 더욱 커질 것이다.

뿐만 아니라 집단에 대한 학교사회복지사의 개입은 집단의 발달단계에 따라 그 역할과 기술이 달라진다. 집단의 발달단계는 학자에 따라 다르지만 일반적으로 계획·준비단계(planning stage), 초기단계(beginning stage), 중간단계(middle stage), 종결단계(termination stage)로 구분된다.

(1) 계획 · 준비단계

학교사회복지사는 학생, 교사, 학부모 등의 욕구를 바탕으로 집단 프로그램을 기획한다. 일반적인 학년 초 욕구조사를 통해 주요 프로그램이 사전에 계획될 수 있으나, 때로는 긴박하게 개입 프로그램이 요구되는 경우도 있다. 장애학생에 대한 인식 증진, 문화적 다양성 인식 증진, 학교폭력 예방교육, 성교육 등의 예방교육 프로그램 등은 인권교육과도 밀접한 관련이 있으며, 학교 교과과정이나 필수적으로 이행하여야 하는 교육 내용에 포함되어 있는 경우도 있다.

Kurland(1978)는 계획 · 준비단계에서 집단을 구성하기 위해 점검해야 할 다음과 같은 여섯 가지 영역을 제시하였다.

첫째, **욕구**(need): 예상되는 집단성원들의 문제, 과제들이 무엇인가를 파악하는 일이다.

둘째, **목적**(purpose): 집단이 집합적으로 추구하는 목적과 목표는 무엇이며, 개별적인 목표는 무엇인가와 집합적 목적과 개별목표가 어떻게 연결되어 있는가를 파악하는 일이다.

셋째, **집단성원의 구성**(composition): 집단성원의 수를 몇 명으로 할 것인지, 집단성원 간의 공통점과 차이점은 무엇인지 그리고 집단을 이끌 리더를 누구로 할지를 결정하는 문제이다.

넷째, **구조**(structure): 집단회합의 빈도, 기간, 장소 그리고 시간 등을 결정하는 것이다.

다섯째, **집단의 내용**(content): 집단의 목적을 성취하기 위한 수단을 어떤 것으로 할 것인지를 결정한다. 이는 집단이 토론을 위주로 할 것인지, 활동을 이용하여 목적을 성취할 것인지 등을 결정하는 것이다.

여섯째, **집단 초기모임 이전에 사전모임을 갖는 것**: 이때는 개별면담을 통해 개개인의 욕구와 목표를 파악하고 임시적으로 목표를 설정하는 것이다.

Kurland는 집단이 실패하는 원인 가운데 하나는 계획·준비단계를 소홀히 하기 때문이라고 지적함으로써 이 단계의 중요성을 강조하고 있다. 또한, 이 단계를 착실히 준비함으로써 학교사회복지사는 자신감을 갖게 되고 집단성원 개개인의 문제나 욕구 그리고 개별성원을 둘러싼 환경을 보다 잘 이해할 수 있다고 주장한다.

이 단계에서 과제중심 모델과 문제해결 모델, 목표달성 척도 등은 집단 프로그램을 계획하는 데 매우 적절하다. 특히, 목표 설정은 보통 SMART의 다섯 가지 조건으로 제안하는데, 구체적이고 명확해야 하며(Specific), 측정 가능하여야 하고(Mesurable), 달성 가능하여야 하며(Attainable), 타당하여야 하고(Relevant), 시간 제한(Time bounded)이 필요하다(우수명, 2004). 이 중 목표의 타당성은 프로그램이 달성하고자 하는 성과가 학생의 욕구나 삶의 질 개선에 중요한 기능을 하고 있는지를 말하며, 학생 문제에 대한 우선순위가 높은 것으로 설정하여 타당성을 높이게 된다.

(2) 초기단계

집단 프로그램을 직접적으로 운영하는 학교사회복지사는 집단 발달 단계에 대한 이해가 필요하다. 잘 구조화된 집단프로그램을 기획하고 내부 결재를 통하여 프로그램을 실시할 수 있는 모든 조건을 갖추었다 하더라도, 막상 프로그램 대상자 모집 단계에서부터 어려움에 직면할 수 있다. 특히 의무적으로 학급 단위에서 이루어지는 예방교육이 아니라 문제해결 집단처럼 신청 학생들을 대상으로 하는 경우에는 사교육, 입시준비, 취업준비 등으로 바쁜 일과를 보내는 학생이라 별도의 시간을 할애해야 하는 집단 프로그램에 쉽게 참여하기 어려울 수 있다.

따라서 학교사회복지사는 집단의 취지를 잘 설명하고, 학생들의 개인적 목적과 목표를 물어보고, 공동의 목적과 목표에 대한 성원들의 최종합의에

도달하는 것이 바람직하다. 집단의 초기단계에서 집단성원들은 낯선 사람에 대한 불안과 불신을 갖게 되고 의사소통도 성원들 간의 대화보다는 학교사회복지사를 중심으로 일방형 대화를 하게 된다. 또한, 성원들 간에 상호 탐색이 시작되지만 한편으로는 거리감을 유지하려고 한다. 집단성원들이 초기에 불안하게 되는 이유 가운데 하나는 비밀보장의 문제이며, 다른 하나는 집단을 통해 자신의 목표를 성취할 수 있을까에 대한 불안감이 있기 때문이다.

학교사회복지사는 초기단계에서 성원들 간의 비밀보장의 원칙을 설명하고 이해할 수 있도록 돕는 과제를 안고 있다. 이 단계에서 학교사회복지사는 집단, 학교사회복지사 자신 그리고 개별학생에 대한 오리엔테이션을 제공하여 집단의 전체적인 방향을 이해할 수 있도록 돕고, 집단의 목적을 공유하고, 집단의 목적을 개별 목표와 연계시켜 어떻게 성취할 수 있을지를 논의한다. 또한, 집단성원 간의 공통점과 차이점을 파악할 수 있도록 돕는데, 이는 집단의 응집력에 매우 커다란 영향을 미치므로 학교사회복지사가 관심을 갖고 집중해야 할 영역이다. 학교사회복지사는 집단의 규범이 설정될 수 있도록 도움으로써 초기단계에서의 서먹서먹한 분위기를 최대한 완화할 수 있도록 돕는 역할을 한다. 뿐만 아니라 학교사회복지사는 공동의 목적과 목표 달성을 지향하면서 동시에 집단 내에서 각 학생의 개인적 목표가 달성될 수 있도록 학생 개개인에 주목하고 성장을 촉진한다.

(3) 중간단계

이 단계에서는 집단성원들이 집단이나 개별 성원에 대한 탐색이 감소하고 친밀감을 형성하게 되어 하위집단이 발달하게 된다. 하위집단은 성원들 간의 정서적인 매력이나 공통점에 의해 이루어지게 되는데, 하위집단 간의 알력이나 갈등이 심해지면 집단은 와해되기 쉽다. 반면, 하위집단 간에 조화를 이루면 집단의 목표성취가 촉진될 수 있다. 따라서 학교사회복지사는 하위집단을 잘 파악해 둘 필요가 있다.

이 단계에서 집단성원들은 자신의 위치와 역할을 모색하게 되고, 집단성원 간의 차이점을 수용하고 인정하게 된다. 또한, 집단의 중요성을 내면화시켜 집단이 생활의 중요한 준거틀로 작용하게 된다. 의사소통에 있어서도 학교사회복지사에게 덜 의존하게 되어 다방향 의사소통(multi-way communication)이 가능해진다. 이 단계에서는 집단 내부에 어느 정도 위계질서가 발생하고, 각 학생의 역할이 공식적 · 비공식적으로 정해지며, 집단의 리더가 나타나기도 한다. 또한, 집단성원들은 집단과 학교사회복지사를 대상으로 여러 가지 실험을 하게 된다. 그리고 이 단계에서는 집단 응집력이 생기는데, 응집력을 파악할 수 있는 단적인 방법은 집단의 출석률과 시간 엄수에서 나타난다. 즉, 출석률에 변동이 심하고 시간 엄수가 이루어지지 않는다면 집단의 응집력이 약하다고 할 수 있다.

이 단계에서 학교사회복지사는 집단 및 학생 개별성원의 위치를 파악할 수 있어야 하는데, 이는 곧 개별 및 집단의 목표가 성취되는 정도, 갈등관계 및 협조체계를 파악하여야 한다. 나아가 개별학생의 동기나 태도, 관계 등을 평가하기 시작하고 모든 성원의 적극적인 참여를 유도하여야 한다. 또한, 집단성원 모두가 다양한 경험을 할 수 있도록 돕고, 필요한 경우 집단성원의 갈등이나 문제를 직면하고 이를 해소하도록 노력한다.

(4) 종결단계

집단성원들이 집단에서 긍정적인 경험을 하고 문제해결에 효과적인 도움을 받게 되면 이에 대한 언어적인 표현이 집단과정 속에서 표출되게 된다. 문제가 해결되기 시작하면서 집단에 참여하는 횟수가 줄어들 수도 있는데, 이는 집단 외부에서의 활동에 보다 관심을 갖게 되기 때문이다. 즉, 집단 내에서 배운 새로운 기술과 지식을 외부환경에 적용, 전환하는 과정에 있는 것이다. 따라서 일부 학생들은 집단에 대한 양가감정을 가질 수 있다. 이는 집단참여와 외부활동에의 참여에서 갈등을 경험하기 때문이다. 이러한 현상이 나타나게 되면 학교사회복지사는 종결에 대한 논의를 충분한 시간적 여유를 두고 시작하여야 한다. 특히, 집단회합모임이 오랜 기간에 걸쳐 이루어지고 집단성원들의 상호작용이 깊숙하게 이루어졌다면 충분한 시간을 갖고 집단에서의 분리 및 종결을 논의하여야 한다. 집단에서의 종결은 학생 개별성원의 목표성취평가 및 집단의 목적성취 여부와 같은 과제를 다루게 된다. 학교사회복지사는 종결에 따른 학생 개별성원 및 집단 전체의 반응을 점검하고, 최종 회합까지 남은 시간 동안 해결해야 할 과제를 논한다. 또한, 집단사회사업가는 자신의 감정 및 반응을 점검하도록 한다.

집단경험이 성공적일 때, 집단성원들은 학교에서보다는 외부에서 자체 모임을 지속하기를 원할 수도 있다. 이런 경우 학교사회복지사는 자조집단으로 발전할 수 있도록 도울 수 있다. 한편, 집단경험에서 원하는 목표를 성취하지 못한 학생에 대한 배려도 있어야 한다. 타 학생들의 목표성취에 비해 자신의 목표성취가 이루어지지 못할 때, 집단성원에 대한 개별적인 해결과제와 앞으로의 방향에 대해 논의해야 한다. 이때, 학생 개별성원에 따라서는 타 집단에 의뢰되거나, 새로운 집단에 참여하거나, 개별상담이나 치료를 시작할 수도 있다.

이 단계에서 학교사회복지사는 학생 및 집단 전체에게 집단경험에서 얻은 것이 어떤 것이 있는지를 파악하고 이를 지속적으로 유지할 수 있는 방법을 학생과 함께 논의한다. 또한, 집단과정 경험에 대한 전체적인 피드백을 받음으로써 집단에 대한 평가, 학교사회복지사에 대한 평가를 수행할 수 있다.

3. 가족체계 중심 실천

1) 가족체계 중심 실천의 특성

학교사회복지의 실천과정에서 가족체계를 대상으로 장기적인 개입을 하기는 현실여건상 매우 어려울 수 있다. 하지만 가족체계의 개입은 면담이 일회성이든 여러 차례 지속적이든 간에 가족력의 이해와 가족의 내부구조를 이해할 때 가능하다. 가족력의 이해는 다세대에 걸친 가족의 역사를 이해하는 것을 의미하며, 이를 통해 가족 및 확대가족에서 반복되는 비슷한 혹은 동일한 유형의 문제를 파악할 수 있다. 이에 비해 가족의 내부구조를 이해하는 것은 가족성원 간의 의사소통 및 외부환경과의 상호작용에 따른 개방성 및 폐쇄성을 이해하며, 동시에 가족의 기능, 하위체계 간의 상호작용, 부모의 역할 및 부모-학생관계의 이해, 가족의 역동성, 가족 적응력과 대처방법, 가족의 장점 그리고 가족의 가치체계 및 신념을 이해하는 것을 의미한다.

가족과 지역사회는 학교사회복지서비스의 표적체계로 개입 대상이 되기도 하고, 자원으로서 연계 협력의 대상이 되기도 한다. 생태체계적 관점을 바탕으로 하는 학교사회복지 실천에서 가족은 학생을 둘러싼 주요한 환경체계로 학생 문제의 원인이며 해결 방안인 경우가 많고, 학생의 주요한 지지체계이며 학교사회복지 실천의 협력체계이다. 1960년대 미국의 교육 불평등에 대한 콜맨 보고서(교육기회의 균등, Equality of Educational Opportunity)는 학생의 교육 성취에 영향을 미치는 요인들은 학교시설, 교육과정, 교사의 유능성과 같은 학교 내적인 요소보다는 부모의 사회경제적 지위, 양육태도 등과 같은 학생의 가족체계요인이 매우 큰 영향을 미친다고 보고하고 있다 (Coleman et al., 1966).

그러므로 Costin(1969), Alderson과 Krishef(1973), Allen-Meares(1977, 1994), Peckover 등(2012)의 학교사회복지사들에 대한 연구에서 학생과 가족에 대한 상담이나 가족에 대한 서비스는 언제나 학교사회복지사의 주요한 과업의 하나로 제시되고 있다. 학교사회복지사는 가족에 대해 교육자, 서비스 조정자, 자문가, 공동 협력자, 옹호자, 중개자 등의 역할을 수행한다. 학교사회복지사는 학생의 가정환경체계를 이해하기 위하여 가정방문을 실시하고, 학교사회복지서비스에 대해 안내하고, 가족상담이나 부모교육 프로그램을 실시하거나 전문기관과 연계하며, 가족 기능 강화를 위한 캠프나 가족 개입 프로그램을 진행한다. 상대적으로 학생체계 중심 실천에 비해서 수행 빈도는 낮지만 가족체계에 대한 개입은 학생에게 효과적인 영향을 미친다.

학교사회복지사는 학생 평가의 권한을 갖고 있는 교사에 비해 가족체계와 관계형성에 용이하며, 특히 학교에 대한 부정적인 경험을 갖고 있는 보호자와 학교체계를 중재하는 데에 적절한 위치에 있다. 가능하면 담임 교사와 함께 가정방문을 진행하고 교사, 학부모와 학교사회복지사가 함께 학생 문제를 해결하는 데 협력한다면 매우 바람직하다. 그러나 초등학교와 중·고등학교의 문화나 분위기가 다르고 학부모들의 태도도 모두 다르기 때문에 학교의 상황과 맥락에 따라 다양한 방식의 신뢰 관계 구축과 개입이 이루어져야 한다.

학교사회복지 실천에서 학교사회복지사의 자기 성찰은 특히 가족 개입에서 중요하다. 일방적인 의사소통 방식이나 전문적 용어의 사용, 옹호나 대변의 잘못된 방식은 오히려 취약한 가족의 자기결정권을 침해하고 권리를 약화시킬 수 있는 위험성이 있다. 구조적 결함이 곧 문제 가족이고 문제 학생을 만든다는 단선적인 사고방식과 편견은 가족이 가진 강점을 보지 못하고 질병 관점에 머물게 한다. 한민족과 다문화, 정상과 비정상, 건강한 가족과 건강하지 못한 가정의 이분법에서 벗어나서 강점 관점과 임파워먼트 관점으로 문화적 다양성에 대한 포용력을 지니고 실천하고 있는지 반성적 사고와 성찰이 필요하다.

Caple 등(1998)은 문화적으로 다양한 가족에 대한 효과적인 개입에서 네 가지 주요한 원칙을 제시하였다. ① 하나의 문화란 없다. ② 각 문화집단에서도 학생들은 다양하다. ③ 문화 변용(文化變容, acculturation)은 역동적인 과정이다. ④ 다양성을 인정하고 이를 가치 있게 여겨야 한다.

따라서 학교사회복지사는 인간의 존엄성을 바탕으로 인종, 민족, 종교, 성적 지향(性的 指向, Sexual orientation) 등의 편견 없이 다양한 가족을 만날 수 있는 자세가 요구된다. 또한 학교사회복지현장에서 가족체계 접근모델은 강점 관점에 기반하여, 가족의 회복탄력성(resilience)을 강조할 필요가 있다(Singer & Powers, 1993). 학교사회복지사는 강점 관점을 바탕으로 개입 전반의 의사결정 과정에 가족이 참여할 수 있도록 도우며 가족이 지역사회의 자원을 스스로 활용할 수 있도록 도와야 한다.

2) 가족체계 중심 실천에서 고려할 요인

학생의 문제는 학생 개인의 문제라기보다는 가족체계의 장애나 어려움으로 인해 발생하는 체계의 문제이다. 가족 중 한 사람에게 문제가 발생하게 되면, 그것은 가족 전체에게 영향을 미치게 된다. 학교사회복지 실천에서 가족은 하나의 체계로서 학생의 문제사정에 있어 매우 중요한 부분을 차지한다. 따라서 Hepworth와 Larsen(1990)은 가족사정의 영역으로 다음과 같은 요인들을 제시하고 있다.

(1) 가족체계와 경계선

가족은 하나의 체계이다. 그러므로 학교사회복지사는 가족구조에 대해 체계 이론을 적용함으로써 가족을 사정할 수 있다. 가족을 체계의 개념으로 접근할 때 특히 도움이 되는 개념은 경계와 하위체계이다. 경계는 가족을 다른 가족환경과 구분시키는 가시적인 분계선으로 체계의 정체감을 보호하고, 누가 내부인이며, 누가 외부인인지를 결정해 준다.

이때 가족은 하나의 체계로서 여러 개의 부분으로 구성된 전체를 의미한다. 하위체계의 가장 대표적인 예는 부부체계와 형제자매의 하위체계이다. 건강한 가족은 하위체계 간 또는 외부체계와의 경계가 명확하면서 융통성 있는 것을 말하며, 지나치게 경직되어 있는 경계를 가진 가족은 문제가 발생하기 쉽다.

(2) 가족의 권력구조

가족에게서 권력이란 다른 가족원의 행동을 변화시킬 수 있는 능력을 말한다. 학교사회복지사는 학생을 둘러싼 가족 내 권력구조가 어떻게 발달되어 있느냐에 따라 영향력의 행사와 의사결정의 참여방식이 결정되고, 권력구조에 의해 학생 개인의 행동에 제한과 지도력이 결정된다는 점을 이해해야 한다.

(3) 가족규칙

가족규범은 가족집단 내에서 무엇이 적절한 행동으로 받아들여지는가를 구체화하는 규칙이다. 가족규칙은 가족행동에 영향을 미치는데, 대부분 가장 강력한 규칙은 분명하지도 않고, 직접 말로 표현되지도 않는다. 오히려 가족규칙은 암묵적이거나 모든 가족구성원이 이해는 하지만 결코 논의하지 않는 반복된 가족 상호교류이다. 학교사회복지사는 학생을 둘러싼 전체 가족과 각각의 가족구성원이 효과적이고 생산적으로 기능하도록 허용하는 규범이 중요하다는 점을 이해해야 한다.

(4) 가족의 의사소통방식

건강한 가족은 변화에 대해 민감하고 적응적일 뿐만 아니라, 의사소통 체계가 분명하고 자기표현 및 감정의 교류가 원활히 이루어진다. 즉, 가족의 결속력과 적응력 및 의사소통이 가족의 기능 수준을 결정하는 중요한 요소가 된다. 의사소통이란 언어적 혹은 비언어적 메시지를 통해 가족구성원 간에 정보를 교류하는 것으로서, 가족의 기능을 이해하는 핵심적인 개념 중의 하나이다. 따라서 학교사회복지사는 의사소통의 패턴이나 구조 혹은 방식들이 학생 개인뿐만 아니라 전체 구성원의 가족생활과 사회생활 전반에 직접적 혹은 간접적인 영향을 미치므로 중요하다는 점을 이해해야 한다.

(5) 가족생활주기

가족생활주기는 시간의 경과에 따른 가족 내의 발달적인 경향을 말한다. 가족생활주기가 중요한 이유는 모든 가족이 가족생활주기의 단계를 거치는 과정에서 많은 스트레스를 경험할 수 있고, 이러한 스트레스가 심한 경우 문제의 근원이 될 수 있기 때문이다(백은령 외, 2009). 따라서 학교사회복지사가 가족체계 중심 실천을 계획할 때 반드시 그 가족이 생활주기의 단계들을 어떻게 거쳐 왔고, 현재는 어느 단계에 와 있으며, 그 적응상태는 어떠한지 등에 대한 평가가 이루어져야 한다.

3) 가족체계 중심 실천의 개입방법

(1) 가정방문

가정방문은 자선조직협회(C.O.S.)의 우애방문원(friendly visitors)이나 방문교사(visiting teachers)로 출발한 역사적 기원처럼 초기부터 주요한 개입방법이었다. 초등학교는 학년 초에 담임 교사가 가정방문으로 부모 상담을 하는 경우가 많은데, 위기가정으로 집중 사례관리 대상은 담임 교사와 학교사회복지사가 함께 가정방문을 간다. 또한 결석아동에 대한 국가 정책에 의해 2016년부터 무단결석 3일 이후에는 가정방문을 하도록 하고 있는데, 학교사회복지사는 담임 교사와 함께 가정방문을 통해 학생의 안전을 확인할 수 있다.

가정방문은 학교사회복지사가 자연스러운 가정환경 속에서 학생의 모습을 관찰하고, 가족의 욕구와 개별화된 서비스를 계획하는 데 도움이 된다. 특히 조부모나 부모가 거동이 불편하고 고립된 상황이라면, 가정방문을 하는 것이 왕복에 따른 불편함을 덜 수 있는 방법이다. 학교사회복지사는 가정방문을 통해 가정과 학교를 연결시키며, 부모가 학교를 잘 이해하고 좀 더 관여할 수 있도록 돕는다(Epstein, 2001). 가정방문에서 주거지 환경에 대한 물리적 사정과 함께 가족의 강점, 가족구성원들 간의 상호작용, 가족의 자원 등을 사정할 수 있다. 또한 학생이 학교에 통학하는 거리, 통학로의 안전, 집 주변의 활용 가능한 지역사회자원에 대한 사정 등을 통해 학생과 그 가족을 보다 효과적으로 도울 수 있을 것이다.

Allen과 Tracy(2004)는 가정방문에서 다음의 세 가지 유의사항을 제시하였다.

첫째, 비밀보장의 원칙에 대한 윤리강령이다. 가정방문에서 관찰하고 사정하는 것은 어디까지나 학생과 가족을 위한 서비스와 관련된 것으로 제한되어야 하며, 전문직의 윤리강령을 준수하여야 한다.

둘째, 방문자를 결정하는 것으로, 담임 교사, 학교사회복지사, 상담사, 특수교사 중 누가 가정방문을 가는 것이 적절한가에 대해 팀 내 논의가 필요하다.

셋째, 안전에 관한 부분으로 가정폭력이 있는 가정을 방문할 수도 있으므로, 가정방문에 앞서서 안전에 대한 준비가 필요하다. 직관적으로 위험을 느낀다면 즉시 가정을 떠나야 할 것이며, 필요하다면 중립적인 장소, 즉 도서관이나 패스트푸드점 같은 곳들이 고려될 수 있고, 가정방문은 두 명이 함께 가는 것이 좋다. 따라서 학교사회복지사의 안전한 가정방문을 위한 수칙을 제시하면 다음과 같다.

학교사회복지사의 가정방문 수칙

- 출장 승인을 받고, 위기상황을 예측하여 사전 위기대응 계획 및 업무분장을 세운다.
- 가정방문은 가급적 대낮 또는 주중에 진행(자연재해 시 방문 자제)한다.
- 활동이 불편한 의복 및 장신구의 착용은 자제하고, 귀중품은 기관에 비치한다.
- 2인이 함께 방문하여 학교사회복지사의 신변안전 및 방문조사의 객관성을 향상한다.
- 기관 내 동료들에게 방문 장소, 방문 시간 및 돌아올 예정시간 등을 고지한다.
- 차량을 주차할 때는 긴급상황 시 바로 출발할 수 있도록 주차하고, 응급대비 길목을 파악한다.
- 자동차 열쇠는 가방보다 주머니에 보관한다.
- 방과 같은 밀폐된 공간보다는 거실 등 외부와 연결된 개방적인 공간에서 상담을 진행한다.
- 가급적 문 쪽에서 상담/지원 활동을 진행하여 응급상황 시 신속하게 탈출한다.

*출처: 서울시 사회복지사협회(2019). 서울시 사회복지사협회 가정방문 수칙 매뉴얼 재구성.

(2) 가족 참여

학교교육에서 학부모의 참여(parent involvement)는 학생의 학업 성취 향상, 학교생활 적응에 영향을 미치며, 특히 이민자, 저소득층, 한부모 가정, 특수교육 대상자 등의 경우에는 핵심적인 영향을 미친다(김종훈, 2014; Epstein, 1995).

취약아동을 둔 가족들이 서로 지지하고, 아동과 관련된 학교와 지역사회 정책의 의사결정과정에 적극적인 참여를 할 수 있도록 학교사회복지사는 다양한 방식으로 옹호활동을 수행한다. 즉, 학교사회복지사는 부모교육, 자조집단, 외부자원 연계 등에서 가족의 자기결정권을 존중하고, 학교와 지역사회에서 보다 나은 교육 환경의 변화를 위해 주도적으로 나아갈 수 있도록 돕는다.

Montemayor와 Romero(2000)는 학교사회복지사의 가족 개입 모델로 가족 리더 모델을 강조한다. 기존의 결핍 모델은 가족의 손상된 기능을 회복시키기 위하여 가족의 변화에 초점을 두는 모델이지만, 가족 리더 모델은 가족을 중요한 이해당사자로 가치를 두는 모델이다. 그러므로 적극적으로 학교 정책 목표나 의사결정과정, 프로그램 평가과정에 가족이 참여하며 변화를 이끌어 가는 것을 강조한다.

Epstein(1995)은 학교사회복지사가 개입하는 학부모 참여의 여섯 가지 유형을 다음과 같이 제시하였다.

첫째, 자녀 양육을 돕는 부모교육 프로그램을 제공하고, 빈곤가정의 양육 환경 개선을 돕는다.

둘째, 의사소통과 관련해서는 가정통신문을 발송하고, 학교사회복지실 서비스에 대한 안내 등을 제공한다.

셋째, 학부모 자원봉사를 돕고, 학부모들이 상호 도울 수 있는 자조모임을 기획하기도 한다.

넷째, 방과 후 활동이나 장애학생의 방학 중 개별화 학습이 지속될 수 있도록 돕는다.

다섯째, 학교의 정책 결정과정에서 학부모들의 의견이 반영될 수 있도록 임파워먼트 모델을 통해 옹호활동을 한다.

여섯째, 가정－학교－지역사회의 연계에서 학부모들과 함께 협력한다.

학교사회복지 실천은 생태체계적 관점에서 가정－학교－지역사회의 통합적·연계적 접근을 강조하고 있기 때문에, 학교 조직체계의 하부체계인 학부모 조직체계를 이해하고 협력하는 것은 매우 중요하다. 학부모는 학교체계의 변화를 위한 주요 협력자이며, 이들 스스로가 자원이다. 인권 관점에서 학생과 그들 가족과 관련된 정책의 의사결정 과정에 참여하는 것은 중요한 권리이다. 뿐만 아니라, 학부모의 참여권 보장을 위해 학교운영위원회는 학부모위원의 수를 할당하고 있으며, 녹색어머니회, 학교 도서관 자원봉사활동, 급식관리위원회 등의 다양한 기구가 운영되고 있다. 그러나 투표권이나 다른 많은 권리처럼 오랜 싸움 끝에 얻어진 권리의 역사적인 배경에도 불구하고, 학부모 참여를 이끌어 내는 것은 상급학교로 갈수록 어려운 과제이다.

Ife(2012)는 사회복지사를 위한 지역사회 문제에 시민 참여를 원칙으로 다음과 같이 제시하고 있다. 이는 학교와 학부모 및 가족의 참여에도 적용해 볼 수 있을 것이다.

학부모 및 가족 참여의 원칙

- 학부모 및 가족들은 그 문제가 중요하다고 느끼면 참여할 것이다.
- 학부모 및 가족들의 참여로 변화를 가져올 수 있음을 알게 된다면 참여하게 될 것이다.
- 여러 가지 다른 형태로 참여할 수 있음이 인정되어야 한다.
- 학부모 및 가족들이 참여할 수 있도록 환경을 조성하고, 학부모들이 참여할 때 지지해 주어야 한다.
- 학부모 및 가족들이 참여하는 것이 학교조직과 절차로 인해 방해받아서는 안 된다.

학교사회복지 실천에서 가족의 참여를 확대하는 것은 가족에 대한 욕구사정 단계부터 이루어질 필요가 있다. 욕구 사정은 수집된 자료에 대한 학교사회복지사의 판단과 분석으로 여겨지지만, Montemayor와 Romero(2000)의 가족 리더 모델을 적용해 본다면 욕구 사정 단계부터 서비스 목표 수립,

계획, 평가 과정의 전반에서 가족이 함께 결정하고 참여하며 주도할 수 있도록 도와야 할 것이다. 장애, 다문화, 학교폭력, 가정위탁 등 특별한 욕구를 가진 학생의 학교생활과 교육을 위한 학교 정책과 학교사회복지서비스의 결정과정에 직접적인 관련이 있는 학부모가 참여하게 된다면 더욱 효과적이 될 것이다. Ife(20120)가 제시한 것처럼, 가족의 참여를 확대시키기 위해서는 가족이 스스로 도움이 되며, 자신들의 참여로 학교에도 변화가 나타날 수 있다는 확신이 있을 때 효과적이기 때문이다. 이와 함께 따뜻한 차와 다과와 같은 사소하지만 가족의 참여를 환대하는 분위기가 갖추어진 공간, 가족의 참여가 가능한 시간 등 학부모들이 스스로 결정하고 역량을 발휘할 수 있도록 학교사회복지사의 촉진자 역할 또한 중요하다.

(3) 가족치료

학교사회복지사가 학생체계와 가족체계 전체와의 관계를 형성하고자 할 때는 학생의 가족에 합류(joining)할 수 있어야 한다(김혜란 외, 2001). 학생의 가족은 가족 나름대로의 독특한 가치체계와 생활습관, 가족문화를 갖게 되므로 학교사회복지사는 가족체계를 이해하고 수용하며, 적응할 수 있어야 한다. 역으로 가족도 학교사회복지사를 이해, 수용하여야 한다. 학교사회복지사가 가족과 합류하기 위해서는 가족의 이야기를 경청할 수 있어야 한다. 가족문제를 해결해 주는 전문가의 위치보다는 가족이 자신들의 목표를 찾아 달성할 수 있도록 지원하는 역할을 하여야 한다. 따라서 다음과 같은 가족치료 모델을 통하여 학교사회복지사가 가족체계에 어떻게 합류할 수 있는지 알아보고자 한다.

① 가족치료 주요 모델

가족치료의 주요 모델은 크게 여섯 가지로 분류할 수 있는데, 심리역동 모델, Bowen의 모델, 경험적 모델, 구조적 모델, 전략적 모델, 포스트모던(post modern) 모델이 있다. 우선, 심리역동 모델은 문제가 원가족에서 발생한 갈등이나 상실이 해결되지 못했기 때문에 발생한다고 본다. Bowen의 모델은 가족이 원가족과의 관계를 통찰하고 원가족과의 갈등을 해결하며, 관계를 개선하기 위한 노력을 강조한다. 이에 비해 경험적 모델은 가족과 학교사회복지사가 함께 '지금-여기'의 상호작용을 변화함으로써 개인과 가족이 성장하는 경험에 초점을 둔다. 구조적 모델은 가족구조의 불균형, 즉 역기능적인 위계나 경계 등에서 가족문제가 발생하므로 가족을 재구조화하기 위한 노력을 강조한다. 전략적 모델은 가족이 문제를 해결하려는 시도에 의해 오히려 문제가 유지되기 때문에 문제를 유지하는 순서(sequences)를 변화하기 위한 다양한 전략적 기법을 제시한다. 마지막으로 포스트모던 모델은 정상 혹은 비정상은 사회적으로 구성된다는 것을 강조하며, 가족이 삶에 대한 새로운 관점과 가능성을 모색함으로써 문제를 해결하기 위한 노력에 초점을 둔다(김혜란 외, 2001).

② 가족치료의 주요 기술

가족치료는 모델에 따른 독특한 개입기술을 발전시켜 왔다. 이러한 이론적 모델과 개입기법은 학교사회복지를 비롯한 인접학문에서 다양하게 활용되어 왔으며 국내에도 많은 모델들이 소개되어 있다. 특히, 최근 국내에서는 단기간의 효과적인 개입과 문제해결을 위한 해결중심기법이 널리 활용되고 있다. 가족치료의 개입기술은 학파에 따라 개입기법이 다르므로 학교사회복지사는 체계적인 훈련과정을 이수해야 한다.

③ 가족치료의 주요 개념들

가족치료의 학파에 따라서는 가족의 기능과 구조, 가족의 적응에 따라 다양한 개념이 활용되고 있다. 이러한 개념들에는 '혼재된 가족', '분리된 가족', '개방적 가족', '폐쇄된 가족', 가족 항상성, 가족의 적응탄력성(family resilience) 등 다양한 개념들이 활용되고 있다. 학교사회복지사가 가족치료 접근 시 가계도의 활용은 다세대에 걸친 가족력을 시각적으로 표현할 수 있도록 도우므로 이의 활용방법을 익혀야 할 것이다. 나아가 가족 기능이나 가족의 적응력을 측정하는 여러 가지 척도를 활용한 가족 기능 및 적응력의 객관적 측정을 시도할 수 있다. 나아가 가족의 권익옹호(family advocacy)와 임파워먼트(empowerment)를 통해 가족의 정당한 권리를 옹호하고 이를 충족시켜 줄 수 있도록 지역사회의 변화를 추구하는 직·간접적 개입도 실행해야 할 것이다.

10 CHAPTER

학교현장에서의 사례관리

1. 학교사회복지현장에서 사례관리의 필요성 및 특성

학교는 다양한 가정형편과 개인적 상황의 학생들이 모여 생활하는 곳으로, 수많은 학생 문제와 욕구들이 존재하고 있다. 특히 부모의 이혼으로 인한 한부모가정, 조부모가정이 증가하고 부모의 실직이나 가족빈곤으로 인해 학생을 제대로 부양하고 양육하기 어려운 가정들이 늘어남에 따라 가족의 문제와 학생들의 욕구는 더욱 다양화되고 있다. 또한, 가족의 양육기능 약화는 학생들의 학습부진, 학교폭력, 건강문제, 심리·정서적 문제 등과 직·간접적으로 연결되어 복합적인 문제를 가진 학생들이 증가하고 있으며, 이는 학교현장에서 다양한 공식적, 비공식적 자원들을 개발, 조직, 중재, 조정하여 학교사회복지서비스를 전달해야 할 필요성을 증대시키고 있다.

이러한 필요성 때문에 우리나라 학교현장에서 진행되고 있는 학교사회복지나 교육복지사업에서 사례관리는 학교사회복지사의 핵심 직무로 자리 잡고 있다. 학교사회복지사는 학생과 파트너십을 갖고, 사정, 개입, 평가의 사례관리 전 과정에서 학생의 참여와 자기결정권을 존중하여, 서비스 전달과정에서 학생이 소외되거나 무기력하지 않고 스스로 변화과정을 주도하도록 원조해야 한다. 지금까지 사례관리는 긍정적인 결과를 보여주는 증거 기반 케어전달모델로 전 세계적으로 인정받고 있다(Barton, Clark, & Baramee, 2004; Schein et al., 2005; Schulte et al., 2004; Liu, Edwards, & Courtney, 2011에서 재인용). 학교사회복지현장에서도 학교 중심 다전문가 사례관리가 매우 효과적이라고 알려져 있다(Smith & Oaks, 1992).

특히 학교사회복지사는 사례관리를 수행하는 유리한 위치에 서 있다(Ballew & Mink, 1996). 학교는 초등학교, 중 · 고등학교의 재학 기간 중 지속적으로 학생의 변화를 관찰하고 서비스를 제공할 수 있는 가장 이상적인 공간이기 때문이다. 즉, 학교사회복지사는 학교체계 내에 있기 때문에 가족에게 위협적이지 않고, 신뢰감을 주며 가정-학교-지역사회를 연계하는 데 보다 효과적일 수 있다. 학교현장에서는 학생들과 손쉽게 상담하고 담임 교사나 또래와의 관계를 통해 학생의 회복과정을 관찰하기에 지역사회기관보다 용이하다. 그러므로 학교사회복지사는 이들 외부기관과의 사례 협의를 이끌고 필요한 서비스를 연계하고 중복된 서비스나 서비스의 누락을 조정하며, 학생과 동반자가 되어 학생과 가족의 자원활용 능력을 키우는 데 도움을 줄 수 있다는 점에서 사례관리는 필수적이라 하겠다.

1) 학교현장에서 사례관리의 원칙

산발적인 서비스들을 통합하고 교내 · 외 자원의 활용을 극대화해 복합적인 문제와 어려움을 가진 학생들에게 지속적이고 통합적인 지원을 하는 데 있어 사례관리는 최적의 방법일 수 있다. 그러나 학교사회복지 실천현장은 일반적인 사회복지현장에 비해 조직 구성원의 사례관리에 대한 이해도가 낮고 사례관리를 실천할 수 있는 시스템이 갖추어지지 못한 경우가 많다. 학교는 다른 사회복지기관과는 달리 체계 자체가 자원을 보유하고 있지 못해 외부자원을 필수적으로 연계해야만 한다. 교육복지사업에서도 교내 · 외 다양한 서비스를 동시에 제공하는 사례관리를 중시해 왔으며 학교사회복지 실천에서도 사례관리는 가장 중요한 비중을 차지하는 업무이다(홍순혜 외, 2015).

뿐만 아니라 학교사회복지사들은 학교 내에 또 다른 동일 분야의 전문가 없이 혼자 상주하고 있기 때문에 사례관리에 대한 많은 부담감을 가지고 있다. 학교사회복지사들이 학생 및 학교 내·외 여건을 파악하고 자원을 활용해 사례관리 시스템을 구축하고 사례관리 업무를 원활하게 수행하는 것이 필요하다. 따라서 학교현장에서 사례관리 업무를 보다 원활하게 수행하기 위한 원칙들을 제시하면 다음과 같다.

① **참여, 임파워먼트 및 상호적 계획 수립:** 이 원칙은 학교사회복지사가 학생에게 가장 잘 부합되는 목표와 보호 계획을 세울 수 있도록 그 과정에 참여시키는 것이다. 언제든지 학생에게 선택의 권한을 부여하여 통제력을 회복시킬 필요가 있는데, 학교사회복지사는 사례관리자로서 보호서비스의 통제자가 아니라 파트너이기 때문이다. 따라서 학교사회복지사는 사례관리자로서 원조제공 과정 전반에 걸쳐 학생에게 서비스 체계와 협상하는 법과 자신을 관리하는 방법에 대하여 교육하여야 한다.

② **옹호:** 학교사회복지사는 사례관리자로서 다른 무엇보다도 먼저 학생의 욕구 및 선택을 옹호해야 한다. 즉, 학생 개인을 옹호하여야 하며(“사례옹호”) 힘이 없는 학생집단을 옹호하여야 한다(“집단옹호”).

③ **적절하고도 높은 질의 보호:** 원조를 요청하는 학생이 가지고 있는 현재와 미래의 욕구를 수용하여 적절하고 효과적이며 민감하게 반응해야 사례관리 서비스의 전달을 촉진시킬 수 있다.

④ **보호의 연속성:** 학교사회복지사는 사례관리자로서 지속적인 욕구의 변화에 따라 포괄적인 서비스를 제공함으로써 학생의 욕구가 변할 경우 힘든 상황에 빠지지 않도록 하는 데 있다.

⑤ **서비스에 대한 접근:** 서비스에 대한 접근은 가능한 한 쉽고 공정해야

한다. 가능하다면 언제든지 단일 통합체계를 두어 서비스를 요청한 학생이 평등한 처우를 받아야 하며 어떠한 편파성이나 차별도 있어서는 안 된다.

⑥ **서비스의 통합**: 학생은 한 인간으로서 복잡한 욕구를 가지고 있기 때문에 다양한 자원이 필요하다. 서비스 통합의 목표는 서비스가 잘 조정되어 중복되지 않고 적절하고 높은 질을 갖도록 하는 것이다.

⑦ **포괄적인 관점**: 학교현장에서 사례관리의 한 가지 목표는 개인의 사회적 관계, 경제적 상황, 문화, 직업, 영성, 정서 그리고 정신 및 신체적 건강을 포함하여 한 개인으로서 학생의 삶을 이루고 있는 모든 측면을 고려하는 데 있다. 한 가지 중요한 과업은 비공식적 지원망을 증대시키는 것이다.

⑧ **평가 및 모니터링**: 학교사회복지사는 사례관리자로서 계획의 적절성 및 서비스 전달체계가 계획대로 움직여 주는지, 학생의 진전 상황, 욕구의 변화 등을 정기적으로 재사정 · 평가하면서, 반드시 지속적인 사후관리를 제공하여야 한다. 뿐만 아니라, 학생과의 지속적인 접촉을 통하여 보호의 질 및 적절성을 모니터링해야 한다(Woodside & McClam, 1988).

2) 학교현장에서 사례관리 표준

NASW(National Association of Social Workers, 미국사회복지사협회)에서 제시하고 있는 사회복지 사례관리 표준(NASW, 2012)을 살펴보면, 윤리와 가치, 자격, 사정, 개입, 의사결정 및 실천 평가, 기록, 사례수 관리, 전문적 개발, 문화적 역량, 다분야 간 리더십과 공조, 옹호에 대한 11가지 표준을 포함하고 있다. NASW는 사회복지의 모든 세팅이나 세부 분야에 적용될 수 있는 사례관리 표준을 가지고 있으므로, 이 표준을 만족시키기 위한 교육이 이루어진다면 학교사회복지 사례관리도 성공적으로 실천할 수 있을 것이다.

사례관리협회 수준의 별도 사례관리 표준을 가지고 있는 호주에서 De Jong(2006)은 호주지도상담협회(Australian Guidance and Counselling Association) 주도의 프로젝트를 진행하면서 학교 사례관리의 준거틀을 개발하였다. 이를 개발한 De Jong(2006)의 준거틀에는 크게 사례관리의 원칙, 정의, 목표, 과정이 포함되어 있다. 효과적인 사례관리 실천의 원칙으로 학생의 건강과 안녕 증진, 개별화된 과정, 법적 및 인권적 권리·사생활·비밀보장의 유지, 비차별적이고 문화적으로 적절한 실천, 효율적이고 목적적인 관리 과정을 들고 있다. 여기서 효과적인 학교 사례관리 실천이란 지원이 필요한 학생들의 욕구를 충족시키기 위해 디자인된 질적 서비스를 전달하는 협력적 과정(collaborative process)이라고 정의하고 있으며 학생 중심적이어야 한다고 보고 있다.

참고 **효과적인 학교 사례관리의 다섯 가지 원칙**

1. 학생의 건강과 안녕의 증진
2. 개별화된 과정
3. 법적 인권, 사생활과 비밀보장의 유지
4. 비차별적이고 문화적으로 적절한 실천
5. 효율적이고 목적이 있는 관리 과정

이를 위한 학교 사례관리의 핵심 목적을 다음의 일곱 가지로 제시하고 있다.

학교 사례관리의 핵심 목적 일곱 가지

1. 지원이 필요하더라도, 학교체계 내·외에서 학생들이 자신의 능력을 최대한 활용할 수 있도록 한다.
2. 학생이 유의미한 학습에 참여하도록 한다.
3. 활동 계획을 개발, 점검, 실행, 평가한다.
4. 서비스 제공자들 간의 조정과 협력을 통해 빈틈없는 서비스를 전달한다.
5. 학생과 부모/보호자가 서비스 제공자들에게 접근할 수 있도록 한다.
6. 적극적으로 학생과 부모/보호자가 의사결정과정에 참여하며 권한을 부여한다.
7. 지원이 필요한 학생을 돕는 교사와 교직원을 원조한다.

학교사회복지현장에서 사례관리 과정은 첫째, 학교 사례관리를 위한 학교 중심 체계를 구축하는 것, 둘째, 이를 기반으로 사례발견, 사례관리자에게 의뢰, 사정, 계획, 실행, 종결, 평가에 이르는 상호 관련되어 있는 전략들을 활용하는 두 축으로 되어 있다. 여기서 학교사회복지현장에서 사례관리를 얼마나 성공적으로 실천할 수 있느냐 하는 것은 사례관리 시스템의 체계적인 지원 정도와 함께 사례관리자로서 학교사회복지사가 얼마나 준비되어 있느냐에 달려 있다. 따라서 학교사회복지사가 현장에 투입되기 이전에 어떠한 교육과 훈련을 받았느냐 하는 것은 효과적인 사례관리 실천의 중요한 열쇠라고 할 수 있다.

2. 사례관리의 운영체계와 과정

1) 사례관리의 과정

학교에서 사례관리의 일반적인 과정은 접수, 사정, 계획 수립, 개입, 종결 및 평가, 사후관리의 단계로 이루어진다(조미숙, 2023).

(1) 접수 단계

학생들은 다양한 방법을 통해서 학교사회복지실에 찾아온다. 학교사회복지실에서 광고나 안내책자를 통하여 홍보하기도 하며, 담임 교사가 학생을 의뢰하기도 한다. 학생들끼리 서로 소개하여 프로그램에 참여하기도 한다. 접수 단계에서 학교사회복지사는 학생의 자발적 신청, 교사나 학부모의 의뢰 또는 학교사회복지사의 발굴에 의해 사례관리 대상 학생과 접수 면담을 하게 된다. 이 밖에도 학교폭력 등으로 아동보호전문기관, 소년 경찰 등에 신고되어 학교로 의뢰가 들어오거나 다문가정지원센터나 건강가정지원센터, 지역아동센터, 청소년방과후아카데미, 보호관찰소 등 외부 기관에서 발굴된 사례가 학교로 접수되는 경우도 있다.

접수 단계에서는 초기 면담을 통한 학생의 주요 호소 문제를 파악하고 양가감정 해소와 학교사회복지사와 학생과의 신뢰 관계를 형성하는 것이 매우 주요한 과업이다. 특히 학교사회복지사는 비자발적으로 의뢰된 학생의 감정을 이해하고 편안한 분위기 조성과 함께 진심으로 학생에 대한 지지와 격려를 보내며 협력적인 관계를 형성하도록 한다. 따라서 학교사회복지사는 접수 단계에서 학생에게 상담신청서 작성을 요청하거나 초기 면담을 통해 주요 호소 문제와 학생과 관련된 환경체계에 대한 개략적인 내용을 파악할 수 있다.

(2) 사정 단계

사정을 통해 학생으로부터 정보를 얻고, 충족되지 않고 있는 현재의 시급한 욕구와 우선순위를 결정한다. 사정 단계에서는 한 학생의 삶을 형성하고 있는 모든 측면 -즉, 사회적·생물학적·심리적·정서적·정신적 측면- 이 고려되어야 한다는 점을 의미한다. 이때 학생이 문제를 어떻게 보고 있는지, 또한 문제해결에 대해 어떤 생각을 가지고 있는지를 파악하는 것도 중요하다. 사정 단계에서 학교사회복지사는 위기 사정, 학생과 가족의 욕구 사정 및 욕구 충족을 위한 자원을 사정하고, 내부 사례회의를 통해 집중 사례관리와 일반 사례관리의 대상 여부를 확인한다. 이때 즉각적인 개입이 요구되는 위기 개입이 필요한 경우는 보다 긴급히 사례관리팀이 소집되어야 할 것이다.

사정은 사회력, 발달력, 가족력에 관한 정보를 수집하고, 가계도와 생태도를 통해 가족 관계와 주요 자원과 환경체계와의 관계를 파악하는 방법이 가장 일반적이다. 사정 단계에서 얻어진 가계도, 생태도, 표준화된 척도와 자기보고식 척도는 평가에도 활용될 수 있다. 개입을 통한 학생 개인, 가족 관계, 생태도의 지지체계의 확대와 관계 개선, 표준화된 척도와 자기보고식 척도의 변화 정도를 통해 개입의 효과를 평가할 수 있다. 또한 표준화된 척도를 활용하여 심리 · 정서행동에 관한 검사 도구와 자기보고식 척도를 통해 목표를 설정할 수 있다.

표 10-1 학생 대상 표준화된 사정도구

행동특성검사도구 (초등 CPSQ-II, 중등 AMPQ-III)	교육부(2020a)	초등 65문항, 중등 63문항. 성격요인, 정서행동문제 등
청소년 정서행동평가척도 (K-CBCL)	Achenbach(1991) 오경자 등(1997)	내재화 문제(불안/우울, 위축/우울, 신체증상), 외현화 문제(규칙위반, 공격행동), 사회적 미성숙, 사고문제, 주의집중문제, 기타문제
청소년용 다면적인성검사 (MMPI-A)	김중술 등(2005)	478문항. 10개 임상척도(건강염려증, 우울증, 히스테리, 반사회성, 여성성-남성성, 편집증, 강박증, 정신분열증, 경조증, 사회적 내향성), 성격병리 등
자아존중감	Rosenberg(1965)	10문항
자기효능감	Chen(2001)	8문항
일상적 스트레스척도	한미현 · 유안진(1995)	27문항. 가정환경영역, 친구영역, 학업영역, 교사/학교 영역으로 점수가 높을수록 스트레스 경험이 많음
특수교육 적응행동척도 KNISE-SAB	국립특수교육원	개념적 적응행동, 사회적 적응행동, 실제적 적응행동
청소년대처척도 Youth Coping Scale	Alca(1989)	60문항. 능동적 대처, 부정, 정서적 · 사회적 지지, 유머, 도구적 · 사회적 지지, 정신적 이탈, 계획, 종교적 대처, 감정발산
또래폭력에 대한 태도	Rigby & Slee(1993) 이상균(1998)	12문항. 또래폭력에 대해 허용적, 방관적 태도, 피해학생에 대한 인식

부모유대관계척도	Parker, Tupling, & Brown(1979) 이상균(1998)	18문항. 보호적 양육태도, 방임적 양육태도
청소년용 회복탄력성검사지 (축약버전)	김주환 서울시교육청(2020)	18문항. 자기조절능력, 대인관계능력
학생역량검사지 (관계중심)	김유리 · 최진혜(2017) 서울시교육청(2020)	23문항. 학교적응, 자아존중감, 공감능력

*출처: 서울특별시교육청(2021).

학생 대상으로 많이 활용하는 표준화 척도들을 학교사회복지사는 개별 개입을 위해 적극적으로 활용할 수 있다(진혜경, 2021).

(3) 계획 수립 단계

계획 수립 단계에서는 학생으로부터 제공받은 정보를 바탕으로 필요한 서비스에 접근하기 위해 취해야 할 조치를 결정한다. 이 단계에서 학생이 고려하고 있는 서비스나 자원은 무엇인지 논의한다. 왜냐하면 학생에게 가능한 모든 선택사항을 제시하고 학생 자신에게 가장 적합한 것을 선택할 수 있도록 도와주어야 하기 때문이다. 여기서 달성 가능한 목표를 세우도록 하는 것이 중요하다. 실패할 가능성이 있는, 지나치게 높은 목표를 설정하는 것은 좋지 않다.

계획 수립 단계에서는 서비스 개입 계획과 사례관리 학생 및 보호자와의 계약, 서비스 제공 기관과의 계약을 수행한다. 사례관리 대상의 선정과 지역사회자원을 연계하는 계획이 수립되기에 앞서 내부 사례관리팀과 외부 사례관리팀의 조직이 구성되어야 한다. 내부 사례관리팀은 대체로 학교사회복지사를 포함하여 부장교사, Wee 클래스 전문상담교사, 학교 관리자나 관련 부서의 부장교사가 포함될 수 있다. 내부 사례관리팀은 접수된 학생의 사례 판정과 서비스 연계가 필요한 기관을 선정하고 사례관리 개입계획을 수립한다.

학교사회복지사는 사례관리자로서 자신이 근무하고 있는 학교 조직 내부의 서비스만을 제공하지는 않는다. 유능한 학교사회복지사는 사례관리자로서 광범위한 서비스 체계를 망라하여 서비스를 제공하기 위해 다른 기관과 밀접한 관계를 유지해야 한다(Kane, 1990). 따라서 학생을 위한 서비스를 순조롭게 준비할 수 있도록 지역사회 내의 보건 · 사회복지 및 정신건강 분야를 통합하여 네트워크를 발전시키는 것이 중요하다.

외부 사례관리팀은 학교와 긴밀하게 서비스를 제공하는 협력기관으로, 해당 학교를 담당하는 소년 경찰, 보호관찰관, 심리치료기관, 종합사회복지관, 아동보호전문기관, 가정위탁지원센터, 건강가정지원센터 또는 다문화가족지원센터, 드림스타트 센터, 지역아동센터, 해바라기센터, 꿈드림센터, 가정법원 또는 소년법원, 학교사회복지 전문가 등으로 학교의 필요에 따라 구성할 수 있다.

아동학대, 성폭력, 위탁아동 등 사례관리가 매우 중요한 경우 관련기관이 함께 사례관리를 진행하도록 하며, 소년 범죄가 많이 발생하는 중 · 고등학교의 경우에는 소년 경찰이나 보호관찰관, 소년법원, 변호사 등이 함께 사례관리를 진행하는 것이 도움이 될 것이다. 사례관리는 "조직 상호 간"에 이루어지는 활동이므로 지역사회기관과의 의사소통, 비공식적인 공유, 협조 및 업무처리가 가능하여야 한다(Norman, 1985).

이때 학생의 권리 및 사생활 보호를 위하여 비밀유지 및 학생의 동의를 얻는 규정을 지키는 것은 중요한 문제이다. 사례관리자가 다른 사람에게 학생이 동의하지 않은 상태에서 그에 대해 이야기하는 것은 비윤리적인 일이다. 심지어 동의를 얻은 경우라 할지라도, 조직 상호 간에 정보를 공유함에 있어서는 더욱 주의할 필요가 있다고 권고되고 있다. 만약 사례연구 자료가 배포될 경우, 모임이 끝난 후 자료는 반드시 분쇄되어 폐기처분되어야 한다. 칠판에 기록이 이루어진 경우에도, 모임이 종료된 후에는 반드시 깨끗하게 지워져야 한다.

계획 수립 단계에서는 사정 단계에서의 학생과 환경체계에 대한 자료 수집과 분석을 통하여 서비스 목표를 설정하고 주요 개입계획을 수립한다. 이 과정에서 학생과 환경체계의 강점과 활용 가능한 자원을 사정하는 것이 매우 중요하다. 또한 중장기목표와 더불어 단기목표에 따라 오랜 시간과 많은 자원이 소요되어야 하는 어려운 문제보다는 적은 자원으로 바로 효과를 볼 수 있는 목표에 대해 개입하는 것이 보다 유용하다. 그리고 이러한 성과를 통해 학생과 환경체계가 자신감을 얻어서 보다 어려운 문제를 해결할 수 있도록 단계적으로 개입계획을 수립하도록 하는 것이 바람직하다.

(4) 개입 단계

개입 단계에서 학교사회복지사는 전달되어야 할 서비스를 준비하고, 서비스를 조정하며, 자원을 파악하며, 의뢰를 하고, 보호 계획을 집행한다. 개입 단계에서는 계획된 서비스를 제공하고, 목표 달성을 위해 지속적으로 내부 사례관리팀과 외부 사례관리팀이 정기적인 회합을 통해 서비스를 점검하도록 한다. 만약 학교조직 외부의 프로그램이 필요하다면, 학생을 외부 기관에 의뢰하고 안내하여 다른 서비스 체계와의 연계를 촉진할 수 있다. 이때 다른 기관과 서비스를 조정하는 일은 서비스 중복을 피하고 학생이 수혜 가능한 서비스 중 최상의 서비스를 받을 수 있도록 한다. 이 단계에서 여러 기관 간에 사례를 논의하는 또 다른 이유는 여러 기관들이 한 학생 개인 또는 학생의 가족을 동시에 담당하고 있어 그 보호활동을 조정하기 위한 것이며, 기관 간의 모임을 통해 광범위한 자원을 활용함으로써 어려운 상황에 대한 해결책을 모색하기 위함이다.

특히 이 단계에서 학교사회복지사는 학생의 욕구에 민감하게 반응하지 못하는 체계들을 변화시키기 위하여 옹호자의 역할도 수행하게 된다. 현재 지역사회 내에서 제공되지 않는 특정한 유형의 서비스가 필요하다면, 이러한 서비스를 창출하고 그에 대한 재원을 마련하기 위해 옹호자로서의 역할이 필요한 것이다.

개입 단계에서 새로 발견되는 욕구나 계획된 서비스를 제공하기 어려운 문제가 발생하기도 한다. 학교사회복지 사례관리는 학생을 대상으로 이루어지는 대인 서비스의 특징을 갖고 있기 때문에, 초기에 설정된 목표나 계획이 얼마든지 상황과 맥락에 따라 수정될 수 있는 유연함을 갖고 있어야 한다. 그러므로 사례관리는 대부분 개입 후 1개월, 3개월, 6개월에 점검을 하는데, 이러한 과정에서 서비스 재사정이 이루어져 목표나 개입계획을 수정할 수 있다.

학교사회복지사는 학생의 욕구변화를 판단하기 위해서 정기적인 재사정을 수행해야 한다. 학생이 처해 있는 상황은 정태적인 것이 아니라 늘 변화가 예상되는 것이기 때문이다. 학교사회복지사는 재사정 작업을 수행하여 학생의 서비스에 대한 욕구가 변했는지를 판단해야 한다. 그러나 재사정을 통해 너무 잦은 서비스 목표나 계획의 변경은 일관성이나 효과성 측면에서 바람직하지 않다. 초기 단계에서 사정이 충분히 이루어지지 못했을 때 이러한 문제점이 발생하는데, 이 단계에서 학생과의 관계형성은 매우 중요한 역할을 한다.

개입 단계에서 학교사회복지사는 지역사회자원을 발굴하고 연계하며, 직접적인 서비스와 간접적인 서비스를 제공한다. 또한 사례회의를 소집하고 회의 자료를 준비하고, 회의록을 작성하며, 필요에 따라 가정방문과 기관방문도 병행한다. 사례관리 대상 학생의 문제상황에 따라 외부 사례관리팀이 다르게 구성될 수 있으므로 되도록 유사한 상황의 학생 문제에 따라 외부 사례관리팀을 구성하는 것이 도움이 된다.

뿐만 아니라 개입 단계에서는 일반 사례관리 학생과 더불어 집중 사례관리 학생 등 동시다발적으로 개입이 이루어지기 때문에 학교사회복지사의 자기관리와 시간관리, 업무관리는 매우 중요하다. 개인의 취향에 따라 다이어리, 탁상달력, 휴대폰 어플, 컴퓨터 캘린더와 일정관리 등을 활용하여 정기적·비정기적 회의와 모임을 기록하고 점검하는 것이 중요하다. 무엇보다 외부기관과의 연계와 협력에서 공식적인 절차를 지키고, 공문 발송과 기안문 작성 등에 유의할 필요가 있다. 학교사회복지사가 지역과 학교의 소통 관문으로 양쪽을 각기 대표한다는 것을 기억해야 한다.

개입 과정 중 사례관리 실천에 대한 점검도 함께 이루어진다. 모니터링(점검)은 다음과 같은 세 가지 측면에서 이루어진다.

첫째, 학생의 자기관리 활동이나 변화 정도 등 학생에 대한 점검

둘째, 사회적 지지망 등 상호적 관리에 대한 점검

셋째, 서비스 제공 기관들의 활동 등 전문가 관리에 대한 점검이다.

이러한 점검을 통하여 학생의 다양한 욕구 충족에 있어 학생 자신과 사회적 지지망, 서비스 제공 기관의 전문가가 실질적으로 기여하고 있는지의 여부를 확인하고 보완하도록 해야 한다.

(5) 종결 및 평가 단계

학교 사례관리에서는 다양한 이유로 인하여 종결된다. 사례관리가 항상 마지막 단계까지 가지 않을 수도 있다. 학생이 종결을 요청하거나 학생이 이사를 가거나 또는 상태가 개선되어 더 이상 서비스를 필요로 하지 않을 때 종결될 수 있다. 따라서 종결 및 평가 단계에서는 계획된 서비스 개입의 목표 달성 정도를 확인하고, 서비스 종결에 대한 감정을 다루는 것이 주요 과제이다. 종결 예고를 통해 학생의 감정을 다룰 수 있도록 준비하며, 추후 모임이 있다면 이에 대한 안내를 진행하고, 사후관리에 대한 계획이 포함

될 수 있도록 해야 한다. 학교사회복지 실천에서 종결이 이루어지는 경우는 다음과 같다.

학교사회복지서비스의 종결

- 학생 또는 가족의 문제가 해결되었을 때
- 서비스 계약기간이 만료되었을 때
- 학생이 전학 또는 졸업하였을 때
- 학생 또는 가족이 종결을 원했을 때

일반 사례관리 학생의 경우는 보통 학년말이 되면 모든 프로그램이 종결되기 때문에, 일차적으로 학년 단위로 종결하고, 신학년이 되면 재사정을 통해 서비스 계획을 새로 수립하는 경우가 대부분이다. 그러나 집중 사례관리 대상 학생의 경우는 방학 동안에도 지속적으로 서비스가 제공되고 관리가 되어야 하기 때문에, 실질적으로 학생의 졸업이나 전학이 이루어질 때 종결된다.

이 단계에서 평가 방법은 개별화 척도, 표준화 심리검사 도구, 학생의 자기보고, 학부모 보고, 교사의 관찰, 인터뷰, 지역사회기관 보고 등 다양한 방법이 활용될 수 있다. 궁극적으로 학생과 환경의 변화를 목적으로 하기 때문에 서비스 개입 전-후의 변화 정도를 확인하고 초기에 수립한 서비스 목표 달성 정도를 확인하는 데 초점을 둔다.

종결 및 평가 단계에서 학교 사례관리의 성과 측정은 다음과 같은 성과 영역에서 다루어진다.

① 신뢰감 증가, 목표 및 과정의 동의, 적극적 참여 등 학생과 학교사회복지사와의 관계

② 지역사회자원 및 서비스 네트워크 구축

③ 보호의 지속성

④ 서비스의 접근성

⑤ 서비스 책임성(동일한 사례관리 제공기관/사례관리자가 서비스를 제공하는지)

⑥ 서비스 효율성

⑦ 학생 측면과 사례관리 성과영역(김영종 외, 2008)

(6) 사후관리

학교사회복지사는 사례관리자로서 서비스 및 대상자 의뢰가 적절했는가에 관하여 사후관리를 해야 하고, 서비스 전달 상황을 모니터링하게 된다. "사후관리"는 서비스가 종결된 후 1개월 혹은 3개월 후에 학생에게 더 지원이 필요한지, 지역사회자원을 잘 이용하고 있는지, 서비스의 효과가 지속되고 있는지를 확인하는 과정이다. "모니터링"이란 학생이나 가족에게 서비스 계획이 제대로 실행되고 있는지, 보호의 질은 높은지, 그리고 다른 기관과의 연계가 계획된 바대로 이루어지고 있는지를 정기적으로 체크하는 것이다. 만약 다른 기관에 의뢰하였다면 학생이 요청한 도움을 받았는지 알아볼 필요가 있다.

학생이 재학 중인 경우에는 간단한 면담을 통해서도 쉽게 확인이 가능하지만, 학생이 졸업한 경우에는 전화나 이메일, 진학한 상급학교 방문을 통해서 확인할 수 있다. 따라서 사후관리는 변화가 지속될 수 있도록 학생의 동기를 향상시킬 수 있는 장점이 있다.

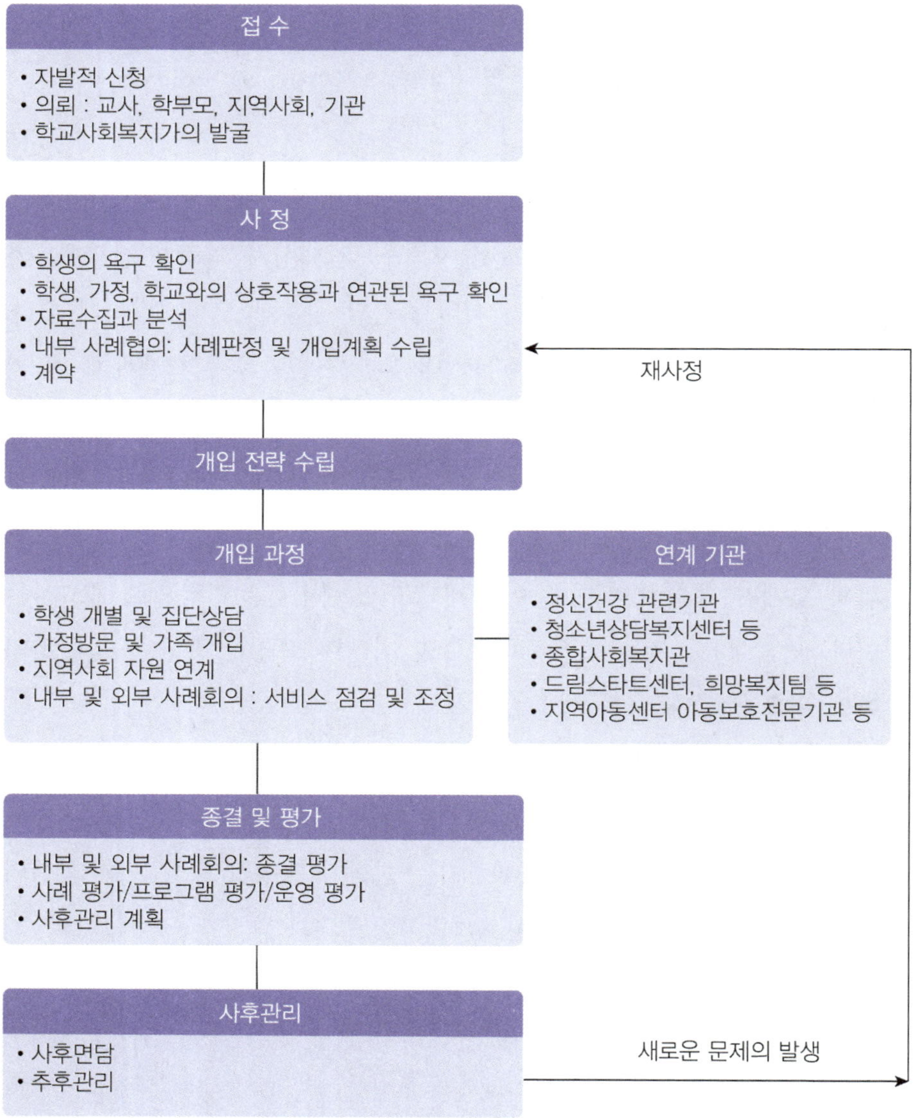

그림 10-1 학교에서의 사례관리

*출처: 성민선 등(1998). p. 201 수정.

2) 학교 사례관리 원조기술

학교사회복지현장에서 다음과 같은 원조기술은 사례관리의 제공에 있어 중요하게 활용된다(조미숙, 2023).

(1) 적극적 경청

비심판적이며 신중한 경청을 통하여 학교사회복지사는 학생의 욕구와 소망을 알게 된다. 만약 학교사회복지사가 학생이 말하는 내용에 정확히 집중하지 않는다면 유능한 사례관리자가 된다는 것은 불가능한 일일 것이다. 따라서 적극적 경청 및 면담기술 모두는 사례관리 과정에 적용 가능한 것이다.

(2) 임파워먼트 및 자기결정

임파워먼트 및 자기결정 개념은 효과적인 사례관리의 제공에 있어 핵심적인 것이다(Rothman, 1994). 학교사회복지사는 사례관리자로서 서비스 계획을 세우는 단계에서 학생이 내리는 선택은 존중되어야 한다. 서비스 계획은 학생 개인의 독특함을 반드시 고려하여야 하며, 학생 개인의 욕구나 강점에 따라 서비스 계획이 달라질 수 있다(Intagliata, 1985). 학생이 도움을 요청한다고 해서 자신들의 삶에 대한 의사결정권을 포기한다는 것은 아니다. 사례관리는 개인의 독립성을 가능한 한 가장 높은 수준에서 유지할 수 있도록 하는 방식으로 전달되어야 한다(Intagliata, 1992).

학교사회복지사는 사례관리자로서 학생이 요청하는 바가 무엇인지 경청하여, 학생이 가지고 있는 강점 및 내적 자원을 발견하도록 도움을 주며, 장애물이나 도전에 이겨 낼 수 있는 계획과 실행 방법을 찾아주는 전문가로서 소개되고 있다(Kisthardt & Rapp, 1992).

3) 학교 사례관리에서의 함정

학교사회복지사는 사례관리자로서 주의하지 않는다면 자칫 몇 가지 함정에 빠질 수 있으므로 다음과 같은 항목들에 주의를 기울여야 한다(조미숙, 2023).

(1) 편견에 치우친 서비스 계획

첫 번째 함정은 학생을 학교사회복지에서 제공하는 서비스와만 연계하려고 하는 것이다. 학교사회복지사는 사례관리자로서 가능한 모든 서비스 및 혜택을 제안하고 학생으로 하여금 스스로 선택하도록 하는 것이 중요하다. 학교사회복지사 자신이 싫어하는 서비스는 배제한다든지, 접촉하기 어렵거나 친숙하지 않은 서비스를 배제하는 것은 바람직하지 않다.

(2) 서비스의 편파성

현재 제공될 수 있는 서비스의 틀 속에서만 판단하기보다는 먼저 학생의 비충족 욕구를 사정해 보아야 한다. 만약 활용 가능한 것이나 현재 알고 있는 것, 그리고 기관이 제공할 수 있는 것에만 맞추어 서비스 계획을 세운다면 그 계획은 학생의 진정한 욕구에 의해서 설정된 것이 아니며, 지역사회가 보유하고 있는 자원의 한계 내에서 끌려다니게 될 것이다(Rose, 1992). 현재 자원으로는 충족될 수 없어 반복적으로 제기되는 욕구나 요청사항은 문서화하여, 새로운 서비스나 재원을 개발할 수 있는 능력을 가진 정책결정자 및 기관의 행정가들에게 자료로 제공해야 한다.

따라서 학교현장에서의 사례관리의 함정을 극복하고 서비스가 제대로 수행되었을 때 얻을 수 있는 장점을 제시해 보면 다음과 같다(조미숙, 2023).

① 유능한 학교사회복지사는 사례관리자로서 적절한 서비스의 전달을

촉진시키면서, 학생이 학교조직의 권위나 관료적 형식주의 같은 어려움으로 인해 느끼게 되는 좌절감을 근본적으로 감소시킬 수 있다.

② 유능한 학교사회복지사는 사례관리자로서 향후 어려움을 예측하고, 학생이 어려움에 대비하여 계획을 세우도록 도움을 줄 수 있어 앞으로 찾아오는 위기의 횟수를 감소시킬 수 있다.

③ 유능한 학교사회복지사는 사례관리자로서 다른 기관의 관계자들과 서비스를 조정하기 때문에, 쓸데없는 서비스 중복을 피할 수 있다.

④ 유능한 학교사회복지사는 사례관리자로서 학생을 용이하게 서비스 네트워크와 연결할 수 있다.

11 CHAPTER 지역사회자원 개발과 학교-지역사회 네트워크 구축

1. 지역사회자원 개발의 개념 및 필요성

1) 지역사회자원 개발의 필요성

학교사회복지란 "학교를 실천 장소로 하여 학생-가정-학교-지역사회의 역기능적 상호작용에 의해서 발생하는 학생의 심리·사회적 문제를 예방하고 해결하며 모든 학생이 자신의 잠재력과 능력을 최대한 발휘할 수 있는 교육환경 제공을 통해 학교가 교육의 본질적인 목적을 달성할 수 있도록 도와주는 교육기능의 한 부분이며 사회복지의 전문분야"이다(성민선 외, 2009: 22). 따라서 지역사회 조직가로서 학교사회복지사는 자원개발, 자원동원, 자원활용에 관련된 역할을 수행한다. 학교에서 연계가 필요한 지역사회자원은 지역사회복지관, 병원, 기업, 종교단체, 사회복지시설, 정부나 지방자치단체의 인적, 물적 자원 등을 들 수 있다. 그러나 이러한 자원들은 분산되어 있기 때문에 학교에 필요한 자원들을 적재적소에 배치하기 위해서 학교사회복지사가 지역사회자원을 조사하고 지역사회 조직활동을 통해 통합적이고 체계적인 자원개발과 자원연계를 이끌어 내야 한다(오영재, 1999).

학교사회복지사는 지역사회자원에 대한 광범위한 지식을 가지고 학생과 그 가족이 필요할 때 자원을 이용할 수 있도록 하는 전문기술을 가진 실천가로 인정받고 있다(Constable & Flynn et al., 1996). 학교사회복지사는 학생과 학생을 둘러싼 환경 중 교육적 주체인 학교와 가정, 그리고 지역사회와의 관계를 증진시키고 서로 보완·협력할 수 있도록 중재하고 연계하는 방법을 통해 학생이 가지고 있는 다양한 욕구를 충족시키는 서비스를 제공하기 위해 프로그램 및 지원체계를 만들어 가는 과정을 이행하게 된다. 이러한 자원의 개발과 연계는 학교와 지역사회와의 협력을 통해 학생과 가족의 복합적인 문제에 대한 통합적인 서비스를 제공할 수 있고, 다양한 학교사회복지 프로그램을 기획하여 실시할 수 있으며, 더 나아가서는 학생들을 위한 환경개선 운동과 같은 지역사회의 변화를 가져올 수 있어 궁극적인 문제해결과 예방에 도움이 된다.

지금까지 장애인복지, 노인복지, 지역사회 정신건강이 각기 분절적으로 이루어졌지만, 최근 지역사회 환경은 기관별로, 대상별로 파편적으로 이루어진 서비스를 통합하고, 기관 간 네트워크와 지역 중심의 포괄적 체계를 지향하는 추세로 나아가고 있다. 한 예로 지역사회통합돌봄은 영국의 지역사회보호(community care) 모델에서 비롯된 것으로, 노인, 장애인, 정신장애인에 대한 주거, 의료, 복지 등의 돌봄 서비스를 포괄하는 지역사회 중심의 통합 서비스라고 할 수 있다(정무성, 2000).

또한 아동 영역에서도 통합관리를 지향하며 다함께 돌봄 서비스가 진행되고 있다. 이는 방과 후 돌봄 서비스를 제공하고 있는 지역아동센터(보건복지부), 방과후학교 및 돌봄교실(교육부), 청소년방과후아카데미(여성가족부)로 다원화된 체계의 네트워크를 구축하는 데 초점을 두고 있다. 가정위탁, 입양, 아동보호전문기관, 지역아동센터, 양육시설 등이 각각 파편적으로 움직였다면, 2019년 아동권리보장원의 설립으로 중앙기구를 일원화하고, 지역 내 아동복지를 통합적으로 관리하는 방향으로 전개되고 있음에 주목할 필요가 있다.

따라서 학교사회복지에서의 지역사회자원 개발의 개념이란 지역사회의 여러 자원들을 통합적으로 관리하고, 지역주민들의 적극적인 참여와 시민의식으로 안전하고 행복한 학교 환경을 구축하고자 하는 노력이라고 정의할 수 있다. 다시 말해 학교사회복지에서의 지역사회자원 개발은 학생 당사자의 권리를 존중하고, 민주적인 절차를 통해 학교-가정-지역사회 내에서 학생의 행복한 삶을 구축하는 데 반드시 필요한 과정이며, 지역사회자원 개발과정에서 학교사회복지사는 학교-가정-지역사회의 상호작용을 증진시키는 연계자로서의 역할을 담당해야 한다.

2) 지역사회자원 동원과 개발

자원(resources)이란 학교사회복지 실천활동에서 학생의 변화나 그들의 생활을 향상시키는 데 유용하게 사용할 수 있는 인력, 물질, 조직, 정보 등으로, 지역사회 문제의 성격이나 개입방법과 상관없이 필수적인 기술이라고 할 수 있다. 지역사회에서 동원할 수 있는 자원은 인적자원, 물적자원, 제도자원, 정보자원 등 다양하다(김수진 외, 2012). 인적자원은 학교사회복지 전문인력 등 공공 인적자원과 민간 복지시설에 종사하는 사회복지사, 자원봉사자 등 민간자원으로 구분되며, 물적자원은 설비, 건물, 기자재, 후원금품 등을 뜻한다. 그리고 제도자원에는 학교사회복지와 관련된 정책, 법, 행정 체계 등이, 정보자원에는 국내와 국외에서 제공되는 정보들이 있다. 이들 중 인적자원과 물적자원에 대해 구체적으로 살펴보면 다음과 같다.

(1) 인적자원

인적자원은 전문 인력과 비전문 인력으로 나눌 수 있다. 전문 인력은 학교사회복지사 등을 의미하며, 비전문 인력은 주로 자원봉사자들을 의미하는데, 외적자원을 활성화시켜 다양한 분야의 자원봉사 활동에 주민을 참여시켜야 한다. 학생들을 위한 서비스 제공, 기금 모집을 위한 캠페인 참여, 기관에서 실시하는 프로그램의 보조 등 많은 자원봉사 조직과 단체들의 활동이 있으나 단순한 수혜성 주민 참여에서 벗어나 효율적인 자원봉사 인력의 동원과 관리를 위한 유기적인 협조체계를 이루는 것이 필요하다(최옥채, 2017).

(2) 물적자원

학교사회복지는 조직의 운영이나 학생들에게 전달되어야 할 서비스 경비에 필요한 현금 및 현물을 자체적으로 생산하거나 조달하는 것은 매우 어렵다. 이러한 자원들은 사업제안서(proposal) 제출에 의해 자원을 확보하는 경우가 많다. 그러므로 물적자원을 효과적으로 확보하기 위해서는 학교사회복지사의 물적자원 확보를 위한 능력과 노력이 필요하다. 기부 능력이 있는 잠재적 기부자를 발굴하고, 명분이 있는 목적에 기부할 수 있도록 동기를 부여하고 기부자에게 기부 제공의 기회를 만들어 주어야 한다. 따라서 학교사회복지사는 마케팅 전략이 필요하다. 마케팅 기술은 전략적인 계획과 시장조사, 욕구분석, 그리고 목표설정 등의 과정을 포함한다. 또한 홍보를 통하여 목적과 사업을 매스미디어를 통하여 적극적으로 알리고 신뢰성을 높여 필요한 자원의 확보를 촉진할 수 있다.

3) 교육공동체로써 학교와 지역사회

생태체계적 관점에서 지역사회의 다양한 인적·물적 자원과 학교의 유용한 자원들이 함께 활용되어, 학교와 지역사회가 학생의 삶의 질에 보다 긍정적인 영향을 미칠 수 있다. 학교와 지역사회는 근대 역사 초기부터 밀접한 관계를 갖고 있었는데, 서양의 근대 학교교육은 사실상 종교교육을 실시했던 지역사회 학교(교회의 일요학교)에 정부가 지원금을 제공하며 공교육제도로 흡수하였던 것에서 출발하였다. 우리나라의 경우도 도 · 농 · 어촌 마을에서 학교 설립을 위해 토지를 기부하고, 학교 운동회나 축제가 곧 마을의 주요한 행사로 지역주민 모두가 함께 참여하였던 것처럼 학교와 지역사회는 긴밀한 관계를 갖고 있었다.

그러나 1950년, 한국전쟁 이후 폐허로 학교가 부족한 상황에서, 중학교 입시, 고등학교 입시, 나아가 대학교 입시에 이르는 치열한 경쟁이 계속되는 동안 학교와 지역사회는 점차 멀어지고 학교는 높은 벽에 둘러싸인 곳이 되었다. '학교가 마을이고 마을이 학교'라는 가치를 가진 1958년에 개교한 풀무학교와 같이 대안학교나 지역단위에서 학교와 마을이 유기적으로 협력하는 사례들이 있었지만, 교육공동체로써 학교와 지역사회를 정책적으로 강조하기 시작한 것은 2003년부터 시작된 교육부의 '교육복지투자우선지역지원사업'이라고 할 수 있다. 이어서 2007년 교육과학기술부가 '지역과 함께하는 학교' 사업을 시작하고, 2014년 서울시교육청의 '혁신교육 지구'를 비롯하여 전국적으로 유사한 마을 교육공동체를 지향하는 사업들이 확산되면서 지역사회와 학교의 연계 협력이 강조되기 시작하였다(김미향, 2020).

'교육복지투자우선지역지원사업'이 학교를 기반으로 지역사회기관과 함께 저소득층 학생을 돕는 데 비해, '마을 학교'는 그 공간이 학교와 마을 모두에서 이루어지며, 주요 대상이 저소득층에 국한되지 않고, 마을의 주민과 학생들이 모두 대상이 된다는 점에서 차이가 있다. 즉, 마을 교육공동체는 학교교육을 보완하고 지역사회주민과 지역사회기관이 함께하며, 학교는 마을의 일부로 유기적인 상호협력 관계를 통해 교육혁신을 이루는 데 목적을 두고 있다.

따라서 학교사회복지 실천은 지역사회 개입을 통해 안전한 학교를 위한 지역사회의 협력을 증진하는 것뿐만 아니라, 지역의 모든 학생을 위한 교육공동체를 지향한다(김미향, 2020). 이러한 맥락에서 학교사회복지 실천의 지역사회 개입은 지역사회자원을 발굴하고, 지역사회 네트워크를 구축하여 학생과 학교를 지원하는 지원망을 확대하는 데 초점을 둔다.

4) 지역사회대상 학교사회복지 실천

지역사회를 대상으로 하는 학교사회복지 실천은 학교사회복지사가 지역사회를 대상체계로 보고 지역사회의 욕구(needs), 문제(problem) 그리고 위험(risk)에 대해 지역주민의 조직화를 통하여 해결하도록 원조하는 전문적인 학교사회복지 활동을 말한다. 다시 말해서 지역사회를 대상으로 하는 학교사회복지 실천은 지역사회에서 학생집단의 욕구와 문제를 해결함으로써 지역사회에서 학생의 삶의 질을 향상시키려는 모든 노력을 포함한다(조미숙 외, 2020).

지역사회를 대상으로 하는 학교사회복지 실천은 지역사회 내의 학생집단, 학교조직, 제도 그리고 이들 간의 상호작용을 바꾸기 위해서 학교사회복지 실천기술을 적용하는 활동이다(Hardcastle, 1997). 또한 학교사회복지사가 지역사회 수준에 개입하여 지역사회에 존재하는 각종 제도에 영향을 주고, 지역사회의 문제를 예방하고 해결하고자 하는 일체의 사회적 노력을 의미한다. 그러므로 지역사회를 대상으로 하는 학교사회복지는 지역성이 뚜렷하다는 점에서 그 차이를 발견할 수 있다(최일섭 · 류진석, 2004).

따라서 지역사회를 대상으로 하는 학교사회복지 실천은 지역주민들과 그 지역의 역량강화를 통하여 삶의 질을 개선하고 지역의 문제를 효과적으로 대처하고 해결하기 위한 학교사회복지의 전문적 개입방법(조미숙 외, 2020)이라고 할 수 있다.

(1) 지역사회분석

학교사회복지사는 자신이 속한 기관이나 지역사회에 대해서 잘 파악하고 있어야 한다. 특히 지역사회 전체를 개입대상으로 하는 경우에는 지역주민의 삶에 영향을 미치는 정치, 경제, 사회, 문화적 특성과 지역사회주민의 욕구나 문제에 대한 파악이 매우 중요하다(조미숙 외, 2020).

지역사회분석은 학교사회복지사로 하여금 지역사회 내부의 행동과 의사결정에 영향을 미치는 사회·경제·정치적 구조와 지역사회의 역사를 알게 함으로써 학교사회복지 실천의 맥락을 이해할 수 있으며, 지역사회주민을 돕기 위해서 또는 지역사회에 필요한 새로운 프로그램을 개발하는 데 필요한 정보와 현존하는 자원에 대한 정보를 알게 한다. 지역사회분석은 새로운 정보가 나타날 때마다 이루어져야 하지만, 특히 새로운 지역사회에서 일을 시작할 때에는 해당 지역사회에 대한 조사와 분석을 실시하는 것이 바람직하다(설진화, 2016).

따라서 Warren(1978)은 4단계로 지역사회분석틀을 설정하였는데, 자세히 살펴보면 다음과 같다(조미숙 외, 2020 재인용).

① 1단계: 목표 집단 파악

- 목표 집단의 특성과 그들의 지역사회에 대한 인식을 이해한다.

② 2단계: 지역사회 규모의 결정

- 개입을 통하여 변화시켜야 할 지역사회의 지리적 경계를 파악한다.
- 목표 집단에 영향을 주는 문제에 대한 자료를 수집하여 프로파일을 만든다.
- 목표 집단에 영향을 주는 가치, 전통, 신념, 가치갈등 등을 관찰하고 이해한다.

③ 3단계: 차이점 인식

- 목표 집단이 다른 집단과 어떠한 차이점이 있는지, 그 차이점으로 억압받았는지 등 공식적·비공식적으로 억압받아 온 방식을 파악하고 이해한다.
- 목표 집단이 지역사회에 적응하지 못하는 이유는 무엇인지, 목표 집단이 차별받고 억압받아 온 증거를 수집한다.

④ 4단계: 구조 파악

- 목표 집단의 욕구를 충족시키기 위한 권한이 어디에 있는지 파악한다.
- 목표 집단의 목표를 충족시킬 수 있는 자원을 파악한다.
- 목표 집단에 대해서 어느 단체가 도움을 주고 옹호하는가, 자원의 분배과정과 유형은 어떠하며, 외부의 힘에 영향을 받는가 등 목표 집단에 대한 서비스 전달체계와 유형, 자원의 분배과정과 유형을 파악한다.

(2) 지역사회조사

학교사회복지사는 지역사회에 대한 이해를 위해 학교가 속한 지역사회에 대한 조사를 하게 된다. 지역사회조사는 지역의 현황을 파악하고, 지역의 욕구와 활용 가능한 자원, 지역사회의 역동을 파악하는 것으로, 효과적이고 효율적인 서비스를 제공하는 데 도움이 된다.

지역사회자원은 인적자원, 물적자원, 정보자원을 포함한다. 인적자원은 학교사회복지 실천을 지원할 잠재적, 실제적인 사람들로 사회복지학과 학생, 학부모, 동문회, 지역사회의 다양한 전문직과 비전문직이 모두 포함된다. 물적자원은 실천의 장소를 제공하거나 실천에 필요한 경비를 지원하거나 또는 필요한 서비스를 제공하는 것을 말한다. 지역사회 내의 주요한 서비스 기관, 관공서, 문화 체육 관련 시설 등이 모두 포함된다. 정보자원은 클라이언트의 문제해결에 도움이 되는 지역사회의 지원 정책, 프로포절 공모사업, 효과성이 입증된 프로그램 등을 말한다.

특히, 지역사회조사는 지역단위에서 지역사회복지 계획 수립을 위한 욕구조사와 자원조사를 시행한 결과를 참고하거나 사회복지사협회 또는 사회복지협의회, 각 지역의 복지재단이나 복지 관련 연구기관의 보고서를 참고할 수 있다. 또한 긴밀한 관계를 유지해야 하는 학교 인근 기관의 경우는 다음과 같은 순서로 지역사회조사를 진행할 수 있다.

첫째, 기관 방문 협조공문을 발송한다.

둘째, 개인 명함, 학교사회복지실 홍보자료를 지참하고 직접 방문하여 관계형성과 기관에서 지원해 줄 수 있는 사업들에 관해 파악한다.

셋째, 기관의 활용 가능한 물리적 환경에 대해서도 관찰하는 것이 유용하다.

넷째, 이 밖에도 프로그램 개입 영향 사정을 위해 범죄율, 자살률 등의 다양한 문서자료가 활용된다.

(3) 지역사회대상 학교사회복지 실천 기술체계

지역사회를 대상으로 하는 학교사회복지 실천 기술체계는 주로 서비스 이용자(user), 즉 학생 상황의 사회적 측면에 초점을 두고 적용된다. 이때 기술체계는 서비스 이용자인 학생들을 새롭고 보다 기능적인 상태로 움직이기 위해 변화되어야 할 필요가 있는 지역사회 및 환경적 요소들을 주된 표적으로 하여 적용되어야 한다. 이러한 학교사회복지 실천 기술체계의 특징을 살펴보면 다음과 같다.

첫째, 지역사회주민의 공통 욕구와 문제이다. 학교사회복지사는 전체 지역사회주민이 갖는 공통된 욕구와 문제, 즉 주민의 공동 관심사를 해결하기 위해 개입한다. 그러므로 학교사회복지사는 지역사회의 여러 욕구·문제와 동원 가능한 자원을 파악하여 욕구와 문제의 우선순위에 따라 개입계획을 세워 활동한다.

둘째, 지역사회주민의 조직화이다. 지역사회의 욕구와 문제는 대체로 초기에 학교사회복지사가, 이후에는 주민이 주도하는 지역사회주민의 조직화에 의해 해결된다. 이는 지역사회의 욕구를 지역사회주민 스스로의 힘으로 해결하도록 학교사회복지사가 돕는다는 점을 의미한다.

셋째, 지역사회자원이다. 특히 지역사회를 대상으로 하는 학교사회복지 실천 기술체계는 대규모의 지역사회자원을 동원해야 한다. 대표적인 지역사회자원으로 학교사회복지 관련기관, 언론기관, 학교, 병원, 시민단체 등을 들 수 있다. 이들 지역사회자원은 되도록 지역사회 안에서나 바로 인접한 지역사회에서 동원하는 것이 바람직하다(최옥채, 2017).

5) 지역사회대상 학교사회복지 실천 모델

지역사회대상 학교사회복지 실천 모델을 검토하는 것은 각 모델 간의 유용성과 문제점들을 파악할 수 있으며, 그 유용성을 보다 잘 활용하여 발전시키고 각 모델의 실천지침이나 기술을 보다 정교하게 하여 학교사회복지 실천을 더욱 다양하게 하는 데 그 의의가 있다. 또한 지역사회대상 학교사회복지에서 해결해야 할 다양한 문제에 대한 접근을 가능하게 한다.

따라서, 지역사회대상 학교사회복지 실천 모델을 간단히 살펴보면 다음과 같다(조미숙, 2020).

(1) Rothman의 모델

Rothman은 지역사회의 문제에 개입하는 방식을 세 가지로 나누고, 이들의 특징을 몇 가지 기준에 따라 정리하여 제시하고 있는데, 이는 지역사회 대상 학교사회복지 실천 모델의 가장 전형적인 것이다. 이러한 세 가지의 모델, 즉 지역사회개발모델(모델 A)은 지역 수준에서 광범위한 주민들의 참여를 통해 학교의 변화를 시도하는 데 중점이 주어지고, 사회계획모델(모델 B)은 전문가에 의한 학교 환경의 변화를 강조하며, 사회행동모델(모델 C)은 사회적으로 소외받는 특정 학생집단을 위한 사회행동을 강조한다(남진열 외, 2014). 이러한 모델을 자세히 살펴보면 다음과 같다.

① 지역사회개발모델

지역사회개발모델(community development)은 자조기반에 근거하여 지역사회문제해결을 위한 지역사회능력과 사회통합이라는 과정목표를 통해 지역사회를 새롭게 만드는 데 초점을 두고 있으며, 지역사회의 문제나 욕구를 다룰 때 주민들의 자조(self-help) 정신을 강조하는 형태이다. 따라서 주민들이 지역사회 내의 학교 문제를 스스로 해결할 수 있는 능력을 강화시켜 주는 데 역점을 두고, 문제의 파악 및 해결과정에 있어 지역사회 수준에서 광범위한 지역주민들의 참여를 통하여 지역사회의 변화를 시도해 보려는 것이다.

② 사회계획모델

사회계획모델(social planning)은 지역사회 내의 학교문제, 즉 보건, 주택, 고용, 오락, 비행과 같은 제 문제를 해결하고자 하는 기술적 과정과 합리적인 면을 강조한다. 이러한 지역사회의 문제들은 그 규모나 복잡성 때문에 문제해결을 지역사회의 주민에 의한 민주적 과정에만 맡길 수 없는 문제들이다. 이러한 문제들은 일반대중에게는 얻을 수 없는 전문적 지식을 갖춘 활동가와 함께 연구되고 해결이 시도된다.

③ 사회행동모델

사회행동모델(social action)은 지역사회의 불우한 처지에 처한 소외받는 특정 학생집단이 사회정의와 민주주의에 입각해 보다 많은 자원과 향상된 처우를 그 지역사회에 요구하는 행동을 말한다. 이에 참여하는 학교사회복지사들은 지역사회의 기존제도(복지 · 보건 · 교육 · 취업 · 문화 · 가치관 등)와 현실에 대한 근본적 변화를 추구하여야 한다. 학교사회복지사들은 권력 · 자원 · 지역사회 정책결정의 역할 등에서 재분배를 추구하며, 교육기관의 기본정책에 대한 변화를 추구한다(Rubin & Rubin, 2001).

(2) Taylor & Roberts 모델

Taylor와 Roberts는 Rothman의 기본 세 가지 모델을 기본으로 하고 두 가지 모델을 새로 추가하여 후원자와 이용자가 어느 정도의 결정 권한이 있는지에 따라 지역사회개발모델, 프로그램 개발 및 조정 모델, 계획모델, 지역사회연계모델, 정치적 권력강화모델 등의 다섯 가지 모델을 제시하였다(조미숙, 2020).

① 지역사회개발모델

지역사회개발모델(community development model)은 시민참여에 기반을 두고 지역사회개발을 추구하는 모델로 이용자에게 거의 대부분 결정 권한이 있는 이용자중심모델이다. 이 모델의 핵심은 지역사회주민과 지역사회를 성장하게 하는 것이기 때문에 학교사회복지사의 역할은 주로 조력자의 역할로 지역사회주민으로 하여금 문제해결과정에 참여하도록 하는 것이다.

② 프로그램 개발 및 조정모델

프로그램 개발 및 조정모델(program development and coordination model)은 어떤 특정 목적을 이끌어 내는 과정에서 변화를 위한 실질적 힘을 발현시킬 수 있는 모델로 변화과정에서 학교사회복지 대상자의 직접적 참여를 허용하기 보다는 후원자가 100%의 영향력을 행사할 수 있는 후원자 중심의 모델이라고 할 수 있다. 각 지역의 사회복지공동모금회 등이 대표적 모델이다.

③ 계획모델

계획모델(planning model)은 Rothman의 사회계획모델을 인간지향적인 측면을 강조하도록 수정한 것으로, 지역사회문제해결에 있어서 학교사회복지의 전문적 지식과 기술을 가진 전문가가 합리성과 전문성에 기초하여 효율적이고 효과적으로 변화를 유도하는 모델이다. 특히, 계획에 있어 사람들과의 상호교류적인 노력을 강조하고 보다 옹호적이며 진보적인 정치적 접근을 포함하고 있다.

④ 지역사회연계모델

지역사회연계모델(community liaison model)은 Rothman의 모델에는 포함되어 있지 않은 것으로 사회복지기관의 일선 스태프나 행정가들에 의해 수행되는 기능을 중심으로 설명된다. 지역사회의 문제해결을 위해 지역사회에서 다양한 연계노력을 전개해 나가는 모델로 학교사회복지 대상자의 요구와 후원자의 영향력이 동등하게 반씩 적용될 수 있는 모델이다.

⑤ 정치적 권력강화모델

정치적 권력강화모델(political empowerment model)은 Rothman의 사회행동모델과 밀접히 관련된 것으로, 갈등이론과 다원주의 사회에서의 다양한 이익집단의 경쟁원리에 기초하고 있다. 의도된 시민참여에 의한 정치적 권력강화에 초점을 두고 지역사회에서 자기 권리를 인정받지 못하는 구성원을 지지하여 그들 스스로가 자기 권리를 찾고 확대시켜 나가도록 하는 모델이다.

(3) Weil & Gamble 모델

Weil과 Gamble은 Rothman의 모델 및 Taylor와 Roberts의 모델을 토대로 하면서, 최근의 변화를 적극적으로 반영하여 근린지역의 지역사회조직, 기능적 지역사회조직, 지역사회의 사회경제개발, 사회계획, 프로그램 개발과 지역사회 연계, 정치 · 사회적인 행동, 연합, 사회운동 등 여덟 가지 모델로 구분하고 있다. 구체적으로 살펴보면 다음과 같다(조미숙, 2020).

① 근린지역의 지역사회조직

근린지역의 지역사회조직(neighborhood and community organizing) 모델에서 학교사회복지 실천은 지리적인 의미의 근접성과 그 지역사회에서 해결하고자 하는 현안문제에 초점을 둔다. 비록 하나의 특정 이슈와 사건을 계기로 지리적인 의미의 지역사회조직이 만들어지더라도, 대부분 지역사회의 사회적 · 정치적 · 환경적인 이슈를 취급하게 된다.

② 기능적 지역사회조직

기능적 지역사회조직(functional community organizing) 모델에서는 지리적인 접근성보다는 특정집단의 권익을 추구하는 공동체를 의미한다. 이 조직의 구성원은 지리적으로 가까운 거리에 거주할 수도 있고 그렇지 않을 수도 있다. 중요한 것은 각 조직이 선택한 현안 이슈에 대한 옹호, 정책, 사람들의 태도를 변화시키는 데 초점을 두고 활동한다.

③ 지역사회의 사회경제개발

지역사회의 사회경제개발(community social and economic development) 모델은 저소득과 불이익 계층의 효과성을 제고시키기 위해서는 경제 개발과 사회 개발이 동시에 이루어져야 한다는 인식을 전제하고 있다.

④ 사회계획

사회계획(social planning) 모델은 객관성과 합리성에 기반을 두고 지역사회의 문제를 해결하려는 모델이다. 이 모델은 학교사회복지사의 지식 및 기술 그리고 객관적 조사와 자료 분석 등을 기초로 하여 합리적으로 지역사회문제를 해결하고자 하는 노력을 중심으로 한다.

⑤ 프로그램 개발과 지역사회 연계

프로그램 개발과 지역사회 연계(program development and community liaison) 모델은 지역사회의 욕구에 신속히 대처하기 위한 신규 서비스의 창출, 학교사회복지 프로그램의 확대 또는 방향 재설정을 주목적으로 한다. 즉, 지역의 욕구에 맞춰 보다 나은 학교사회복지서비스 또는 새로운 서비스를 디자인하고 실행하면서 지역사회 욕구를 보다 효과적으로 충족시키는 것이다.

⑥ 정치 · 사회행동

정치 · 사회행동(political and social action) 모델은 기회가 제한되는 불평등에 도전하고 지역사회 욕구를 무시하는 정책 결정에 대응하며 부당한 결정에 맞서 싸우고 지역주민들로 하여금 자신의 능력에 대한 믿음을 강화시켜 부당한 조건을 변화시키는 것이 목적이다.

⑦ 연합

연합(coalitions) 모델은 독립된 조직들로 하여금 공동의 목표로 설정한 사회변화를 위해 함께 일하도록 만드는 것이다. 이 모델의 목적은 학교사회복지 프로그램의 방향에 영향을 미칠 정도로 거대하고 필요한 자원을 동원할 수 있는 잠재력을 가진 다중조직적인 힘의 기반을 구축하여 지역사회에서 집합적으로 문제를 해결하는 것이다.

⑧ 사회운동

사회운동(social movements) 모델은 지역사회의 특정 인구집단이나 학교사회복지 관련 현안문제 등과 관련하여 지역사회구성원들과 다양한 형태의 지역사회 조직체에서 새로운 패러다임을 제공함으로써 사회변화를 이루고자 하는 모델이다(강철희 · 정무성, 2013).

2. 학교-지역사회 네트워크 구축

1) 네트워크와 지역사회 네트워크의 개념

네트워크는 인터넷 정보통신 기술 분야에서 시작되어 기술, 공학뿐만 아니라 사회과학 등 여러 분야에서 관심을 갖고 있는 개념이다. 최근 정보통신기술의 발달과 함께 네트워크의 중요성이 더욱 확대되어 민간뿐만 아니라 정부와 지방자치단체 등 공적인 영역에서도 네트워크가 업무 수행의 중요한 부분으로 자리 잡고 있다. 일반적으로 "네트워크는 실행력을 높이기 위하여 체계를 확립하고 다수의 거점(사람이나 팀, 조직 등) 사이를 내 · 외적으로 연계하는 것"(우진중 외, 2014), "각 조직들이 자율성을 유지하면서 공유된 자원을 가지고 어떤 서비스나 프로그램을 제공하기 위하여 함께 결합하는 협력 시스템" 등으로 정의할 수 있다(안병열, 2009). 파트너십의 장점은 서비스의 중복, 누락 등을 예방할 수 있고 파트너들의 경험과 능력을 공유할 수 있으며 학생의 욕구 충족을 위한 서비스를 다양하게 제공할 수 있다는 것이다(강욱모, 2010).

그러나 파트너십 구축에 어려움도 존재한다. 즉, 참여하는 기관들의 목표가 다르기 때문에 갈등이 생길 수 있고 각자가 가지고 있는 전문 영역을 침해할 우려가 있으며 견해 차이로 인한 혼란이 발생할 수 있다는 점이다.

따라서 파트너십 체제의 구축을 위해서는 학교사회복지 주체들이 지닌 강점과 자원을 조화롭게 활용하여 효율성을 제고할 필요성이 있다.

2) 학교-지역사회 네트워크 구축

네트워크는 지역사회복지현장에서 조직들 간, 대상자와 기관 간 자원의 연결을 의미하며 민간 대 공공, 민간 대 민간의 공식, 비공식적 네트워크 활동이 진행하고 있다. 지역사회 내에서 조직 간 상호협력이란 조직들이 조직적 자율성을 유지하면서 공유된 자원을 가지고 어떤 서비스나 프로그램을 제공하기 위하여 함께 결합하는 것을 의미한다(이혜련, 2019). 학교사회복지에서 네트워크의 목적은 학생에게 적절하고 포괄적이고 지속적이면서 전문적인 학교사회복지서비스를 제공함으로써 서비스의 효과성을 제고하여 학교사회복지적 개입의 책임성을 완수하는 데 있다.

학교와 지역사회 간 연계·협력을 통한 효과는 인적·물적 교류, 사업네트워크, 정보의 교류, 학교시설의 개선, 학교장 및 교사의 자질 향상, 양질의 학습 프로그램의 제공, 교수학습 및 교육과정 향상을 위한 자료 제공은 물론, 학생의 정신건강 및 사회적 자본의 확충에 이르기까지 긍정적이고 다양하게 나타나고 있다(최돈민, 2013; Henderson & Mapp, 2002; 하경희, 2017: 67에서 재인용). 따라서 "지역사회 네트워크는 참여조직의 활동으로 해결되기 어려운 지역사회 문제의 해결에 대해 공유된 목적을 가진 지역 내 다양한 기관들이 연계된 조직체계를 나타낸다"고 할 수 있다(손지현, 2013). 또한 "공동의 목적을 가진 지역사회 내의 학교사회복지 관련 조직들이 단편적이고 분절적인 서비스 제공을 극복하고 공식적인 연계를 형성하여 지역사회 및 학생의 문제해결을 위하여 협력하는 지속적인 상호작용 과정"이라고 할 수 있다(배의식, 2012).

따라서 학교사회복지사업의 효과적인 운영을 위해서는 지역사회의 다양한 전문기관이나 시설, 단체의 참여와 협력을 통한 네트워크의 활성화가 필수적인 이유가 바로 여기에 있다(이혜련, 2019).

3) 학교-지역사회 네트워크 구축을 위한 학교사회복지 실천과정

학교－지역사회 네트워크 구축을 위한 학교사회복지 실천과정은 지역사회 욕구 및 문제해결을 위한 목적 및 목표 달성을 위해 과학적인 지식과 기술을 토대로 합리적 · 체계적이고 의도적인 접근과정이며 그 지역의 특성에 맞는 다음과 같은 개입과정이 필요하다. 즉, 문제발견 및 분석, 정책 및 프로그램 개발, 프로그램의 실천, 평가의 4단계가 필요하다.

(1) 학교사회복지현장에서 문제발견

학교사회복지현장에서 문제를 발견한다는 것은 지역사회의 충족되지 않은 욕구나 문제를 찾아내는 일이다. 학생의 문제를 어떻게 이해하고 개념화하는가에 따라 이를 해결하기 위한 정책 수립의 구상이 달라지며, 구체적인 해결방안과 실천전략에 영향을 미치게 된다. 따라서 학교사회복지 실천과정에서 과거의 노력과 문제에 대한 견해를 파악하고, 문제의 성격 · 소재 · 범위 · 정도 등에 관한 분명한 규정이 있어야 한다. 이를 기반으로 문제해결과 관련된 목표를 설정하고 목표의 우선순위를 결정하게 된다.

학교사회복지사의 문제분석에 따른 작업은 오로지 가치관에 의해서만 결정될 수는 없고, 사회문제와 관련된 객관적인 자료를 수집하고 분석하는 것이 필요하다. 이때 학교사회복지사가 고려해야 할 점은 문제와 관련된 특수집단과 지역사회에 대한 특성을 기술한 통계 자료, 실태조사보고서 등을 분석하고, 특정 사회문제와 관련된 사회과학의 이론을 활용해야 한다. 따라서 학교사회복지사는 문제를 규정하고 분석할 때 다음과 같은 사항을 고려해야 한다(최일섭 · 이현주, 2006).

첫째, 누가 주어진 문제를 '문제(problem)'로 보며 누가 그렇지 않은가이다. 특정 사회문제의 존속으로 이익을 보는 집단과 계층이 있기 때문이다.

둘째, 사회의 어떤 가치관과 제도가 문제를 파생시키며 존속시키고 있는가이다. 기능주의 학자들의 관점에 따르면, 모든 사회문제는 해당 사회가 바람직한 가치관과 제도로서 소중히 여기는 바로 그 가치관과 제도로서 파생된다.

셋째, 특정 사회문제에 대해 사회의 지배계층이 어떻게 생각하고 있는가이다. 여기서 지배계층이란 정치인 · 기업인 등 문제해결에 필요한 자원을 통제할 수 있고, 정책을 결정할 힘을 가지고 있는 계층을 말한다.

넷째, 사회문제에 대해서 학교사회복지사가 속해 있는 학교 기관이나 단체가 갖고 있는 견해를 분석할 필요가 있다. 왜냐하면 학교사회복지사가 공적기관 또는 민간단체에 속해 있느냐, 그리고 민간단체의 경우에도 대표자나 이사회의 구성에 따라 상당한 차이가 있을 수 있기 때문이다.

다섯째, 사회문제에 관해 전문분야에서 갖는 견해와 가치에 대해서 분석할 필요가 있다. 동일한 사회문제에 대해서도 전문분야에 따라 견해가 상이하며, 동일 전문분야의 경우에도 그 분야가 활동하고 있는 사회적 상황과 시대에 따라서 차이가 있을 수 있기 때문이다. 또한 사회문제는 구체적인 해결방안을 찾기 위한 것이므로 좀 더 구체적으로 조작화(operationalization)될 필요가 있다. 사회문제를 조작화한다는 것은 그 개념을 측정할 수 있고 실천할 수 있으며 평가할 수 있도록 구체화하는 것을 말한다.

(2) 학교사회복지 프로그램 개발

학생의 욕구와 지역사회문제를 분석하여 문제해결에 필요한 프로그램을 개발하는 단계이다. 프로그램을 개발하기 위해서는 학교사회복지사업의 목적, 프로그램, 서비스, 활동 및 조치, 학교사회복지 조직구조, 학교사회복지 시행지역, 학교사회복지 수행의 시간적 절차, 방법, 예산, 기준 등이 포괄적으로 적시되어야 한다. 특히 학교사회복지 프로그램의 개발과 관련해서는 보다 구체적으로 사용한 자원을 효과적이며, 효율적으로 동원해야 할 방법이 전략적으로 모색되어야 한다. 학교사회복지 정책 수립이 목표 지향적인 광범위한 내용을 설정하는 것이라면, 학교사회복지 프로그램 개발은 정책을 실천하기 위한 구체적 조치들을 명시하는 것이다. 따라서 학교사회복지 프로그램 개발과정에서는 업무의 내용(활동내용, 순서, 전달체계 등), 자원(활동을 전개하는 데 필요한 자원의 내용과 동원방법 등), 가능성(목표달성을 위해 필요한 변화, 변화전략 등)을 고려해야 한다(조미숙 외, 2020).

(3) 학교사회복지 프로그램의 실천

학교사회복지 프로그램의 실천은 정책목표를 달성하기 위해서 행하게 되는 일련의 활동을 말한다. 활동의 내용과 형태는 문제의 성격에 따라 무한정한 것이기 때문에 일률적으로 논할 수 없으나 크게 두 가지 범주, 즉 '과정 중심 활동'과 '과업 중심 활동'으로 나눌 수 있다. 과정 중심 활동이란 학생집단이 문제를 스스로 해결할 수 있도록 능력을 배양해 주는 활동을 말하며, 과업 중심적 활동이란 학생집단이 필요로 하는 서비스를 직접적으로 제공해 주는 활동을 말한다.

이때, 학생의 욕구는 고정불변의 것이 아니므로, 학교사회복지 프로그램을 실천하는 과정에서 새로운 문제가 발생될 수도 있으며, 이 경우 원래의 계획을 수정해야 할 필요가 생긴다. 이러한 문제는 학교사회복지사업 외부적인 요인(예 홍수·가뭄 등 천재 발생 등)에서 발생할 수도 있고, 학교사회복지사업의 행동 체계 내의 변화(예 학교관계 기관 비협조 등) 등에서 비롯될 수도 있다. 극단적인 상황에서는 학교사회복지 사업계획 자체가 백지화할 경우도 있고, 계획에 대폭적인 수정을 가해야 할 경우도 발생할 수 있다. 따라서 학교사회복지사는 계획의 단계에서 변화를 예측할 수 있는 통찰력이 있어야 하고, 변화가 발생했을 때 즉각적으로 대처할 수 있는 능력과 기술이 있어야 한다(최일섭 · 이현주, 2006).

(4) 학교사회복지 평가

학교사회복지에서의 평가는 두 가지 목적을 갖는다.

첫째, 학교사회복지 프로그램의 실천과정에서 수집된 정보를 입수해서 실천에 반영하여 실천궤도를 수정하는 경우이다. 이때의 평가는 문제해결과정의 마지막 단계라 볼 수 없고 문제설정 · 목표수립 · 프로그램의 개발 · 프로그램의 실천이라는 전 과정에 영향을 주는 계속적 활동이라고 보는 것이 타당하다.

둘째, 문제해결 전 과정의 결과와 최종 산출을 평가하는 것이다. 이러한 평가는 일반적으로 학교사회복지 프로그램을 통해 성취하고자 하는 목표가 어느 정도 달성되었는지, 전략과 전술의 효과는 어떠했는지 등 학교사회복지 프로그램의 효과성과 영향을 측정하게 된다(최일섭 · 류진석, 2004). 이처럼 평가는 결과 · 효과에 따라 학교사회복지 프로그램을 계속할 것인가, 중단할 것인가, 수정 · 보완할 것인가를 결정하는 중요한 요인이 된다.

4) 지역사회대상 학교사회복지 실천 개입기술

지역사회대상 학교사회복지 실천의 개입기술은 조직화, 자원동원과 개발, 임파워먼트, 사회행동, 옹호, 네트워크 및 서비스 통합 등 매우 다양하다.

(1) 조직화

조직화(organizing)는 학교사회복지 실천에서 가장 기본적인 기술로서 지역사회의 문제를 해결하기 위해 지역주민들의 역량을 결집시켜 문제해결능력을 향상시킴으로써 사회변화를 추구하는 것이다. 지역사회조직화는 지역사회 내의 학교 문제를 해결하는 실천 활동으로 주민들은 이 과정에 참여함으로써 잠재력 발휘와 공동체의식을 고양하고 자신들이 직면한 지역사회 내의 학교 문제를 해결할 수 있는 힘을 길러 나가는 것이다. 효과적인 조직화를 이루기 위해서는 다음과 같은 원칙들에 유의할 필요가 있다(김종일, 2012).

① 사적 이익에 대한 관심을 조직화에 활용하라.
② 조직화는 동적인 과정이다.
③ 갈등과 대결에 익숙해지는 법을 배워야 한다.
④ 이슈는 명확해야 한다.

조직화의 주요 내용은 사람과 자원을 끌어모으고(동원), 모인 사람이 조직의 목표와 방법을 논의하여, 조직을 이끌 사람들을 찾아내는 일 등을 말한다.

(2) 임파워먼트(역량강화)

임파워먼트(empowerment)는 학교사회복지 실천에서 불평등하고 형평성이 결여된 사회와 억압받고 짓눌린 학생 개인의 변화를 도모하기 위해 박탈당했거나 상실한 권리, 기회, 자원, 서비스를 되찾고 자신과 환경에 대한 통제력을 회복하는 것이라고 할 수 있다. 결과적으로 서비스 주체가 되는 학생의 삶의 질이나 능력을 향상시키는 데에서 억압요소나 방해요소를 제거하기 위한 과정이며, 학생의 잠재적 능력과 권한을 강화시켜 주는 과정이라고 할 수 있다.

(3) 사회행동

사회행동(social action)은 무력감을 극복하고 임파워먼트를 극대화하기 위해 지역사회주민들이 펼치는 집합적 행동을 의미한다. 사회행동은 치밀한 계획에 따라 이루어져야 한다. 사회행동의 기술에는 일반적 전략, 정치적 압력 전술, 직접 행동, 법적 행동 등이 있다.

(4) 옹호

옹호(advocacy)는 학교사회복지 실천기술에서 학생의 이익을 지키고 대변하는 모든 활동으로 학생이 권리를 갖고 있으며 그 권리의 보장은 법적으로 요구할 수 있는 것이라는 가정에서 출발한다. 옹호란 학생들의 이익 또는 권리를 위해 싸우거나, 대변하거나, 방어하는 활동을 말한다. 옹호의 유형으로는 자기 옹호, 정치적 옹호, 시스템 옹호, 미디어 옹호 등이 있다. 첫째, 자기 옹호(self-advocacy)는 옹호를 필요로 하는 사람이나 집단이 스스로 자신들을 옹호하는 활동을 말한다. 둘째, 정치적 옹호(political advocacy)는 공공 옹호(public advocacy)라고도 하는데, 주로 정책 영역을 대상으로 하는 옹호 활동을 말한다. 셋째, 시스템 옹호(systems advocacy)는 기존의 체제를 옹호한다는 뜻이 아니라, 옹호 활동의 표적이 시스템이라는 뜻이다. 여기서 시스템이란 학교 등의 기존 사회제도를 총칭한다. 미디어 옹호(media advocacy)는 학교사회복지 실천조직의 취지나 목표에 대한 대중의 지지를 얻기 위해 미디어를 사용하는 일체의 활동을 말한다.

따라서 학교사회복지 실천에서 거시적 실천은 세 가지 영역에서 이루어진다. 첫째, 필요한 자원에 대한 접근성과 유용성을 높이도록 사회·경제 시스템을 변화시키는 것, 둘째, 필요하지만 이용이 불가능했던 자원들을 개발하는 것, 셋째, 클라이언트가 시민권과 경제적 권리를 활용할 수 있도록 돕는 것이다(Kirst-Ashman & Hull, 1993). 학교사회복지사는 차별을 겪는 취약계층 학생을 위해 학교체계, 지역사회, 국가와 사회 전체 수준에서 활동하게 된다.

학교사회복지사는 학교와 지역사회를 연결하며, 지역사회 아웃리치를 할 수 있는 학교 내의 전문가이다(Bye & Alvarez, 2007). Nash(2002)는 학교사회복지사는 지역사회와 학교의 연계를 돕기 위해 다음의 세 가지 방식으로 일한다고 보았다. 첫째, 지역주민들이 학생의 성취를 개선하기 위해 욕구, 목적, 전략들을 함께 논의하도록 한다. 둘째, 방과 후 프로그램, 보건 및 정신건강 서비스와 같은 주민들에게 필요한 서비스를 파악하고 개발하기 위하여 지역사회의 기관들, 즉 교회, 여가센터, 여성 지지집단, 클럽들, 사업체 등과 함께 일한다. 셋째, 새로운 거주시설을 위한 재정지원을 얻고, 범죄율을 낮추는 것과 같이 더 거시적인 교육환경 변화와 같은 공동의 목표를 형성하도록 지역사회 집단들을 돕는다.

따라서 안전한 학교를 위하여 시행하는 학교 안전 프로젝트(Safety School Project)는 학교폭력이나 범죄로부터 학교 학생을 보호하기 위한 것으로 지역거버넌스의 한 예로 들 수 있다. 이는 학교 주변의 위험요소를 제거하고 지역주민의 의견을 청취하여, 지역주민이 등하굣길 안전과 위험 상황에서 도움을 요청할 수 있도록 하는 프로젝트이다. 우리나라 경찰청에서 은퇴한 노인 전문 인력을 선발하여 통학로, 놀이터, 공원 등 학교 주변과 아동 대상 범죄 다발 지역에 아동안전지킴이를 배치하고 안전지킴이집을 두는 것과 유사하다. 안전한 학교는 범죄와 폭력이 없는 지역사회의 안전한 환경 속에서 가능하며, 취약계층 학생들을 효과적으로 돕기 위해서는 학교와 지역사회가 함께 교육공동체를 만들고, 적극적으로 상호 지지가 이루어져야 한다. 이와 같이 학교사회복지는 보다 거시적인 환경체계에 개입하여, 지역사회자원을 발굴하고, 통합적이고 포괄적인 서비스의 지속을 위해 학교와 지역사회의 상호작용을 촉진하는 데 초점을 둔다.

나아가 거시적 실천에서 학교사회복지사는 취약계층 학생들이 차별받지 않는 교육의 평등성과 인권 보장을 위해 옹호활동을 해야 한다. 그리고 학교–가정–지역사회의 연계와 협력을 통해 지역 정책의 우선순위에서 취약계층 학생들의 권리 보장을 위한 정책이 우선되도록 힘을 보태야 한다.

(5) 네트워크 및 서비스 통합

네트워크(networking)는 사회에서 상호 간 서로 연결된 형태라 할 수 있으며, 사회 여러 점들 간의 연계체계 또는 연계형태를 가리키는 것이다. 또한 네트워크는 서비스의 중복을 방지하고 자원을 효율적으로 관리하기 위하여 정기적인 모임 및 회의를 통하여 서비스 계획을 공동으로 수립한 후 개별 기관들이 각각 서비스를 제공하는 것으로 개별기관의 정체성은 유지하되 서비스 제공에 있어서 팀 접근(team approach)을 시도해 나가는 것을 말한다(박태영, 2014). 특히 학교사회복지 실천에서 서비스 통합(service integration)은 네트워크에서 궁극적으로 추구하는 것으로 활동의 통합, 즉 노력의 통합을 통해 문제해결의 효과성과 효율성을 높이는 것을 말한다.

학교가 지역사회의 학생을 위한 모든 일을 할 수는 없다(Harris et al., 2007). 지역사회에는 학생을 돕는 다양한 기관이나 네트워크가 있으며, 학교와 연계 협력할 때 효과적으로 학생의 삶의 질을 향상시킬 수 있다. 학교사회복지 실천은 학교–가정–지역사회의 연계와 협력을 통해 학생의 삶의 질을 개선하며, 이를 위해 상호 간의 소통과 이해를 증진시키기 위해 노력해야 한다. 그러므로 학교사회복지서비스는 가족, 학교, 지역사회 맥락과 분리될 수 없다.

특히 빈곤가정, 장애아동가정, 다문화가정, 조손가정, 위탁가정, 시설보호, 학대가정 등 특별한 욕구를 갖고 있는 학생과 그 가족을 돕기 위해서는 관련된 서비스를 제공하는 기관과의 네트워크 및 서비스 통합이 매우 중요하다. 현재 학생과 가족을 위한 서비스와 관련된 지역사회 네트워크를 살펴보면, 학교폭력 예방 네트워크, Wee 프로젝트 네트워크, 초등학생을 위한 온종일 돌봄체계, 지역사회청소년 통합지원체계(CYS-Net: Community Youth Safety Net), 아동학대 관련 아동보호체계, 희망복지지원단 통합사례 관리, 사회서비스원과 지역사회 통합돌봄(커뮤니티 케어), 마을학교 네트워크, 사회복지협의회나 지역사회 보장협의체 등이 다양하게 형성되어 있다. 따라서 학교사회복지사는 이러한 다양한 네트워크 속에서 학교의 대표적인 실무자로 다른 기관의 다학문적 전문가와 네트워크 및 서비스 통합을 위해 협력해야 한다.

따라서, 지역사회와 학교의 연계 협력이 성공적으로 진행되기 위해서는 다음과 같은 점을 주의해야 한다(이상균, 2001).

첫째, 학교 관리자와 연계 기관의 기관장 그리고 학교사회복지사가 학생을 비롯하여 프로그램 참여자와 서비스 제공자를 충분히 이해하고 주도하여야 한다.

둘째, 학교사회복지사는 교사의 중요성을 인식하고 협력 관계를 통해 연계 서비스에 적극적으로 동참할 수 있도록 돕는다.

셋째, 서비스의 연결 및 중개를 위해 사례관리 접근을 활용하는 것이 중요하다.

넷째, 성공적인 서비스 통합을 위해 동반자 관계의 명확한 설정과 의무를 규정하여, 학교와 지역사회기관 간의 연계에 대한 공식적 동의를 구한다. 이러한 과정으로 계약이나 양해각서(MOU)를 체결할 수 있다.

다섯째, 처음부터 학교의 구조를 변화시키려 하기보다는 기존의 체계에 대한 적응이 필요하다.

미국에서 초기 학교 저항 감소에는 1년 이상이 소용된다고 한다. 그러므로 초기에 교사들의 참여와 협력이 저조하더라도 끊임없이 의사소통을 시도하며, 서비스에 대한 현실적 기대수준과 서비스 표적 대상을 명확히 하고, 항시적으로 서비스가 이루어질 수 있도록 하는 것이 필요하다.

12
CHAPTER

학교 밖 청소년과 학교사회복지 실천

1. 학교 밖 청소년에 대한 이해

1) 학교 밖 청소년의 개념

청소년기는 아동기와 성인기의 중간인 과도기적 특성으로 어디에도 소속하기 힘든 주변인이라 볼 수 있다. 즉, 아동기와 다른 심리적 · 정서적, 신체적 발달에서 혼란스러운 과정을 혼자 수용하기에는 다소 어려움이 많기 때문에 주변의 부모, 친구, 교사의 정서적 관심과 지지로 올바른 가치관과 정체성을 형성할 수 있다. 따라서 청소년 시기를 흔히 '질풍노도의 시기'라고 부르기도 한다. 이 시기의 청소년은 정규 교육과정을 통해 지식과 기술을 습득하고 진로를 탐색하며 사회화 과정을 배울 뿐만 아니라, 학생의 신분으로 사회의 다양한 문제로부터 보호하는 것이 바로 학교의 역할이기도 하다. 하지만 공교육은 청소년기의 발달단계에 의미를 두기보다는 대학입시를 위한 주입식 교육과 급변하는 가족 분화로 인해 청소년기의 적응에 필요한 정서적, 심리적 지원이 현저히 줄어들고 있는 실정이다.

이러한 맥락에서 청소년기는 인간 생애주기 중 가장 큰 변화를 경험하는 시기로 안정적인 환경과 여건에 있지 못할 경우 성인기로의 전환에 많은 어려움이 있을 수 있으며(Hardgrove, Kirrily, Boyden, & Paul, 2014), 학교적응에도 어려움이 발생한다. 결국 학교부적응은 학교라는 환경과의 상호작용의 실패를 의미하는데, 학생의 기능과 환경적 특성과의 상호작용 실패를 의미하며(송운용 · 곽수란, 2006), 일반적으로 학업중단이나 중도탈락 등 학생이 학교를 떠나게 되는 것을 의미한다(이규미, 2004).

학교 밖 청소년이란 초등학교 · 중학교 또는 이와 동일한 과정을 교육하는 학교에 입학한 후 3개월 이상 결석하거나 취학의무를 유예한 청소년 및 고등학교 또는 이와 동일한 과정을 교육하는 학교에 진학하지 않은 청소년으로 정의된다(국가법령정보센터, 2021). 즉, 학교 밖 청소년이란 다양한 이유로 인해 현재 학교를 다니지 않는 청소년을 의미한다. 유사한 용어로는 중퇴 청소년, 학교 중도탈락 청소년, 학업중단 청소년, 학교중단 청소년, 등교거부 청소년 등이 있는데 혼용되어 사용되고 있다가 2014년 학교 밖 청소년 지원에 관한 법률이 제정된 이후 학교 밖 청소년으로 단일화하여 사용되고 있다(김희진 · 백혜정, 2020; 여현주, 2022; 오은경, 2014).

우리나라는 청소년 인구 감소에 따라, 전반적인 학생 수는 감소하고 있지만 학교 밖 청소년은 오히려 증가하고 있으며 특히 고등학생의 학업 중단율이 높은 것으로 나타났다(김희진 · 백혜정, 2020). 이러한 학교 밖 청소년은 학업중단으로 인해 건강한 사회구성원으로 성장할 수 있는 지식과 기술 습득의 기회가 줄어들고, 소속감 부재로 인해 사회적 지지망이 약해져 위험상황에 노출될 가능성이 높다(금명자, 2008). 그리고 청소년의 학업 중단은 취업, 경제적 수입, 실업률, 건강문제 등에 부정적인 영향을 미쳐 사회참여의 비율이 낮아질 뿐만 아니라, 국가적인 차원에서도 인적자원 손실, 범죄율 증가 등의 사회적 비용을 초래할 수 있다(최인재 · 이경상 · 김정숙 · 장근영, 2015; Belfield & Levin, 2007; Lerman, 2005; Rumberger, 2004). 따라서 학업중단으로 인한 문제는 청소년 개인뿐만 아니라 사회적인 문제로 이어질 수도 있다.

일부 학교 밖 청소년은 공격성과 충동성이 높고, 불안, 우울, 행동 문제를 보이기도 한다(배영태, 2003; 이자영 · 강석영 · 김한주 · 이유영 · 양은주, 2010; Christopher,

2008; Farmer et al., 2003).

이처럼 학교 밖 청소년은 학업중단 이후 생활 적응에 어려움을 겪기도 하지만 한편으로는 성공적으로 삶에 적응하고 노력하는 특징을 나타내기도 한다. 윤철경 등(2018)은 학교 밖 청소년이 학교 재학 청소년에 비해 자아존중감, 자아탄력성, 우울 등 심리 · 정서적 특징의 차이가 없다고 보고하였다(윤철경 외, 2018). 그리고 학업중단 이후 배움을 지속하거나 취업을 하는 등 성공적으로 사회에 적응하는 청소년이 상당수 있는 것으로 보고하고 있다(이경상 · 조혜영, 2005). 학업중단 이후 높은 사회적응을 통해 진로 의식이 성숙되고, 안정된 자아인식과 자신감을 가지게 되며 내적, 외적 만족도가 모두 높다는 보고도 있다(김영희 · 최보영, 2015; 이현우 · 양명숙, 2017). 이러한 결과는 학교 밖 청소년은 학업중단 이후 낙인감, 외로움, 학업, 취업준비 등에 다양한 어려움을 경험하기도 하지만 자신의 삶을 자각하고 현실을 받아들이면서 긍정적이고 희망적인 태도로 미래를 준비하기도 하는 것으로 나타났다(김희진 · 백혜정, 2020). 이상의 연구결과를 종합해 볼 때, 학교 밖 청소년이 학업중단 이후의 적응은 학업중단에 대한 자발성 정도와 이후 생활에 대한 준비 정도가 주요한 영향을 미친다는 점에서 학교사회복지 개입의 필요성이 대두되고 있다. 따라서, 학업중단 이후 생활에 적응하는 태도의 중요성은 매우 중요한데, 규칙적인 생활을 유지하고 책임감 있는 행동을 하며, 적극적으로 기회를 활용하는 태도로 나타날 수 있도록 도와야 한다.

2) 학교 밖 청소년 실태

「초 · 중등교육법」에 따르면, 학교 밖 청소년이란 “제2조의 초등학교 · 중학교 또는 이와 동일한 과정을 교육하는 학교에 입학한 후 3개월 이상 결석하거나 취학의무를 유예한 청소년 및 고등학교 또는 동일한 과정을 교육하는 학교에서, 같은 법 제18조에 따른 제적·퇴학 처분을 받거나 자퇴한 청소년 또는 이와 동일한 과정을 교육하는 학교에 진학하지 않은 청소년"으로 정의된다(국가법령정보센터, 2021). 즉, 학교 밖 청소년이란 다양한 이유로 인해 현재 학교를 다니지 않는 청소년을 의미한다.

2019년도 학업중단율은 초등학교 0.7%(18,366명), 중학교 0.8%(10,001명), 고등학교 1.7%(23,894명)로 2018년도 학업중단율이 초등학교 0.7%(17,797명), 중학교 0.7%(9,764명), 고등학교 1.6%(24,978명)에 비해 초등학교만 전 학년도 대비 동일한 수준이며, 중학생, 고등학생은 각각 0.1% 상승한 것으로 조사되었다(교육부, 2020).

2019년 4월 기준 학령기 청소년 인구는 총 5,849,190명, 「초·중등교육법」 제2조에 따른 초·중등교육을 받고 있는 재학생 수는 총 5,488,285명으로 나타났다. 학업중단 학생 수는 52,539명이며, 이 중 질병 및 해외 유학 등이 사유인 학생 수는 24,267명으로 학교 밖 청소년 전체 인원은 약 389,177명으로 추산된다(허민숙, 2020). 2020년도에는 코로나19로 인한 비대면 수업이 장기화되면서 학업중단 청소년도 전년도 인원 52,261명에 비해서 32,021명으로 현저히 감소한 것으로 나타났다. 이는 사회적 현상이 교육현장과 학생들의 학업중단율에도 큰 영향을 미친 것으로 보인다(여현주, 2022). 최근에는 2023년 한 해 동안 52,981명의 초등학교·중학교·고등학교 학생이 학업을 중단하고 있는 것으로 보고되고 있다(교육부, 2024).

학교를 졸업하지 못한 많은 학교 밖 청소년은 여러 가지 부정적인 결과를 경험한다(Belfield & Levin, 2007). 고등학교를 졸업한 청소년과 비교했을 때, 학업을 중단한 청소년은 중단하지 않은 청소년에 비해 실업률, 사망률, 범죄 행위와 수감률이 더 높고 그에 반해 소득, 건강 수준, 투표할 가능성은 더 낮고 사회 서비스에 대한 수요는 증가하였다(Freudenberg & Ruglis, 2007; Rumberger & Lim, 2008). 학업중단으로 인한 부정적인 결과는 막대한 사회적 비용을 발생시킨다. 최근의 한 연구에서 학업중단자의 단일 코호트에서 중퇴율을 반으로 줄이면 사회에 전반적으로 450억 달러 이상의 저축을 창출할 것으로 추정했다(Belfield & Levin, 2007; Lerman, 2005; Rumberger, 2004).

고등학교를 마치지 못할 경우에 초래되는 부정적인 결과는 개인, 가족, 사회 전반에 영향을 미친다. 개인적인 측면에서 일부 학업중단자는 우울하고, 그들의 삶에 불만족스러워하고, 소외감을 느낄 가능성이 높다(Larsen & Shertzer, 1987; Tidwell, 1988). 그리고 여러 연구에 의하면 일부 학교 밖 청소년은 공격성과 충동성이 높고, 불안, 우울, 행동 문제를 가지고 있다고 보고되었다(배영태, 2003; 이자영 외, 2010; Christopher, 2008; Farmer et al., 2003). 학업중단은 학교 밖 청소년 개인의 성장을 저해할 뿐만 아니라, 국가적으로도 인적자원 손실, 범죄율 증가 등의 사회적 비용을 초래할 수 있다(최인재 외, 2015).

3) 학교 밖 청소년의 학업중단 원인

청소년 학업중단의 원인은 다양하며 복합적이다. 학업중단 이후 생활의 적응을 지원하기 위해서는 청소년이 학업을 중단하는 이유를 정확하게 이해할 필요가 있다. 그러나 학업중단의 원인을 규명하는 것은 쉬운 일이 아니다. 다른 형태의 교육 성취도와 마찬가지로 학업중단도 여러 요인의 영향을 받는다. 학업중단 원인으로 학교, 가족, 직장 관련 등 다음과 같은 다양한 이유가 보고되고 있다(Bridgeland, Dilulio, & Morison, 2006; Rumberger & Lim, 2008).

첫째, 개인적 요인으로 낮은 자아존중감, 우울, 불안, 충동적, 사회적 무력감, 자기통제력 부족, 소외감, 낮은 학업성취 요인 있다(김경숙 · 김인희, 2016; 김로라 · 이조경, 2016).

둘째, 가정적 요인으로 부모의 낮은 사회경제적 지위, 한부모가정, 가정폭력, 학대, 가정의 구조적인 결함이 학교를 떠나는 원인이 되며, 부모의 잘못된 양육태도 및 소원한 가족관계, 가족의 무관심, 가족의 낮은 지지 기반과 같은 가정의 기능적 특성 또한 학업중단에 영향을 미친다고 보고되었다 (구본용 · 김계정, 2014; 김영희 외, 2013; 이병환, 2002; 전경숙, 2012).

셋째, 학교 요인으로 또래관계, 교사와의 관계, 학교 생활태도, 교사의 차별, 기초학력 미달 등이 있으며, 학교에서 문제를 일으키거나, 친구들에게 따돌림을 경험하다가 학교 다니기가 싫어지는 경우의 전형적인 학교 부적응이 원인이 되기도 한다(김성희 · 이신숙 · 김기현 · 하수정 · 김선녀, 2014).

넷째, 교우관계 요인으로 또래의 괴롭힘이나 따돌림, 자퇴한 친구들이 학업에 영향을 준다. 자퇴한 친구가 있을 경우에 위기 집단으로의 가능성이 높아지며 친구를 따라 학교를 그만두는 상황이 발생할 수 있다(구자경, 2003).

다섯째, 지역사회 요인으로 지역사회의 특성이나 주변 유해 환경 등이 있으며, 사회적 요인으로 입시 위주의 교육, 학벌 만능 사회, 사회적 불평등, 계층 구조화와 같은 사회 구조적인 요인과 교육 제도적인 요인이 있는 것으로 나타났다(박창남 · 임성택 · 전경숙 · 김성식, 2001). 결국, 청소년이 학교를 떠나는 이유는 위에서 제시한 여러 요인을 비롯하여 수많은 요인이 복합적으로 상호작용하게 된 결과라고 할 수 있다. 또한 이러한 원인들은 학업중단 이후 새로운 생활에 적응하는 데 걸림돌이 될 수도 있다.

4) 학교 밖 청소년의 학업중단 이후 생활유형

입시 위주 교육과정에 대한 적응의 어려움으로 학업을 중단하는 청소년들은 해마다 증가하고 있다. 최근 3년(2016~2018년) 동안 전국 초 · 중 · 고등학교에서 학업을 중단한 학생은 총 15만 259명으로, 2016년에 4만 7천 63명, 2017년 5만 57명, 2018년 5만 2천 539명으로, 매년 증가하는 추세를 보여주고 있다(교육부, 2019). 이처럼 학교 밖 청소년이 증가하면서 학교 밖에서의 생활이 길어지는 현상으로 인해 공격적인 행동과 파괴적인 일탈행동으로 이어져(이재영, 2018), 위축되어 고립된 행동을 많이 보이며 쉽게 비행에 빠지고 범법 행위까지 연결되는 결과를 초래하기도 한다(청소년백서, 2018).

학업중단 이후 학교 밖 청소년의 생활유형은 매우 다양한데, 자세히 살펴보면 다음과 같다.

첫째, 순수진학형으로 학업을 지속적으로 하여 자신이 원하는 학업을 마치고 난 후 노동시장에 진입하여 정규직업을 가지려고 하는 유형이다.

둘째, 취업형으로 학업을 계속하기보다는 취업이나 창업을 하려고 하는 유형을 말한다.

셋째, 아르바이트형으로 생활비와 용돈을 충당하거나 혼자서 검정고시로 진학을 준비하거나 취업할 생각이 없이 아르바이트만을 하며 지내겠다는 유형이다.

넷째, 진로미결정 중심형으로 진로에 대해 결정을 하지 못한 유형이다.

이와 같이 학업중단 이후 학교 밖 청소년의 생활 형태는 다양하고 복합적으로 나타나고 있는데, 적응과정에서 학교 밖 청소년의 학력 취득 및 취업지원과 함께 심리적 지원의 통합적인 접근이 필요하다(김범구, 2013).

학교 밖 청소년은 학업중단 이후에 개인적, 사회적으로 많은 부정적인 결과를 경험하고 학교 재학 당시에 가졌던 어려움이 학업중단 이후의 삶에 적응하는 데 장애요소로 작용하기도 한다(Belfield & Levin, 2007). 이렇게 학교 밖 청소년은 현실에서 적응상의 어려움과 개인적·환경적 취약성을 가진 자신을 관리하고 통제해야 하는 내적인 어려움에 처하는 이중의 어려움을 겪으며 부적응 행동을 나타내게 된다(Franklin, 1992). 그러므로 학교 밖 청소년의 심리적 부적응을 극복하고 긍정적 삶의 동기를 형성하는 데 도움을 주기 위해서는 소속감을 형성하고 또래와 어울려 생활할 수 있는 기회를 확대해야 한다(여현주·정현희, 2020; 윤철경 외, 2018).

2. 학교 밖 청소년과 학교사회복지 실천

학교 밖 청소년의 학업중단 이후 적응과정은 다양한 모습으로 나타난다. 먼저 여러 가지 부정적인 양상이 나타나는 점에 대해 살펴보면 다음과 같다. 학업중단 이후 많은 청소년은 1~3개월까지는 등교하지 않고, 자유롭게 놀 수 있다는 생각에 해방감을 느낀다. 하지만 시간이 지남에 따라 자신이 처한 상황에 대해 답답함과 막연함을 느끼고, 미래에 대한 불안감에 사로잡히게 된다. 또한 주변 사람들과의 관계에 어려움을 겪기도 하고, 불규칙한 생활이 지속되고, 학업중단 이전부터 가지고 있던 문제행동은 오히려 악화되기도 한다(권해수 · 서정아 · 정찬석, 2007; 성윤숙, 2005; 오혜영 · 지승희 · 박현진, 2011). 학업중단 이후 많은 청소년은 처음의 생각과 달리 무계획적이고 생산적이지 못한 생활을 하게 된다(김영희 · 최보영 · 이인희, 2013; 성윤숙, 2005).

한편으로는 많은 학교 밖 청소년은 적응 과정에서 긍정적인 양상도 나타난다. 윤철경 등(2018)은 학교 밖 청소년이 학교 재학 청소년에 비허 자아존중감, 자아탄력성, 우울 등 심리 · 정서적인 특징에서 차이가 없다고 보고하였다. 그리고 학업중단 이후 배움을 지속하거나 취업을 하는 등 성공적으로 사회에 적응하는 청소년이 상당수 있는 것으로 나타났다(윤철경 · 유성렬 · 김신영 · 임지연, 2013; 이경상 · 조혜영, 2005). 박현선(2003)은 학업중단 이후 큰 좌절을 경험하거나, 중퇴 이후 아무 시도 없이 무계획적으로 소일하고 소위 바닥까지 추락하는 경험을 하는 경우에는 중퇴라는 결정에 대해 후회한다고 보고하였다. 또한 중퇴 이후의 생활에 대한 준비 정도가 매우 중요하며 중퇴 이후의 적응 태도를 강조하였다.

그러나 학업중단 이후에 부적응이 지속될 경우 개인적 문제로 끝나지 않고, 사회적 문제로 확대될 수 있다. 따라서 학교 밖 청소년의 학업중단 이후 삶의 적응을 보다 효과적으로 돕기 위해서는 학교 밖 청소년의 소속감과 동기를 향상하는 것이 필요하다. 학교 밖 청소년이 학업중단 이후 삶에 대한 긍정적인 적응 태도와 소속감을 가지도록 도와주는 것은 학업중단 이후 새로운 삶에 적응하고 원하는 삶을 살아가도록 동기화하는 데 기여할 수 있다고 본다. 즉, 학교 밖 청소년의 부적응 문제는 개인이 아닌 사회 전체의 문제, 그리고 국가의 부담으로 이어질 수 있음을 시사하며, 이들의 적응향상을 위해 학교사회복지 실천 대안이 시급하다.

최근 우리나라는 학교 밖 청소년의 적응에 적극적인 관심을 보이고 있는데, 우리나라의 학교 밖 청소년 지원정책을 정리하면 다음과 같다.

여성가족부는 학교밖청소년지원센터(꿈드림), 직업훈련 및 특화 프로그램을 실시하는 '내일이룸학교', 청소년 특별지원사업을 운영하고 있다.

교육부는 의무교육단계 미취학·학업중단학생 학생지원, 학교 밖 청소년 도움센터 '친구랑'을 운영하고 있으며, 학업중단을 예방하기 위해 학업중단 숙려제도를 시행하고 있다. 한국교육개발원에서는 2010년 학교 안전망 구축사업인 Wee 프로젝트를 출범시켰다. 이에 따라 학교에서 학업중단 의사를 표하는 청소년에게 학교 측(Wee 클래스: 학교, 교육청, 지역사회가 연계하여 학생의 건강하고 즐거운 학교생활을 지원하는 다중의 통합지원 서비스)에서 학업중단숙려제를 안내하며 청소년의 동의를 받아 학업중단숙려제 운영기관에 상담 또는 프로그램을 연계하고 있다(교육부·한국교육개발원, 2017).

이처럼 학업중단 청소년들에게 다양한 지원과 정보를 제공하고 있지만 실제 학교 밖 청소년들은 학업중단 후 학교 밖 청소년이라는 선입견으로 무시를 당하는 일 등이 많아 무기력함과(여성가족부, 2018), 자신의 미래에 대한 탐색이나 행동을 실행하는 데 어려움을 호소하고 있다. 뿐만 아니라 학교 밖 청소년들은 자신들의 미래를 위해 검정고시를 준비할 수 있는 대책마련 등에 대한 요구가 많은 것으로 나타나 이에 대한 구체적인 지원책을 마련하여야 할 것으로 보인다.

일례로, 청소년지원센터 꿈드림은 다양한 경로로 먼저 학교 밖 청소년을 교육청의 명단을 연계, 아웃리치를 통해 발굴하거나 학교 밖 청소년의 참여 신청을 받는다. 먼저 초기상담부터 진행하여 요구 수준에 맞는 적합한 상담, 교육, 직업, 자립 등을 지원해 주고 있다. 이를 바탕으로 검정고시 합격이나 상급학교 진학, 복학 및 대안학교로 진학하는 학업 복귀의 길이 있고, 취업이나 자격증 취득, 인턴십 참여 등을 통해 사회로 진입하는 방법도 있다.

고용노동부와 중소기업벤처부에서는 '취업성공패키지'와 '청년내일채움공제' 사업을 운영하고 있다. 그러나 이러한 지원사업의 내용은 중복되기도 하고 수요자인 학교 밖 청소년이 정보를 모르는 경우가 많다. 따라서 각 부처의 긴밀한 연계 강화를 통해 학교 밖 청소년에 대한 학교사회복지서비스 지원이 홍보되고 강화될 필요가 있다(김희진 · 백혜정, 2020).

참고 자치구의 교육복지 관련 정책 및 민간 협력기관

기관명	사업내용	주요 대상	연령
지역아동센터	지역사회 아동의 보호 · 교육, 건전한 놀이와 오락의 제공, 보호자와 지역사회의 연계 등 아동의 건전육성을 위하여 종합적인 복지서비스 제공기관	요보호아동, 우선순위가 60% 이상	0~18
지역아동 복지센터	기존 양육시설을 활용하여 아동의 건전육성을 위하여 종합적인 아동복지서비스 제공	저소득 보호아동	0~18
사회복지관	지역사회주민의 복지증진을 위한 종합복지센터	지역주민	전체
드림스타트	각 자치구청에서 운영하고 있는 아동통합서비스 지원 사업	저소득 아동 및 가정	0~12
정신건강 복지센터	지역사회 중심의 통합적인 정신질환자 관리체계를 구축함으로써 정신질환의 예방, 정신질환자의 조기발견 · 상담 · 치료 · 재활 및 사회복귀 도모 기관	아동 · 청소년, 성인	전체

청소년수련관	생활권 청소년 수련시설, 지역주민의 평생교육 시설	아동 · 청소년 · 성인	9~24
청소년쉼터	가출청소년을 임시보호하고 가정 및 사회복지를 지원하는 보호시설	아동 · 청소년	9~24
청소년문화의집	청소년과 지역주민이 이용하는 지역문화시설	아동 · 청소년 · 성인	9~24
청소년특화시설	청소년근로복지관, 청소년활동진흥센터, 청소년 직업체험센터, 청소년미디어센터, 청소년문화교류센터, 청소년성문화센터, 청소년드림센터	아동 · 청소년	9~24
청소년상담 복지센터	위기청소년의 전반적인 상담 및 지원 위기청소년을 위한 1:1 멘토링 형식의 지원기관	위기청소년	9~24
청소년지원센터 꿈드림	학교 밖 청소년 지원 사업 지원	학교 밖 청소년	9~24
아동보호 전문기관	아동학대를 예방하고 학대피해아동을 일시 보호하는 기관	아동 · 청소년	0~18
인터넷중독 예방상담센터	아동청소년 인터넷 중독 예방 상담기관	아동 · 청소년 및 인터넷위기	8~24
성문화체험관	청소년의 성지식 습득 및 올바른 성정체성 확립을 위한 체험공간	일반학생	8~24
방과후 아카데미	방임 아동 · 청소년의 전반적인 생활 관리를 제공하는 공적 서비스 사업	방임 및 맞벌이 아동 · 청소년	10~15
육아종합 지원센터	지역사회 내 육아지원을 위한 거점기관으로서 어린이집 지원 · 관리 및 가정양육 보호자에 대한 맞춤형 지원	영, 유아 및 부모	0~7
건강가정 지원센터	가정문제 예방 및 건강가정 유지를 위한 지원 기관	위기 및 일반가정	전체
다문화가족 지원센터	다문화가족에 대한 종합서비스 지원 기관	다문화가정	전체
한부모가족 지원센터	한부모가족 맞춤형 서비스 제공 기관	한부모가족	가족

*출처: 서울특별시교육청(2024). www.sen.go.kr.

3. 장기결석 학생체계와 학교사회복지 실천

영국이 100여 년 전부터 의무교육에 따른 학교 출석관리를 한 데 비해, 우리나라는 사실상 2015년에서야 비로소 인천 장기결석 초등학생의 아동학대사건으로 전국 장기무단결석 학생에 대한 전수조사와 함께 국가 개입이 이루어졌다. 영국과 달리 우리나라에서 학교사회복지는 출석관리보다는 학교폭력에 대한 생활지도, 학교적응에 초점을 두고 시작하였으며, 교육복지우선지원사업은 저소득층 학생의 교육불평등 완화에 초점을 두었기 때문에 상대적으로 출결관리는 주요한 업무로 다루어지지 않았다(홍지선, 2020).

인천 초등학생 사건으로 비롯된 장기결석 아동 전수조사에서 또 다른 아동학대, 사망 등의 사실들이 밝혀지면서, 교육부(2016)는 2016년 2월 '미취학 및 무단결석 등 관리·대응 매뉴얼'을 배포하고, 체계적으로 개입하는 시스템을 갖추기 시작하였다.

2019년 발표된 '포용국가 아동정책'에 따라, 아동수당 미신청자, 학교출결, 병원진료 등의 빅데이터를 분석하여 위기아동을 예측하는 시스템으로 e-아동행복지원시스템을 내실화하고 단계적으로 분산된 아동 관련 시스템을 통합하는 아동 통합 정보시스템을 구축하기 시작하였다(관계부처합동, 2019).

현재 결석 아동에 대해서는 일차적으로 미입학 또는 2일 이내 무단결석한 경우 학생과 보호자와 직접 통화를 통해 학생의 소재와 안전을 확인하고, 보호자에게 학교 출석을 독려한다. 그리고 3~9일 계속되는 무단결석에 대해서는 학교교직원, 읍·면·동의 사회복지전담(혹은 관련 업무 담당) 공무원으로 구성된 2인이 함께 가정방문을 실시하고 보호자 내교 면담을 요청하도록 하고 있다. 또한 10일 이상의 장기결석인 경우는 학교 복귀 시까지 월 1회 이상 소재·안전 확인 및 출석을 독려하며, 학생의 소재나 안전이 미확인되거나 부모가 면담 요청에 응하지 않는 경우는 즉시 경찰에 수사 의뢰하는 것을 의무화하고 있다.

이러한 접근은 아동의 출생부터 의무교육 기간 동안의 생존발달권을 보장하기 위한 종합적인 대책으로 평가된다. 그러나 미취학 아동과 무단결석 아동에 대한 관리는 전화 연락과 가정방문, 교육청 보고, 경찰 수사 의뢰 등 무단결석이나 미취학 아동에 대한 실태 파악에 머무르고 있는 한계점을 가지고 있다. 학교 내에 학교사회복지사가 있음에도 현재 가정방문 시 사회복지전담공무원, 학교전담경찰의 역할로 규정되어 있다(진혜경, 2018).

뿐만 아니라 저소득층 취약계층에 국한된 현재의 교육복지 대상 학교가 아닌 학교에는 학교사회복지가 제도화되지 않은 상태에서 학생들에게 통합적인 서비스가 제공되지 못하고 있다. 따라서 모든 학교를 기반으로 무단결석 아동 사례관리를 학교사회복지서비스의 주요한 영역으로 포함시켜, 지역사회의 아동보호전문기관, 청소년상담복지센터 등 다양한 기관과 협력하는 학교사회복지서비스가 제도화될 필요가 있다. 특히, 난민아동, 다문화가정 아동, 장애아동 등 취약계층 아동을 위한 학교사회복지서비스 개입도 보다 활발히 이루어질 필요가 있다.

2018년 말 현재 우리나라의 난민 신청자 누적 총수는 48,906명이며, 2018년 기준 난민아동은 총 2,451명으로 난민신청아동 1,822명, 난민인정아동 268명, 인도적 체류허가 아동은 361명으로 보고되고 있다(김현미 외, 2020).

「초·중등교육법 시행령」 제19조와 「난민법」 제33조에 따라 원칙적으로 이들도 의무교육을 받을 수 있지만, 취학통지가 아닌 개별로 입학을 신청하며 학교장의 재량에 따라 입학이 허가되고 있기 때문에 학교장이 입학을 거절하는 경우 달리 방도가 없는 상황이다(구은미·이중희, 2019).

「교육기본법」 제8조에 의무교육의 권리는 "국민"에게 한정되어 있기 때문에 난민아동의 교육권을 보장하는 것이 아니라 시혜적 차원에서 허용되는 것이며, 이는 유엔아동권리협약이나 유럽연합(EU) 등 국제사회에서 어떠한 차별도 없이 모든 아동에게 보장하는 권리로는 미흡한 상태이다. 그러므로 난민아동이나 다문화가정 아동, 장애아동에 대한 개입은 기본적으로 문화적 다양성, 모든 학생이 차별 없이 평등하게 대우받아야 하는 인간의 존엄성과 인권 기반의 체계적인 개입이 고려되어야 한다(홍지선, 2020).

특히, 장기결석 아동은 아동학대의 연장선에서 다루어질 필요가 있으며, 취약 아동에 대한 국가 정책 방향이 보다 통합되고 일원화된 체계로 나아가야 할 것이다. 이때 장기결석 학생 개입에서 학교사회복지 사례관리 서비스는 아동보호 체계의 핵심적인 역할로 진행될 필요가 있다. 이는 모든 아동의 교육권을 보장하고 삶의 질 향상을 위한 학교사회복지서비스로 취약계층 학생을 옹호하기 위한 인권 기반의 실천이 강조되어야 함을 의미한다. 그리고 이 모든 과정은 문제 중심의 병리적 관점이 아니라 인권에 기반한 강점 관점의 학교사회복지 실천임을 분명히 해야 한다.

신문기사

통계에 안 잡히던 '학교 밖 청소년'…
내년부터 '학업중단 학생' 포함한 통계 구축한다

교육부를 비롯한 정부 관계부처가 그동안 정확히 집계되지 않던 학업중단 학생과 학교 밖 청소년 규모를 파악하는 기본통계 도입을 추진한다. 학업중단 청소년 조기 파악 및 지원 방안, 학교 밖 청소년 학업 · 진로 관리체계도 마련한다.

이주호 부총리 겸 교육부장관은 27일 서울 마포청소년문화의집에서 사회관계장관회의를 열고 이 같은 내용을 골자로 하는 '학업중단 위기 학생 및 학교 밖 청소년 지원 방안'을 발표했다.

이번 방안은 최근 학업중단 학생이 늘어남에 따라 맞춤형 지원을 하기 위해 추진됐다. 학업중단 학생은 2020년 3만 2027명에서 지난해 5만 2981명으로 65.4% 증가했다. 학교에 학적을 두지 않은 '학교 밖 청소년'은 규모 파악이 더욱 어려운 상태다. 아울러 학업중단(교육부)과 학교 밖 청소년(여성가족부)으로 나뉜 업무 연계도 강화한다. 교육부 관계자는 "그동안 교육부는 교육기본통계, 여가부는 학교 밖 청소년 실태조사 등을 실시하고 있었으나 데이터 연계를 통한 심층 분석이 어려웠다"며 "학령기 아동 전체를 대상으로 하는 기본통계를 구축하면 학교 밖 청소년의 규모나 소재 등 현황을 좀 더 종합적이고 체계적으로 파악해 촘촘한 정책을 마련할 수 있을 것"이라고 말했다.

■ '학령기 아동 · 청소년 기본통계' 구축…안전망 밖 학생 규모 파악 = 정부는 각 부처의 통계를 연계해 내년부터 가칭 '학령기 아동 · 청소년 기본통계'를 구축한다. 통계청의 '아동가구통계등록부'를 기반으로 학령기 아동 · 청소년 관련 행정자료 등을 연계할 예정이다.

아동가구통계등록부는 아동과 부모의 연령, 국적, 지역을 비롯해 가구 유형, 1년 전 거주지, 동거인 등에 대한 정보가 제공된다. 이를 통해 내년부터 학교 밖 청소년 규모, 소재 등 학령기 아동 · 청소년 전체에 대한 종합적 · 체계적으로 파악한다는 방침이다.

통계 구축 이후에는 영유아, 청년 등 분석범위 확장을 검토해 2025년부터 데이터 기반 생애주기별 사회정책 지원체계도 확대 추진한다는 계획이다.

학교 밖 청소년은 현재 약 17만 명일 것으로 추정된다. 이는 지난해 기준 주민등록인구 현황상 6~17세 청소년 인구에서 초 · 중 · 고 학생 수, 동일 연령대의 내국인 출국자 수를 제외해 계산한 간접 추정치다.

이에 반해 청소년 지원시설 이용자 수는 연간 약 13만 명 수준이다. 즉, 학교 밖 청소년 4만여 명은 아무 지원도 받지 않은 채 사각지대에 노출되는 셈이다. 이들은 자칫 학업 · 진로 설계 기간을 놓쳐 고립되거나 범죄 위험에 노출될 수 있다.

■ 학생 · 기관 실태조사 신설 및 병행 조사 실시 = 정부는 학업중단자와 학교 밖 청소년 소재와 안전을 파악하는 실태조사도 신설해 병행한다는 방침이다. 이를 통해 통계에 빈틈이 없도록 한다는 계획이다.

이를 위해 교육부와 교육청은 내년부터 '학업에 어려움을 겪는 학생'에 대한 소재, 안전과 인식, 행동 특성을 다각도로 분석하기 위한 실태조사를 실시한다. 학업중단자는 물론 학업중단 징후를 보이거나 중단 의사를 밝힌 학생 모두 포함해 조사한다.

아울러 대안교육기관 실태조사도 신설해 소속 교원과 학생 현황을 파악하고, 등록하지 않은 기관은 관계법령에 따라 시 · 도교육청에 등록할 수 있도록 유도한다.

매년 4회 실시해 온 장기 미인정 결석 학생에 대한 전수조사도 강화한다. 장기 미인정 결석 학생은 7일 이상 지속적으로 등교하지 않은 학생으로, 매년 7월과 12월 조사는 직접 가정을 방문하거나 학생이 학교를 찾아오도록 해 조사할 계획이다.

■ 대안교실 확충 및 교육활동비 확대해 학업 활동 유도 = 정부는 학업중단 위기 학생의 복합적인 문제상황을 통합적으로 진단하고, 개별 맞춤형 지원을 제공하기 위해 '학생 맞춤 통합지원 체계'도 구축한다.

선도학교 운영도 기존 96개교에서 내년에는 248개교로 2.5배 늘리며, 교육복지안전망을 전국 교육지원청 수준으로 확대한다.

학교에 적응하지 못하는 학생을 위한 '대안교실'도 현재 1337개교에서 확충할 계획이다. 이를 위해 '산학겸임교사'가 홀로 운영할 수 있도록 하는 방안도 검토 중이다. 산학겸임교사는 전문대졸 이상의 관련 분야 재직 3년 이상의 경력자다.

일선 시 · 도교육청의 경우 대안교육 위탁교육기관을 늘리고, 학업중단 위기 학생을 빠르게 도울 수 있도록 맞춤형 단기 프로그램을 운영한다.

학교 밖 청소년을 위한 학업 프로그램도 대폭 확충한다. 취업을 위해 폴리텍대학 과정에 지원할 경우 5%의 가산점을 부여하며, 학교로 돌아오고자 하는 경우 언제든지 교내 담당자를 통해 지원하고 학업복귀 프로그램도 들을 수 있다.

건강검진 항목도 학생 수준으로 보완한다. 교통비와 급식비, 도서구입비 등 교육활동비를 지원해 지원 기관에서 학업 활동에 참여할 수 있도록 유도한다. 이를 위해 학교 밖 청소년도 청소년 대상 우대 혜택을 차별 없이 누릴 수 있도록 청소년증 지급도 확산한다.

*출처: 백두산. (2023.11.28.). 411개 대학을 연결하는 '힘'. 한국대학신문. https://news.unn.net

참고 학교 밖 청소년 유형

학업중단 이후 학교 밖 청소년의 유형은 학업형, 무업형, 직업형, 비행형, 은둔형으로 다음과 같이 구분할 수 있다.

구분	내용
학업형	검정고시 공부, 대학입시 준비, 복교 등
직업형	직업기술 배우는 경우, 아르바이트 · 취업 등
무업형	특정 목표 없이 아무것도 하지 않는 경우
비행형	가출하거나 보호시설 · 사법기관 감독 받는 경우
은둔형	사회적 관계를 맺지 않고 집에서 나오지 않는 경우

*출처: "학업중단 청소년 현황 통계", 교육정책포럼 308호, 2019.

신문기사 **한해 5만여 명 학교 떠난다**

초·중·고 학업중단 매년 증가...올해 5만2539명
'숙려제' 참여해도 학교 떠나는 학생 늘어
"정확한 중단 원인 파악하고 숙려제 개선해야"

전국 초·중·고등학교에서 학업을 중단하는 학생이 매년 늘면서 1년에 5만 명 이상이 학교를 떠나는 것으로 나타났다. 이러한 학업중단을 예방하기 위해 숙려 기회를 제공하는 학업중단 숙려제가 운영되고 있지만 숙려기간을 갖고도 학업을 중단하는 학생이 증가하고 있는 것으로 확인됐다. 28일 국회 교육위원회 소속 전희경 자유한국당 의원이 교육부로부터 제출받은 학생 및 학업중단 학생 현황자료에 따르면 학업을 중단하는 학생이 지속적으로 늘어나고 있는 것으로 조사됐다. 이 자료에 따르면 학령 인구 감소로 전체 초·중·고 학생 수는 2015년 608만 8827명에서 2018년 558만4249명으로 대폭 감소했지만 오히려 학업중단 학생 수는 늘었다.

실제 2015년 전체 초·중·고 학생의 0.77%(4만7070명)였던 학업중단 학생은 △2016년 0.81%(4만7663명) △2017년 0.87%(5만57명) △2018년 0.94%(5만2539명)로 매년 증가했다. 특히 고등학교 학업중단 학생이 2015년 2만2554명(1.26%)에서 2만 4978명(1.62%)으로 가장 많이 늘었다.

이러한 학업중단을 예방하기 위해 교육부는 학업중단 위기학생에게 숙려기회를 제공하는 학업중단 숙려제를 실시하고 있지만 효과는 미미한 것으로 나타났다.

학업중단 숙려제는 초중등교육법 제28조에 따라 학교 부적응을 겪거나 학업중단 의사를 밝힌 학생에게 숙려할 기회를 부여하는 제도다. 숙려제는 1~7주 동안 운영되며 판단기준, 숙려기간, 숙려기간 동안의 출석일수 인정 범위 등에 대한 사항은 교육감이 정한다. 숙려제 참여학생 개개인의 욕구, 학업중단 위기 원인을 종합적으로 파악해 상담·치유나 진로개발 등의 프로그램을 진행한다.

그러나 지난 2015년 4만3854명이었던 숙려제 참여학생 수는 2018년 3만 3002명으로 1만 명 이상 감소했다. 그 사이 학업중단 학생은 지속적으로 늘어난 셈이다. 특히 이러한 숙려기간을 갖고도 학업에 다시 복귀하지 않는 학생도 늘고 있는 것으로 확인됐다. 숙려제 참여 학생 중 학업 지속자 비율은 2015년 86.5%(3만7935명)에서 매년 줄어 2018년에는 75.1%(2만4777명)로 집계됐다.

학업중단 이유로는 초등학생의 경우 해외출국과 유학이 가장 많았으나 기타 사유가 해마다 꾸준히 늘었다. 중학생은 해외출국 · 유학이나 질병이 아닌 기타 사유로 학업을 중단한 학생이 가장 많았다. 고등학생도 학업관련 · 대인관계 · 학교규칙 등 학교 부적응과 기타 사유로 인한 자퇴가 대부분을 차지했다. 기타 사유는 학업부담 등으로 추정되지만 정확한 원인이 무엇인지는 제대로 파악되고 있지 않는 것이 문제점으로 지적되고 있다.

전희경 의원은 "학업중단의 정확한 원인파악조차 제대로 되고 있지 않아 숙려제의 효과가 점점 떨어지고 있고 숙려기간 이후에도 학업중단하는 경우가 늘고 있다"며 "어떠한 이유로라도 학생들이 학교 밖으로 내몰리는 것은 공교육의 실패이며 문제가 심각한 것"이라고 지적했다. 이어 "학업중단의 정확한 원인을 파악할 수 있도록 제도를 정비하고 숙려제를 개선하는 등 학생들의 학업중단을 줄여야 할 것"이라고 덧붙였다.

*출처: 신중섭. (2019.09.28.). 한해 5만여 명씩 학교 떠난다...유명무실한 학업중단 숙려제. Daum 뉴스/이데일리.

학업중단 및 위기학생 관리

■ 업무 흐름도

담임교사: 1차 상담

⇩

학업중단예방위원회 : 지원방안 마련

⇩

담당 부서: 지원 실행

전문상담교사	진로상담교사	학적담당	학생생활담당
상담실시, 외부연계	진로탐색지원	학적 관련 처리	프로그램 운영 연계

■ 세부업무 내용

세부업무명	주 요 내 용
학업중단숙려제 추진	추진 근거 ▸ 초 · 중등교육법 제28조 ▸ 초 · 중등교육법 시행령 제54조 ① 학업중단숙려제란? 학업중단 징후 또는 의사를 밝힌 학생에게 「최소 1주에서 최대 7주」까지 숙려의 기회를 부여하여 상담, 진로체험 등의 프로그램을 지원함으로써 신중한 고민 없이 이루어지는 학업중단을 예방하는 제도 ② 추진목적 ▸ 학업중단 위기학생 조기 발굴 및 적극적인 개입으로 학업중단예방 ▸ 학업중단 사전 숙려 프로그램을 통한 학교적응력 증진 ▸ 학업중단 위기학생에 대한 학교 · 교육청 · 지역사회의 연계지도로 학교 적응력 증진 및 인적자원의 유실 최소화 ③ 학업중단숙려제 운영 계획
담임교사 1차 상담	① 학교장 ▸ 학업중단 위기학생에 대해 숙려 기회 부여 ▸ 숙려기간을 부여하고 학생의 학교복귀를 위하여 최선을 다해야 함 ▸ 학업중단 예방 및 인식제고를 위한 학교 구성원 교육(연수)실시 ▸ [학교]대상 학생과 학부모 모두에게 학업중단숙려제 반드시 안내 ② 업무 담당 부서 ▸ 학업중단숙려제 운영계획 수립 ▸ 학업중단 위기학생 조기발굴, 개입을 위한 학업중단예방위원회 구성 · 운영 ▸ 학업중단숙려제 운영과 관련한 행정적 업무 처리 ③ 담임교사 ▸ 학업중단 징후 조기 파악, 학부모 및 학생 상담 → 담임 1차 상담 후 학업중단숙려제 업무담당자에게 빠른 연계 ▸ 학업중단숙려제 기간 중 참여 학생 주1회 상담 실시(전화통화, 대면 등)

학업중단 예방위원회 지원방안 마련

① 학업중단예방위원회 구성
- 시기 : 학년 초
- 구성의 예 : 교감, 부장교사, 상담교사, 전문상담교사 등 학교의 상황에 맞게 구성하여 운영(타위원회와 통합운영 가능)

② 학업중단예방위원회의 기능
- 학업중단 전 숙려제 기회 부여 및 학생 지원, 연락
- 단위학교 학업중단 예방 계획 수립
- 학업중단 예방 프로그램 운영
- 학업중단 위기학생 지원을 위해 Wee 센터 또는 외부 기관 연계

③ 학업중단예방위원회의 숙려제 관련 결정사항
- 숙려기간(주 단위로 설정할 것)
- 상담 참여일 인정 기준 : 주 2회 기준
- 숙려제 운영은 학업중단예방위원회의 최초 결정에 따르도록 하며, 숙려기간 중 숙려기관, 프로그램 변경 등은 숙려기간 종료 전 학생, 학부모와 협의를 거쳐 변경 가능함(단, 출석을 인정하는 숙려제로 변경 내용은 내부 결재를 득함)

담당부서 지원 실행

① 담임교사, Wee 클래스 사전 상담
- 학업중단 징후 포착 시 담임, 상담교사 등이 학생의 학교생활을 관찰, 상담 실시

② 숙려제 프로그램이 필요한 경우
- 위기학생의 욕구, 위기 원인 등을 파악하여 학업중단 예방 프로그램, Wee 클래스 자체 프로그램, Wee 센터 상담 프로그램 등 우선 활용
- 다양한 교육기회 제공 이후 학생·학부모 면담을 통해 숙려제를 안내
- 학업중단예방위원회 : 운영기관, 프로그램, 참여기간 협의 후 학교장 결재
- 숙려제 운영기관으로 빠른 연계(Wee 센터, 청소년상담복지센터, 대안교육위탁교육기관, 교육감 지정 운영기관 등)

③ 학업중단예방위원회 : 대상 학생에 대한 숙려제 운영 계획 수립, 추진

④ 프로그램 선정
- 숙려제 참여학생 개개인의 욕구 및 학업중단 위기 원인을 종합적으로 파악하여 필수 프로그램 선정

⑤ 학업중단숙려제 프로그램

운영기간 (프로그램)	인정 기준	세부 내용
1주 ~ 2주 (상담)	주 2회 이상	• 주 2회 상담으로 해당 주 출석 인정 • 담임교사 수시 상담은 해당되지 않음 • (운영) 학교, 교육청(Wee 센터), 청소년상담복지센터 등 ※ 주 2회 상담을 권장하나 상황과 여건에 따라 주 1회도 가능
2주 이후 (선택프로그램)	주 2회 이상	• 주 2회 프로그램에 참여하면 해당일 출석 인정 • (운영) 학교, 지역 내 유관기관, 학교장 인정기관 등 ※ 상담활동이 더 필요할 경우 상담활동으로 편성 가능

마무리 단계	① 숙려기간 종료 후 조치 ▸ 학업복귀 시 : 주기적인 상담 실시 등 학교적응 지원 · 관리 지속 ▸ 학업중단 시 : 학교 밖 청소년 지원센터를 안내하고 기관 연계를 위한 개인 정보 제공 동의서 확보 노력 ② 숙려제 현황 정보 제출 : 숙려제 종료 후 7일 이내

*출처: 서울특별시교육청(2024). 민주시민생활교육과, 2024학년도 학업중단 숙려제 운영 계획

참고 학업중단숙려제

1. 학업중단숙려제 분야별 프로그램 예시
   ① 상담·치유: 개인상담, 부모상담, 또래상담, 심리검사, 미술심리치료 등
   ② 학습지도: 1 : 1 학습지도, 학습 멘토링 등
   ③ 진로개발: 진로상담, 직업체험(제빵, 요리, 미용, 바리스타) 등
   ④ 문화체험·예체능활동: 자연체험, 스포츠 활동, 공예, 사제동행 캠프 등

숙려제 운영은 어디서?

- 단위학교: 위(Wee)클래스 권장
- 교육지원청 위(Wee)센터: 학업중단숙려제 상담, 학업중단숙려제 프로그램
- 지역사회 유관 전문기관: 청소년상담복지센터, 학교 밖 청소년 지원센터 등
- 기타 학교장이 인정하는 외부기관: 여행, 인성 및 진로캠프, 전문 심리 상담, 예체능 체험, 직업체험, 대안교육 등

2. 학업중단숙려제 프로그램 운영 기관

위기 원인	프로그램	프로그램 운영 기관
심리·정신	심리상담·치료	학교Wee클래스(센터), 청소년상담복지센터 등 전문상담기관
가정·경제	복지지원	학교(교육복지우선지원사업 등), 청소년상담복지센터, 지역아동센터 등
학업·진로	기초학력증진	학교, 학습종합클리닉센터(교육지원청) 등
	진로상담	학교Wee클래스(센터), 청소년상담복지센터, 진로센터 등
	진로·직업체험	학교, 대학교, 기업, 기관, 개인사업장 등
학교부적응	대안교육	대안교육 위탁교육기관
기타	문화·예체능활동	학교, 문화·체육시설, 청소년수련관 등
	여행	학교Wee클래스(센터), 청소년상담복지센터 등 전문상담기관
	기타	학교, 종교기관(템플스테이, 봉사활동 등) 등

3. 학업중단숙려제 학생 안전관리
   ① 학교장은 숙려기간 동안 참여 학생의 소재 및 안전을 정기적으로 파악해야 함
   ② (숙려제 운영 전) 학교에서 학생/보호자 연락처, 숙려제 운영기관 연락처, 숙려제 프로그램 담당자 연락처를 사전에 숙지
   ③ (숙려제 운영 기간) 학교에서 학생 소재 및 안전 상태를 정기적으로 확인하고 학생 보호자, 숙려제 프로그램 운영 담당자를 통해 학생 소재 파악 등 관리

*출처: 서울특별시교육청(2024). 민주시민생활교육과, 2024학년도 학업중단 숙려제 운영 계획.

13 CHAPTER 학교폭력과 학교사회복지 실천

1. 학교폭력의 개념

학교폭력은 과거의 일이 아니라 지금 현재도 발생하고 있으며, 많은 피해 학생들이 성인이 되어서도 삶과 학습 등에서 고통받고 있다. 초·중·고교 합계 학교폭력 심의건수는 2018학년도에 32,632건, 2019학년도에 31,130건이었다. 코로나19 발생 및 교육지원청으로의 심의위원회 이관이 이루어진 2020학년도에는 6,842건으로 크게 감소하였다가 2021학년도에 11,815건으로 크게 증가하였다. 2022학년도 1학기에는 9,796건으로 전년도 1학기에 비해 증가 추세이다.

학교폭력 피해학생 수는 2018학년도에 39,478명, 2019학년도에 40,411명이었다. 코로나19 발생 및 교육지원청으로의 심의위원회 이관이 이루어진 2020학년도에는 크게 13,425명으로 감소하였다가 2021학년도에 20,682명으로 크게 증가하였다. 2022학년도 1학기에는 14,037명으로 전년도 1학기에 비해 증가 추세이다. 특히 가해학생이 피해학생으로부터 제대로 분리되지 않고, 가해학생의 진정한 반성으로 이어지지 않아서 피해학생의 회복과 안정이 적시에 이루어지지 않는 문제가 대두되고 있다.

「학교폭력예방 및 대책에 관한 법률」(이하 "학교폭력예방법"이라 함) 제17조(가해학생에 대한 조치)에 규정된 가해학생 조치 중 강제전학 등의 조치는 학교폭력 피해학생으로부터 가해학생을 분리하기 위한 효과적인 제도로 도입되었다. 그러나 가해학생 측이 강제전학 등의 처분에 대해 거부하며 행정심판 및 집행정지, 행정소송 및 집행정지 등을 신청하는 등 다양한 법적 수단을 동원하여 시간 끌기를 시도할 경우에 피해학생으로부터 가해학생이 적시에 분리되지 못하는 일이 발생하고 있다. 이로 인해 피해학생 보호 등에 허점이 발생하며, 전반적인 보호·회복 지원이 적시에 이루어지지 않는 문제가 여전히 발생하고 있다는 점에서 큰 문제로 지적된다. 또한 이러한 과정에서 가해학생 조치를 통해 가해학생의 진정한 반성과 성찰이 어느 정도 가능한지에 대해서도 논란이 제기된다.

학교폭력은 법률이나 사회규범에 위반하여 의도적으로 다른 사람에게 어떤 행동을 강요하거나 상처를 내는 것, 신체적·정신적인 폭력을 포함하며 이러한 행동이 청소년들에 의하여 행하여질 때 그것을 청소년 폭력이라고 하며, 학생들에 의해 행해질 때는 학원폭력으로 불리워지는데, 대략 이들의 연령대는 10대를 의미하는 경우가 많다.

1) 공격성과 폭력의 의미와 차이

① **공격**(aggression): 인간을 포함하여 모든 동물의 공격행동을 표현할 때 쓰는 용어

② **폭력**(violence): 주로 인간행동의 비합리적인 공격행동을 지칭할 때 쓰는 용어(**비규범적**) (Volvka & Kowski, 1989; **김창현**, 1996)

- 상습적 폭력(recidivistic assaultiveness): 동일 기간 적어도 두 번 이상 폭력 행사
- 비상습적 폭력(nonrecidivistic assaultiveness): 일정 기간 동안 한 번 타인에게 폭력을 행사

2) 폭력행동의 표출형태(McClintock, 1981)

① 도구적인 폭력(instrumental violence): 폭력적인 수단 동원으로 남의 재산 탈취, 성적 욕구 충족

② 개인 간의 폭력(interpersonal violence): 두 사람 간의 상호 간에 발생하는 각종 폭력행위

③ 이념적 정치폭력(ideological violence): 정치적 이념을 달리하는 집단들 간에 주도권 다툼이나 반정부 시위, 적대관계에 있는 실력자에 대한 테러

④ 동기 없는 파괴적인 폭력(destructive violence without a personal motive): 뚜렷한 동기 없이 공공시설물이나 문화, 예술품을 파괴하는 행위

3) 학교폭력의 유형

① 강도, 성폭행

② 싸움

③ 패싸움

④ 집단 괴롭힘(이지메)

⑤ 금품갈취

⑥ 교사, 부모, 연장자 등에 대들기

4) 학교폭력의 원인 분석

(1) 개인적 원인

① 가해학생의 특성

- 폭력가해 학생들은 충동적이다. 이들 학생들은 생리적인 특징이나 정서적 불안정으로 말미암아 주의가 산만하다. 주의집중을 하지 못

하고, 자주 움직여야 하며, 쉽게 흥분하고, 작은 자극에도 예민하게 반응하는 경향이 있다.

- 폭력가해 학생들은 타인의 권리와 감정을 공감하지 못하거나 무시하는 경향이 있다. 이들은 타인의 권리와 감정을 침해하는 것에 전혀 죄의식이 없는 경우도 있고, 죄의식을 경험하나 그것을 정당화하는 기제가 발달되어 있다.
- 폭력가해 학생들은 감정이나 욕구를 충분히 경험하거나 조절하는 데 어려움을 나타낸다.
- 폭력가해 학생들은 삶이나 미래에 대한 장기적인 계획이나 목표를 수립할 수 있는 장기적 조망능력이 부족하다.
- 폭력가해 학생들은 일반적으로 자기에 대한 만족 및 수용 정도가 낮아 자신을 못났고, 열등하며, 쓸모없고, 사랑받을 만한 존재가 아니라고 느끼고 있으며, 가정에 대한 만족도가 대체로 낮다. 낮은 자아개념은 학생들로 하여금 다양한 문제행동에 참여하도록 한다.
- 폭력가해 학생들은 생활에서 직면하는 문제들을 해결할 적절한 능력을 가지고 있지 못하다. 이들은 부모와의 관계에서 생활규칙, 귀가시간, 생활예절, 친구문제 등으로 잦은 불화와 갈등을 경험하는데, 이런 문제들을 효과적으로 해결할 수 있는 능력이 부족하다.

② 폭력피해 학생의 특성

학원폭력의 피해자들은 매를 맞게 되는 경우가 매우 다양하고, 아무런 이유 없이 폭행을 당하기도 한다. 그렇기 때문에 학원폭력의 경우 누구든지 그 피해 대상이 될 수 있다는 공포심을 가져오고, 학교라는 환경 자체를 신뢰하지 못하게 만들기도 한다.

(2) 학교환경적 원인

① 학교의 성격과 기능의 변화

현대의 학교는 학교교육의 보편화와 대중화로 학교규모가 커지고, 보다 조직화되며, 또한 사회가 요구하는 수단적 기능을 담당하기 위하여 학교조직은 점차 관료화되고 형식화되었다고 볼 수 있다.

- 학교의 본질적 기능은 약화되고 학교의 부차적 기능, 즉 통과의례적 어린이집 기능, 졸업장 · 성적표 발행기능 등이 강조되고 있다.
- 이러한 학교조직의 성격과 기능의 변화는 오늘날 학교교육에 많은 문제점과 역기능을 야기했으며, 특히 주입식 지식 위주 교육, 시험성적에 의한 단선적 인간평가, 인간적 고려가 어려운 대형학급, 창의성과 탐구적인 교육풍토보다는 획일화된 풍토, 그리고 입시 위주 교육과 연계됨으로써 진학하기 위한 통과의례로서 제도화된 학교 내에 수용된 청소년들에게 많은 부정적인 영향을 미치게 되었다.

② 수험체제의 병리

입시 위주의 교육은 시험점수가 중요하므로 학교에서 시험을 자주 치르고 시험이 중요성이 크다. 이에 따른 시험의 중압감, 시험결과에 대한 불안으로 인해 학생들의 스트레스가 증가되어 심지어 폭력과 정신병 및 자살에까지 이르고 있다.

③ 학교와 관련된 하위차원의 병리

- 학급성적이 낮을수록 폭력성이 더 많다.
- 객관적 공부압력은 중 · 고등학교 모두에서 폭력에 많은 영향을 미친다.
- 학교를 좋아하는 정도는 폭력과 강한 관계를 보인다. 학교에 애착이 강할수록 폭력이 감소된다고 보고하고 있다.

- 교사를 별로 좋아하지 않는 학생일수록 폭력을 많이 저지르는 것으로 나타났다.
- 학교생활에 적응하지 못하는 학생이 보다 폭력적이다.
- 공부에 대한 흥미를 느끼지 못하는 학생일수록 폭력을 더 많이 저지른다.
- 학생들은 자신이 원하는 대학에 진학할 가능성이 낮다고 느낄수록 폭력을 많이 저지른다.
- 부모가 바라는 대학에 진학할 가능성이 낮다고 느낄수록 더 폭력적이다.
- 교사에 대한 애착은 좁은 의미에서 교사에 대한 감정적 동일시로서 영향을 준다. 교사에 대한 감정적 애착이 낮은 학생일수록 폭력의 정도가 높다.
- 학생들이 학교에서 느끼는 행복감이 낮을수록 폭력의 정도가 높다.
- 폭력에 가장 큰 영향을 미치는 단일변인은 폭력친구와의 접촉이라 해도 과언이 아닐 것이다.

(3) 가정환경적 원인

학생폭력의 원인을 연구한 기존 연구들은 학생의 폭력, 학교 부적응, 자살, 가출 등의 문제가 피학대 경험에 의해 이루어졌다고 보고함으로써 학생의 피학대 경험이 폭력행동을 유발하는 직접원인이라고 주장했다. 즉, 부모에게 학대받은 학생은 부모의 폭력행동을 모방하거나 학대로 인한 자신의 분노를 풀기 위해 반사회적 행동이나 폭력을 행사하기 때문에 학생의 문제행동은 학대경험의 부정적인 영향이라고 본다.

(4) 사회 · 환경적 원인

정신적 빈곤은 우리 사회에서 존재했던 인간적 윤리규범이나 덕목이 약화되어, 사회전반에 인간적인 '아름다움'이 고갈되는 현상을 지칭한다.

타인의 고통에 대한 무관심, 이타성의 결여, 이웃과의 단절, 상대에 대한 과잉경계 및 불신풍조, 지나친 공리 우선주의, 노인과 약자에 대한 애정과 도움결여, 가족 및 집단 내 개인주의와 공동체의식의 약화, 불필요한 경쟁과 투쟁의식 등은 학생들로 하여금 바람직한 규범과 도덕 윤리의식을 내면화할 수 없는 상태로 몰고 가 결국 폭력행위를 저지르게 된다는 것이다. 그 외에도 대중매체의 폭력 보도나 지역사회의 유해환경 등도 중요한 사회환경적 요인으로 제기되고 있다.

2. 학교폭력의 대책에 관한 법률

「학교폭력예방 및 대책에 관한 법률」(이하 "학교폭력예방법"이라 함)은 지난 2004년 1월에 "학교폭력의 예방과 대책에 필요한 사항을 규정함으로써 ① 피해학생의 보호, ② 가해학생의 선도 · 교육, ③ 피해학생과 가해학생 간의 분쟁조정을 통하여 학생의 인권을 보호하고 학생을 건전한 사회구성원으로 육성함을 목적"으로 제정되었다. 이후 2010년에 피해학생 보호를 위한 가해학생 조치를 강화해야 한다는 주장이 강하게 대두되었고, 피해학생 자살사건이 연달아 발생한 것을 계기로 2012년 1월과 3월에 「학교폭력예방법」을 연이어 개정하는 등 수차례에 걸쳐 법률을 개정하여 가해학생 조치를 강화해 왔다.

「학교폭력예방법」 제17조에 규정된 가해학생 강제전학 등의 조치는 학교폭력 피해학생으로부터 가해학생을 분리하기 위한 효과적인 제도로 도입되었다. 그러나 가해학생이 강제전학 등의 처분에 대해 행정심판 및 집행정지 등을 신청하며 거부할 경우 피해학생 및 가해학생의 분리가 제때 이루어지지 않고, 이로 인해 피해학생 보호에 허점이 발생하며 전반적인 보호 · 회복 지원이 적시에 이루어지지 않는 문제가 발생하고 있다.

현행 「학교폭력예방법」 제16조(피해학생의 보호) 제1항은 "학교폭력예방대책심의위원회(이하 "심의위원회"라 함)는 피해학생의 보호를 위하여 필요하다고 인정하는 때에는 피해학생에 대하여 ① 학내외 전문가에 의한 심리상담 및 조언, ② 일시보호, ③ 치료 및 치료를 위한 요양, ④ 학급교체, ⑤ 그 밖에 피해학생의 보호를 위하여 필요한 조치의 어느 하나에 해당하는 조치를 할 것을 교육장에게 요청할 수 있다"고 규정하였다. 그리고 학교의 장은 피해학생이 긴급보호의 요청을 하는 경우에는 심리상담 및 조언(제1호), 일시보호(제2호), 그 밖에 피해학생의 보호를 위하여 필요한 조치(제6호)를 선 조치한 후에 심의위원회에 보고할 수 있도록 규정하였다.

이 조항은 피해학생과 가해자 분리를 강화하기 위하여 지난 2020년 12월 22일에 일부 개정되었으며(2021.6.23. 시행), "학교의 장은 학교폭력사건을 인지한 경우 피해학생의 반대의사 등 대통령령으로 정하는 특별한 사정이 없으면 지체 없이 가해자(교사를 포함한다)와 피해학생을 분리하도록" 하는 규정을 「학교폭력예방법」 제16조 제1항 후단에 추가하였다. 조항의 개정 이유는 "동일 학교 내의 폭력, 집단 따돌림, 성폭력과 같은 사안은 가해자와 피해학생의 분리조치 등 신속한 대응이 필요하지만 학교의 장이 긴급조치에 대해서 즉시 조치하도록 할 의무가 전혀 없는 상황이라는 문제가 지적되어, 학교의 장이 사건을 인지한 경우 특별한 사정이 없는 한 피해학생과 가해자를 원칙적으로 분리하도록 하려는 것"이라고 제시되었다.

특히 동법 제16조 제3항은 "제1항에 따른 요청이 있는 때에는 교육장은 피해학생의 보호자의 동의를 받아 7일 이내에 해당 조치를 하여야 한다”고 규정하였다. 교육장의 7일 이내 조치 의무는 시행 예정인 ‘피해학생과 가해자 분리’에는 해당되지 아니한다. ‘피해학생과 가해자 분리’는 학교장의 긴급조치이므로 ‘지체 없이’ 분리되어야 한다(국가법령정보센터, 2024).

3. 학교폭력과 학교사회복지 실천

2004년 1월 29일 제정된 「학교폭력 예방 및 대책에 관한 법률」은 2004년 2학기부터 시행되었다. 이 법은 “학교폭력의 예방과 대책에 관하여 필요한 사항을 규정함으로써 피해학생의 보호, 가해학생의 선도 · 교육 및 피해학생과 가해학생 간의 분쟁조정을 통하여 학생의 인권을 보호하고 학생을 건전한 사회구성원으로 육성함을 목적”(제1조)으로 하며 총 20조로 구성되어 있다(국가법령정보센터, 2024).

이 법률에서 규정하는 ‘학교폭력’은 학교 내 · 외에서 학생 간에 발생한 폭행 · 협박 · 따돌림 등에 의하여 신체 · 정신 또는 재산의 피해를 수반하는 행위(제2조)를 말한다. 학교폭력 예방과 대책 마련을 위한 기본계획은 교육부장관 소속하에 ‘학교폭력대책기획위원회’에서 수립 · 평가 등을 심의하며, 학교마다 ‘학교폭력대책자치위원회’가 운영되도록 하고 있다. 학교폭력대책자치위원회는 학교폭력 예방 및 대책을 위한 학교의 체제를 구축하고 예방프로그램을 구성하여 실시하며, 피해학생의 보호와 가해학생에 대한 선도 및 징계, 피해학생과 가해학생 간의 분쟁조정 등의 기능을 담당하도록 하였다. 이때 위원장은 학교장으로, 위원은 학교장이 위촉하는 5인 이상 10인 이하의 다음과 같은 사람으로 구성된다.

① 학생생활지도의 경력이 있는 자로서 10년 이상의 경력을 가진 교사
② 초·중등교육법 제31조의 규정에 의한 학교운영위원회의 학부모 대표
③ 판사·검사 또는 변호사의 자격을 가진 자
④ 해당 학교의 구역을 관할하는 경찰서 소속 경찰공무원
⑤ 청소년보호에 지식과 경험을 가진 자(제11조 제3항)

학교사회복지사는 이 중 청소년보호에 지식과 경험을 가진 전문가로 활동을 할 수 있다. 현재 학교폭력과 관련된 학교 내 인력은 상담과 관련한 전문상담교사와 학교폭력문제를 담당하는 책임교사로 규정되어 있다(제12조). 전문상담교사는 교사 중에서 학교폭력문제를 담당하는 책임교사이며(같은 조 제3항), 학교의 장 및 자치위원회의 요구가 있는 때 학교폭력에 관련된 피해학생 및 가해학생의 상담결과를 보고하여야 한다(같은 조 제2항). 특히, 학교폭력 예방을 위한 교육을 정기적으로 실시하도록 규정되어 있어(제13조), 학교사회복지사는 학교폭력 예방교육에 대한 활동을 강화하여야 할 것이다.

특히, 이 법률에 의해 제공되는 서비스는 학교폭력 예방교육(제13조), 피해학생의 보호(제14조), 가해학생에 대한 조치(제15조), 분쟁조정(제16조) 등이 있다. 여기에서 피해학생의 보호조치는 사례관리(case management) 등과 같은 복지서비스와 실천기법이 제공되는 것은 아니고, 다음과 같은 조치들이 제공된다(제14조 제1항).

① 심리상담 및 조언
② 일시보호
③ 치료를 위한 요양
④ 학급 교체
⑤ 전학 권고
⑥ 그 밖에 피해학생의 보호를 위하여 필요한 조치

가해학생에 대한 조치는 다음과 같다(제15조 제1항).

① 피해학생에 대한 서면 사과
② 피해학생에 대한 접촉 및 협박의 금지
③ 학급 교체
④ 전학
⑤ 학교에서의 봉사
⑥ 사회봉사
⑦ 학내·외 전문가에 의한 특별교육 이수 또는 심리치료
⑧ 출석정지
⑨ 퇴학처분

가해학생에 대한 조치는 봉사와 심리치료를 제외하면 거의 처벌적인 조치가 대부분이다. 학교사회복지사는 학교폭력과 관련된 피해학생과 가해학생을 위한 일차적인 심리상담과 조언을 위한 활동을 할 수 있다. 특히, 일시보호, 치료를 위한 요양, 특별교육 이수, 봉사활동 등 외부 지역사회의 기관과 연계자로서 또는 사례관리자로서 주요한 역할을 담당하게 될 것이다.

(1) 학생체계와 학교사회복지 실천

가정이나 학교에서 학생들의 생활을 정확하게 파악하지 못하면 섬세한 측면에서 생활지도가 그만큼 어려워진다. 집 밖에서, 지역사회에서 그리고 집에서 무엇을 어떻게 하는지를 바르게 이해할 때 올바른 지도가 이루어진다. 따라서 학교사회복지실천에서도 학생들이 가정, 지역사회, 학교 등에서 어떤 생활을 하는지 정확하게 파악하는 것이 학교폭력을 지도할 수 있는 출발점이 된다.

(2) 가해 및 피해학생과 학교사회복지 실천

① 피해학생에 대한 지지와 보호체계가 확립되어야 한다.

학생들 간의 공격적인 행동은 주로 어른의 감독이 미치지 않거나 제한적인 곳에서 발생하며, 폭력을 당한 학생들은 이에 대해 주로 친구들과 가족에게는 알리는 반면에 교사나 경찰에 신고하는 경우는 매우 드물다. 따라서 학교사회복지사는 학생들에게 동료 학생들 간에 갈등을 해결하는 기술에 대해 훈련시킬 뿐만 아니라 학생들 사이에 서로 돕는 지지체계를 형성하도록 지원할 필요가 있다. 짝체계(buddy system)나 큰형(big-brother)프로그램 등을 통하여 여러 명이 함께 귀가하고 밤늦은 시간에 혼자 귀가하지 않는 등 동료나 선후배 간에 서로 지지하고 보호하도록 지도하는 방안 등을 고려해 볼 수 있다.

② 가해학생에 대하여 도움을 위한 개입이 필요하다.

학교사회복지사는 폭력을 행사하는 학생들 역시 도움을 필요로 하는 집단으로 파악하고 개입하여야 한다. 대부분의 폭력학생은 첫째, 가정 내에 심각한 갈등이나 학대가 있을 수 있으며, 둘째, 본인의 분노감이 조절되지 않아 공격적인 행동으로 표출하거나, 셋째, 본인도 원하지 않지만 폭력서클에 가입되어 있어서 빠져나올 방도를 모르거나 보복을 두려워하며, 넷째, 정신질환적 요소에 의해 폭력을 휘두르기도 한다.

(3) 학교환경과 학교사회복지 실천

① 폭력예방을 위한 학생 중심의 교육이 요구된다.

- 학교사회복지사는 생활지도를 통하여 함부로 친구나 후배를 대하지 않도록 언행에 대한 교육과 교내에서의 선후배 간의 예의나 도리에 대한 적절한 지도를 해야 한다. 중·고교학생 폭력의 원인이 거친

언행, 선후배 간의 인사, 충고에 대한 무시 등 사소한 오해에 의해 일어나는 경우가 많기 때문에 특히 이러한 예민한 부분들을 주의 깊게 관찰하여 지도해야 한다.

- 학교사회복지사는 가정통신문이나 프로그램을 통하여 폭력이 잦은 지역을 사전에 알려주고, 가능하면 조를 편성해 여러 명이 함께 귀가하도록 하며 특히 밤늦은 시간에 혼자 귀가하는 일은 절대 없도록 지도한다.
- 폭력이 잦은 지역을 중심으로 교외 생활지도를 강화하고 특히 학교 주변의 폭력을 철저히 단속해야 한다. 이를 위해 경찰, 학생, 주임교사, 학부모, 지역청소년 선도위원, 자원봉사자 등으로 구성된 합동단속단을 지역별로 조직하여 주기적으로 순찰을 도는 것이 바람직하다.

② 생활로서의 학교가 이루어져야 한다.

학교는 생활의 장으로서 학교교육이 정상화되려면 학교교육 여건이 대폭 개선되어 각 개인의 생활공간이 확장되어야 하고 입시 위주로 운영되는 중·고교 교육을 교육과정 중심으로 대전환시켜야 한다. 협동교육과정, 즉 특별활동이 강화되어야 하고 평가체제가 다원화되어 많은 성공 경험을 하도록 해야 한다. 따라서 학교사회복지는 학교 성적에 관계없이 학교는 모든 학생들에게 의미 있는 곳, 성장하는 곳이 되어야 한다는 점이다.

③ 학교환경이 재구조화되어야 한다.

학교사회복지사는 안전한 학교환경을 조성하기 위해 관련자들(학생, 학부모, 담임교사, 학생주임, 진로상담주임, 교감, 교장 등)이 적극 관여하도록 지원해야 한다.

④ 바람직한 교사상의 실천이 이루어져야 한다.

교사의 역할이 학과내용을 잘 가르치는 데 있는 것은 사실이나 학생들의 내면적 욕구를 이해하고 격려와 사랑을 줄 수 있는가도 대단히 중요하다.

성인이 된 후에 기억에 남는 교사는 학과지도능력뿐만 아니라, 인간적 만남에서 성공한 경우가 더욱 많다고 한다.

⑤ 불량서클의 해체 및 재조직을 방지해야 한다.

학교나 가정에서 내몰린 학생들은 인정의 욕구가 강해 심리적으로 보상행동을 받기 위해 서클에 가입하고 그 조직에 남아 있기 위해 폭력행위 등 조직의 생리를 쫓아 폭력을 야기하고 있어 불량서클을 해체하고 재조직하지 못하게 해야 한다.

⑥ 학업성적 중심의 학급, 학교운영을 지양하고 교내 클럽활동의 활성화가 도모되어야 한다.

학생의 능력을 학업성적과 모든 것을 연관 지어 판단하면 성적이 좋지 않거나 공부에 관심이 없는 학생은 점점 학교생활에 불만족스러워지고 폭력가능성이 높아진다. 따라서 학급 내의 직책(반장, 부반장)을 학교성적과 연관시켜 임명하지 않는 것이 좋다. 또한 특별활동 역시 비교과활동과 공부 관련 활동으로 구분하여 후자를 가능하면 줄이고 비교과 관련 활동에 대한 편견을 없애도록 한다.

⑦ 진로상담교사의 보완책으로서 '학교사회복지사'의 채용이 요구된다.

- 미국, 일본, 홍콩 등의 나라에서는 오래전부터 실시하여 그 효과가 높게 나타나고 있다.
- 사회복지전공자는 학교사회복지의 기능 및 역할을 수행하기에 충분한 자질을 구비할 수 있을 정도로 교육을 받고 있을 뿐만 아니라 지역사회의 가용자원을 동원하는 데도 유리함을 알 수 있다.

따라서 교육부는 '학교사회복지사'를 초·중·고등학교에서 채용하여 그 기능을 수행하도록 하는 정책적인 지원이 절실하다.

(4) 가정환경과 학교사회복지 실천

가정의 문제로 인하여 학교폭력이 일어날 수 있는 원인은 부모와 자녀의 대화부족, 부모의 부적절한 교육, 부모의 일탈행동 등이 있을 수 있다.

첫째, 자녀에 대한 관심이 무엇보다 중요하다.

둘째, 자녀의 이야기를 잘 들어준다.

셋째, 자녀의 일은 자녀 자신이 스스로 할 수 있도록 한다.

넷째, 부모는 올바른 생활태도를 영위해 나간다.

다섯째, 자녀에 대한 지나친 기대를 이야기하지 않는다.

따라서 학교사회복지 실천측면에서 여러 가지 예방방안을 보면, 가정에서 자녀에 대한 부모의 역할이 매우 중요하다는 것을 알 수 있다. 학생 자신이 노력해야 할 부분도 많지만 위에서 제시한 부모의 역할이 적절히 이루어진다면 가정의 화목과 함께 학생들이 학교폭력이 없는 건강한 학교생활을 할 수 있을 것이다.

(5) 지역사회와 학교사회복지 실천

청소년폭력예방재단이 실시한 학교폭력의 사회적 원인과 배경요인에 관한 조사를 보면, 유흥향락업소의 번창과 폭력문화매체의 문제 등 지역사회 문제가 개인적인 문제만큼이나 중요한 원인으로 나타났다.

따라서 학교폭력문제의 해결에는 사회적 · 집단적 노력이 반드시 필요하며 집단적 노력 없는 개인적 노력은 곧 벽에 부딪힐 수밖에 없을 것이다.

이를 위해서, 이미 존재하고 있는 청소년 선도 지역조직(예컨대, 정부와 연관된 조직, YMCA와 같은 시민조직, 경제정의 실천연합, 기독교윤리실천위원회, 교회와 같은 종교조직, 학교 내의 운영위원회 등)들을 의도적이고 계획적으로 잘 활용하여야 한다.

일본의 경우에도, 음란폭력매체를 추방하는 데 있어서 지역조직에 기반을 둔 주민조직이 큰 힘을 발휘해 왔다고 한다.

기존 지역조직을 활용하는 외에 청소년폭력과 연관된 문제들을 해결하기 위해 새로운 조직을 만드는 것도 생각해 볼 수 있다. 이러한 조직기관을 통하여 지역사회 한두 곳을 선정하여 학교폭력실태설문조사와 유해환경들을 조사하고, 그 지역에 위치한 학교 선생님, 경찰관, 해당 교육청, 지역사회복지기관들과 유기적 연계하에 학교폭력 해결을 위한 구체적인 활동을 펴 나가야 할 것이다.

① 학교사회복지사의 사회환경의 개입이 요청된다.

학교사회복지사는 학생선도협의회, 학교운영위원회, 상담기관, 사회복지관, 경찰, 교육청 등과 연대를 도모할 필요가 있다. 또한 성인들의 퇴폐향락문화환경으로부터 학생들을 보호하고, 폭력을 미화하거나 폭력을 빈번하게 노출하는 매스미디어의 역기능적 요소를 억제하기 위한 다양한 프로그램을 기획할 필요가 있다.

② 비폭력 지향의 학교문화 조성이 이루어져야 한다.

어떤 폭력이든지 단호하게 비난하고, 비폭력적인 해결, 타협과 협상, 양보 등을 격려하고 높이 평가하는 학교문화 분위기가 조성되어야 한다.

③ 유해환경 정화 및 상시순찰이 이루어져야 한다.

지역사회의 유해환경을 제거하기 위하여 행정 당국은 과감하게 나서야 할 것이며, 학교사회복지사는 학부모들과 함께 학교 근처에 있는 유해환경이 제거될 수 있도록 강력한 지역사회운동을 전개할 필요가 있다.

학교사회복지와 이를 뒷받침하는 생태체계적 모델은 학생들이 경험하는 학교폭력의 문제가 학생 자신과 그들을 둘러싼 환경 간의 상호 교류에서 발생한다고 본다. 따라서 학교폭력의 진정한 예방과 해결을 위해서는 피해자, 가해자 중심의 서비스에서 한 단계 나아가서 친구, 가정, 교사, 학교

조직, 지역사회 등 학생이 관계하는 체계들을 활용한 통합화된 학교사회복지서비스를 제공하고, 이러한 체계들의 조직화된 활동을 통해서 학생들의 학교생활을 지원하는 새로운 학교사회복지 실천 체계가 형성되어야 할 것이다.

14 CHAPTER 청소년 약물남용과 학교사회복지 실천

청소년기의 약물 오남용 경험은 호기심에서 시작되고, 또래 집단 특성상 빠르게 전파되어 더 빨리 중독되고 더 심각한 피해를 갖게 된다. 또한 성인기 이후의 약물 오남용에도 영향을 미쳐 평생의 고통을 겪게 될 가능성이 높아진다. 한 예로, 1~100점까지 전체 유해약물 점수에 따라 약물의 위험도 결과를 제시한 연구(Nutt, King, & Phillips, 2010)에서 마약류의 경우 타인에게 피해를 주는 비율보다 사용자 본인에게 피해를 입히는 비율이 더 큰 것으로 나타났다. 신체적·정신적 성장기인 청소년기에 마약류에 노출되었을 경우, 성인보다도 파급효과가 매우 커서 조기발견, 조기개입이 필요한 시점이다. 최근 10대 청소년들에게도 급속도로 퍼지고 있는 마약 문제는 우리나라가 이제는 '마약 청정국'이 아니라 '마약 공화국'이 될 수 있다는 우려를 나타내고 있다(법조신문, 2022.12.12.). 정부는 마약류 사범을 줄이기 위해 처벌을 강화했지만, 지난 10여 년간 검거된 마약류 사범은 2011년 9,174명에서 2018년 12,613명으로 늘어났고, 2022년에는 18,395명으로 기하급수적으로 증가해 왔다(대검찰청, 2022). 더욱이 2023년 한해 적발된 마약류 사범은 27,611건으로 전년(18,395명) 대비 약 50.1% 급증하여 마약류 사범이 2만 명대를 기록한 것은 30여 년 통계 작성 이래 처음 있는 일이다(대검찰청, 2023). 특히 10대 청소년 마약사범은 2023년에 988명으로 2017년(119명) 이후 6년 만에 5배 이상 급증한 것으로 나타났다(동아일보, 2023.11.25.).

이러한 마약류 확산은 정부가 마약류 사범을 줄이기 위해 처벌을 강화하고 '마약과의 전쟁'을 벌이고 있지만, 점점 더 늘어만 가는 마약류 사범 및 재범자의 수는 처벌만으로는 한계가 있음을 나타내고 있다(박성수, 2023; 최미경, 2023b). 마약은 치료제로서의 의료용 약물뿐만 아니라 강렬한 쾌락을 느끼기 위한 물질로 그 의미도 다양하게 사용되고 있는데, 일시적인 만족을 위해 약물사용에 대한 욕구가 강제적일 정도로 의존성(dependence)과 사용 약물의 양이 증가하는 내성(toleration)을 경험할 수 있고 사용 물질을 중지하면 온몸에 견디기 힘든 금단(withdrawal) 증상이 나타나므로 개인의 문제를 넘어 사회에도 커다란 피해를 끼치는 약물로 정의하고 있다(WHO, 1997). 이러한 마약은 한두 번의 사용만으로도 중독에 빠질 수 있고, 개인의 삶뿐만 아니라 가족의 삶을 망가뜨리며 사회안정을 위협한다는 점에서 그 심각성이 매우 크다. 특히 우리나라에서 가장 많이 사용되는 필로폰이라는 메스암페타민은 중독성이 매우 강해 뇌에 각인되어 회복이 쉽지 않고, 반복해서 사용할 경우 불안과 우울, 환청, 환시, 의심증, 피해의식 등과 같은 정신병적인 문제로 인해 외부의 원인이 없어도 폭력 및 2차 범죄로 이어지고(조근호 외, 2011; 조성남, 2023) 있어 학교사회복지현장에서도 주목할 필요가 있는 이슈로 대두되고 있다.

1. 약물남용의 개념과 종류

1) 약물남용의 개념

청소년 유해약물이란 주류, 담배, 마약류, 환각물질 그 밖에 중추신경에 작용하여 습관성, 중독성, 내성 등을 유발하여 인체에 유해하게 작용할 수 있는 약물 등으로 청소년의 사용을 제한하지 않으면 청소년의 심신을 심각하게 손상시킬 우려가 있는 약물을 뜻한다.

메틸페니데이트는 ADHD 치료제로 사용되는 약물이지만, 현재 대한민국에서는 일명 '공부 잘하는 약'이라는 이름으로 불리고 있다. 증상 없는 일반 청소년 및 부모님이 처방을 받고 약물 복용 후 일어나는 각성효과를 공부하는 데 사용하고 있다. 메틸페니데이트는 의료용이지만 마약류에 해당하기 때문에 익숙해져 효과가 떨어지면, 더 강한 약을 찾게 된다. 의료용 마약류 오남용이 실제 마약중독까지 이뤄질 수 있는 위험한 현실이다.

*출처: KBS 추척 60분. 텔레그램 마약방은 10대를 노린다, 2023. 7. 14. ≪추적 60분≫ 1328회.

약물(藥物, drug)이란 넓은 의미로 보면 생체에 영향을 미치는 물질을 뜻하므로 약물학의 분야는 상당히 광범위하다. 또한 약물에는 의약품과 더불어 의약품이 아니면서 실질적으로 중추신경에 영향을 미치는 환각제 등을 포함한다. 청소년의 약물남용에 대한 바른 이해를 위해서 우선 약물남용에 대한 개념부터 이해할 필요가 있다. 인간의 약물사용 행위에 관련된 용어로는 약물사용(drug use), 약물오용(drug misuse), 약물남용(drug abuse) 등이 있다(홍봉선 · 남미애, 2000: 326-327).

약물남용에 대한 개념 가운데 대표적으로 세계보건기구(World Health Organization: WHO)에서 제시한 정의를 보면, "약물남용이란 정당한 의료행위에 모순되거나 무관하게 약물을 지속적으로 또는 일시적으로 과다하게 사용하는 행위"라고 정의하고 있다. 약물남용과 유사용어로서 약물사용, 약물오용을 들 수 있는데, 약물사용이란 약물을 치료적으로, 합법적으로, 또는 의사의 처방으로 사용해야 하는 것과는 관계없이 최소한 위험의 잠재성을 갖고, 약물의 효과가 나타날 수 있는 복용 수준과 상황하에서 약물을 섭취하는 것이다.

특히, 마약류(narcotics)는 「마약류 관리에 관한 법률」에서 법률적 개념으로 정의하고 있다. 관련 법률 제1조(목적)는 "마약, 향정신성의약품과 대마 및 원료물질에 대하여 취급 · 관리를 적정하게 하고 마약류 중독에 대한 치료

· 예방 등을 위하여 필요한 사항을 규정함으로써 그 오남용으로 인한 보건상의 위해를 방지하여 국민 보건 향상에 이바지함을 목적으로 한다."라고 규정하고 있으며, 제2조(정의)에 마약, 향정신성의약품, 대마, 원료물질과 취급자에 대해 규정하고 있다. 그 외 임시마약류는 마약류 관리에 관한 법률에 지정되어 있지는 않지만 물질 · 약물 · 제재 · 제품 중 오남용 시 보건상의 폐해가 심각할 것으로 판단되는 것을 관련 법률에서 마약류와 동일하게 지정하고 관리하고 있다(법제처, 2023).

마약류의 일반적인 분류는 인간의 중추신경계에 영향을 미쳐 중추신경의 작용을 과도하게 하거나 억제하는 물질 중 신체적 · 정신적 의존성이 있는 것으로 관련 법규에 따라 규제 대상으로 지정되어 관리되고 있는 물질을 말한다(대검찰청, 2023). 일반적으로 약리 작용에 따라 진정제(억제제)와 각성제(흥분제)로 의존성 면에서 중독성과 습관성, 생성 원인에 따라 천연마약, 합성 · 반합성 마약, 제조원에 따라 마약, 향정신성의약물, 대마로 분류할 수 있다. 국내 마약류 관리에 관한 법률에 따르면 마약류의 종류는 제조원으로 분류하여 ① 마약, ② 향정신성의약물, ③ 대마, 그리고 ④ 임시마약류로 구분한다.

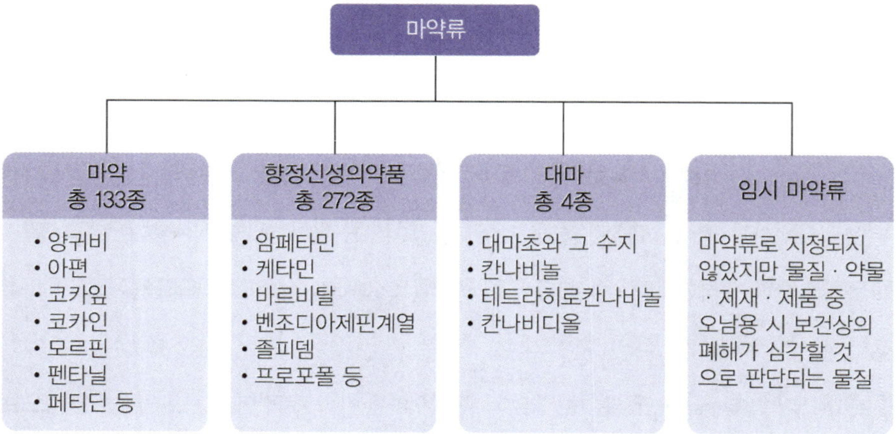

그림 14-1 마약류 종류

*출처: 식품의약품안전처(2021) 참조 재구성.

세계보건기구(World Health Organization: WHO)에 의하면 마약중독(drug addiction)은 향정신성 약물을 주기적이고 만성적으로 사용하는 것으로 마약중독자는 선호 약물에 강박을 보이며 마약 사용 행동을 스스로 중단하는 데 어려움을 보이고 내성과 금단증상을 가진다(WHO, 2017). 법률적 개념은 마약류 중독자 치료 보호 규정 제2조에 따라서 마약류 중독자란 '마약류를 남용하여 마약류에 신체적 · 정신적으로 의존 상태에 있는 사람'을 의미한다. 마약류 중독자 치료 보호 규정에 제시된 중독자 판단기준은 치료 보호 참여자를 판별하기 위한 기준으로 객관적이고 구체적으로 나열되어 있다(법제처, 2023).

미국정신의학협회(American Psychiatric Association: APA)에서 펴낸 정신장애 진단 및 통계 편람 DSM-5-TR(Diagnostic & Statistical Manual of Mental Disorders, 5th edition, Text Revision)에서는 이전 DSM-IV에서 물질 남용(substance abuse)과 물질 의존(substance dependence)으로 분류되어 있었던 물질중독을 '물질 사용 장애'(substance use disorder)로 통합하였다. 물질 사용 기간 및 빈도, 조절 시도의 실패, 조절 능력의 상실, 내성, 금단, 갈망, 물질 사용으로 인한 직장 또는 가정생활의 어려움, 대인관계의 손상, 사회활동 또는 여가활동의 감소, 신체적 혹은 심리적으로 위험한 상황에서 물질 사용 등 11개의 진단기준 중 지난 12개월 내 나타나는 증상에 따라 경도 · 중등도 · 고도로 나누어 진단하고 있다(APA, 2022). 또한 미국중독의학협회(American Society of Addiction Medicine: ASAM)는 중독을 보상, 기억, 동기와 관련된 뇌 질환이며 만성적이고 일차적 질환으로 물질을 이용해 심리적 안정과 보상을 추구하는 병적인 상태로 규정하였다(Kampman & Jarvis, 2015). 이와 같은 정의는 주로 신경 · 정신 계통 이상에 초점화하면서 신체적 취약성과 사회적 역기능도 중점적으로 보고 있다.

참고 **약물에 대한 세계보건기구(WHO) 정의**

첫째, 약물사용에 대한 욕구가 강제적일 정도로 강하고(의존성)
둘째, 사용 약물의 양이 증가하는 경향이 있으며(내성)
셋째, 이를 중단할 경우 신체적으로 고통과 부작용이 따르며(금단현상)
넷째, 개인에게 한정되지 아니하고 사회에도 해를 끼치는 약물(위해성)

2) 약물의 종류와 관련법규

약물남용에는 알코올을 사용하는 것에서부터 아편 유사약물을 강박적으로 사용하는 것에 이르기까지 모든 행동이 포함되는데 남용되는 약물의 종류와 독성을 살펴보면 다음과 같다.

첫째, **중추신경 억제제**: 알코올, 아편, 헤로인, 모르핀, 날부핀, 본드, 부탄가스 등이다. 이는 유해화학물질, 신경안정제 등으로 중추신경인 뇌를 억제하여 통증을, 이성적으로 잘 억제해 오던 기능들을 억제하지 못하게 하여 감정이나 생각들이 거침없이 밖으로 표출되는 상태를 만든다.

둘째, **중추신경 흥분제**: 필로폰(속칭 히로뽕 · 뽕), 코카인, 담배, 엑스터시 등이다. 이는 뇌를 흥분시켜 일시적인 쾌감이나 들뜬 기분을 만드는 약물이다. 잠을 쫓고, 피로감을 없애고, 식욕을 감퇴시키는 작용을 한다. 약물을 중단할 경우 우울증에 빠지고 잠이 많아지고, 피로감이 심해지며, 식욕이 증가한다.

셋째, **환각제**: 대마, LSD, PCP 등이다. 이는 뇌를 흥분시키거나 억제시켜 환각을 유발하며, 오감에 이상을 일으켜 비현실적인 감각을 야기한다.

이것을 도표로 정리하면 <표 14-1>과 같다.

표 14-1 약물의 종류 · 관련법규 및 독성

구분	종류	약리학적 분류	법적 분류	투여 방법	신체적 증상 및 행동	독성
마약	Opium Heroin Morphine Codeine Methadine Demerol	중추신경 억제제	마약법	경구, 주사, 코흡입	중추신경 억제로 인한 행복감과 도취감, 신체조정력 상실, 동공축소, 눈물, 콧물, 오한, 발한, 식욕감퇴, 졸림, 수면, 멍청함, 체중감소	정신적 의존(습관성), 신체적 의존(중독성), 내성, 금단증상, 감염, 농양, 파상풍, 간염, 호흡마비, 사망(과량 사용 시)
마약	Cocain	중추신경 흥분제	마약법	주사, 코흡입	흥분, 동공확대, 불안, 초조, 진전(손 떨림), 미약한 환자	강한 정신적 의존, 정신혼돈, 현기증, 감정억제, 경련, 사망(과량 사용 시)
환각제	LSD, DMT DET, STP, LBJ Mescaline Psilocybin Phencyclidine	중추신경 흥분제/억제제	향정신성 의약품 관리법	경구, 주사	용량과 개인에 따라 다양함, 불안초조, 도취감, 감정억제, 동공확대, 착각, 망상, 환각, 지각강화, 지각왜곡, 오심, 구토, 예측불허의 행동, 공허 또는 공포성 정신병적 반응	신체적 의존은 없으며 정신적 의존 잠재성과 내성이 있다. 정신이상 및 영구정신이상 가능, 예측불허행위, 제제가 어려운 위험한 행동, 자살, 살해, 플리쉬백 현상
	대마 Marijuana Hashish	중추신경 흥분제/억제제	대마 관리법	경구, 흡연	투여방법에 따라 효능 다양, 안구충혈, 구강건조, 말이 많음, 웃음, 도취감, 약한 환각, 시간과 공간의 왜곡, 과장된 지각	정신적 의존 가능성이 있으며 내성과 신체적 의존은 없다. 공간왜곡에 의한 사고
흥분제 (각성제)	Amphetamines Benzedrine Dexedrine Methedrine 필로폰	중추신경 흥분제	향정신성 의약품 관리법	경구, 주사	동공확대, 식욕상실, 흥분, 잠이 많음, 손 떨림, 흥분성, 코 · 입술 · 구강의 건조, 호흡곤란, 과로, 피로, 불면증, 다량정맥주사 시 망상, 적개심, 공격적 행위, 환각, 공황증, 편집증	고혈압, 심장마비, 뇌손상 가능성, 영양장애, 극도의 피로, 폐렴, 강한 정신적 의존 및 신체적 의존, 내성, 부주의한 행위, 혼수, 사망(과량 사용 시)

억제제(진정제, 수면제)	Babiturates Phenobarbital Amytal Seconal Nembutal Tuinal	중추신경 억제제	향정신성 의약품 관리법	경구, 주사	동공축소, 취한 행동, 말더듬, 사고산만, 억제, 졸림, 멍청함, 과량 사용 시 무의식, 혼수, 호흡마비로 사망	정신적 의존, 신체적 의존, 오판과 조정력 상실에 의한 위험, 금단증상, 신장장애, 뇌손상, 간장장애, 과량 사용 시 사망(술과 함께 복용 시 상승작용)
신경 안정제	Valium Librium Ativan Quaalude	중추신경 억제제	향정신성 의약품 관리법	경구	중추신경 억제제와 유사한 평온, 즐거움과 안정감, 발한, 감정억제, 정신적 침체, 배뇨장애, 노여움, 긴장, 불안, 정신적 흥분, 언어장애	억제제와 유사, 정신적·신체적 의존, 술, 마약, 수면제와 겸용 시 상승효과, 시각장애, 현기증, 졸림, 금단증상(흥분, 오심, 감정억제, 경련 등)
흡입제(본드, 가스)	Toluene Hexane Acetone Gasoline Thinner	중추신경 억제제	유해화학 물질 관리법	흡입	술과 유사함, 동공축소, 혼수, 언어장애, 현기증, 도취감, 시각과 청각왜곡, 환각작용, 콧물, 눈물, 침, 근조절장애, 취한 행동, 성냄, 흥분, 졸림, 무의식	정신적 의존, 판단장애로 오는 위험, 공격적 행위, 반사회적 행동, 간장장애, 심장장애, 골수장애, 영구적 뇌손상 가능, 식욕감퇴, 체중저하, 사망
술	Wine Beer Whiskies	중추신경 억제제	청소년 보호법, 미성년자 보호법	경구	음주량과 개인의 정서적 상태에 따라 효과가 다름. 위통, 위염, 오심, 구토, 이뇨, 영양장애, 각종 질환, 불안, 긴장, 공포, 호전성	신체적 의존, 정신적 의존, 조정력 상실, 감상적·공격적 상태 등으로 인한 위험, 사망(수면제와 혼용하면 더욱 위험), 위염, 간경화, 췌장염, 반사회적 행동, 뇌손상, 각종 장기손상
담배	Cigarettes Cigars Pipe-Tobacco Chewing-Tobacco Snuff	중추신경 흥분제	청소년 보호법, 미성년자 보호법	경구	타액증진, 기관지분비증진, 혈압 상승, 심박수증가, 동공, 용량의 증가로 진전, 구토, 호흡 증진이 옴	폐암, 구강암, 후두암, 만성기관지염, 폐기종, 심장질환, 혈관질환, 공기오염

*출처: 홍봉선 외(2000). 청소년복지론. pp. 327-329.

한편, 청소년건강행태조사(2023)에 따르면, 중·고등학생 100명 중 약 4명(4.2%)은 최근 30일 내 흡연한 적이 있으며, 남학생(5.6%)의 흡연 경험률이 여학생(2.7%)보다 2배 이상 높게 나타났다. 뿐만 아니라 중·고등학생 100명 중 11명(11.1%)은 최근 30일 내 음주한 적이 있으며, 남학생(13.0%)의 음주 경험률이 여학생(9.0%)보다 높게 나타났다.

그림 14-2 흡연율 및 음주율 추이

*출처: 교육부·질병관리청(2023). 청소년건강행태조사.

2. 청소년 약물남용의 원인

1) 청소년 약물남용의 원인

약물을 남용하는 사람들이 단순히 어떤 하나의 행동 양태나 성격 유형을 가지고 있기보다는 여러 요인들이 서로 상호작용하여 약물사용 행위를 초래한다고 보아야 할 것이다(한국마약퇴치운동본부, 2024). 이와 같이 청소년 약물남용은 많은 요인들이 소개되고 있으나 이해를 돕기 위해 생물학적 요인, 심리적 요인, 사회적 요인으로 구분해 보면 <표 14-2>와 같다(배임호 외, 2001: 166).

표 14-2 청소년 약물남용의 원인

구분	내용
생물학적 요인	• 유전의 영향 • 알코올중독 : 신경전달물질의 결핍으로 인한 뇌의 역기능이나 신진대사의 불균형
심리사회학적 요인	• 개인 내적, 대인관계의 문제(동년배의 영향)와 관련 • 낮은 자존감, 심리적 스트레스 • 문제에 대한 미숙한 대처기제나 심리적 곤경
사회적 요인	• 빈곤, 사회적 해체, 그리고 절망감 등에서 기인 • 사회적 편견, 낮은 사회경제적 지위, 열악한 도시환경에서의 스트레스

(1) 유전이론

인간의 기질과 행위를 통제하는 인자가 유전되듯이 음주기질도 유전되기 때문에 주정뱅이 집안에서 주정뱅이가 난다는 것이다. 한 부모가 알코올중독자이면 두 자녀 중 한 명은 남용자가 된다는 통계가 이러한 이론을 뒷받침하고 있다(NCA, 1982). 그러나 주정뱅이 집안에서 태어난 쌍둥이를 각각 다른 가정에 입양하여 관찰한 결과 아동의 성장환경이 더욱 중요한 것으로 나타나 유전이론은 한계가 있는 것으로 드러났다.

(2) 규범이론

사회적인 관점에서의 가치, 규범, 그리고 사회조직을 중요 요소로 간주한다. 특정한 약물의 사용에 대해 사회 전체 또는 일부 사회집단으로부터 지지받거나 용인되거나 심지어 격리되는 상황으로 청소년들의 흡연은 본드, 부탄가스 흡입의 경우 또래집단에 뒤지지 않으려는 심리, 또래집단으로부터의 지지 등이 원인이 된다.

(3) 호기심

약물을 사용하면 어떤 느낌이 들까? 김헌수와 김현실(1998)의 연구에 따르면 약물남용에 대한 동기로 가장 많은 비율을 차지한 것이 호기심(52.2%), 친구의 권유(12.3%), 성적 충동해소(4.7%), 명상(3.4%)의 순으로 나타났다.

(4) 충족되지 못한 정서적 욕구

오늘날 청소년들은 사회의 빠른 변화로 인해 관심, 애정, 의사소통 등의 개인적 욕구들을 충족하지 못하고 있다. 욕구가 적절한 방식으로 충족되지 못할 때 청소년들은 나름대로 공허감을 채우기 위하여 무모하게 행동하게 된다. 즉, 무모한 행동이 약물을 선택하고 있는 것이다. 또한 청소년의 약물남용 원인을 설명하는 이론적 근거로는 일탈행위 비교 이론과 통합 이론이 있는데 그 내용을 요약, 정리하면 다음과 같다(홍봉선 · 남미애, 2000: 336-337).

① 일탈행위 비교 이론

첫째, 긴장 이론(strain theory)이다. 긴장 이론에서는 약물남용을 내적 압력이나 정서적 갈등(불만, 상실감, 좌절감, 열등감, 소외 등)의 표현이라고 한다. 이것은 환경에서의 부적응이나 욕구불만의 산물로 보며, 사회변동과 사회이동에 의한 문화지체 및 불균형에서의 약물남용의 동기를 찾아볼 수 있다는 것이다.

둘째, 통제 이론(social control theory)이다. 통제 이론에 있어 주요변수는 행동을 규제하여 약물남용에 대한 자연적 · 충동적으로 억제하는 사회통제력이다. 통제에는 행동의 결과로 기대되는 처벌과 보상이 포함되는데, 만약 약물남용으로 인한 보상이 큰지, 아니면 처벌이 큰지에 따라 자신에게 유리한 행동을 선택하게 된다는 것이다.

셋째, 사회학습 이론(social learning theory)이다. 사회학습 이론에서는 청소년의 약물남용이 직접적인 사회화 특히 그중에서도 청소년 또래집단에 의해 기인된다고 본다. 비록 다른 환경에서 다양한 사회화 경험을 한다 할지라도 주로 또래집단에서의 다양한 약물남용의 경험이 강화를 주어 이로 인해 약물사용을 유지하게 된다는 것이다.

② 일탈행위 통합 이론

통합모델에서 약물남용은 차별적 집단유래의 결과라고 본다. 이 도델에서는 인습적 집단(가족)과 일탈적 집단(또래집단) 모두와 유대가 강한 청소년에 대한 가정을 바탕으로, 양 집단과의 유대가 모두 강한 청소년의 생활은 심리적·사회적으로 분할되어 그 상태를 지속시킨다. 즉, 그들은 부모와 있을 때와 친구와 있을 때 각기 다른 사람이 되는데, 또래집단에 친화와 충성을 나타내기 위해 가족이나 학교를 위협하지 않을 정도의 비교적 덜 심각한 집단과 관련된 약물남용을 할 가능성이 있다. 그러므로 이들은 약물남용에 대한 강화를 어느 정도는 받지만, 약물남용과 관련된 심각한 문제를 일으킬 가능성은 적다.

2) 청소년 약물남용의 단계

약물남용이 구체적으로 어떠한 단계에 따라 진행되어 나가는지에 대해 살펴볼 수 있다. 먼저 Wilford는 약물남용 진행을 다음과 같이 5단계로 구분하고 있다(Wilford, 1990).

- 1단계: 약물사용에 대한 호기심
- 2단계: 약물사용으로 인한 좋은 경험
- 3단계: 다시 한번 좋은 경험을 얻기 위해 찾음(의존성)
- 4단계: 이전과 같은 좋은 경험을 느끼기 위해서 약물의 양을 늘림(내성)
- 5단계: 좋은 느낌을 유지하기 위해 약물남용(금단 현상)

특히 많은 청소년들이 다음과 같은 단계에 의하여 약물중독자로 변화되어 간다(유지안, 2020).

(1) 제1단계 : 실험단계

청소년은 약물을 처음 접해 보게 되고, 호기심이나 또래집단의 압력 등으로 약물을 사용하여 그 힘을 경험하게 된다. 이를 통해 약물이 일반적으로 행복한 느낌과 강력한 힘과 같은 감정변화를 일으킨다는 것을 배우게 된다. 이런 감정변화는 즐겁기도 하고, 긍정적이고 보상적이다. 특히 이 시기에는 약물사용으로 인한 어떤 감정적인 손상이나 역기능이 거의 없다는 것이다. 이런 탐색적인 단계는 초기 사용자에게도 약물을 계속 사용하고 싶은 영향력을 미친다.

- 친구나 주변의 권유에 의해서 시도하는 단계이다.
- 술, 담배, 대마초, 본드, 가스 등을 사용한다.
- 약물사용으로 어른이 된 듯한 느낌을 갖는다.
- 약물로써 감정을 조절하고 즐거움을 느낄 수 있다는 사실을 배운다.

*출처: 한국마약퇴치운동본부(2024).

(2) 제2단계 : 규칙적인 사용 단계

이 단계에 오면 약물로 인한 감정변화가 자신의 학교생활이나 개인생활 등에 관련되기 시작한다. 친구들의 모임에서도 약물을 좀 더 많이 자주 사용하기 시작한다. 그러나 아직은 적절한 조절 능력이 있는 상황이다.

- 술이나 약물에 취한다(많은 양을 사용). 여러 가지 약물을 시도한다.
- 스트레스 해결에 약물을 사용한다.
- 내성이 생긴다.
- 약물사용과 관련된 문제들이 생긴다.
- 약물로 인한 감정(짜증, 화, 우울, 기분 좋은 느낌 등)의 변화가 생긴다.

*출처: 한국마약퇴치운동본부(2024).

(3) 제3단계 : 매일매일의 강박적인 단계

이 단계는 의존단계에 도달하기 위해서 약물을 사용하는 것이다. 약물사용으로 인한 인생의 손실(예 학교 퇴학, 성적 저하, 부모 · 형제와의 갈등, 친구관계의 어려움 등)로 고통을 겪기 시작하지만 아직은 특정 시간에 주로 약물을 사용한다. 의존이 진행됨에 따라 도덕적인 규범이나 가족의 가치를 저버리고 급격한 변화를 경험하게 되며, 약물사용의 조절능력 상실을 경험한다. 예측할 수 없는 행동이 지속되며, 감정적인 상처를 피하기 위하여 계속적인 약물복용을 통해서 긍정적인 느낌이나 행복한 느낌을 얻는다. 이에 따라 약물중독자는 분노와 저항을 느끼기 시작하고 내성(tolerance)이 증가하며, 자신의 인생의 사회, 심리, 신체, 금전적인 모든 측면에서 왜곡되기 시작한다. 뿐만 아니라, 이러한 측면을 감추기 위한 방어적인 행동이나 망상이 나타난다. 이 단계에서 계속적으로 약물을 사용하는 것은 심각한 신체적 손상, 심지어는 죽음까지도 불러온다.

- 위험한 약물을 사용하기 시작한다.
- 약물을 사용하는 것이 생활의 중심이 된다(가족, 사회, 학교, 직업, 여가 활동이 축소된다).
- 심각한 문제가 생긴다(절도 등 범법행위, 폭력 등).
- 심각한 감정의 변화를 경험한다(죄책감, 수치심, 외로움, 우울감 등).
- 약물사용으로 인한 신체적 문제들을 경험한다.
- 약물사용을 조절하려는 노력의 실패를 경험한다.

*출처: 한국마약퇴치운동본부(2024).

(4) 제4단계 : 의존 단계

행복감을 추구하기 위하여 약물을 사용하기보다는 자신이 경험해 왔던 정상적인－사실은 정상적이 아닌－것들을 경험하기 위하여 약물을 사용하는 치명적인 단계이다. 약물이 일시적인 고통을 경감시키는 데 사용되지만 이미 악화되어 버린 모든 역기능들이 자신의 모든 영역을 지배한다. 만성적인 손상으로 인해서 심한 우울증, 불안 그리고 심각한 금단증상(예 심한 두통, 메스꺼움, 손 떨림, 식은땀, 헛것이 보이는 환시, 헛소리가 들리는 환청 등)들이 약물사용을 중단하면 나타날 수 있다.

- 생활양식의 변화: 약물남용에 적합한 친구나 환경을 선호하게 된다.
- 행동이나 생활에 대한 조절력을 상실한다.
- 죄책감, 수치심, 자기혐오, 자살사고를 시도한다.
- 금단증상의 해결과 가정문제 등의 문제해결을 위하여 약물을 더욱 지속적으로 사용한다.

*출처: 한국마약퇴치운동본부(2024).

표 14-3 약물남용 단계

실험적 사용	규칙적 사용	일상적인 몰입	의존증
약물남용		약물의존	중독
부작용을 경험하기 위해 일부러 사용		약물 없이 지내기가 불편하고 괴로운 상황	약물로 인해 여러 가지 부작용을 나타내는 상태. 혼수상태 사망에 이르게 됨

3. 약물남용이 청소년에게 미치는 영향

약물에 중독된 청소년은 자기가 가정이나 학교, 직장에서 수행해야 할 역할을 수행할 수가 없다. 약물남용자들은 때로는 기분이 너무 상승하고, 때로는 너무 우울하거나 불안, 초조 등의 금단현상이 나타나서 규범을 따라서 정상적인 일상생활을 하기가 어렵다. 이것이 약물남용의 가장 흔한 특징이고 비행과 일탈, 범죄조직과 밀접한 관계를 가지게 되는 것도 흔히 있는 일이다. 환각 현상에서 살인이나 폭행, 자살 등의 범행이 일어나기도 한다. 또한 수입은 없는데, 알코올이나 약물을 구입해야 하기 때문에 절도, 강도 등의 범죄로 빠지게 된다. 마약조직은 퇴폐, 음란 등의 행위와 결합되고, 그들끼리 하위문화를 형성하고 있어서 자연스럽게 범죄와 연결되기도 한다(유지안, 2020).

특히 청소년들에게 약물남용은 비행의 원인이 되기도 하지만 때로는 가출이나 학업중단 등 비행의 결과로서 약물남용이 나타난다는 점이다.

희랍의 철학자 플라톤(Platon)은 "그 국가의 미래를 알고 싶거든 그 사회의 청소년을 보라"고 했다. 청소년들은 미래 역사의 주인공들이다. 청소년들의 약물남용은 개인적으로 뿐만 아니라 사회적으로도 손실이 매우 큰데 요약하여 설명하면 다음과 같다(유지안, 2020).

1) 청소년의 약물남용이 성인과 구별되는 특성

① 약물남용을 시작하게 되면 빠른 속도로 중독화된다.

② 약한 약물에서 강한 약물로 빠르게 진행되고 여러 약물을 복합적으로 남용한다.

③ 발달과정상의 청소년들이 약물남용 상태에서 쉽게 현실판단 능력이나 자제력을 상실하여 저지르는 높은 공격행위 및 범죄행위들이 많다.

④ 청소년기가 정신적, 신체적으로 급성장하는 시기이므로 약물남용이 장기적인 면에서 성인병 등 각종 질환을 유발한다.

⑤ 재발률이 성인 약물남용자들보다 높다.

⑥ 성인에 비해 약물사용 수준을 결정하는 것이 좀 더 어렵다.

⑦ 성인들보다 개인의 감정적인 이유로 약물을 사용하는 비율이 높다.

⑧ 청소년은 상상을 잘하고 자신이 바라는 것을 현실화시키기 위해 쉽게 약물을 사용하기 때문에 환각현상의 체계가 더욱 복잡하게 나타난다.

⑨ 성인보다 더 많이 또래집단의 유혹에 노출되어 있다.

2) 약물남용이 청소년에게 미치는 신체적 · 심리적 · 사회적 영향

(1) 의존심의 확대와 자립감의 박탈

10대들은 갈등과 긴장감 등 정서적 어려움을 잘 해결해 나감으로써 자립심을 키워 나가야 하는데 약물복용은 성숙에 필요한 이러한 과정을 방해함으로써 자립과정을 차단한다.

(2) 자아정체감 확립의 저해

약물은 마음을 속여 모든 것이 잘 되고 있다고 생각하게 하며 거짓된 행복감을 갖게 한다. 그러한 사람들은 결국 그들의 존재와 무엇이 되고자 하는가에 대한 진실한 감정을 잃게 된다.

(3) 또래집단의 부정적인 영향

청소년들은 그들의 가족에게 결핍된 소속감의 욕구를 충족시키기 위해 약물을 남용하는 또래집단에 속하려고 한다. 약물을 남용하는 또래집단의 문화는 애매하고 비일관적인 가정을 보상해 줄 수 있는 명확한 역할과 의무를 가진 구조를 제공해 준다. 그러나 문제는 그들 행동에 대하여 책임지는 법을 배우지 못하게 됨으로써 책임감 있는 성인으로 성장할 수 없다는 점이다.

(4) 인지발달 과정의 방해

청소년기는 지적인 성장, 특히 추상적 사고 영역이 성장하는 시기이다. 그러나 약물을 사용해 왔던 청소년들은 특정한 약물이 두뇌에 영향을 끼친 나머지 지적기능 결여 및 학습 부진의 반응을 나타낸다. 문제는 더 높은 수준으로 생각하고 개념화하며 이해하는 능력이 줄어들어 다음 단계로 발달하는 능력을 나타내지 못한다.

4. 청소년 약물남용과 학교사회복지 실천

학교사회복지 실천에서 약물예방에는 세 가지 차원이 있다(한인영 외, 1999: 177). 1차 예방은 일반 학생들을 대상으로 약물사용·남용을 사전에 막기 위한 개입이며, 2차 예방은 약물사용 학생들을 대상으로 초기에 개입함으로써 문제가 확대되는 것을 막기 위한 활동으로, 취약집단과 약물을 사용하는 학생들을 초기에 찾아내어 문제가 심각해지기 전에 상담하거나 위기 개입하며 지역사회기관이나 프로그램에 의뢰하는 활동 등을 포함한다. 3차 예방은 문제가 어느 정도 진행된 상황에서 약물의존으로 인한 증상과 어려움을 잘 관리하도록 지지하는 활동을 포함한다.

1) 가족체계와 학교사회복지 실천

청소년 약물남용과 관련하여 학교사회복지사가 가족체계와 함께 협력하기 위해서는 다음의 사항을 확인해야 한다(유지안, 2020).

① 자녀에 대한 관심과 대화를 통한 이해가 필요하다.

② 청소년 성장 발달에 대한 이해와 부모로서의 적절한 역할 및 인성 교육이 이루어져야 한다.

③ 부모가 약물남용과 관련된 사전교육을 받음으로써 지식을 갖추어야 한다.

2) 학교체계와 학교사회복지 실천

(1) 약물 예방교육 실시

약물중독은 발생 시 평생의 문제로 남으며, 치료의 성공률도 매우 낮음을 알 수 있다. 그러므로 청소년이 많은 시간을 보내는 학교에서 청소년들의 약물남용을 예방하기 위한 프로그램을 시행해야 한다. 또한 이러한 예방교육이 실질적인 효과를 얻기 위해서는 다음과 같은 학교사회복지 실천체계를 마련해야 할 것이다.

① 저학년 단계에서부터 예방교육이 실시되어야 한다.

② 학교사회복지실의 기획하에 약물 예방교육을 정규수업에 편입해 실시해야 한다.

③ 학생 스스로 자신의 정체성에 대해 고민하고 정립시킬 수 있는 교육 프로그램을 마련한다.

④ 약물남용에 대한 위험과 그로 인한 결과들을 검사하고 스스로 문제해결에 대처할 수 있는 능력을 기를 수 있도록 한다.

현재 시행되고 있는 프로그램들은 흡연의 해악을 강조하는 내용이 대부분이다(유지안, 2020). 하지만 술, 담배에 대한 지식이 부족하여 시작하기보다는 사회의 환경적인 영향이 더 크게 작용하고 있는 것이 큰 원인이므로 의사소통기술, 자아존중감 향상, 거절훈련(say no), 자기주장훈련 등을 학교사회복지실의 기획하에 접근할 필요가 있다.

(2) 학교사회복지 접근

현재 약물남용문제가 날로 심각해지고 있는 반면, 학교에서의 대처방식은 안일할 뿐이다. 전문적인 학교사회복지사를 배치함으로써 보다 근본적인 치료에 접근하는 동시에 거시적으로 약물남용을 예방할 수 있는 방안을 마련해야 한다.

① 학교를 절대 금연구역으로 지정

학교 내에서 선생님이나 학생, 방문인까지도 흡연할 수 없도록 법적 제도를 마련해야 한다.

② 학년에 맞는 프로그램 마련

현재 시행되고 있는 프로그램은 학년과 성별을 무시한 채 일괄적으로 진행되고 있다.

- 초등학교에서는 주로 건강한 신체와 정신을 교육하면서 약물사용의 유해성을 교육한다.
- 중학교에서는 약물사용의 유해성과 약물중단에 대한 교육을 실시한다.
- 고등학교에서는 약물중단과 정상적 사회복귀에 대한 교육을 실시한다.
- 특별히 여학생들의 약물남용이 심각한 수준에 이르고 있으므로 여성들을 위한 약물남용 치료센터나 시설을 마련해야 할 것이다.

③ 자조적인 활동을 조직화시킨다.

학교사회복지사는 학생 스스로가 음주와 흡연에 대한 문제의식을 갖고 활동할 수 있도록 여건을 조성한다. 한 가지 예로, 또래 상담가를 운영한다든지 자원봉사단체를 조직한다.

3) 지역사회체계와 학교사회복지 실천

(1) 음주문화의 변화 필요성

학생들의 음주와 흡연 및 약물문제가 현재와 같은 위험수위에 도달하게 된 것은 사회의 전반적인 문화 때문이라 할 수 있다. 특별히 담배 및 각종 약물에 대한 문제에 대해선 문제의식을 느끼면서도 음주에 대해선 전통적으로 관대한 입장을 표명해 온 우리나라이다. 하지만 음주가 다른 약물을 사용하게 하는 일차적 관문임을 알 수 있듯이 음주도 약물임을 인식함으로써 문화를 변화시켜야 할 것이다(홍서아, 2018).

(2) 대학 및 연구기관과의 협력

지역사회에 속해 있는 대학과 연구기관에서 학생의 음주와 흡연에 대한 예방책을 연구함으로써 복지관 및 기타 상담기관에서 현실적으로 어려운 프로그램 개발의 문제를 해결해 줄 수 있다. 특히 학교사회복지사와 협력하여 대학에서 방학 동안에 빈 강의실과 기숙사를 활용하여 금연, 금주 캠프를 운영할 수 있는 프로그램이 개발될 필요가 있다.

(3) 지역사회조직 네트워크 구성

현재 수적으로 볼 때 매우 많은 복지관 및 사회기관에서 학생의 음주와 흡연에 대한 상담과 프로그램을 운영하고 있다. 하지만 아직까지 체계적인 조직화가 이루어지지 않고 있는 실정이다. 서비스를 받고자 하는 학생에 대해 지역사회의 자원을 한번에 모두 연결해 줄 수 있는 네트워크망이 구축되어야 한다.

(4) 학생 중심의 놀이문화 개발

학생들의 음주 및 흡연이 증가하고 있는 원인은 학생들의 놀이문화가 없기 때문이다. 입시 위주의 교육풍토에서 받는 스트레스를 놀이를 통해 풀 수 있도록 사회적 여건을 조성한다면 문제가 감소될 것이다.

4) 정부차원의 대책

(1) 유해물질에 대한 광고 금지

표 14-4 뉴질랜드 유해물질 위원회의 조사결과

광고 범위	국가	담배소비량
모든 매체 금지	노르웨이	1.6% 감소
TV광고만 금지	미국, 영국	0.4% 감소
모든 광고 허용	일본	1.7% 증가

국가차원에서의 적극적인 홍보 및 전략이 필요하다. 정부는 모든 대중매체의 흡연과 음주에 관한 광고를 금지시켜야 한다. 이와 함께 드라마와 영화 등에 등장하는 흡연과 음주장면을 최대한 자제시켜야 한다(한국마약퇴치운동본부, 2024).

(2) 담배가격의 상승

현재 우리나라는 담배가격이 어느 나라보다도 낮은 편에 속한다. 따라서 지금보다 훨씬 높게 담배가격을 올려야 한다. 담배가격을 올릴 때 가장 많은 영향을 받는 군은 바로 학생이다. 담배가격 상승이 흡연율을 떨어뜨린다는 것은 외국의 수많은 연구에서 입증된 바 있다.

(3) 청소년 대상 담배 및 주류 판매 시 처벌 강화

현재 「국민건강증진법」에서는 청소년에게 담배를 판매할 시 벌금을 내게 되어 있다(만 19세 미만의 청소년에게 담배를 판매할 경우 2년 이하의 징역 또는 1천만 원 미만의 벌금). 그럼에도 불구하고 청소년들은 마음만 먹으면 얼마든지 구입할 수 있다. 이를 해결하기 위해 ① 모니터링 실시와 ② 판매인에 대한 교육이 이루어져야 한다. 모니터링의 경우 청소년으로 하여금 담배 구입을 시도하게 하여 판매한 상인을 처벌하는 것이며 교육을 통하여 의식을 개선하는 일이 필요한 것이다.

(4) 전문의료기관의 확대 및 의료보험 적용

「의료보험법」 제12조 제1항－범죄 행위는 고의로 사고를 일으킬 때, 제41조 제1항－피보험자가 범죄행위를 하거나 고의로 사고를 일으켰을 때는 보험료를 지급하지 않는다고 명시되어 있다. 이 규정에 따르면 약물남용을 한 청소년은 범죄행위를 했거나 고의로 문제를 일으킨 경우에 치료과정에서 어떤 보험 혜택도 받을 수 없다. 그러나 약물남용을 하는 청소년들은 경제적으로 어려운 경우도 많다. 따라서 의료보험 대상자가 될 수 있도록 조치해야 한다.

(5) 정기적인 전국 약물남용 실태조사 실시

문제를 해결하기 위해서는 먼저 문제에 대한 심각성을 정확히 파악해야 한다. 그러나 아직 우리나라에서는 이에 대한 준비가 되어 있지 않다. 한 가지 예로, 인터넷이나 문헌을 통해 음주에 대한 통계를 얻기란 쉬운 일이 아니다. 물론 이는 우리 사회의 술에 대한 우호적인 태도로 인해 문제로서 인식되지 않은 이유도 있겠지만 다른 약물에 대한 통계를 보더라도 아직 체계화되지 않았음을 알 수 있다(유지안, 2020).

(6) 약물남용 교육을 위한 교재 개발 및 보급

약물의 유해성을 정확히 인식하고 이에 대한 적절한 예방 및 치료활동을 하기 위해선 교재의 개발이 시급하다. 하지만 일선 학교와 복지관에서는 재정적인 문제로 인해 현실적으로 불가능한 상태이므로 정부가 교재 및 프로그램을 개발하여 각 학교와 복지관 및 사회단체에 배포해야 할 것이다.

(7) 소년원생에 대한 약물남용 치료, 재활프로그램 마련

우리나라의 경우 소년원생들의 약 50% 이상이 약물중독인 것으로 나타나고 있으나 소년원에서 단순히 보호만 되고 있는 실정이다. 이들에 대한 치료, 재활시설이 조속히 마련되어야 한다.

(8) 청소년의 흡연과 음주와 관련된 실무자에 대한 교육

학교사회복지사들에 대한 전문적 교육이 절실히 필요하다.

이상에서 언급한 청소년 약물남용에 대한 치료와 예방활동을 토대로 학교사회복지 측면에서 정책적이고 실천적인 차원의 다각적인 대책들을 정리해 보면 다음과 같다(배임호 외, 2001: 178-181).

첫째, 총괄적으로 청소년 약물남용의 정책사업을 체계적으로 추진하고 평가하는 전담기구가 불명확하므로 약물연구, 교육, 훈련, 치료 및 예방에 관한 사업이 부실한 실정이다. 따라서 대통령 또는 국무총리 직속으로 또한 자치단체장 직속으로 약물남용정책실이나 시행청을 설치하여 약물남용 억제에 적극 대처해 나가야 할 것이다.

둘째, 학교교육에서 별도의 약물교육 프로그램을 두어 정규적으로 예방교육을 실시하여야 한다. 약물교육은 전문지식을 필요로 하기 때문에 반드시 전문가가 진행해야 한다.

셋째, 청소년 약물남용을 막기 위해서는 대국민 홍보와 교육을 통해 국민이 약물남용 문제의 심각성을 인식하고 생활 주변에서 이러한 문제에 대처할 수 있는 능력을 갖추도록 하는 것이 필요하다. 이를 위하여 청소년 약물남용 신고센터의 설치 · 운영이 필요하다. 즉, 청소년 관련단체 및 청소년회관, 경찰서, 파출소, 병원 및 각 지방에 설치된 아동상담소, 그리고 사회복지시설 및 기관을 청소년 약물남용신고센터로 지정하여 전국적으로 운영해야 한다.

넷째, 현행 법규상, 약물을 남용했던 청소년이 치료받기를 원할 경우, 먼저 법적인 처벌을 받은 후에 치료가 가능하다. 따라서 현행 법규의 개정을 통해 전문적인 치료 및 재활대책이 제도적으로 마련되어야 한다.

다섯째, '중간의 집(halfway house)' 설치 · 운영이 필요하다. 이 시설은 치료적인 환경(병원)으로부터 퇴원했으나 사회에 복귀하기에는 아직 무리가 따르는 사람들을 위한 중간적인 시설이다. 오랜 기간 약물중독 치료를 위해서 입원했던 환자들이 이용하는 시설로 일반적으로 계속적인 집단모임이나 약물이나 정서적인 문제 또는 위기를 처리하기 위한 도움이 주어진다. 약 10~20명가량의 구성원이 생활하면서 책임을 분담하고 점차 외부의 직업에 고용되도록 하여 자신이 갖는 고립감을 해소하고 사회적응이 가능하도록 돕는 시설이다. 따라서 일단 약물을 남용했던 청소년들이 더 이상 약물을 남용하지 않도록 하기 위해서는 조기진단과 치료, 상담, 약물교육 및 진로지도 등의 복합적인 대책이 세워져야 한다.

여섯째, 청소년 약물남용의 전국적 실태를 파악하기 위한 역학조사를 정규적으로 실시해 어떤 약물이 어떤 집단에서 어느 정도로 남용되고 있는지를 파악할 필요가 있다.

일곱째, 청소년 전담 약물치료센터의 시 · 도별 설치가 요청된다. 약물중독자는 최소한 6개월에서 2년의 치료기간이 필요하며, 치료기간 이후에도 회복을 위한 지속적인 노력이 필요하다. 그러므로 청소년 전담 약물치료센터는 현재 약물남용 청소년들을 위해서 뿐만 아니라 약물남용 경험 청소년들의 재발 방지를 위해서도 전문적이고 체계적인 사후관리와 치료 및 재활을 위해서 필요하다. 특히 보호관찰소의 보호감독을 받고 있는 청소년이나 소년원 등에서 가석방되거나 가퇴원한 청소년들의 경우 대부분의 청소년들이 성인 약물남용자들과 함께 치료를 받는 경우가 많으므로 범죄학습의 방지 차원에서 뿐만 아니라 청소년들의 인권보호와 청소년기의 특성을 고려한다는 측면에서도 반드시 설치되어야 한다.

5. 약물남용 청소년을 위한 학교사회복지 프로그램

약물남용으로 고통받는 대부분의 청소년들은 자신과 타인에게 정직해지기가 매우 어렵다(홍봉선·남미애, 2022). 따라서 약물사용이나 남용문제가 의심되는 청소년 면접 시에는 최악의 시나리오를 염두에 두고 진행하는 것이 보다 효과적이다. 학교사회복지사는 먼저 첫 면접의 목적을 설정하는 것이 도움이 된다. 상담 시 처음 질문할 수 있는 말은 "선생님(부모님)이 오늘 나를 만나보라고 한 것에 대해 어떻게 생각하니?" 등이다. 이런 열린 질문은 학교사회복지사로 하여금 어느 정도까지 그 청소년이 정직한 마음이 있는지 그리고 얼마나 많이 다른 사람들을 현재의 상황에 대한 이유로 탓하는지, 얼마나 많이 그 청소년과 부모(또는 선생님 등)와의 관계에 왜곡이 일어났는지를 알 수 있는 단서를 제공해 준다.

1) 프로그램 실시를 위한 사전조사

(1) 1차 질문

① 학교 가기 전에 아니면 학교에서 약물을 사용한 적이 있습니까?

② 약물사용 때문에 또는 약물사용 직후에 학교를 결석하거나 또는 장기무단결석한 적이 있습니까?

③ 단지 약물을 사용하기 위해서 다른 사람들을 속인 적이 있었습니까?

④ 약물을 전혀 사용하지 않는 사람들을 피한 적이 있었습니까?

⑤ 얼마나 자주 술(약물)에 취했습니까? (매주 또는 그 이상)

⑥ 약물에 취했을 때 얼마나 자주 한 가지 이상 약물을 사용했습니까?

(2) 경고신호 표시방법

① __ 약물을 혼자 사용한다.

② __ 약물의 상승효과를 느끼기 위해서 전보다 더 많은 약물이 필요하다.

③ __ 기억상실을 경험한다.

④ __ 원래 의도했던 것보다 더 많은 양의 약물을 사용한다.

⑤ __ 즐거운 경험을 하기 위해서 약물을 사용한다.

⑥ __ 고통을 해소하기 위해서 약물을 사용한다.

⑦ __ 약물을 끊으려고 노력했지만 실패했다.

⑧ __ 학교 가기 전에 또는 학교에서 약물을 사용한다.

⑨ __ 약물을 사용하고자 하는데 우선적으로 사로잡힌다.

⑩ __ 약물사용 말고 다른 대안적인 것들이 부족하다.

⑪ __ 행동들이 변화한다.

⑫ __ 자주 약물에 취한다.

⑬ __ “교활해지고” 변명이 느는 것 같다.

⑭ __ 다른 가족원 중에 약물을 사용하는 사람이 있다.

⑮ __ 약물을 줄이거나 제한하려고 했지만 실패했다.

(3) 서비스 계획을 발달시키기 위한 사정

① 의뢰의 상황들

- 위기의 정도
- 의지의 정도

- 문제들
- 어떤 노력들이 행해졌나

② 약물사용의 유형

- 처음 약물을 사용하기 시작했을 때의 나이와 상황
- 첫 약물사용 이후의 약물사용 경험 및 상황
- 최근 5년 동안의 사용하는 약물 및 빈도
- 약물사용으로 인한 신체적, 심리적 금단증상의 경험
- 약물사용이 자신의 삶에 미치는 영향(본인이 인지하는)
- 약물사용으로 인한 감정의 변화 유무
- 약물사용으로 인한 직장, 가정, 집에서의 수행도 변화
- 약물사용으로 인한 행동, 대인관계적 변화
- 약물사용과 관련된 사고(음주운전, 싸움, 말다툼 등) 유, 무
- 자신이 약물사용의 문제를 깨닫기 시작한 때
- 주변친구 및 가족들에게서 약물사용으로 인한 문제를 지적받은 경험
- 약물사용을 중단하려고 노력했던 경험의 유무 및 기간
- 약물사용 중단 후 다시 약물을 사용하게 된 이유 및 상황
- 가장 최근 사용한 약물의 종류 및 상황

③ 관심 두어야 할 사항

- 가족들의 약물사용 문제
- 음주/약물사용이 예외적으로 강화하는 것
- 약물사용에 매혹되거나 약물사용과 관련된 일탈행동을 관용하는 침묵의 집단
- 어디에 특별히 구애받지 않는 사람(시간, 돈, 관계 등이 임의적인)

• "초기 경고 신호들"

- 뚜렷하게 증가한 내성(예 복용량의 이중증가 등)
- 약물에 사로잡힘(예 사용에 대한 강제적인 생각들)
- 몰래 하는 음주나 약물의 사용
- 취하는 것을 확실히 하기 위한 빠른 약물사용
- 취한 것처럼 보이지 않았을 때의 '기억상실'
- 취하기 위해 홀로 사용
- 가까운 사람들로부터 술/약을 감추는 것
- 그전 사용의 증상들을 해소하기 위해서 사용하는 것
- 처음에 설정한 양보다 더 많은 양을 계속해서 반복적으로 사용하는 것

*출처: 한국마약퇴치운동본부(2024).

(4) 질적인 특성들

① 질문들에 반응하는 것의 실패 – 예를 들면 반문, 부인, 해명, 변명, 재보증, 적개심, 후회, 애걸, 위협 등으로 질문에 대답하는 것

② 주어진 정보의 정직성

2) 약물남용 예방을 위한 학교-지역사회 프로그램

다음의 약물남용 예방 프로그램은 지금까지 지역 사회복지기관이나 상담센터에서 진행했던 또는 진행하고 있는 사례들을 간략히 소개해 보고자 한다(보건복지부, 2022).

(1) 청소년 건강교실

면목사회복지관에서 진행되는 프로그램으로 주로 보호관찰소로부터 약물남용 청소년을 위탁받아 월 1회에 걸쳐 5명에서 8명의 소그룹으로 운영

되는 5일 동안의 프로그램이다. 프로그램의 목표는 약물남용, 회복 및 치료, 약물에 대한 올바른 인식 및 태도, 자아존중감을 향상, 대인관계 및 의사소통 기술을 발달시킨다. 프로그램 대상은 유해화학물질 관리법 위반으로 구속되어 보호관찰처분과 함께 50시간 수강명령을 받은 15~20세까지의 남녀 청소년 및 그 가족이 해당된다. 프로그램의 내용은 심리검사, 집단치료프로그램, 상호관계 증진, 대처방안 탐색, 자기주장훈련, 가족관계를 통한 자기평가, 체육활동 프로그램, 심리극으로 되어 있다.

(2) 사랑의 교실

서울YMCA 동대문지회 청소년 약물상담실에서 유해화학물질 관리법 위반으로 구속되어 보호관찰처분과 함께 수강명령을 받은 청소년들을 대상으로 매주 월요일에서 토요일까지 실시하는 소집단 프로그램이다. 이 조기치료 프로그램의 목적은 단순하게 약물에 대한 교육만을 실시하는 것이 아니라 청소년들이 쉽게 약물남용의 상황에 빠질 수밖에 없었던 원인 중에 하나인 낮은 자존감과 부정적인 자아상, 가족 간의 역기능적 관계 및 구조 등에 대한 인식을 불러일으키고 통찰력을 갖게 함으로써 궁극적으로 약물을 거절해 낼 수 있는 힘을 그들 내부에서부터 키우는 데 있다.

프로그램 내용은 집단치료 프로그램, 오리엔테이션, 가계도 작성, 문제상황에 대한 토론, 성장곡선, 인상 깊은 사람 3명에 대한 토론, 스스로에 대한 성격파악, 나의 인생계획 세우기, 역할극, 체육활동 프로그램, 약물남용에 관련된 정보를 제공하고 교육하는 시청각교육 등으로 되어 있다.

(3) 희망교실

서울시립동부아동상담소에서 실시하는 프로그램으로 3단계 교육으로 운영되고 있다. 1단계 교육은 보호관찰소로부터 위탁받은 수강명령 50시간을 받은 대상자이고, 2단계 교육은 수강명령 100시간을 받은 대상자로 2개월에 한 번 실시하며, 3단계 교육은 월 1회 이상 전화나 서신, 소환 등으로 보호위원과의 상담활동으로 이루어진다.

(4) 기쁜 우리교실 프로그램

태화 장안사회복지관에서 집단상담으로 이루어지고 있는 프로그램으로 12주에 걸쳐 주 1회, 60분 동안 실시되고 있다. 치료 대상은 약물의 경험 정도가 초기인 청소년들이며 프로그램 내용은 도표 그리기, 짝 정하기 게임, 내 짝 먹여 살리기 게임, 조별 풍선, 닭싸움 게임 등 다양한 게임, 캠프 활동, 성교육, 인간관계훈련, 시청각교육을 통한 약물남용의 문제점을 자각, 가치 갈등상황에 있어서의 문제의 쟁점을 명료화하게 한다. 그리고 가치의 양면성과 상대성을 수용하는 두 개의 나와 나의 성공담을 되살려 보도록 이끈다. 뿐만 아니라 긍정적인 자아개념 향상, 영화관람 및 감평회, 사이코드라마, 심성계발 훈련, 종결 파티 및 Rolling Paper 작성 등의 프로그램도 진행한다.

(5) 다복쑥 프로그램

이 프로그램은 청소년 약물 오·남용 예방전화 상담소에서 5명에서 8명의 소그룹 집단상담으로 주 1회, 1시간씩 12주에 걸쳐 실시한다. 이 프로그램의 내용은 친근감과 신뢰감을 쌓고 그룹의 목표와 수칙 정하기, 자서전, 약물중독 사용이력, 감정인식, 방어인식, 자신은 결코 혼자가 아니며 지지자가 있음을 확인, 건실한 생활 다지기, 개인 평가, 장래 계획과 목표 재확인 등이 있다.

(6) 햇살교실

한국마약퇴치운동본부에서 실시하고 있는 프로그램으로 대상자는 약물 남용이 한 달 이상 지속됨으로써 심리, 사회적 기능에 장애를 받은 청소년으로 스스로 약물을 통제할 수 없는 상태에 있는 청소년이다. 이들은 유해화학물질 관리법 위반으로 경찰에 입건된 청소년으로 5일 동안 오전 9시부터 오후 5시까지 운영하고 있다.

(7) 캠프 프로그램

이 프로그램은 약물남용자 자녀들의 낮은 자아감을 고취시키는 동시에 부모를 따라 알코올 중독자가 되는 것을 예방하기 위하여 약물남용에 대한 치료 및 예방교육의 목적을 가진 단기 집단프로그램이다. 이 프로그램에 참가한 청소년들은 직접적인 약물복용자는 아니지만 낮은 자아존중감 및 약물에 대한 왜곡된 지식을 가졌다는 점, 그리고 약물사용의 위험에 노출되어 있는 점에서 초기 약물사용자와 유사한 상황에 있다고 볼 수 있다.

3) 약물 중독된 청소년을 위한 프로그램

우리나라에서는 약물중독자를 위한 치료센터가 없는 실정이어서 의료계의 몇몇 병원에서 약물중독자를 대상으로 장기간 입원치료를 하고 있다. 그리고 약물치료를 하고 있는 병원에서도 약물치료 전문가가 절대적으로 부족하고 입원시설의 미흡으로 많은 약물중독자들이 제대로 치료를 받고 있지 못하고 있다. 이러한 현실적 어려움에도 불구하고 진행했던 또는 진행하고 있는 사례들을 간략히 소개해 보고자 한다(보건복지부, 2022).

(1) 새동래병원 청소년 건강교실

법원에서 유해화학물질 관리법 위반으로 판결을 받고 온 청소년이나 학교, 학부모가 의뢰해서 온 입원환자를 대상으로 운영하고 있다. 이 프로그램의 특성은 신경정신과 전문의, 간호과장, 사회복지사, 작업담당선생님, 임상심리사, 성격개발원장 등 다양한 전문영역에 종사하는 사람들이 프로그램에 참여하고 있다. 특히 신경정신과의 특수성을 살려 약물중독자들의 신체적 검사를 통하여 손상을 알 수 있고 필요에 따라 약물을 투여하여 신체적 해독을 할 수 있다. 이 프로그램의 목표는 일반 학생들의 생활과 느낌, 만족도 등 일반적인 생활경험을 느끼게 해 주고 다시 약물경험을 통해 힘들 때 언제든지 찾아올 수 있도록 기회를 주고자 한다.

(2) 소년원 프로그램

이 프로그램은 약물남용으로 인해 소년원에 수용된 소년원생을 대상으로 약물남용 청소년을 위한 집단사회사업적 개입에 근거한 것이다. 프로그램의 목표는 심리적 측면에서는 약물남용에 대한 부정, 불안 및 죄의식을 감소시키고 대인관계의 측면에서는 자기주장 강화와 문제해결능력 강화에 있다. 이 프로그램의 대상은 본드, 대마초, 히로뽕 등의 약물을 6개월 이상 사용함으로써 스스로 약물을 통제할 수 없는 청소년들이다. 집단의 참여동기는 비자발적이었고 이들은 16세에서 19세로 학력은 중퇴가 대부분이었으며, 편모와 계모의 집안에서 성장하였고, 경제적으로 하류층에 속하는 청소년들이 많았다. 집단의 구조는 조직적이었고, 폐쇄적인 구조로 운영되었다.

(3) 청소년 정신의료센터

안양에 있는 계요병원의 프로그램으로 의사 3명, 임상심리가 1명, 간호사 7명, 상담심리전문가 1명, 사회복지사 1명, 보호사 6명, 자원봉사자(음악요법, 회화요법, 사이코드라마, 공부방 운영) 등으로 병원의 특성을 살려 치료팀이 구성되어 있다. 이곳은 약물남용 청소년뿐만 아니라 정신적으로 장애(우울증, 행동장애, 주의산만장애 등)를 겪고 있는 청소년들도 입원치료를 하고 있으며 생물학적 검사, 신체적 검사, 임상심리검사 등을 통하여 청소년의 상태를 진단하고 있다. 치료방법으로는 개인 정신치료나 가족치료, 부모교실 프로그램, 공부방 운영, 집단치료, 가족치료 등 다양한 측면에서 치료를 접근하고 있다. 집단치료의 내용은 자기탐구프로그램, 명상, 영상, 사이코드라마, 자기표현훈련 프로그램, 집단정신치료, 음악치료 및 미술치료, 특별활동시간(문예반, 신문방송반), 운동요법, 작업요법, 레크리에이션 사회적응훈련, Community meeting, 인지행동치료, 약물건강교실, 약물중독자를 위한 지지그룹이 있다.

4) 회복단계에 있는 청소년 약물 프로그램

회복단계 지지프로그램은 미국에서 학교를 중심으로 실시되고 있는 프로그램으로 회복단계에 있는 학생이 약물을 끊었어도 여러 가지 문제가 남아 있어 그들에게 도움을 주고자 마련된 것이다. 이들은 치료를 끝내고 새 출발을 할 의욕에 차 있고, 그럴 힘을 길렀어도 아직 이들은 어린 나이이므로 다양한 문제를 안고 있다. 이 집단은 비구조적 진행으로 이루어진다. 먼저 출석을 확인하는 것으로 모임을 시작한다. 지난 일주일 동안 생활을 이야기하게 하고 중독물에 손대지 않고 맑은 정신으로 있었는지, 이야기하기 전에 생각을 가다듬을 필요가 있는 화제를 제시하고 서로가 충분하게 이야기할 수 있도록 한다. 프로그램 내용은 내가 중독물을 끊은 이유, 내 회복계획 내용, 재발 징후, 우리 식구, 다른 사람과의 관계 내 영역 차지하기 등이다.

이상에서 살펴본 바와 같이, 약물을 경험한 청소년을 중심으로 성장, 발달적 요인을 중시하는 집단 프로그램으로 구성되어 있음을 알 수 있다. 이러한 프로그램은 약물남용 청소년뿐만 아니라 일반 학생들에게도 적용될 수 있는 내용들이다. 그러나 청소년 약물남용의 예방 및 재발예방을 위한 보다 실제적이고 총체적인 교육프로그램을 개발하기 위해서는 현존하는 청소년 약물남용 예방 및 재발예방 교육프로그램의 취약점을 검토해 보고 그 개선방안에 대하여 계속 연구·검토되어야 할 것이다.

참고 **약물중독 치료공동체**

미국에서는 약물 중독자들이 함께 생활하며 회복하는 공동체 형태의 치료 방식, 즉 약물중독으로부터 회복을 위한 '치료공동체'(Therapeutic Community)'가 1960년대와 1970년에 걸쳐 대중적으로 인기를 얻게 되었고, 이러한 치료공동체들은 약물중독자들이 다시 사회로 복귀할 수 있도록 돕는 데 큰 역할을 하였다(De Leon, 2000). 이후 이러한 치료공동체의 방식은 전 세계적으로 퍼지게 되었으며, 현재 우리나라를 포함한 많은 나라에서 약물중독 치료 방식으로 사용되고 있다.

특히 치료조건부 기소유예를 통해 재범률을 낮추고자 하는 한국형 약물법원(drug court)의 설치 제안(김병수, 2018; 박성수, 2019)은 단순 마약 투약자들에 대하여 중대 마약사범과는 다르게 처벌 위주보다는 치료와 재활에 초점을 두고 지역사회의 자원과 연결하여 회복의 길을 걸어갈 수 있는 방향을 제시하고 있다.

치료와 재활에 초점을 두고 지역사회에서 활동하고 있는 대표적인 치료공동체로 다르크(DARC: Drug Addiction Rehabilitation Center, 약물중독 재활센터)가 있다. 다르크(DARC: Drug Addiction Rehabilitation Center)는 1985년 일본에서 시작한 약물의존자들의 재활시설로 마약중독에서 회복하고 단약을 유지하도록 서로 돕기 위해서 설립된 회복 중인 중독자(ex-addict)들의 생활공동체이다(강선경·최미경, 2020). 1985년 당시 약물중독자였던 곤도 쓰네오가 일본 도쿄에 만든 민간 주도 약물 중독자 재활시설인 다르크는 중독에서 회복된 사람들이 또 다른 약물중독자들을 도울 수 있는 시스템으로, 현재 일본 전역에 95개의 다르크(DARC)에서 약 2000여 명의 중독자들이 재활에 힘쓰고 있다. 다르크(DARC)는 정부의 지원 없이 순수하게 개인에 의해 설립된 이후 정부가 관심을 가지고 지원하게 된 민간단체로서 중독자들이 약물에서 벗어나는 것뿐만 아니라 맑고 올바른 생활을 지속할 수 있도록 건전한 생활양식을 발달시킬 수 있도록 돕는다.

우리나라에는 2012년 일본 다르크(DARC)의 지원을 받아 서울 다르크(DARC)가 설립되어 그 후에 인천 다르크(DARC), 김해 다르크(DARC), 부산 다르크(DARC), 대구 다르크(DARC)가 운영되었다. 특히 2019년 4월에 경기도 남양주시 퇴계원에 설립된 경기 다르크(DARC)는 수도권 지역사회에서 약물중독 치유재활센터로 약물중독자의 사회 재적응을 돕는 회복공동체로 매우 중요한 역할을 담당하였다. 그러나 현재 해체되어 운영이 중단된 상태이다.

그동안 국내에서 생활 거주 시설인 다르크(DARC)는 지역 NA(Narcotics Anonymous) 자조모임이 활성화되면서 훈련받은 약물 중독회복자가 주체가 되어 운영하였고, 지역사회에서 혼자만의 힘으로 단약이 힘든 약물중독자들이 재활을 통해서 평범한 일상에로의 복귀를 돕는 징검다리 역할을 하였다(최미경, 2022a; 최유리, 2023). 국내 다르크(DARC) 또한 일본 다르크(DARC)와 마찬가지로 AA(Alcoholics Anonymous: 익명의 알코올 중독자들의 모임)에서 파생된 NA(Narcotics Anonymous: 익명의 약물중독자들의 모임)는 지역모임이 활성화되며 회복자 양성과 함께 지역모임의 수 또한 조금씩 늘어났고, 2024년 현재 우리나라에는 서울에 당산모임과 압구정모임 2개가 있고, 인천에 십정동모임과 참사랑모임 2개로 총 4개가 운영되고 있지만, 한해 2만 명이 넘는 약물사범에 비해 매우 적은 상황이다. 특히 지방은 NA 자조모임 봉사자의 부재로 인하여 운영이 어려우며, 지역NA 자조모임은 대부분 수도권에 집중되고 있는 상태이다.

NA 참여자들은 NA가 중독회복에 매우 중요한 네트워크임을 강조한다. 왜냐하면, 약물중독자가 자신의 문제를 인식하고, 단약을 결심한다 해도 본인의 결단과 의지만으로는 약물을 끊을 수 없으며(한부식·황인옥, 2017), 신체적, 정신적으로 의존성이 강한 중독자는 주변 사람들의 부정적인 영향을 받아 재발하기 쉽기 때문이다.

6. 학교-지역사회기관과의 학교사회복지 실천

학교－가정－지역사회와의 연계를 통하여 학교사회복지사가 발전시킬 수 있는 약물남용 청소년을 위한 프로그램들을 소개하고자 한다(보건복지부, 2022).

(1) 약물남용 청소년을 위한 강남지역협의회(www.druckiller.co.kr)

지역 내 사회복지 · 의료기관들이 연합 공동으로 예방, 재활, 치료 프로그램을 제공한다.

주요 프로그램으로는 사회심리극, 금연/금주교육, 캠프, 보호관찰청소년 프로그램, 집단상담, 심리검사, 취업훈련 프로그램, 학업중단 청소년 검정고시, 지역주민 및 학교교사 교육, 전문가 및 실무자 교육 등이 있다.

(2) 하안종합사회복지관(www.kwf-haan.or.kr)

청소년 약물남용 예방 프로그램
새로운 나를 찾아
• 약물남용 비행청소년 대상 집단 프로그램

이 프로그램은 광명 시내 중 · 고등학교에 재학 중인 학생 중 흡연 및 음주를 포함한 약물남용으로 인하여 징계처분을 받거나 약물남용으로 인한 잠재적인 비행문제를 가지고 있다고 판단되는 청소년들을 대상으로 집단상담을 실시하여 생활대처기술 습득이 가능하도록 하며, 이를 통해 학교 내 재적응을 도모하여 건전한 청소년기를 보낼 수 있도록 함을 목적으로 하는 약물남용 비행청소년 대상 집단프로그램이다.

(3) 삼전종합사회복지관

송파구 학교 네트워크를 활용한 프로그램으로 부적응 청소년 중 교사에 의해 의뢰되거나 상담이 요구되는 청소년을 대상으로 한다.

소그룹 집단상담-금연교육, 진로교육 등을 실시하고 있다.

(4) 대청종합사회복지관

강남 구내 위치한 중·고등학교의 청소년을 대상으로 청소년 금연교실 프로그램으로 금연교실을 진행한다.

표 14-5 금연교실 프로그램

구분	프로그램명	프로그램 내용	매개체
집단상담	초기상담	• 초기상담지를 작성한다. • 기관과 사회복지사에 대해 소개한다.	• 초기상담지 • 기관소개지
	만나서 반가워	• 사전설문지를 작성한다. • 프로그램의 목적과 내용을 설명한다. • 자기소개 및 집단 내 규칙과 역할을 설명한다.	• 사전설문지 • 약속증서
	옛날옛날에~ (약물경험 나누기)	• 자신의 약물남용 경험을 나눈다. • 집단구성원 간 신뢰감을 형성과 개방의 시간을 갖도록 한다.	유인물
	약물을 하면~ (약물남용교육)	• 약물남용의 원인과 결과를 알도록 한다. • 약물남용검사지를 통해 자신의 상태를 검사한다.	약물남용위험률 검사지
	한방에 끝내자! (스트레스대처훈련)	• 스트레스에 대해 이해한다. • 자신의 스트레스 상황에 대해 이해한다. • 스트레스를 감소하기 위한 전략을 연습한다.	테이프녹음기
	친구란 말이야~ (대인관계기술)	• 대화기술을 배우고, 집단구성원 간 연습해 본다.	유인물
	나의 생각에는~1 (주장기술훈련)	• 합리적·비합리적 사고에 대해 이해한다. • 자신의 생각을 올바르게 전달하는 방법을 연습	유인물
	이럴 땐 이렇게! (문제해결기술)	• 의사결정과정에 대해 이해한다. • 평소에 문제가 생겼을 때 자신이 해결해 오던 과정에 대해 상기한다. • 새로운 문제해결방식을 연습하도록 한다.	유인물
	나의 미래	• 집단원 간 장점을 찾아본다. • 되고 싶은 나와 버리고 싶은 나의 모습을 찾아보고 지금까지 자신의 모습을 상기해 본다.	유인물
	약물이별식	• 약물이별편지를 작성한다. • 약물이별계획을 작성한다.	유인물
	수료식	• 책걸이를 통해 그동안의 참여에 대해 격려한다. • rolling paper	수료증유인물

개별상담	집단상담 전후에 개별상담에 대한 욕구가 있는 학생이나, 사회복지사에 의해 개별상담이 필요하다고 판단된 학생들을 대상으로 개별상담을 실시한다.		
지지망 구축	가족상담	• 서신이나 전화상담을 통해 학생들의 약물남용 상황에 대한 이해와 프로그램에 대한 협조체계를 구축한다.	• 서신상담 • 전화상담
	교사상담	• 프로그램에 대한 소개 및 협조체계를 구축한다. • 프로그램 후 사례관리에 대한 협조체계를 구축한다.	• 기관소개지 • 프로그램안내지
	또래상담	• 집단구성원 내 또래집단이 프로그램 후에도 유지될 수 있도록 한다.	
사례관리	집단구성원 내 또래집단이 프로그램 후에도 유지될 수 있도록 한다.	• 사후지도에 대한 정보습득 • 사후지도 계획 수립	• 상담기록

단계	목표	프로그램명	내용
금연 준비 단계	1) 4일 동안의 원활한 금연교실 진행을 위하여 참여자와 금연교실 참여 시 주의사항을 약속한다. 2) 어제의 흡연량 및 설문지를 작성하여 참가자에 의한 이해를 높인다.	오리엔테이션	복지관 소개와 금연교실 참여 시 주의사항에 대하여 알린다.
		금연참여 self-check report 작성	자신의 소속, 가족사항, 어제의 흡연량 체크
		설문지 작성	나의 니코틴 의존도 나의 흡연습관 점검 OX퀴즈로 알아보는 흡연상식
		금연침 시술	금연침 시술로 청소년들의 금연을 돕는다.
		일일점검표 작성	프로그램 평가
금연 행동 단계	흡연의 위험성에 대하여 경각심을 갖도록 한다.	비디오 상영 및 토론	흡연의 피해와 금연방법 -비디오 시청/느낀 점 발표 후두암
		건강교육	흡연 및 약물예방교육
		일일점검표 작성	프로그램 평가
금연 결심 단계	흡연의 폐해에 대하여 올바른 인식을 형성하도록 돕는다.	건강교육	환자인 강사 본인의 경험담과 흡연의 폐해에 대한 강의
		금연침 시술	금연침 시술로 청소년의 금연을 돕는다.
		일일 점검표 작성	프로그램 평가

금연 실천 단계	1) 금연을 결심하고 흡연 권유 시 그것을 거절하는 방법을 습득하도록 한다. 2) 금연의지를 강화한다.	금연법 및 금연의 유지방법	금연결심 후 유지방법
		흡연을 대신하여 할 수 있는 일	흡연이 생각날 때 실천할 수 있는 행동들
		생활설계, 토론	자신의 앞으로의 진로계획
		금연 서약서 작성	금연하려는 이유 작성 및 주변의 존경하는 사람들의 이름을 기입하고 서약
		수료증 수여	프로그램 수료생들에게 수료증 스여
		총 평가서 작성	총 4일간의 교육과정을 마치고 앞으로 금연을 어떻게 실천할 것이며 친구들의 권유에 어떻게 대처할 것인지에 대하여 토론

*출처: 금연길라잡이(2024). www.nosmokeguide.or.kr

(5) 5일 금연학교(서울위생병원)

담배의 해독을 알고 금연하고자 하지만 끊지 못하는 사람들을 대상으로 입원하여 5일 동안 금연을 성공하도록 도우며 지도한다.

5일 금연학교 프로그램

- 흡연문제에 관한 신체적, 심리적인 면을 의사, 성직자와 건강교육사가 집단 강의, 집단지도, 집단토의 등을 실시한다.
- 흡연이 신체적, 정신적 건강에 미치는 무서운 해독을 영화로 본다.
- 약물을 쓰지 않고 흡연 습관을 극복하여 성공적인 금연을 단행하는 절차들을 실연한다.
- 금연함으로써 신체적, 정신적, 심리적으로 건전하고 더욱 좋은 건강생활을 할 수 있도록 지도한다.

*출처: 삼육서울병원 5일 금연학교(2024).

강민아 · 송원영 · 김종혁 · 김대연 · 조성남(2021). 물질중독자의 부정적 자기지각과 공격적 태도가 약물문제에 미치는 영향: 갈망조절 자기효능감 매개효과. **한국심리학회지 : 임상심리 연구와 실제**, 7(4), 411-427.

강선경 · 문진영 · 양동현(2016). 마약에서 탈출한 회복자들의 자기 삶 재건에 대한 연구 : 질적사례연구접근. **재활복지**, 20(1), 87-111.

강선경 · 최 윤(2018). 약물중독자의 회복경험에 대한 현상학적 연구: 피해의식에서 책임의식으로의 성장. **한국사회복지질적연구**, 12(1), 191-211.

강선경 · 최미경(2020). 남성 마약중독자의 회복활동가로의 생애 연구. **한국사회복지학**, 72(2), 231-258.

강준혁 · 맹성준 · 김영호(2019). 한국 마약류 중독자 치료보호제도 활성화 저해요인에 관한 연구 - 중독치료 전문가 관점을 중심으로. **생명연구**, 52, 129-152.

경기도교육청(2021). 2021년 교육복지안전망 구축운영 계획.

경기도교육청(2023). 경기도교육청 교육복지안전망 운영 매뉴얼.

고태용(1997). 청소년의 약물남용과 가정의 심리적 환경 및 불안변인과의 관계 연구. 목표대학교 대학원 석사학위논문.

교육부(2020). 교육복지우선지원사업 관리 운영에 관한 규정. 교육부 훈령, 제332호.

교육부(2021). '피해자 중심' 학교폭력예방대책 입법을 위한 토론회 토론문. 배준영 국회의원, 2021.02.18.

교육부(2022). 학생맞춤통합지원 체계 구축방안. 제3차 사회관계장관회의 보도자료.

교육부(2024). 2024 교육통계연보. 세종: 교육부.

교육부 · 이화여자대학교 학교폭력예방연구소(2021). 학교폭력 사안처리 가이드북.

교육부 · 한국교육개발원(2023). 학생맞춤통합지원가이드북. 한국교육개발원.

국가인권위원회(2002). 아동 · 청소년인권침해법령 조사연구.

국무총리 청소년보호위원회(2001). 청소년폭력실태조사.

국회교육위원회(2023.5.31.). "학생맞춤통합지원법안" 의안원문. 의안번호2241.

권이종(1996). **청소년학 개론**. 서울: 교육과학사.

권해수 · 서정아 · 정찬석(2007). 대안학교와 소년보호교육기관 청소년의 학교 밖 경험 비교 : 개념도 방법론을 통하여. **상담학연구**, 8(2), 657-674.

권혁만(2019). 마약류 중독자를 바라보는 인식변화의 필요성에 대한 연구 : 범죄자가 아닌 환자로의 인식 변화. **중독과 복지**, 3(2), 189-217.

금명자(2008). 우리나라 학업중단 청소년에 대한 이해. **한국심리학회지: 문화 및 사회문제**, 14(1), 299-317.

김 영(1996). 청소년유해매체 관리 · 규제를 위한 법적 장치. 청소년생활환경개선종합대책. 한국청소년개발원.

김경빈(1997). 기획논문 약물사용 및 약물중독 청소년의 조기발견에 대한 연구. **청소년학연구**, 4(1), 209-223.

김근홍 외(2002). **한국의 사회문제**. 양지.

김기두(1970). **한국청소년범죄연구**. 박영사.

김기환(1997). 학교사회사업의 도입과 활성화 방안. 건전한 교육환경 조성을 위한 학교사회사업 도입방안. **학교사회사업 대토론회 자료집**, 16-43.

김기환(1997). 학생복지의 실현을 위한 학교사회사업. **한국아동복지학**, 4.

김기환(1999). 사회복지관의 학교사회사업 성과와 발전 방향. 한국학교사회사업학회 제5회 학술대회, 3-10.

김기환(2002). 학생복지와 학생인권을 위한 전문적 서비스. 대학생 학교사회사업 워크숍 자료.

김나미 · 조현섭 · 박경은(2019). 국외 중독회복 패러다임의 변화와 발전과정. **상담학연구**, 20(4), 133-153.

김낭희 · 정은희 · 조상은(2019). 약물사용자의 치료공동체 서비스이용 의사결정과정과 영향요인에 관한 연구 : 도움추구과정단계모형의 적용. **미래사회복지연구**, 10(1), 173-205.

김만기(1998). **정부조직의 혁신**. 대영문화사.

김미향(2020). 학교와 지역사회 간 연계 · 협력에 기반한 마을교육공동체의 개념 탐색. **평생학습사회**, 16(1), 27-52.

김병수(2018). 교정과 사회복지의 연결다리로서 한국형 약물병원. **법학연구**, 59(1), 297-325.

김상곤(2003). 학교사회사업의 붐(boom)은 오는가. Social Worker(2003 봄호). 한국사회복지사협회, 78-82.

김상균 외(1997). 학생비행 예방 및 선도를 위한 복지 프로그램 개발에 관한 연구. 서울대사회복지연구소.

김상희(1991). 청소년의 약물남용 과정에 관한 연구. 한국형사정책연구원.

김선민 · 오기철 · 강향숙(2013). 노숙을 경험한 알코올 의존자의 치료공동체를 통한 회복체험 연구 : 노숙인 시설인 비전트레이닝센터의 치료공동체 프로그램을 수료한 후 회복 중인 자를 중심으로. **사회복지연구**, 44(1), 5-31.

김선심(1999). 우리나라 약물남용 실태와 개선방안에 관한 연구. 단국대학교 행정대학원 석사학위논문.

김선희(1970). 학교사회사업의 현황과 업무활동에 대한 분석 연구. 이화여자대학교 대학원 석사학위논문.

김성기(2017). 학업중단 예방 및 대안교육 관련 법제 개선방안. **교육법학연구**, 29(3), 1-12.

김성열(1998). 시도교육청의 기능 및 구조 개편방향. **교육행정학연구**, 16(3), 28-60.

김성이(1992). 약물남용 청소년에 대한 교육프로그램 개선 방안. 한국형사정책연구원.

김성이 · 이백철 · 윤명숙(1995). **청소년 약물남용 예방, 재활 프로그램**. 문화체육부.

김세훈(2007). 마약류 사범 보호관찰대상자의 생태체계적 특성에 관한 연구. **보호관찰**, 7(2), 83-121.

김숙영(1984). 비행청소년 유형집단의 성격특성 및 환경분석. 숙명여자대학교 교육대학원 석사학위논문.

김신복(2000). 지방교육행정의 환경변화와 개혁방향. **교육행정학연구**, 16(3), 4-13.

김영호 · 이소영 · 윤지영(2019). 마약류 중독자의 우울과 중독문제의 구조적 분석 : 단약 효능감과 사회적 친밀도의 매개효과를 중심으로. **한국중독범죄학회보**, 9(4), 157-178.

김영호 · 조성남 · 한창우 · 서보경(2016). 마약류 중독자 치료보호사업 평가 및 향후 발전 방향. 세종: 보건복지부.

김영환 · 이경재(1992). 음란물의 법적 규제 및 그 대책에 관한 연구 - 포르노그래피에 대한 형사정책적 대책. 한국형사정책연구원.

김은미(1995). 중등학교 교도활동의 실태와 학교사회사업의 적용방안에 관한 연구. 청주대학교 행정대학원 석사학위논문.

김재은(1971). **교육심리사회적연구방법**. 익문사.

김재환(2019). 메스암페타민 중독 남성의 회복 과정에 관한 생애사 연구 : 양자 변화를 중심으로. **한국기독교상담학회**, 30(1), 43-81.

김정희(1996). 지역사회복지관의 초등학교사회사업에 관한 연구. 가톨릭대학교 대학원 석사학위논문.

김준호 · 박정선(1993). 청소년의 가출과 비행의 관계에 관한 연구. 한국형사정책연구원.

김지연(2001). 지역사회자원 연계를 중심으로 한 학교사회복지 모형개발. 부산대학교 대학원 석사학위논문.

김진숙(2020). 여성마약중독자의 회복과 재발경험에 대한 연구. **한국콘텐츠학회 논문지**, 20(4), 673-685.

김한나 · 장덕호(2017). 메타분석을 통한 교육복지우선지원사업의 효과 검증 연구. **학교사회복지**, 38, 173-199.

김향초(1998). **가출청소년의 이해**. 서울: 학지사.

김형식 · 여지영 역(2001). **인권과 사회복지실천**. Ife, J.의 Human Rights and Social Work. 서울: 인간과 복지.

김혜선 · 박소영(2018). 재활시설에 입소한 알코올중독자의 회복 경험 : 회복의 의미를 중심으로. **한국사회복지질적연구**, 12(3), 169-192.

김혜숙 · 김순진 · 송종용 · 최은영(1994). **청소년 약물남용 예방상담**. 청소년대화의 광장.

나동진(2000). **교육심리학**. 서울: 학지사.

남미애 · 홍봉선(2000). **청소년복지론**. 경기: 양서원.

노경은(2017). 지방자치단체 학교사회복지사업 - 경기도 내 지자체 사업의 의미와 한계 -. 한국학교사회복지 20년 성과와 전망. 한국학교사회복지학회 2017년 춘계 학술대회.

노명래(1990). 비행청소년에 대한 임상적 접근. 임상심리학회.

대검찰청(2020). 2019년 마약류 범죄백서. 검찰.

대검찰청(2022). 마약류 범죄백서. 검찰.

대검찰청(2023). 마약류 범죄백서. 검찰.

도종수(1992). 사회변동과 청소년문제. 청소년문제론. 한국청소년연구원.

문화체육부(1994). 청소년정책실 청소년지도과 청소년 약물남용의 사회 · 경제적 영향 연구.

문화체육부(1996). 청소년정책실 청소년지도과 청소년 약물남용 실태와 예방대책 연구.

문화체육부(1997). 청소년보호법 설명자료집.

박도순 외(2000). **신교육학개론**. 서울: 문음사.

박상기(1996). **형법각론**. 서울: 박영사.

박상현 · 정영모 · 권순정 · 이근영 · 이혜숙(2021). 학생중심맞춤형지원을 위한 교육복지통합시스템 구축 방안 연구.

박성수(2013). 약물사범 교정실태 및 개선방안 : 단약동기증진프로그램을 중심으로. **국가정책연구**, 27(4), 167-188.

박성수(2019). 마약류범죄 분석을 통한 마약중독자 사회복귀 방향성. **교정담론**, 13(2), 227-258.

박성수(2023). 마약류 범죄의 정책변화와 사회적 방향. **한국중독범죄학회**, 13(3), 39-66.

박성혜(1998). 청소년 약물남용 예방 프로그램에 관한 연구. 미간행, 이화여자대학교 대학원 석사학위논문.

박영진 · 강경석(2022). 초등교사가 지각한 학교장의 변혁적 지도성이 학교조직문화와 교사의 직무만족에 미치는 영향. **교육문화연구**, 28(5), 599-626.

박정선(1987). 청소년 비행에 관한 연구. 미간행, 고려대학교 대학원 석사학위논문.

박종삼(1992). 가출청소년 어떻게 도울 것인가. 청소년 가출의 예방과 대처방안. 한국청소년개발원.

박진실(2017). 마약류사범재범방지를 위한 해외 사례 및 도입방안에 관한 연구. **중앙법학**, 19(3), 187-220.

배경내(2000). **인권은 교문 앞에서 멈춘다**. 서울: 우리교육.

배임호 · 박경일 · 이태언 · 신석환 · 전영록(2001). **교정복지론**. 경기: 양서원.

백형의 · 김선민 · 홍혜미 · 이주용 · 신윤재(2023). 마약중독 재활서비스 영역에서 일하는 회복상담가의 회복지원 경험을 통한 사회재활서비스 진입 영향 요인 탐색 : 포커스 집단분석을 중심으로. **한국콘텐츠학회논문지**, 23(8), 610-620.

백형의 · 한인영(2014). 약물중독자의 지역사회 내 회복경험 - 세상에서의 되살이 경험. **정신보건과 사회사업**, 42(3), 151-177.

법무부소년과(1985). 재비행소년의 성격측정 척도에 관한 연구.

변화순 · 황정임(1998). 산업형 매매춘에 관한 연구. 한국여성개발원.

보건복지부(2022). 마약류 중독자 치료보호기관 현황. 보험공단.

서울가정법원소년자원보호자협의회(1992). 청소년 약물남용 예방과 치유를 어떻게 할 것인가.

서울소년분류심사원(1995). 비행소년분류심사.

서울특별시 · 자녀안심운동 서울협의회(2000). 안전한 학교, 안전한 청소년.

서울특별시교육청(2021). 2021학년도 교육복지우선지원사업 기본 계획.

성민선 외(1998). 학교부적응 청소년들을 위한 학교사회사업실천모델연구. 학교사회사업, 창간호.

성민선 외(2004). **학교사회복지의 이론과 실제**. 서울: 학지사.

성민선(1998). 학교교육에서의 인권. 제3회 관악 교육정책포럼. 서울대학교 교육연구소.

성민선(1999). 학교사회사업의 제도화 전략과 방법. 한국학교사회사업학회 제5회 학술대회 자료집, 105-125.

성원중학교 외(2001). 학교사회사업을 활용한 효과적인 학생생활지도. 생활지도시 공동운영보고서.

성윤숙 · 문호영 · 천정웅 · 이희현(2022). 취약계층 청소년 지원정책 진단 및 제도보완 연구 Ⅰ. 한국청소년정책연구원.

송명자(1996). **발달심리학**. 서울: 학지사.

송진희 · 서종건 · 권혜진 · 김용석(2017). 수감 중인 약물사용자의 약물재활 교육경험. **정신보건과 사회사업**, 45(1), 5-35.

신미경(1986). 고등학생에 대한 학교상담의 사회사업적 접근. 대구대학교 대학원 석사학위논문.

신원우(2010). 알코올 의존 노숙인 치료공동체 프로그램의 효과성에 관한 연구 : 3개월 입소유지자의 심리사회적 변화를 중심으로. **지역과 세계**, 35(2), 145-179.

심의보(1999). 청소년 성 윤리의 실태와 대책. **도산학술논총**, 7(1999.8), 127-149.

안창규 · 문선화 · 전윤식(1995). **가출청소년과 학교관리체제**. 서울: 집문당.

양종국(1992). 약물남용 청소년의 성격특성. 미간행, 건국대학교 교육대학원 석사학위논문.

여성가족부(2018). 2018 학교 밖 청소년 실태조사. 서울: 여성가족부.

여성가족부(2024). 2024 청소년 통계. 서울: 여성가족부.

여현주(2022). 학교밖 청소년을 위한 사회적 관심 향상 프로그램 개발. 계명대학교 대학원 박사학위논문.

오성철(2022). 서구 사회에서의 ‘education’ 개념의 출현과 변화. **한국교육사학**, 44(4), 125-148.

오승환(2009). 청소년의 학교 부적응 영향요인 - 위험요인에 대한 학교보호요인의 매개효과분석을 중심으로. **청소년복지연구**, 11(1), 161-181.

오영재(1999). 학교사회사업을 위한 지역사회자원 관계망에 대한 모형설계.

오영재(2003). 학교의 조직적 특성과 학교사회사업적 함의. **청소년 복지연구**, 5(1), 5-6.

오은주(1999). 학교복지 현황과 학교사회사업 활성화 방안. 동국대학교 행정대학원 석사학위논문.

오창순(1982). 학교사회사업에 관한 연구. 이화여자대학교 대학원 석사학위논문.

오택섭(1992). **사회과학 데이터 분석법**. 서울: 나남.

원유수(2020). 약물중독자의 회복자본과 단약 자기효능감의 관계 : 사회적 회복자본과 물질적 회복자본을 중심으로. 가톨릭대학교 대학원 석사학위논문.

유영덕 · 한수정(1996). 학교생활 부적응아동의 부적응 요인감소를 위한 학교사회사업 집단 프로그램 개발에 관한 연구. 태화임상사회사업연구, 제3호.

유영준(1998). 지역사회복지관에서 학교사회사업가의 역할. 학교사회사업, 창간호.

유은주(2001). 중등학교 교사들의 생활지도 실태 및 학교사회사업에 대한 태도분석 : 학교사회사업의 활성화 방안 마련을 위해. 성균관대학교 행정대학원 석사학위논문.

유주영(2022). 학생인권에 관한 사회적 이슈 분석 : 토픽모델링을 활용한 국내 언론 보도기사 분석을 중심으로. **교육학연구**, 60(1), 205-234.

유지안(2020). 청소년 약물 및 도박 중독에 관한 연구 동향분석. **미래교육통합연구**, 1(1), 29-48.

윤종우(2021). 교정치료공동체 도입에 관한 연구. **교정복지연구**, (71), 59-93.

윤철수(1995). 중등학교에서 학교사회사업가의 활용가능성에 관한 연구. 숭실대학교 대학원 석사학위논문.

윤철수(2000). 학교사회사업의 전망과 과제. 복지사회 2000, 94-97.

윤철수(2007). 학교사회복지의 제도화, 어디까지 왔나. 월간 복지동향, (109), 4-8.

윤현준(2013). 약물의존자의 회복체험연구: 인간되어감 방법론을 적용하여. 성균관대학교 대학원 박사학위논문.

윤현준 · 임해영 · 이남경(2021). 여성 마약중독자의 회복체험에 관한 연구. **한국사회복지질적연구**, 15(1), 99-131.

이경재(1997). 성과 법, 자유와 규제: 성표현물을 둘러싼 문제점. **형사정책연구소식**, 통권 제39호 1·2월호.

이광석(2013). 해석현상학적 분석(Interpretive Phenomenological Analysis)의 의의와 적용가능성에 관한 연구. **질적연구**, 14(2), 132-144.

이근영 · 이종익 · 하봉운 · 한정은(2018). 경기도 교육복지정책 분석 및 발전 방안 - 2018년 경기도교육청 교육복지사업을 중심으로. 경기도교육연구원.

이나연(1998). 비행 및 약물남용 청소년의 가족기능에 관한 연구. 서울여자대학교 대학원 석사학위논문.

이남인(2014). **현상학과 질적 연구**. 서울: 한길사.

이덕난(2010). 학교폭력 피해학생 보호를 위한 입법정책의 방향. **교육법학연구**, 22(2), 145-169.

이덕난·유지연(2010). 학교폭력 피해학생 보호를 위한 입법 및 정책 방안. NARS 현안보고서, 109호, 2010.12.24.

이덕난·유지연(2012). 학교폭력 예방 및 대책의 문제점과 개선방안. 이슈와 논점, 353호. 2012.01.05.

이덕난·유지연(2023). 학교폭력 피해학생 보호 강화를 위한 입법 및 정책 개선 과제. 국회입법조사처. 2023.05.10. 제291호.

이무송(2022). 청소년의 신종마약류중독 실태 및 대응방안 연구. **한국중독범죄학회보**, 12(2), 35-53.

이상윤(2000). 약물남용의 최근 실태와 대책에 관한 연구. 연세대학교 대학원 석사학위논문.

이성국(1996). 학교사회사업가의 역할에 관한 연구. **사회복지개발연구**, 2(4).

이성희(1995). 자긍심 강화훈련이 국민학생의 긍정적 자기개념 형성에 미치는 영향. 대구대학교 대학원 석사학위논문.

이승현·이덕난 외(2013). 현장중심 학교폭력 개선을 위한 법·제도 구축방안. 경제·인문사회연구회 미래사회협동연구총서 13-16-01, 경제·인문사회연구회.

이승현·정제영·강태훈·김무영(2014). 학교폭력 가해학생 관련 정책의 효과성 분석 연구. 연구총서 14-AA-02, 한국형사정책연구원.

이유림(1992). 약물남용 청소년 자아정체감 간의 관련성에 관한 연구. 이화여자대학교 대학원 석사학위청구논문.

이윤로·조미숙 외(2003). **사회복지실천기술론**. 현학사.

이인재·이선우·류진선(1997). **사회복지 통계분석**. 서울: 나남출판사.

이재상(1996). **형법각론**. 서울: 박영사.

이재호(2017). **중독치료를 위한 치료공동체 운영매뉴얼**. 서울: 신정.

이정애·정희숙(1995). 청소년들의 약물 사용 실태에 대한 문헌적 연구. **최신의학**, 444(1995.12), 105-122.

이종익·노경은(2023). 학생맞춤통합지원과 학교사회복지 실천. 사회복지공동학술대회, 1010-1041.

이종태 외(1998). 학교단위 교원조직 개편 방안 연구. **교육재정경제연구**, 8(1).

이철호(2002). 학교폭력의 발생원인. 제1회 전국 참교육실천보고대회 보고서.

이춘재 외(1995). **청년심리학**. 중앙적성출판사.

이태수 외(2004). 학교사회복지사 활용방안 연구. 교육인적자원부. 꽃동네현도사회복지대학교.

이태수(2008). 학교사회곡지의 다양화에 따른 재구성과 제도화 전망. **학교사회복지**, (14), 33-55.

이혜련(2019). 학교사회복지 실무자의 지역 네트워크 경험에 관한 연구: 성남시교육중심마을 '함께크는마을'을 중심으로. 가톨릭대학교 사회복지대학원 석사학위논문.

이혜주(2002). 학교사회사업을 활용한 학생생활지도 시범학교 운영. 학교사회사업 제6회 연수 자료집, 123-133.

인천광역시교육청(2021). '피해자 중심' 학교폭력예방대책 입법을 위한 토론회 토론문. 배준영 국회의원, 2021.02.18.

임경선(2011). 지방자치단체 학교사회복지사업의 과제. 한국학교사회복지학회 2011년 학술대회.

임선빈(2015). 학교역할에 관한 구성원의 인식 : 폐교위기 극복과정에서 살펴본 학교역할. **교육행정학연구**, 33(4), 53-79.

임정혁(1969). 한국에 있어서의 학교사회사업의 필요성과 문제점 : 국민학교와 유치원을 중심으로. 중앙대학교 대학원 석사학위논문.

임해영 · 김학주 · 윤현준(2018). 회복기 마약중독자의 직업활동 경험에 관한 연구. **생명연구**, 48, 207-265.

장인협 외(1999). **사회복지학**. 서울: 서울대학교 출판부.

장인협 · 오정수(2001). **아동 · 청소년복지론**. 서울: 서울대학교출판부.

장혜수(2002). 청소년 약물남용의 사회적 원인과 그 대책에 관한 연구. 단국대학교 대학원 석사학위논문.

장혜숙(2020). 약물재활치료공동체 모델 개발에 관한 탐색적 연구. 국제신학대학원대학교 박사학위논문.

전재일 외(1999). **학교사회사업**. 사회복지개발연구원.

전재일(1997). 학교사회사업의 실천방향. 한국학교사회사업학회 학술대회, 한국학교사회사업학회.

전재일 · 권복순 · 조운희 · 이경은 · 이성국(1997). **학교사회사업**. 사회복지개발 연구원.

정경숙(2001). 십대 소녀의 성적 거래에 관한 여성주의적 접근. 신라대학교 대학원 석사학위논문.

정성근(1990). **형법각론(하)**. 법지사.

정수경(2004). 약물남용 청소년의 가족중심치료 프로그램 연구에 관한 고찰. **정신건강과 사회복지**, 17, 104-132.

정진곤(1997). 대안학교의 현황과 전망. 한국사회복지프로그램연구회, 제24차 월례세미나 자료집.

정태범(1998). **학교교육의 구조적 개혁**. 양서원.

정현숙 · 나동석(2019). 알코올중독자 회복경험에 관한 현상학적 연구 : 치료공동체를 중심으로. **한국콘텐츠학회논문지**, 19(6), 424-440.

제주특별자치도교육청 체육복지과(2017). 2017 제주형 교육복지 이해.

조경미(1972). 학교교육에서의 학교사회사업의 중요성. **학생지도**, 통권 제14호.

조근호 · 권도훈 · 김대진 · 김선민 · 김한오(2011). **중독재활총론**. 서울: 학지사.

조미숙 · 유용식 · 현영렬(2018). **사회복지실천론**. 서울: 동문사.

조미숙(2002). 특별한 욕구를 가진 아동을 위한 독일의 Sonderschule에 관한 고찰: 바덴 뷔르템베르크주를 중심으로. **홀리스틱 교육연구**, 6(2), 157-170.

조미숙(2003). 부부폭력 목격 청소년의 공격행동에 대한 중재변인 연구. **청소년복지연구**, 5(2), 85-101.

조미숙(2003). 성별에 따른 청소년비행 예측변인 추출과 보호관찰에 관한 연구. **보호관찰**, (3), 163-184.

조미숙(2004). 독일의 학교사회복지에 관한 고찰. **학교사회복지**, 7, 25-48.

조미숙(2004). 학생인권을 위한 사회복지적 접근에 관한 연구. **청소년복지연구**, 6(1), 37-52.

조미숙(2021). **인간행동과 사회환경**. 서울: 동문사.

조미숙(2023). **최신사례관리론**. 서울: 동문사.

조미숙 · 유용식 · 윤춘모 · 현영렬(2020). **사회복지실천기술론**. 서울: 동문사.

조성남(2013). 우리나라 약물중독의 치료실태와 대책. **의료법학**, 14(1), 11-36.

조성남(2023). 마약류중독 치료연구 활성화를 위한 국회정책토론회.

조성남 · 강향숙 · 김선민 · 김주은 · 문봉규 · 박상규 · 신성만(2021). **마약류 중독의 이**

해와 치료. 서울: 학지사.

조성심 · 홍순혜 · 방진희 · 엄경남 · 안정선(2016). 교육복지현장 실무자의 직무에 관한 중요도 - 실행도 분석(IPA). **학교사회복지**, (33), 53-73.

조영규(2003). 법령체계 및 입법절차. 법제처.

조영석(2023). 마약중독자들의 단약기간과 약물심각도에 영향을 미치는 요인연구. 조선대학교 대학원 박사학위논문.

조오영(2002). 학생복지를 위한 학교조직 및 운영체계 모형개발. 학생복지를 위한 학교조직 모형개발 토론회 자료집.

조홍식(2000). 학교사회복지의 제도화 방향. 한국학교사회사업학회 제7회 학술대회 자료집, 63-78.

조홍식(2003). 학교사회복지의 제도화를 위한 정책과제. 한국학교사회복지학회 2003년도 추계학술대회 자료집, 81-97.

조홍식 · 김혜련 · 신혜섭 · 김혜란 공저. **여성복지학**. 서울: 학지사.

주영준(2015). NA 한국의 과거와 현재 그리고 발전 방향에 대한 연구. 한성대학교 대학원 석사학위논문.

주왕기(1992). 청소년 약물남용의 실태와 예방대책. 체육청소년부.

주철안(1999). 선진주요국의 단위학교 재정에 관한 연구. **교육재정경제연구**, 8(1).

주철안(2000). 지식기반사회에서의 교육행정조직 재구조화에 관한 연구. **교육행정학연구**, 18(2), 347-374.

진혜경(2021). **학교사회복지론**. 창지사.

차경수(1994). 청소년 약물남용 실태와 대책 연구. 문화체육부.

차경수(2000). **한국의 청소년정책**. 경기: 양서원.

차명희 · 장철훈(2021). 약물중독에 대한 한국과 일본의 서비스 전달체계의 비교. **한국콘텐츠학회논문**, 21(12), 688-696.

청소년 대화의 광장(1994). 청소년약물남용 예방상담 : 실천이론연구.

청소년폭력예방재단(1995). 학교폭력 : 고통받는 아이들을 위해 무엇을 할 것인가.

체육부 · 한국문화연구원 · 이화여자대학교(1989). 청소년 약물 오·남용 실태와 예방교육 프로그램개발에 관한 보고서.

체육청소년부(1991). 청소년약물남용 실태조사.

체육청소년부 · 한국청소년학회(1992). 청소년 유해환경 개선 대책에 관한 연구.

최미경(2022a). 치료공동체(DARC)에 입소한 마약중독자들의 회복경험에 대한 내러티브 탐구. **정신건강 사회복지**, 50(2), 170-198.

최미경(2022b). 단약 중인 마약중독자의 치유와 회복에 관한 질적 사례연구. **교정담론**, 16(3), 1-31.

최미경(2022c). 여성 알코올 중독자의 치료공동체를 통한 회복과 성장에 관한 생애사 연구. **정신건강과 사회복지**, 8(4), 151-177.

최미경(2023a). 20대 청년 마약중독자의 일상복귀과정에 대한 현상학적 연구. **교정담론**, 17(1), 65-99.

최미경(2023b). 청년 마약중독자의 삶에 대한 현상학적 연구. **한국사회복지학**, 75(3), 369-396.

최미경 · 강선경(2021). 마약중독자들의 회복을 돕고 있는 회복상담사들의 회복과정에 관한 질적사례연구. **질적탐구**, 7(2), 277-316.

최미경 · 강선경(2022). 회복자로 살아가는 남성 마약중독자의 삶에 대한 내러티브 탐구. **교정담론**, 16(1), 29-61.

최선화(1996). **청소년과 약물남용**. 홍익재.

최선화(1999). **사회문제와 사회복지**. 양서원.

최송식(1999). 청소년 약물남용 예방을 위한 통합적 접근법에 관한 연구. **사회과학연구**, 15(1999.12), 89-109.

최억승(1992). 정서부적응 아동의 지도방안에 관한 연구. 관동대학교 대학교 석사학위논문.

최유리(2023). 마약중독자의 회복여정에 대한 내러티브 연구 : 치료 공동체 입소자 중심으로. 남서울대학교 국제대학원 석사학위논문.

최윤진 · 구창모 · 정문성(1991). 청소년 문제행동 진단을 위한 조사연구. **한국청소년연구**, (5), 97-112.

최은미(2011). N.A. 자조모임을 통한 마약의존자의 회복경험 탐색. 평택대학교 대학원 석사학위논문.

최인욱(1993). 학교사회사업실천을 위한 사회사업가의 역할과 개입전략 - 중등학교를 중심으로. 부산대학교 대학원 석사학위논문.

최준렬(1998). 지역교육청의 기능 및 구조개편방안. **교육행정학연구**, 16(3), 61-88.

통계청(2023). 2023년 6월 및 2분기 인구동향. 통계청

표갑수(1975). 우리나라 학교사회사업의 제도적 확립을 위한 연구. 중앙대학교 대학원 석사학위논문.

표갑수(2001). 아동청소년복지론. 서울: 나남출판.

학교바로세우기실천연대(1999). 학교공동체의 문제상황에 대한 인식조사. 학교바로세우기 실천연대.

한국학교사회복지사협회(2023). 2023 전국 학교사회복지사업 운영 현황. 한국학교사회복지사협회(내부자료).

한국형사정책연구원(1991). 청소년의 약물남용과정에 관한 연구 :소년원생을 중심으로.

한국형사정책연구원(1992). 약물남용청소년을 위한 교육프로그램 개발에 관한 연구.

한국형사정책연구원(1996). 청소년의 약물남용 예방전략.

한부식 · 황인옥(2017). 약물중독자의 회복 및 사회복귀에 관한 사례연구 - 서울 부산 지역 NA 모임을 중심으로. 사회과학 담론과 정책, 10(1), 91-116.

한인영 외(2001). 학교와 사회복지 : 학교사회사업의 이론과 실제. 서울: 학문사.

한인영 · 홍순혜 · 김혜란 · 김기환(1999). 학교와 사회복지. 학문사.

한효정(2019). 학업중단 청소년 현황 통계. 교육정책포럼 제308호. 국회입법조사처 제출자료(2019.8.2.).

현대사회연구소(1992). 청소년 약물남용의 실태와 대책.

현외성 외(1993). 사회복지학의 이해. 유풍출판사.

홍금자 외(2000). 사회문제와 사회복지. 인간과 복지.

홍기혜 · 최민지(2019). 텍스트 네트워크 분석을 활용한 학교사회복지와 교육복지 연구동향 비교분석. 학교사회복지, (46), 25-51.

홍명도(2000). 비행청소년 선도프로그램에 관한 연구 : 학교, 지역사회복지관, 교회를 중심으로. 서울신학대학교 사회복지대학원 석사학위논문.

홍미연(2017). 생애사 연구를 통한 한 여성알코올중독자의 삶에 대한 이해. 정신보건과 사회사업, 45(2), 33-59.

홍봉선 · 남미애(2002). 청소년복지론. 경기: 공동체.

홍봉선 · 남미애(2022). 학교사회복지론. 경기: 공동체.

홍서아(2018). 청소년의 약물중독 실태 및 심리지원 방안. 한국중독범죄학회보, 8(2), 93-115.

홍순혜 · 방진희 · 엄경남 · 조성심 · 안정선(2017). 교육복지현장 사회복지사의 전문직 정체성과 직무수행에 관한 연구. 한국사회복지교육, 제38집, 109-138.

홍순혜 · 조성심 · 방진희 · 엄경남 · 안정선(2015). 학교사회복지 사례관리 교육의 현황과 방향 - 대학 학부 교육을 중심으로 -. 학교사회복지, (32), 327-355.

홍지선(2020). 학교 밖 청소년의 학업중단과 대학진학 경험에 대한 사례분석. **청소년학연구**, 27(8), 89-118.

N.A. 연합단체 한국지부(1998). 익명의 약물 중독자들. N.A. 연합단체 한국지부.

Abels, H. (1970). Schulsozialarbeit. *Soziale Welt, 21/22*, 347-359.

Ahrons, C. (1983) Divorce: Before, during and after. In H. McCubbin & C. Figley (Eds.), *Family stress, coping and social support* (pp.102-115). New York: Brunner/Mazel, Inc.

Ahrons, C. (1994). *The good divorce: Keeping your family together when your marriage comes apart*. New York: Harper Collins Publising.

Ahrons, C. (2002). Making divorce work. Love and Intimacy (Couples Conference, Apr. 19-21, 2002. Los Angels) Phenix: The Milton H. Erickson Foundation, Inc.

Allen-Meares, P. (1990). International developments in school work services. *Social Work in Education, 12*(2).

Allen-Meares, P. (1994). Social work services in schools: A national study of entry-level tasks. *Social Work, 39*(5), 560-565.

Allen-Meares, P., Washington, R. O., & Welsh, B. L. (1986). *Social work services in schools*. Englewood Cliffs, NJ: Prentice-Hall.

American Psychiatric Association. (2022). *Diagnostic and Statistical Manual of Mental Disorders*. 5th Edition. Text Revision. (DSM-5-TR). Arlington, VA: American Psychiatric Association.

Anthony, W. (1993). "Recovery from mental illness: The guiding vision of the mental health service system in the 1990s". *Psychosocial Rehabilitation Journal, 16*(4), 11-23.

Baden Württemberg (2001). Spektrumschule, Bildungs wege in Baden Württemberg, Baden Württemberg, pp. 3-21 October.

Balswick, J. O., & Balswick, J. K. (1989). *The family: A christian perspective on the contemporary home*. Grand Rapids, MI: Baker Book House.

Barker, R. L. (1996). The Social Work Dictionary. NASW Press.

Best, D., Gow, J., Knox, T., Taylor, A., Groshkova, T., & White, W. (2012).

"Mapping the recovery stories of drinkers and drug in Glasgow: Quality of life in associations with measures of recovery capital". *Drug and Alcohol Review, 31*, 334-345.

Bohannan, P. (1970). The Six Stations of Divorce. In *Divorce and after*. Ed. by Bohannan. Garden City, N.Y.: Doubleday.

Bundesministerium fuer Famile, Senioren, Frauen und Jugend. (1996). *Kinder-und Jugendhifegesezt*.

Calvert, Sandra L. (1999). *Children's journeys through the information age*. Boston: McGraw-Hill College.

Center for Mental Health in School at UCLA. (2000). An introductory packet on violence prevention and safe school. Los Angeles, CA.

Christe, C. et al. (1996). Schulversagen und Ũbergangssystem in der Bundesrepublik. Oldenburg: BSI.

Christo, G., & Franey, C. (1995). Drug user's spiritual beliefs, locus of control and the disease concept in relation to Narcotics Anonymous attendance and six-month outcomes. *Drug and Alcohol Dependence, 38*, 51-56.

Clancy, J. (1995). Ecological school social work: The reality and the vision. *Social Work in Education, 17*.

Colaizzi, P. F. (1978). *Psychological research as the phenomenologist views it*. London: Oxford University Press.

Constable, R. (1997). School; social work: Youth Crisis and Professional Development. 제2회 한국학교사회사업학회 학술대회 자료집.

Constable, R., Flynn, J. P., & McDonald, S. (1996). *School social work*. Lyceum Books, Inc.

Costin, L. B. (1975). School social work practice: A new model. *Social work, 20*(21), 135-139.

Creswell, J. W. (2013). *Qualitative inquiry and research design: Choosing among five approaches*. (3rd ed.). Thousand Oaks, CA: Sage Publications, Inc. 조흥식 외 공역(2015). 질적 연구방법론: 다섯 가지 접근. 서울: 학지사.

De Leon, G. (2000). *The therapeutic community: Theory, model, and method*. Springer Publishing Company.

Dieter/Diekmann, Albert/Oberloskamp, Helga/Schueter, Wilfried/Simon, Dietrich V./Willutzki, Siegfried/Zarbock, Walter H.(Hg.)(1995). *Zentralblatt fuer Jugendrecht. Jugend und Famile, Jugendhilfe, Jugendgerichtshilfe*. Koeln: Carl Heymann.

Dwyer, K., & Osher, D. (2000). Safeguarding our children: An action guide.

Everett, C., & Everett, V. (1994). *Healthy divorce*. Jossey-Bass Publishers.

Fiorentine, R., & Hillhous, M. (2000). Drug treatment and 12-step program participation: The additive effect of integrated recovery activities. *Journal of Substance Abuse Treatment, 18*(1), 65-74.

Freeman, E. M. (1995). School Social Work Overview. Encyclopedia of Social Work. 19th ed. NASW press, 2087-2088.

Germain, C. B., & Gitterman, A. (1994). Ecological perspective. *Encyclopedia of Social Work*. 19th. NASW.

Gewerkschaft Erziehung und Wissenschaft. (1994). *Informationen Schulsozialarbeit*. Beschlossen vom GEW Hauptausschub am 18. September. Frankfurt: GEW.

Gewerschaft Erziehung und Wissenschaft-Hessen. (2000). *Gewerkschaft Erziehung und Wissenschaft-Landesverband Hessen: Totalerhebung: Einrichtungen zur Schulsozialarbeit in Hessen*. Frankfurt: GEW.

Giorgi, A. (1997). The theory, practice, and evaluation of the phenomenological method as a qualitative research procedure. *Journal of Phenomenological Psychology*, *28*, 235-260.

Giorgi, A. (Ed.) (1985). *Phenomenology and Psychological research*. Pittsburg, PA: Duquesne University Press. 신경림 외 역(2004). 현상학과 심리학 연구. 서울: 현문사.

Hare, I. (1994). School social work in transition. *Social Work in Education, 16*(1), 64-68.

Hare, I. (1995). School-linked services. *Encyclopedia of Social Work*, 19th ed. NASW, 2100-2109.

Harvey, C. (Ed.) (2023). The Therapeutic Community: Research and Practice. Academic Press.

Jacobson, N., & Greenley, D. (2001). What is recovery? A conceptual model and explication. *Psychiatric Service, 52*(4), 482-485.

Kampman, K., & Jarvis, M. (2015). American Society of Addiction Medicine (ASAM) National practice guideline for the use of medications in the treatment of addiction involving opioid use. *Journal of Addiction Medicine, 9*(5), 358-67.

Kath, B. (1973). Vom Elemd der Sozialpädagogik in der Schule. *Betrifft: Erziehung, 6*, 70-72.

Kersten, B., & Wulfers, W. (1999). Wenn wir die nicht hätten: Schulsozialarbeit heute und was sie in Wiesbaden bewirkte. *Pädagogisches Forum, 27*, 92-96.

Knoll, J. H. (1992). *Von der freien Initiativen Reglementierung? Jugendwohlfahrt, Jugendpflege, Jugendhilfe*. Duesseldorf: Reige Burg.

Kreft, Dieter/Mielenz, Ingrid(Hg.) (1980). *Soziale Arbeit*. Weinheim & Basel: Beltz.

Levine, R. S. (1996). The school social worker's role: A three-decade chronology. In R. Constable, J. P. Flynn, & McDonald (3rd Ed.), *School social work: Practice and research perspectives*. Chicago, IL: Lyceum Books, Inc.

Liddle, P. F., Ngan, E. T., Caissie, S. L., Anderson, C. M., Bates, A. T., Quested, D. J., & Weg, R. (2002). Thought and Language Index: An instrument for assessing thought and language in schizophrenia. *The British Journal of Psychiatry, 181*(4), 326-330.

Lorenz, W. (1991). The New German Children and Young People Act. *British Journal of Social Work, 21*, 329-339.

Lorenz, W. (1992). School-based social work in Germany. *Journal of Education Social Work, 1*, 47-52.

NASW. (1992). Standards for School Social Work Services. NASW.

National Center for Drug Abuse Statistics. (2023). Drug Use Among Youth: Facts & Statistics. https://drugabusestatistics.org/teen-drug-use/

National Education Association. (2018). All Hands on Deck: School-Based Programs to Stem Substance Abuse.

National Institute on Drug Abuse Advamcomg Addiction Science. 2023.11.10.접속. https://nida.nih.gov/

NeaToday(2018). All Hands on Deck: School-Based Programs to Stem Substance

Abuse. https://www.nea.org/advocating-for-change/new-from-nea/all-hands-deck-school-based-programs-stem-substance-abuse.

Nizz, I, Farr, J., & Smith, J. A. (2021). Achieving excellence in interpretative phenomenological analysis (IPA): Four markers of high quality. *Qualitative Psychology*, 20 April.

Nutt, D. J., King, L. A., & Phillips, L. D. (2010). Drug harms in the UK: A multi-criteria decision analysis. *The Lancet, 376*(9752), 1558-1565.

Proj. SSA. (1984). *Schule: Arbeitsplatz Für Lehrer und Sozialpädagogen*. München: DJI.

Raab, R., & Rademacker, H. (1982). *Schulsozialarbeit in der Bundesrepublik*. München: DJI.

Rademacker, H. (1992). Schulsozialarbeit: was ist das? Erziehung und Wissenschaft, 44, 12, 14-15.

Radin, N. (1975). A personal perspective on school social work. *Social Casework, December*, 605-613.

Rhodes, R. A. W. (1997). Understanding Governance: Policy Networks. Governance, Reflexivity and Accountability. Buckingham: Open University Press.

Rothe, M. (1990). Familienorientierte Schülerhilfe. *Zentralblatt für Jugendrecht, 77*, 269-174.

Rubin, A. M. (1994). Media Uses and Effects, in Media Effects: Advances in Theory and Research (eds.) J. Bryant & D. Zillmann. Hillsdale, N. J.: Erlbaum.

Rubin, A., & Babbie, E. R. (2014). *Research methods for social work*. 8th Edition. 김기덕 외 역(2016). 사회복지조사방법론(제8판). Cengage Learning.

Samford, C. J. G., & Galligan, D. J. (ed.). (1986). Law, rights and the welfare state.croom helm.

Sheafor, B., Horejsi, W. Charles, R., & Horejsi, G. A. (1991). *A techniques and guidelines for social work practice*. Boston: Allyn and Bacon.

Slade, M., & Davidson, L. (2011). Recovery as an integrative paradigm in mental health. In Thorncroft, G., Szmukler, G., Mueser. K. M., & Drake, R. E. (eds). *Oxford textbook of community mental health* (pp. 26-37). Oxford University

Press, Oxford.

Smith, J. A. (2011). Evaluating the contribution of interpretative phenomenological analysis. *Health Psychology Review, 5*(1), 9-27.

Smith, J. A., & Osborn, M. (2008). Interpretative phenomenological analysis. In J. A. Smith (Ed.), *Qualitative psychology: A practical guide to methods* (2nd ed.). London, UK, Sage.

Smith, J. A., Flowers, P., & Larkin, M. (2022). *Interpretative phenomenological analysis: Theory, method and research*. 2nd Ed. London, UK: Sage.

Staudt, M. (1991). Role perception study of school social work practice. *Social Work, 36*.

Stickelmann, B. (1981). Schulsozialarbeit. In Petzold, H-j. & Speichert, H. (Eds.), *Handbuch pädagogischer und sozialpädagogischer Praxisbergriffe* (pp. 405-408). Reinek: Rowohlt.

Substance Abuse and Mental Health Services Administration. (2011). SAMHSA's Working Definition of Recovery. https://store.samhsa.gov/sites/default/files/pep12-recdef.pdf

Tapscott, D. (1998). *Growing up Digital: Net generation*. McGraw-Hill. 허운나 · 유영만 역(1999). N세대의 무서운 아이들. 도서출판 물푸레.

Thiersch, Hans (1992). "Das sozialpaedagogische Jahrhundert" In: Rauschenbach/ Gaengler(Hg.)(1992). *Soziale Arbeit und Erziehung in der Risikogesellschaft*. Darmstadt: Luchterhand.

Vakalahi, H. F. (2001). Adolescent substance use and family-based risk and protective factors: A literature review. *Journal of drug education, 31*(1), 29-46.

Ware, A., & Goodin, R. E. (ed.). (1990). *Needs and welfare*. SAGE Publications.

Weinberg, N. Z., Rahdert, E., Colliver, J. D., & Glantz, M. D. (1998). Adolescent substance abuse: A review of the past 10 years. *Journal of the American Academy of Child & Adolescent Psychiatry, 37*(3), 252-261.

White, W. L., & Kurtz, E. (2005). The varieties of recovery experience: A primer for addiction treatment professionals and advocates. *International Journal of Self-help and Self Care, 3*, 229-241.

White, W. L., Kurtz, E., & Sanders, M. (2006). *Recovery Management.* Great Lakes

Addiction Technology Center Network, Jane Addams College of Social Work.

Wilford, B. B. (1990). Abuse of prescription drugs. *Western Journal of Medicine, 152*(5), 609.

Wiseman, R. S. (1975). Crisis Theory and the Process of Divorce. *Social Casework, 56.*

World Health Organization. (2017). *The ICD-10th Classification of Mental and Behavioural Disorders: Diagnostic Criteria for Research.* Geneva: WHO.

Wulfers, W. (1994). Wir stehen erst am Anfang: Ein Rahmenkonzept für die Aus- und Weiterbildung zur Schulsozialarbeit. *Pädagogisches Extra, 22*, 45-48.

Wulfers, W. (1996). *Schulsozialarbeit: Ein Beitrag zur Öffnung, Humanisierung und Demokratisierung der Schule.* Hamburg: AOL.

Wulfers, W. (2002) School social Work in Germany, School Social Work world-wide, NASW press. pp. 121-134

[웹 페이지 및 기사]

"Check me Heal me" 중독 바로알기. 국립부곡병원. 2023.11.17.접속. https://www.bgnmh.go.kr/checkmehealme

교육복지우선지원사업 http://www.eduzone.or.kr

교육인적자원부 http://www.moe.go.kr

국가법령정보센터(2021). 학교 밖 청소년 지원에 관한 법률. 2021년 10월 12일 검색: http://www/law.go.kr

국가법령정보센터(2024). 교육기본법. https://www.law.go.kr/LSW/lsInfoP.do?lsId=000901&ancYnChk=0#0000

금연길라잡이 www.nosmokeguide.or.kr

금연짱 www.nosmoke.or.kr

드림스타트 http://www.dreamstart.go.kr

법제처(2023). 마약류 관리에 관한 법률. 국가법령정보센터. http://www.law.go.kr/법령/마약류 관리에 관한 법률.

법조신문(2022). [특별기고] 대한민국은 마약 공화국인가?. (2022.12.12.).

보건복지부 http://healthguide.kihasa.re.kr/kor/health/

보건복지부 www.mohw.go.kr

청소년 금연운동 연합회 www.nspage.best-shop.co.kr
청소년보호위원회 인터넷홈페이지 www.youth.go.kr
한국 청소년 보호협회 www.kjpa.or.kr
한국마약운동퇴치본부(2023). 유관기관소식-2022 한국다르크 포럼(한국 마약중독 치료재활시설 협회). https://www.drugfree.or.kr/webzine/magazine/20/post-333.html
한국학교사회복지사협회 홈페이지. https://www.kassw.or.kr/page/s1/s1.php
한국학교사회사업실천가협회 http://kassp.or.kr

KBS 추적60분(2023.07.14.). [Full] 텔레그램 마약방은 10대를 노린다 | 추적60분 1328회 KBS 230714 방송[Video]. YouTube. Retrieved from: https://youtu.be/icf7cfiDn1w?si=WWVEiXyo4PxYMvmi
MBC뉴스(2023.09.28.). 20대 마약 중독환자 4년 새 55% 늘었는데‥담당 의사는 34% 줄어. https://imnews.imbc.com/news/2023/society/article/6529211_36126.html
SBS뉴스(2023.05.26.). [스프] 10대 마약사범 평균 17.7세…숫자로 본 10대 마약 실태는. https://news.sbs.co.kr/news/endPage.do?news_id=N1007203899
YTN(2021.2.13.). 프로배구 송명근·심경섭, 학교 폭력 시인하고 사과. https://www.ytn.co.kr/_ln/0107_202102132237042798
김성기(2023.12.02.). 수치로 보는 마약의 심각성…마약사범 2만 명 넘어. CBS노컷뉴스. https://www.nocutnews.co.kr/news/6055441
김송이·유경선(2024.04.23.). 공공이 외면한 마약중독 치료, '마지막 동아줄'마저 끊어졌다/마약재활센터 경기 '다르크' 해체로 짚어본 회복 치료의 현실. 경향신문. https://www.khan.co.kr/article/202404230600035
김치연(2021.02.20.). '학폭' 어릴 때 철없는 행동?…"폭력 심각성 축소 안 돼". 연합뉴스. https://www.yna.co.kr/view/AKR20210219157900004
김희래(2019.1.21.). 학폭 접촉금지 있으면 뭐하나…'악플 폭탄' 무방비. 매일경제. https://www.mk.co.kr/news/society/8662173
동아일보(2023). "마약 사범 3명 중 1명은 여성…15세 미만 2년 새 10배 증가." (2023.11.25.)
마약류 중독자 치료보호기관 현황('23.3월 말 기준). 보건복지부. 2023.11.17.접속. https://www.mohw.go.kr/board.es?mid=a10412000000&bid=0020
박광온(2023.03.20.). '나비약' 식욕억제제 처방받아 SNS로 유통…무더기 검거. 뉴시스. https://www.newsis.com/view/?id=NISX20230320_0002233944&cID=10201

&pID=10200
박혜연(2022.02.04.). 김총리 "다문화학생 전체 3%...머지않아 다문화가족 용어 필요 없어질 것". 뉴스1. https://www.news1.kr/politics/pm-bai-comm/4574481
세계일보(1997.03.09.). "청소년보호법 필요하다" 사설.
손지연(2023.09.27.). 님비 현상에 문 닫는 민간 마약재활시설…'중독재활 인프라 절실'. 서울신문. https://www.seoul.co.kr/news/newsView.php?id=20230927500240
신중섭(2019.09.28.). 한해 5만 여명씩 학교 떠난다...유명무실한 학업중단 숙려제. 이데일리. https://www.edaily.co.kr/news/read?newsId=01476006622624712&mediaCodeNo=257&OutLnkChk=Y
윤창수(2021.02.24.). 연예계, 스포츠계 학교폭력 논란 일파만파…어디까지 번질까. 서울신문. https://www.seoul.co.kr/news/newsView.php?id=20210224500195
정봉오(2023.10.26.). '강남 학원가 마약음료' 일당 4명, 1심 징역 7~15년. 동아일보. https://www.donga.com/news/Society/article/all/20231026/121881786/2
중앙일보(2023.09.07.). 마약 재활센터 3 → 17곳 늘린다…24시간 전화상담도 운영. https://www.joongang.co.kr/article/25190753#home
최은지(2020.12.15.). 3시간 가까이 때리고 끌고 다녀…스파링 가장 학교 폭력. 연합뉴스. https://www.yna.co.kr/view/AKR20201215046851065?input=1195m
하무림(2021.02.24.). "폭력 · 성희롱 · 추행"…현 복싱국가대표 '학폭' 폭로. KBS뉴스. https://news.kbs.co.kr/news/pc/view/view.do?ncd=5125399
허 진(2020.02.08.). 피해학생 울리는 학폭위 처분...학교 벗어나면 달라질까?: 전학 등 가해학생처분 결정 짓는 모호한 기준은 여전해, 항목마다 숫자 매기는 주먹구구식 현행기준..."조정 필요". 서울경제. https://www.sedaily.com/NewsView/1YYUD2QZ83
황규인(2021.02.10.). '女배구 간판' 이재영 · 이다영, '학폭' 논란 사과…대표팀에도 영향 줄 듯. 동아일보. https://www.donga.com/news/article/all/20210210/105379072/1
황두현(2023.11.25.). 마약사범 3명 중 1명은 여성…15세 미만 2년 새 10배 증가. 뉴스1. https://www.news1.kr/society/court-prosecution/5241902

저자소개

■ **조미숙**

서울여자대학교 대학원 사회복지학 박사
미국 University of Washington 교환교수
독일 Friedensau대학 교환교수
독일 VoithSchule & OstSchule 학교사회사업담당관
현 삼육대학교 사회복지학과 교수(학과장)
현 한국임상사회사업학회 수석부회장
현 글로컬사회공헌연구소 소장

최신 학교사회복지론

초판 1쇄 인쇄 / 2024년 12월 20일
초판 1쇄 발행 / 2024년 12월 24일

•

저 자 / 조 미 숙
발행인 / 이 중 수
발행처 / **동 문 사**

•

서울특별시 서대문구 홍제원 1길 12
(홍제동 137-8)
Tel : 02)736-3718(대), 736-3710, 3720
Fax : 02)736-3719
등록번호 : 1974.04.27. 제9-17호
가격 : 25,000원

•

ISBN : 979-11-6328-643-1(93330)
E-mail : dong736@naver.com
www.dongmunsa.com